SERVICE MARKETING

서비스 마케팅 이론을 관리론적 측면에서 고찰한

서비스 마케팅

김성혁 · 황수영 공저

(주)백산출판사

머리말

서비스부문이 우리나라 경제에서 차지하는 비중이 전체 경제의 거의 60%에 이르러, 우리는 '서비스 경제' 시대를 맞이하게 되었다. 서비스 경제가 70~80%에 이른 선진국과 비교하기에는 이른 감이 있지만, 우리가 마주하는 각종 서비스가 나날이 증가하면서 우리 사회는 바야흐로 '서비스 사회'에 진입하였다.

서비스 경제의 가치 창출을 위한 통합 차원에서 IBM은 이미 2000년대 초에 '서비스 사이언스'라는 용어를 만들어냈으며, 하버드대학을 비롯해 미국의 유명 대학에서는 서비스 사이언스를 하나의 연구영역으로 인정하여 새로운 학문영역으로 받아들이고 있다.

그리고 20여 년이 지난 오늘날 세상은 많이 변하였다. 사물인터넷, 인공지능, 빅데이터, 메타버스 등 다양한 정보통신기술(ICT)을 접목한 디지털 전환(DT 또는 DX) 시대를 맞이하여 기존 서비스를 혁신하고 경쟁력을 확보하기 위해 모든 산업은 새로운 도전에 직면하게 되었다.

ICT의 급격한 발전이 종래의 인적 서비스를 중심으로 하던 서비스기업을 어떻게 변화시키고 있으며, 제조업이나 기타 산업들은 급변하는 서비스혁신 시대에 어떻게 대응하고 있는지를 살펴보는 것은 매우 흥미롭고 의미있는 일일 것이다.

본서는 서비스 마케팅 이론을 관리론적 측면에서 고찰한 전문서적이다. 그와 동시에 대학 교재로서 서비스 마케팅의 내용을 평이하고 알기 쉽게 서술하고자 노력하였다.

본서의 흐름을 압축하면 다음과 같다. 제1장부터 제3장까지는 서비스 마케팅의 입문적 내용이다. 서비스의 특성으로 인해 '서비스는 다르다'라는 것을 전제로 시작하여 서비스 마케팅을 이해하고, 디지털 전환과 서비스 마케팅에의 적용, 환경분석과 서비스 포지셔닝에 관해 언급하고 있다.

그다음은 서비스 마케팅믹스 7P의 내용으로 구성되어 있다. 제4장부터 제7장까지는 기본적 마케팅믹스 4P(상품, 가격, 채널, 촉진)를 서비스 측면에서 다루었다. 확장된 3P로는 제8장 물리적 환경, 제9장 프로세스를 논하였다. 그리고 마지막 참가자 믹스는 서비스직원과 고객이 그 대상인데 서비스 마케팅에서 가장 중요한 요소이므로 참가자를 두 장으로 나누어 제10장에서는 직원을 대상으로 서비스 인적자원관리를, 제11장에서는 고객을 대상으로 고객관계관리로 구성하였다.

서비스의 중요한 주제에 해당하는 내용은 제12장 수요공급관리, 제13장 서비스품질관리이고, 제14장은 서비스 실패와 회복 관리로 마무리하였다.

지면 관계로 서비스 마케팅 주제에 관련한 사례 기업들을 간단히 예시하였는데, 독자들은 핸드폰이나 노트북을 이용해 사례 기업에 대한 자세한 정보를 탐색하고 파악한다면 수업 참여나 장래 취업에 매우 도움이 될 것이라 생각한다.

탈고 후 일독하니 구성이나 내용 측면에서 부족한 점이 보인다. 이는 차후에 수정 보완하고자 한다.

본서가 후학들에게 서비스 마케팅을 습득하기 좋은 지침서가 되기를 바라는 마음 간절하다. 또한, 전직을 희망하는 다른 산업의 인재들, 그리고 서비스산업에 종사하면서 미래 방향을 고민하는 분들에게 졸저를 추천하고자 한다.

끝으로 한국의 학문적 발전을 위해 노력하시며 본서의 출간을 흔쾌히 승낙해 주신 진욱상 사장님과 본서의 집필을 권한 영업부 관계자분들, 그리고 편집과 제작에 노고가 많으신 편집부 여러분께 감사의 말씀을 드린다. 마지막으로 함께 고생한 공저자께도 감사의 말씀을 드린다.

2023년 2월
공저자 씀

차례

CHAPTER 01

서비스와 서비스 마케팅의 이해

Chapter 01

서비스와 서비스 마케팅의 이해

제 1 절 서비스란 무엇인가?

1. 서비스 경제

우리는 등하교나 출퇴근 시에 버스나 지하철을 타고 점심시간에는 식당에서 신용카드나 인터넷금융을 사용하며, 마트나 편의점에서 물건을 사고 주말 저녁에는 영화관이나 스포츠센터를 이용한다. 잘 살펴보면 우리는 매일매일 많은 서비스를 이용하며 살고 있다. 어느새 서비스가 없으면 살 수 없는 세상이 된 것이다. 이러한 사회를 서비스 사회(service society)라고 부르며, 경제학적 의미에서는 서비스 경제(service economy)라 부른다. 이렇듯 오늘날 세계 대부분의 국가는 서비스 사회와 서비스 경제를 지향하고 있다고 해도 과언이 아니다.

20세기 후반에 들어 세계 및 선진국 경제에서 서비스산업은 엄청난 성장에 힘입어 발전되어 왔다. 서비스부문의 규모는 세계 대부분 국가에서 증가하고 있다. 세계적으로 서비스부문이 국내총생산(GDP)에서 어느 정도의 비중을 차지하는가를 보면 서비스가 대략 63%, 제조업이 30%, 농업이 6.4% 등이다. 이러한 경향은 최근 더욱 증가하고 있다.

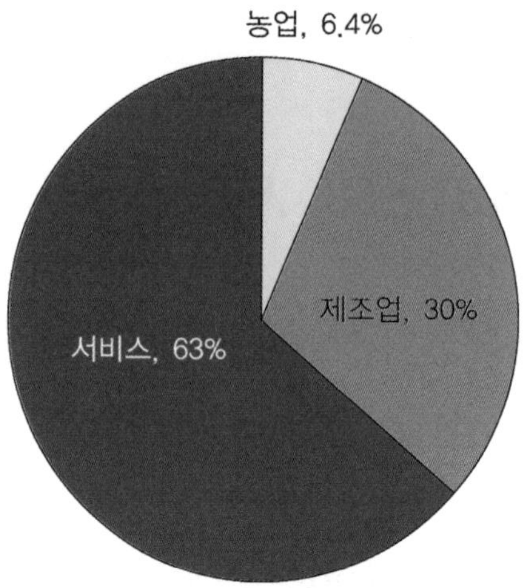

[그림 1-1] 세계 GDP에 대한 서비스산업의 기여[1]

한편, 대부분의 선진국 GDP에서 서비스부문이 국내총생산의 65~80%를 차지하고 있으며, 한국은 아직도 제조업 지향적 국가로서 서비스부문이 58% 정도를 차지하고 있다. 〈표 1-1〉은 서비스부문의 국내총생산 비중을 국가별로 세분화한 것이다. 어디가 서비스부문의 비중이 가장 높은가? 관광과 역외 금융 및 보험 서비스로 유명한 섬나라들이다. 버뮤다(93.8%), 카리브해의 영국령인 케이먼 제도(92.3%), 이와 유사한 경제구조를 가진 바하마(90%) 등이고, 국제금융지역이면서 관광도시인 홍콩(92.3%)이 이에 포함된다.

룩셈부르크(86.9%)는 EU에서 가장 서비스 지향적인 국가로 손꼽힌다. 파나마(82%)는 파나마 운하가 주로 크루즈 선박과 수송선으로 이용되기 때문에, 높은 서비스 비중을 나타낸다. 이 선박들은 컨테이너 서비스, 기함 등록, 선박 수리, 식량 공급, 급유 및 보험 등과 같은 서비스를 이용한다.

---

1) The World Factbook, Edition: January 31, 2023
https://www.cia.gov/the-world-factbook/countries/world/#economy

선진국 가운데 미국은 80%로 단연 돋보인다. 그 뒤로 70%대에는 영국(79.2%), 그리스(79.1%), 프랑스(78.8%), 벨기에(77.2%), 싱가포르(75.2%), 이탈리아(73.9%), 스위스(73.7%), 브라질(72.7%), 호주(71.2%), 오스트리아(70.3%), 캐나다(70.2%) 등이 이어진다.

상대적으로 부유한 국가 중에서 서비스부문이 가장 낮은 나라는 사우디아라비아이다. 그러나 2009년 36%에서 2017년 통계에서는 53.2%로 급성장한 것을 간과해서는 안 된다. 대국 가운데 서비스부문의 비중이 낮은 국가는 중국이다. 그러나 중국도 2009년 40%에서 2017년 51.6%로 10% 이상 성장한 것을 볼 수 있다. 이처럼 많은 국가의 GDP에서 서비스부문은 커다란 성장세를 보여주고 있다.

〈표 1-1〉 주요국 GDP에서 서비스부문이 차지하는 비중(2017)

버뮤다(93.8%), 케이먼 제도(92.3%), 홍콩(92.3%), 바하마(90%)
룩셈부르크(86.9%), 파나마(82%), 미국(80%)
영국(79.2%), 그리스(79.1%), 프랑스(78.8%), 벨기에(77.2%) 싱가포르(75.2%), 이탈리아(73.9%), 스위스(73.7%), 브라질(72.7%) 호주(71.2%), 오스트리아(70.3%), 캐나다(70.2%)
독일(68.6%), 일본(68.7%), 남아프리카공화국(67.5%), 멕시코(64.5%) 칠레(63%), 러시아(62.3%), 타이완(62.1%), 아르헨티나(61.1%)
필리핀(59.8%), 한국(58.3%), 태국(55.6%), 말레이시아(53.6%), 사우디아라비아(53.2%), 중국(51.6%), 베트남(51.3%)
라오스(45.9%), 인도네시아(45.4%).

출처 : The World Factbook, Edition: January 31, 2023
https://www.cia.gov/the-world-factbook/countries/#economy

GDP에서 각 산업이 차지하는 비중에 대해 미국과 한국을 비교하면, 농업은 미국이 0.9%이고 한국은 2.2%를 차지하고, 제조업의 경우 미국은 19.1%이고 한국은 39.3%, 서비스산업은 미국이 80%이고 한국은 58.3%를 차지하고 있다. 한국은 아직도 제조업 중심의 국가이지만 장차 서비스산업이 발전할 여지가 충분히 있다고 볼 수 있다.

전 세계의 산업별 종사자를 보면, 농업이 31%, 제조업이 23.5%, 서비스산업이 45.5%를 차지하고 있다.[2)]

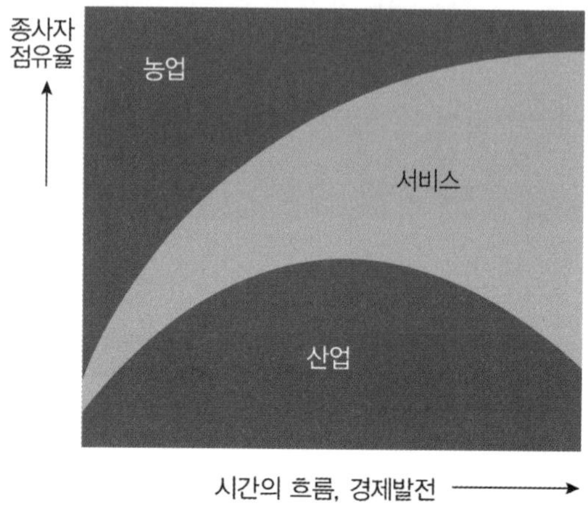

[그림 1-2] 경제발전에 따른 종사자 점유율 변화 추이

2. 새로운 직업의 창출

전 세계적으로 서비스부문이 급격히 성장함에 따라 서비스에서 새로운 직업이 창출되고 있다. 새로운 서비스는 항상 출현하고 있는데 여기에는 크게 두 가지가 있다. 식당, 콜센터, 배달서비스 등 상대적으로 낮은 급여의 일선 직업만 있는 것은 아니다. 최근의 경제성장에는 전문직이나 비즈니스 서비스, 교육, 건강관리 등과 같은 지식기반산업이 빠르게 성장하고 있다. 새로운 직업들은 양질의 교육이 필요하며 높은 수준의 급여를 받는다.

실제로 많은 제조업체가 보조서비스를 유형재와 묶음으로 취급하다가 개별서비스를 하나의 서비스 상품으로 분리하여 마케팅하고 있다. IBM(IBM Global Service)은 제조업에서 서비스기업으로 전환했으며 글로벌 서비스의 4개의 하위부문(즉 전략적 아웃소싱, 비즈니스 컨설팅, 통합적 기술서비스, 유지 · 보수 부문)에서 서비스를 제

2) The World Factbook, Edition: January 31, 2023

공하고 있다. IBM은 서비스 제공기업으로 이동했을 뿐만 아니라 직원들을 서비스 경제를 위해 훈련하여 전환한 선두기업이다.

일부 제조업체는 그들의 경쟁우위를 고객들에게 서비스의 형태로 제공함으로써 성장하고 있다. 롤스 로이스(Rolls Royce)는 기술 혁신에 초점을 맞춰서 비행기 엔진을 만들어 성공한 기업이다. 이 기업 성공의 핵심은 제조로부터 엔진 가동 시간에 따른 서비스로의 이동이다. 고객이 엔진을 무리 없이 가동하는 데 필요한 유형재와, 부품 판매 및 수리 서비스 등을 결합한 '토털 케어'라는 서비스 결합상품을 만들어냈다. 이 토털 케어 상품을 광고하는 웹사이트에는 그러한 솔루션을 엔진 내구성 기간의 '마음의 평화(peace of mind)'로 부르고 있다.[3)]

3. 서비스산업의 경쟁환경 특성

서비스산업은 서비스가 지닌 고유의 특성으로 인해 일반적인 제조업과는 다른 경영환경에 있다. 이러한 환경 상황은 기업에 유리하기도 하지만 때로는 불리하게 작용하기도 한다. 서비스산업의 경쟁환경 특성을 제조업과 비교해서 살펴보면 다음과 같다.

첫째, 서비스산업은 상대적으로 진입장벽이 낮다. 제품과 다르게 서비스는 혁신과 신제품에 대한 특허를 받기 어렵고, 서비스는 대부분 노동집약적이기 때문에 경쟁자들이 쉽게 모방할 수 있다,

둘째, 서비스산업은 규모의 경제를 실현하기 어렵다. 서비스는 생산과 소비가 동시에 이루어지므로, 서비스 접점에서 거래상황이 끝나는 경우가 많다.

셋째, 서비스에 대한 수요가 불규칙하다. 서비스는 시간, 요일, 계절에 따라 수요량의 변화가 심하고 수요의 예측이 어렵다. 따라서 수요관리가 중요한 전략이 된다.

---

3) Wirtz, J., P. Chew, & C. Lovelock(2013), *Essential of Services Marketing*, 2nd ed. 김재욱 등 역(2014), 서비스 마케팅, 시그마프레스, p.8

넷째, 일반적으로 서비스기업은 소규모 형태이다. 일부 항공사, 호텔 체인, 대형병원 등과 같은 대규모 서비스기업은 경쟁력이 높지만, 대부분은 소규모 형태로 구매자나 공급자로부터의 협상 경쟁력이 상대적으로 약하다.

다섯째, 서비스는 경험재의 특성이 있어서 고객 충성도가 상대적으로 높은 편이다. 그래서 타 서비스로의 전환이 비교적 적다. 초기에 고정 고객화 전략이나 일부 서비스를 경험하게 하는 촉진전략 등이 필요하다.

제 2 절 서비스 시장 변화의 원인

현재 제4차 산업혁명 등 새로운 물결이 세계를 움직이고 있다. 그러면 서비스의 급격한 성장에 영향을 주는 원인은 무엇인가? 정부 정책, 사회변화, 비즈니스 트렌드, 정보통신기술의 발달, 세계화(글로벌화) 등이 상호작용하여 오늘날 서비스 시장을 변화시키는 강력한 힘으로 작동하고 있다. 이러한 힘들은 서로 결합해서 경쟁구조와 고객의 서비스 구매 및 사용 방법에 영향을 준다. 이를 요약하면 [그림 1-3]과 같다.

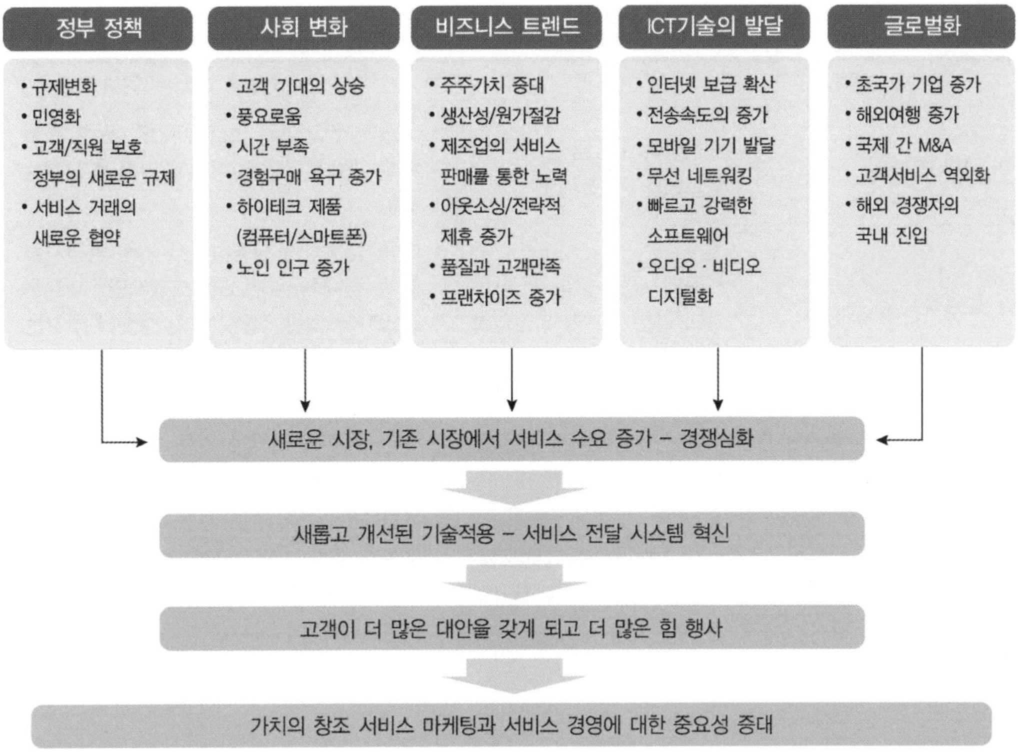

[그림 1-3] 서비스 경제의 변화를 유발하는 요인[4]

1. 정부 정책

정부 정책은 수시로 변한다. 규제의 변화, 민영화, 고객 · 직원 · 정부를 보호하기 위한 새로운 규제, 서비스 거래의 새로운 협약 등 다양하다. 정부 정책이 서비스 경제에 미치는 사례와 영향은 〈표 1-2〉와 같다.

---

4) *Ibid.*, 김재욱 등(2014), 상게 역서, p.9

〈표 1-2〉 정부 정책이 서비스 경제에 미치는 영향[5)]

정부 정책	사례	서비스 경제에 미치는 영향
• 규제 변화	• 식당에서의 금연, 음식의 트랜스 지방 제한	• 식당에서 고객의 편안함, 건강 관련 측정치를 개선한다면 외식의 증가를 촉진시킬 것임
• 민영화	• 공익 시설, 운송 시설 등과 같은 인프라의 민영화	• 더욱 경쟁적인 환경하에서 기존 공급자들에게 잠재적인 위기가 오겠지만, 새로운 진입자에 의한 직업기회의 창출과 투자는 이루어질 것임
• 고객, 직원, 정부 보호를 위한 새로운 규제	• 유해가스 배출에 대한 항공산업에 세금 증가	• 항공 여행의 비용 증가는 수요를 감소시킬 것임. 정부의 정책은 연료 효율적이고, 오염이 덜 되는 제트엔진의 개발을 촉진하는 방향으로 갈 것임
• 서비스 거래의 새로운 협약	• 외국계 기업에 대한 물, 건강, 운송, 교육사업의 인수 가능	• 국경을 넘어 전문 지식이 이전될 것임. 새로운 투자는 인프라의 개선과 질적 개선을 만들어낼 것임

2. 사회 변화

사회의 변화는 서비스 경제에 지대한 영향을 미친다. 점차 고객의 기대가 상승하는 것, 풍요로움으로 인한 여행 소비 확대, 기업 인력의 아웃소싱, 제품보다 서비스 경험에 대한 구매 욕구의 증가, 하이테크 제품 특히 컴퓨터와 모바일 폰의 수요 증가, 정보에 대한 손쉬운 접근, 그리고 노인 인구증가로 인한 인구구조의 변화 등이 서비스 경제에 영향을 미친다. 사회의 변화가 서비스 경제에 미치는 사례와 영향은 〈표 1-3〉과 같다.

5) *Ibid.*, p.10

〈표 1-3〉 사회 변화가 서비스 경제에 미치는 영향

사회 변화	사례	서비스 경제에 미치는 영향
• 고객 기대의 상승	• 서비스 질과 편리성에 대한 높은 기대	• 양질의 서비스를 제공하기 위한 서비스직원의 훈련, 서비스 시간의 확대는 파트타임 직업의 확대를 가져옴
• 풍요로움	• 여행에 대한 소비 확대	• 다양한 형태의 상품과 서비스, 새로운 지역에서 새로운 서비스 지역 경제를 활성화시킴
• 인력의 아웃소싱	• 홈클리닝 서비스, 영유아 케어 서비스	• 지역 기반의 기업, 전국 규모의 체인 등에서 새로운 서비스 제공
• 제품보다는 경험에 대한 구매욕구 증가	• 스파 치료와 같은 고급 서비스에 대한 소비 증가	• 스파 치료를 전문으로 하는 새로운 형태의 기업이 출현하거나, 건강 관련 클럽과 리조트 호텔이 스파 서비스를 추가
• 컴퓨터, 하이테크 제품의 소유 증가	• 노트북, 스마트폰에 대한 수요 증대	• 이러한 제품에 대한 디자이너, 마케터, 엔지니어에 대한 수요 증가
• 정보에 대한 손쉬운 접근	• 인터넷과 인터넷을 통한 방송	• 기업이 고객과 더욱 긴밀하고 집중화된 관계를 구축할 수 있게 되고, 이동 중에도 실시간으로 고객과 접촉할 수 있는 기회가 만들어짐
• 노인 인구 증가	• 고령화된 유럽 국가와 한국, 일본, 중국	• 건강관리와 은퇴 후의 공동체 사회 건설 등과 같이 노인을 위한 급식서비스의 증대

3. 비즈니스 트렌드

변화하는 비즈니스 트렌드가 서비스 경제에 주는 영향요인은 많다. 주가 가치의 증대를 위해 주주들의 이사회에 대한 압력이 점점 거세지고, 셀프서비스로 기술이 이동함에 따라 생산성 향상과 원가절감의 변화가 나타나고 있으며 제조업들은 서비스 판매를 통한 부가가치 창출에 힘을 쏟고 있다. 또 대기업의 아웃소싱 및 전략적 제휴가 증가하고, 호텔과 모텔 체인들이 서비스품질 향상을 위한 표준서 작성과 고객만족을 위한 노력에 힘을 기울이고 있다. 세계적인 패스트푸드나 커피점 체인 등 서비스 업종의 프랜차이즈화가 광범위하게 전개되고 있으며 비영리기관도 서비스 향상을 위한 서비스 마케팅을 강조하고 있다. 이처럼 변화하는 비즈니스 트렌드는 서비스 경제에 많은 영향을 준다.

〈표 1-4〉 비즈니스 트렌드가 서비스 경제에 주는 영향

비즈니스 트렌드	사례	서비스 경제에 대한 영향
• 주주 가치 증대에 대한 압력	• 더 높은 수익을 올리라는 주주들의 기업 이사회에 대한 압력	• 추가 요금, 고가격, 수입 관리 전략의 채택, 원가를 줄이기 위한 고객 서비스의 축소 등과 같은 새로운 수익원 탐색
• 생산성과 원가 절감 강조	• 셀프서비스 기술로의 이동	• 서비스 제공 시스템 제고, 직원을 대체할 수 있는 새로운 기술에의 투자
• 제조업체의 서비스를 통한 그리고 서비스 판매를 통한 부가가치 창출 노력	• 금융 시장에 대한 IBM 컨설팅과 IT 서비스	• 전통적인 경영컨설팅 기업 등과 같은 다른 산업으로부터의 서비스 제공과의 경쟁
• 전략적 제휴 증가	• Star Alliances와 Oneworld와 같은 항공사의 전략적 제휴	• 중복 노선을 줄이기 위해 항공사 간에 비행 스케줄, 탑승권 판매를 조정하여 비행관리 시스템을 합리화함. 이에 따라 마케팅 노력의 성과를 극대화하고, 운영 비용을 줄여나감
• 품질과 고객만족의 중요성	• 호텔과 모텔이 모든 단계의 표준을 설정하고, 이를 충족하려 노력함	• 필요한 기술을 갖출 수 있도록 서비스직원에게 훈련 프로그램 제공, 기존 시설을 현대화하고, 더 나은 분위기를 제공하기 위해 새로운 시설 투자
• 프랜차이즈 증가	• 세계적으로 패스트푸드 체인이 확대됨	• 지역의 음식 선호와 문화에 적응하면서도 세계적으로 일관된 서비스 표준을 유지할 수 있도록 노력
• 비영리 기관의 마케팅 강조	• 박물관은 새로운 관람객들을 창출하고, 기존의 고객들은 더 많이 방문할 수 있도록 노력	• 더 나은 시설을 위한 기금 모금, 식당이나 시설 임대를 통해 더 나은 서비스로 더 많은 수입을 창출

4. 정보통신기술의 발달

인터넷 보급이 급속히 확산하면서 그 전송 속도와 용량이 증가하여 교육, 음악, 방송, 영화 등에 영향을 주고, 모바일 기기의 소형화와 통합적인 발달을 가져왔다. 그

리고 와이파이를 비롯한 무선 네트워킹의 발달, 빠르고 강력한 소프트웨어가 증가하고, 온라인 다운로드의 증가로 오디오·비디오의 디지털화가 급속히 전개되었다. 이러한 정보통신기술(ICT)의 발달은 서비스 경제에 주는 영향이 지대하다.

〈표 1-5〉 정보통신기술 발달이 서비스 경제에 주는 영향

정보통신기술의 발달	사례	서비스 경제에 주는 영향
• 인터넷 증가	• 고객이 손쉽고 빠르게 이용할 수 있는 정보와 그 정보를 이용해 더 많은 지식과 정보를 얻게 됨	• 다양한 정보원을 얻을 수 있는 새로운 서비스의 창출과 해당 서비스를 재구성하여 고객에게 새로운 가치 제공
• 증대된 전송 용량	• 보다 세련되고 상호적인 교육 콘텐츠의 제공이 가능	• 서비스 제공 프로세스를 재설계
• 모바일 기기의 소형화	• 많은 하이테크 기능을 통합하는 스마트폰	• 발전된 마케팅 서비스와 보수 서비스를 필요로 함
• 무선 네트워킹	• 공공 도서관, 카페, 호텔이 무료로 또는 고객을 유인할 수 있는 수준의 낮은 가격으로 이러한 서비스 제공	• 더 많은 전통 기업들이 경쟁력을 갖기 위해 유사한 혜택을 제공
• 빠르고 강력한 소프트웨어	• 인포시스(인도의 다국적 IT 서비스기업)와 같은 소프트웨어 컨설팅 기업에 의해 고객화된 소프트웨어 발달	• 단편적인 서비스 대신 패키지화된 서비스를 개발하기 위한 소프트웨어 엔지니어의 훈련 증가
• 문자, 그래프, 오디오, 비디오의 디지털화	• 온라인 다운로드 서비스 제공자의 증가	• 바이러스가 없는 파일을 다운로드할 수 있도록 안전하고 신뢰성 있는 웹사이트를 유지하는 데 투자하는 서비스 제공자의 필요성 증대

5. 글로벌화

은행이나 회계 기업 등 다국적 초국가 기업이 더 많은 국가에서 사업을 영위하고, 해외여행 증가, 항공사·은행·보험사 등의 국제 간 합병과 제휴, 국제 콜센터 등 고객서비스의 역외화가 진행되며, 해외 경쟁자의 국내 진입 등의 글로벌화(세계화)는 서비스 경제에 영향을 미친다.

〈표 1-6〉 글로벌화가 서비스 경제에 미치는 영향

글로벌화	사례	서비스 경제에 미치는 영향
• 초국가 기업 증가	• 은행이나 4대 회계 기업과 같은 다국적 기업들이 더 많은 지역에서 사업을 영위함	• 제공 가능한 서비스 범위가 확대, 지역 시장에서 기술, 능력, 서비스 표준을 업그레이드하기 위한 직원의 훈련
• 해외 여행 증가	• 더 많은 지역에서 더 많은 서비스를 제공	• 더 높은 수준의 경쟁을 유발할 수 있는 항공, 페리, 크루즈 선박, 버스 여행, 국경 기차 등을 제공하는 서비스 증가
• 국제 간 합병과 제휴	• 다른 국적의 항공사(예 : KLM과 Air France), 은행, 보험사 간의 합병	• 운영 효율과 마케팅 효과를 높이기 위한 기업 합병이 증가하지만 이는 사람들에게 직업 기회를 잃을 수 있게 함
• 고객 서비스의 역외화	• 영어가 가능한 인도, 필리핀 등의 국가에 국제 콜센터가 재배치됨	• 기술과 인프라에 대한 투자는 지역경제를 활성화시키고, 생활 수준을 높여주며, 관련 산업을 유치할 수 있도록 해줌
• 해외 경쟁자의 국내 진입	• HSBC, ING와 같은 국제은행이 새로운 국가에서 사업을 영위	• 지역의 은행을 인수하여 지점망을 확대함. 새롭고, 발전된 지점과 서비스교역의 전자적 전달에 더 많이 투자

제 3 절 서비스의 정의와 속성

1. 서비스의 정의

서비스란 무엇인가요? '서비스'라는 말을 들으면 그것의 정체를 알 수 없어 우선 개인적인 봉사나 봉공(奉公)이라는 이미지가 떠오르게 된다. 서비스란 어느 개인이 타인을 위하여 봉사하는 행위라고 일반인들은 생각하기도 한다.

인류역사상 농경사회 이후로 서비스에는 자애나 자기희생 또는 복종, 종속, 억압이라는 의미의 내용이 와닿는다. 자신이 하고 싶어서 서비스를 제공하거나(종교인이나 정치가와 같이), 강제나 생활상의 여건 때문에 어쩔 수 없이 서빙하는(노예, 웨이터, 메이드, 벨보이, 청소부 등) 경우이다.

교회나 군대와 같이 더욱 상위인 직업에서는 마치 틀에 박힌 듯이 매일 똑같은 의례적인 행동을 취하기 때문에 합리성이 부정된다. 한편, 지위가 낮게 여겨지는 서비스직업의 경우에는 복종 일변도였다.

그러나 20세기 후반에 이르러 서비스로 제공되는 인간노동을 표준화해서 생산성을 높이려는 노력이 미국에서 본격적으로 일어났다. 이를테면 하버드대학 교수였던 T. 레빗이 "맥도날드에 공업화 발상"을 주장하듯이 제조업에서 서비스업을 도입한 공업화 발상이 대표적이다. 여기서 인간은 게으르고 일을 스스로 하려고 하지 않고, 또한 사람에 따라 그 성과가 다르므로, 가능한 인간이 하는 일을 철저히 감독하고 균일한 일을 시켜서 생산성을 높이자는 경영이념이다. 인간 경시적 측면이 있는 반면에 서비스품질의 균일화를 꾀하여 성과를 얻으려는 발상이다.

이에 반하여 유럽 및 일본에서 주장하는 생산성 향상 및 직원의 사기 진작은 그것과는 다르다. 즉 서비스에는 사용자와 제공자 간의 상호작용 관계가 기반이 되어야 하며 거기에 서비스 제공자의 행위가 중요하고 서비스 거래 과정에서 양자 간의 관계가 양호할수록 서비스의 품질 및 수준, 그리고 고객만족의 극대화가 가능하다는 것을 그 기본원리로 삼고 있다.

이렇게 보면 결국 서비스에는 원래 인간을 빼놓고는 생각할 수 없지만, 현대적인 관점에서 본다면 서비스는 행위(deeds), 과정(process), 그리고 그 결과인 성과(performance)라고 정의할 수 있다. 이러한 정의가 서비스의 핵심이고 이것에 부가해서 많은 현대적 서비스가 파생된다고 볼 수 있다.

2. 서비스 속성

제품과 서비스의 평가과정에서 나타나는 차이를 분석하는 기본모형으로서 이른바 '서비스 속성별 평가난이도 연속선 분류'가 있다. 서비스 속성에는 탐색속성, 경험속성, 신뢰속성 등의 세 가지 유형이 있다.

1) 탐색속성

탐색속성(search attributes)은 소비자가 제품을 구매하기 이전에 평가할 수 있는 속성이다. 탐색속성은 많은 서비스 환경에서 찾을 수 있다. 탐색속성은 색상, 스타일, 가격, 적합성, 느낌, 딱딱함, 향기 등을 나타내는 개념이다. 자동차, 의류, 가구, 보석 같은 제품은 탐색속성이 높아 구매 이전에 그 제품에 대해 거의 완벽하게 파악할 수 있다. 서비스에서도, 예를 들어 식당의 탐색속성에는 음식의 종류, 식당의 위치와 유형(정식, 경양식, 또는 패밀리 레스토랑), 가격 등이 있다. 구매하기 전에 호텔 객실을 보여달라고 요구할 수 있고 헬스클럽을 살펴볼 수 있고, 설비의 한두 개는 시범적으로 사용해 볼 수 있다. 이 탐색속성은 서비스 평가를 쉽게 만들어서 구매와 관련된 불확실성과 위험을 줄일 수 있다.

2) 경험속성

경험속성(experience attributes)은 소비자가 구매 전까지는 평가할 수 없고, 구매 후나 소비 중에만 느낄 수 있는 속성이다. 경험속성은 맛이나 내구성, 편안함 등을 나타내는 개념이다. 신뢰성, 이용 편리성, 고객지원 등과 같은 속성은 고객이 구매하려는 서비스를 평가하기 위해서는 반드시 경험해 보아야 한다. 식당의 예에서 음식, 웨이터가 제공하는 서비스, 식당의 분위기는 그 서비스를 사용하기 전까지는 정확히 알 수 없다. 휴가여행이나 라이브공연, 이 · 미용, 하이킹, 스노클링 등도 높은 경험속성을 가지고 있다. 특정 휴가지를 설명하는 웹사이트를 탐색하고 여행전문가의 리뷰를 읽어보고 가족이나 친구들의 경험에 대해 들어본다고 하더라도 사람들은 직접 그 활동(activity)을 경험하기 전에는 제대로 평가하거나 느낄 수 없다.

3) 신뢰속성

신뢰속성(credence attributes)은 소비자가 서비스를 경험하고 나서도, 구매 후나 소비 이후에도 평가하기 어려운 속성이다. 이 속성에서 소비자들은 특정의 과업이 약속된 품질 이상으로 수행되었다고 믿지 않을 수 없다. 신뢰속성이 높은 예로는 자동차 수리, 맹장 수술, 치과 치료, 컴퓨터 소프트웨어 업데이트 같은 것들을 들 수 있다. 신뢰속성은 식당을 예로 들면 주방의 위생 상태, 재료들의 신선도 등에 관한 것이다. 소비자가 어떻게 일이 최고로 수행되었는지를 확신할 수 있는가? 그것은 때로 서비스 제공자의 기술과 전문성을 확신하는가의 문제이다.

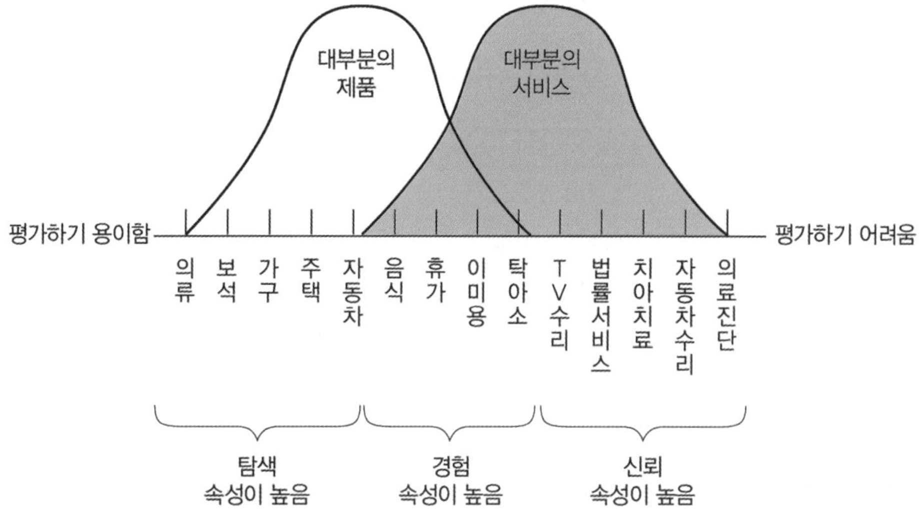

[그림 1-4] 서비스 속성별 평가난이도 연속선 분류

모든 상품은 탐색속성, 경험속성, 신뢰속성에 따라 '평가하기 용이함'에서 '평가하기 어려움'까지 연속선상에 있다. [그림 1-4]에서 보는 바와 같이 가장 물리적인 제품이 탐색속성이 높으므로 연속선상의 왼쪽에 위치한다. 서비스는 대부분 경험속성과 신뢰속성이 높기 때문에 연속선상의 중간이나 오른쪽에 위치한다. 결과적으로 제품보다 서비스는 평가가 어려우므로 평가할 때 단서(cues)나 과정(process)에 의존하게 된다.

제 4 절 서비스의 특성

서비스는 제품과 비교할 때, 일반적으로 다음과 같은 네 가지 측면에서 기본적인 차이가 있다. 서비스는 유형재보다 더 무형적이고 이질적이다. 또 생산과 소비가 동시에 발생하며 저장할 수 없어서 결국 서비스를 평가하기가 어렵다.

최근에는 이렇게 구분되는 특성들이 서비스만의 독특함이 아니라 제품과 관련된 것이라고 보는 견해도 많다. 즉 "모든 상품은 서비스다", "경제적 교환은 근본적으로 서비스 제공에 있다"와 같은 주장이 이를 대변해 준다.

그렇지만 서비스 학자들이 주장하고 있는 일반적인 서비스 특성은 다음과 같다.

〈표 1-7〉 서비스 특성에 따른 관리적 시사점[6)]

서비스 특성	관리적 시사점	마케팅 과업
무형성	• 서비스는 특허를 통해 보호받기가 어렵다. • 서비스는 진열되거나 커뮤니케이션하기 어렵다.	• 실체적인 단서 제공 • 서비스 커뮤니케이션전략(광고 및 구전마케팅) • 브랜드 이미지 구축과 명성관리
생산과 소비의 동시성	• 서비스 제공과정에 고객이 개입한다. • 서비스 제공과정에서 고객들이 서로에게 영향을 미친다. • 직원이 서비스성과에 영향을 미친다. • 대량생산이 곤란하다.	• 직원 선발 및 교육훈련 • 고객상호작용 관리(고객참여 및 다른 고객 영향력 고려) • 서비스지점 제공(접근성 강화)
이질성	• 서비스 제공에 대한 고객만족은 직원의 행위에 의해 영향을 받는다. • 서비스품질은 통제 불가능한 여러 요인들에 의해 영향을 받으므로 품질통제가 어렵다. • 제공된 서비스가 계획되거나 마케팅 커뮤니케이션된 것과 일치하는지 알기 어렵다.	• 서비스 프로세스 표준화 • 서비스 자동화 • 개인화

6) 안광호 · 이문규 · 김해룡(2015), 서비스 마케팅, 법문사, p.13 재구성

서비스 특성	관리적 시사점	마케팅 과업
소멸성	• 서비스는 저장될 수 없다. • 재고로 보관할 수 없어 수요와 공급을 맞추기 어렵다. • 생산과정에서 바로 소비되므로 반품되거나 재판매될 수 없다.	• 수요조절전략(서비스 가격차별화 비수기 수요 개발, 보완적 서비스 제공, 예약시스템) • 유연한 공급체계 수립(생산계획조정, 탄력적 인력 운용)

1. 무형성

서비스의 가장 기본적인 특성은 무형성(intangibility)이다. 서비스는 행위이고 성과이기 때문에 유형재처럼 볼 수도 느낄 수도 맛볼 수도 만져볼 수도 없다. 서비스는 특허를 통해 보호받기가 어렵다. 그리고 서비스는 진열되거나 커뮤니케이션하기 어렵다.

서비스 상품은 경험이다. 또 경험이 생성되면 오직 추억으로 남게 된다. 비행기의 좌석, 호텔 객실의 침대, 레스토랑의 음식과 같은 유형적인 대상은 경험을 창조하나 이러한 것들은 고객이 돈을 소비하려고 하는 대상이 아니다. 그 대신에 고객은 경험에 따르는 무형적인 혜택(편익: benefit), 즉 즐거움, 휴식, 편의, 흥미 등을 위해 돈을 쓰고 있다. 서비스 상품에서 유형적 부분은 무형적 부분에 덧붙여져 제공되고 있다. 그런데 이러한 무형적 특성은 서비스기업이 극복해야 할 주요한 과제이다.

서비스기업은 다음과 같은 방법을 통해 무형성을 극복할 수 있다. 첫째, 소비자들이 무엇인가 제공받고 있다는 실체적인 단서, 물리적 증거를 갖도록 노력해야 한다. 둘째, 기업의 무형성을 잘 알리는 구전 커뮤니케이션을 적극적으로 활용해야 한다. 셋째, 서비스기업의 브랜드 이미지 구축과 명성 관리에 노력한다면 무형성을 극복할 수 있다. 이러한 관리적 시사점의 구체적인 내용은 본서의 후반부 서비스 마케팅믹스에서 설명할 것이다.

2. 생산과 소비의 동시성

서비스는 대부분 같은 장소에서 그리고 같은 시간에 생산되고 소비된다. 이것이 곧 생산과 소비의 동시성(simultaneous production and consumption)이다. 생산과 소비가 동시에 일어나므로 이러한 특성을 '비분리성'이라 부르기도 한다. 가령 병원에서 의사는 환자의 이야기를 듣고 증상의 원인을 파악한 다음 처방을 내리며 환자는 증상을 설명하고 의사의 치료를 받는다. 미용실에서는 손님이 커트의 길이나 헤어스타일을 미용실 원장에게 설명하고 진척상황을 그 자리에서 보면서 원하는 스타일로 수정해 주기를 바란다. 이 경우 소비가 발생할 때 서비스 제공자는 그 자리에 있어야 한다. 그리고 이 서비스 생산과 소비 과정에 고객도 현장에 있어야 하고 아픈 증상의 원인이나 자신이 원하는 헤어스타일 유형을 말함으로써 고객이 개입하게 된다.

서비스가 동시에 생산되고 소비된다는 사실은 공급자와 고객 간에 어떠한 상호의존적 관계를 만든다. 서비스의 생산과 소비는 공급자의 설비나 약속에 좌우되고, 고객과 공급자는 상호작용을 해야 하므로, 공급자의 대표자인 접객직원의 행위와 태도, 친절함이 고객만족이나 고객충성도 등 서비스 성과에 영향을 미친다.

이러한 고객의 개입이라든지 직원과 고객 간의 상호의존성은 또한 대량생산을 곤란하게 만든다. 하나하나 일일이 고객에게 맞는 소량 생산을 해야 하기 때문이다.

서비스기업은 다음과 같은 방법을 통해 비분리성을 극복할 수 있다. 첫째, 서비스 제공과정에 고객이 개입하는 데 대비해 적합한 직원을 선발하고 사전에 교육 훈련을 시행해야 한다. 세계적인 화물운송업체 페덱스(FedEx)는 직원의 만족이 좋은 서비스와 기업의 수익을 창출한다는 철학을 강조하면서 직원의 교육 훈련에 아낌없이 투자하고 있다.

둘째, 서비스 제공자와 고객 간에 상호의존적인 관계를 원만히 만들기 위해서 고객의 상호작용을 세심하게 살피고 관리해야 한다. 셋째, 서비스의 비분리성으로 인해 대량생산이 곤란하지만, 여러 곳에 지점을 만들어 고객의 접근성을 높이는 전략이 필요하다. 서비스기업들은 직영점 오픈이나 프랜차이즈 시스템 체제를 갖춰 다양한 유통채널을 통해 여러 지역에 진출하고 있다.

3. 이질성

서비스의 전달과정은 주로 사람에 의존하므로, 그 전달과정에서 여러 가지 가변적인 요소로 인해, 항상 똑같고 일관되고 표준화된 서비스를 제공하기가 어렵다. 이것을 이질성(heterogeneity)이라고 한다. 동일 서비스업체에서도 직원에 따라서 제공되는 서비스 내용이나 질이 달라질 수 있으며, 같은 직원이라도 시간이나 고객에 따라 다른 서비스를 제공할 수 있다.

고객도 마찬가지이다. 고객의 이질성은 경제적 요인, 문화적 요인, 사회적 요인 등에 의해서 야기된다. 그런데 서비스 제공자나 고객의 행위가 항상 일정하지는 않으므로 서비스품질에 대해 통제가 어렵고 평가가 곤란하다. 그리고 서비스 전달과정에 직원과 고객의 개입은, 기업이 원래 계획해서 고객에게 커뮤니케이션한 서비스 내용과 일치하지 않을 수도 있다.

서비스의 이질성이라는 특성이 주는 시사점은 다음과 같다. 첫째, 직원이나 고객의 행위에 서비스품질이 영향을 받기 때문에 그 품질을 보증하기가 쉽지 않다. 따라서 외식 체인 맥도날드와 같이 매뉴얼을 만들어 서비스 프로세스를 표준화하거나 인간이 개입을 최소화하도록 서비스의 자동화를 취하는 것이다. 둘째, 그와 반대로 서비스의 이질성은 고객에 따라서 개인화를 취하는 기회로 만들 수 있다. 비근하게는 수제버거와 같이, 또는 초특급 병원과 같이 고객의 개별 주문을 받거나, 고객에게 알맞은 차별화된 서비스를 제공하는 전략을 세울 수 있다. 서비스 개인화는 특별한 개별고객의 욕구를 더욱 잘 충족시킬 수 있을 것이다.

4. 소멸성

유형적 제품은 저장이나 보관이 가능할 수 있으나, 서비스는 보관이나 저장, 재판매, 반품 등이 불가능하다. 이러한 특성을 소멸성(perishability)이라 하는데 다른 말로 비저장성이라고 부르기도 한다. 서비스는 생산되는 즉시 소비된다는 사실과 소멸성은 서로 관련이 있다. 예를 들어 항공기가 한 번 비행할 때마다 팔 수 있는 항공기의 좌석은 일정하게 정해져 있고, 호텔은 주말 투숙객을 위해 판매할 수 있는 객실의 수가 정해져 있다. 또 비행기 이륙시간에 특정 항공 좌석을 구매하는 사람이 없고, 하루가 지나기 전에 특정 호텔 객실을 투숙하는 고객이 없다면 그때 그 상품을 팔기 위한 기회는 지나가고 상품도 없어지며 영원히 소멸해 버린다. 그것을 기업의 재고자산으로 저장해 둘 수 없기 때문이다. 그와 유사하게 영화관의 좌석, 의사의 진료시간 등은 저장하거나 재판매할 수 없다.

기업들은 서비스의 소멸성에 따른 판매되지 않는 상품을 보호하기 위해 몇 가지의 마케팅 전략을 개발해 왔다. 첫째, 재고를 보관할 수 없어 수요와 공급을 맞추기 어려운데, 그에 대응한 것이 서비스가격 차별화, 비수기 수요 개발, 보완적 서비스 제공, 예약시스템 개발 등 수요조절전략 등이다. 특히 초과예약인데, 한 예로 항공사는 노 쇼(No Show)로 탑승하지 않는 사람들이 있어 확실한 승객의 수를 알아내기가 어렵다고 판단하여 실제로 이용 가능한 좌석보다 더 많이 판매하고 있다. 이와 같은 방법으로 항공사는 좌석이 남을 것이라고 예상해서 초과예약(overbooking)을 받아 만석을 만들 수 있다. 둘째는, 서비스의 소멸성으로 인해 서비스의 과잉생산에 의한 손실, 과소생산으로 인한 이익기회의 상실이 나타날 수 있다. 이를 해결하기 위해 기업은 정확한 수요예측과 창의적인 기획, 생산계획 조정, 탄력적 인력 운용 등을 통해 서비스시설의 활용도를 높이는 전략이 필요하다.

제 5 절 서비스의 4가지 범주

서비스는 다양한 특성에 기반하여 4가지 범주로 분류할 수 있는데, 즉 사람에 대한 서비스, 사물(소유물)에 대한 서비스, 정신에 대한 서비스, 정보에 대한 서비스로 나눌 수 있다.

〈표 1-8〉 서비스의 4가지 범주7)

서비스 행위의 본질		서비스 대상(누가 직접적인 수혜자인가?)	
		사람(people)	사물(property)
서비스 행위	유형적	(사람에 대한 서비스) 미용실, 헬스케어, 식당	(사물에 대한 서비스) 화물운송, 수리, 보관, 세탁
	무형적	(정신에 대한 서비스) 교육, 광고/PR, 방송, 영화	(정보에 대한 서비스) 회계, 은행/금융, 법률서비스

1. 사람에 대한 서비스

이 서비스는 사람 자체를 서비스 대상으로 하는 것이다. 사람이 자신의 건강이나 미용을 위한 경우, 레스토랑에서 음식을 먹는 경우 등이다. 이때 서비스 제공자가 고객이 선호하는 위치에서 원하는 편익을 만들어서 거래하는 데 필요한 도구를 가져와서 고객에게로 이동해야 한다.

이 경우 고객은 반드시 서비스가 제공되는 물리적 장소(서비스 공장)에 있어야 하고, 고객의 참여가 필요하며, 기업은 고객의 욕구를 파악하고 관리하여야 한다.

7) 김성혁(1991), 최신서비스산업론, 형설출판사, p.173; 김재욱 등(2014), 전게 역서, p.14

2. 사물에 대한 서비스

사물(소유물)에 대한 서비스는 고객이 소유한 물리적 제품에 대해 서비스를 요구하는 경우이다. 화물 수송, 세탁, 해충 처리, 애완동물 맡기기, 엘리베이터 고장 수리 등을 예로 들 수 있다.

고객 자신이 서비스 대상이 아니라 소유물에 한정되기 때문에 고객이 서비스 장소에 있을 필요는 없다. 따라서 고객은 앞의 '사람에 대한 서비스'보다 덜 적극적으로 참여하게 된다.

3. 정신에 대한 서비스

이 서비스는 사람의 마음에 감동을 주는 것이며, 태도 형성, 행동에 영향을 주기 위한 것이다. 교육, 광고 · PR, 영화, 뉴스와 정보, 전문적 조언, 특정의 종교적 활동 등이 이에 포함된다. 이 서비스의 핵심은 정보를 기반으로 하며, 이는 음악, 소리, 영상 이미지 등 디지털이나 아날로그 형태로 변환하여 저장할 수 있다.

이 서비스는 서비스 제공현장에 고객이 있을 필요가 없으며 정보가 제공될 때 정보를 취하기만 하면 된다. 또 나중에 소비를 위해 저장되거나 반복적으로 사용될 수 있다.

4. 정보에 대한 서비스

정보는 정보처리와 자료집을 만들기 위해 사람의 두뇌를 이용하는 전문가나 기계에 의해 처리된다. 회계, 은행 · 금융, 법률서비스, 경영 컨설팅, 의료진단과 같은 재무적인 서비스나 전문적인 서비스이다. 정보에 대한 서비스는 무형적이지만, 책, CD, DVD, USB 저장과 같이 영구적이고 유형적인 형태로 전환될 수 있다.

정보에 대한 서비스는 매우 전문적인 서비스이므로 직원들의 전문성을 키우는 훈련이 중요하며 그에 따른 신뢰성과 공정성을 쌓는 노력이 필요하다.

제 6 절 서비스 패러독스

1. 서비스 패러독스란 무엇인가?

최근 서비스가 경제에서 차지하는 비중이나 중요성이 매우 높아졌는데도 불구하고 소비자들은 전반적인 서비스품질이 떨어졌다고 인식한다. 서비스산업에 대한 미국의 소비자 만족지수(ACSI : American Customer Satisfaction Index)는 다른 산업의 평균치에 비해 대체로 낮은 점수를 보이고 있다. 운송, 통신, 공공분야가 더욱 그렇다. 거시적으로 경제에서 서비스가 차지하는 비중이 높아졌는데, 고객이 체감하는 서비스품질이 나빠졌다는 건 무엇인가 모순된다. 이렇게 아이러니하고 역설적인 현상을 서비스 패러독스(service paradox)라 한다.

그런데 과연 현재의 서비스가 과거에 비해 나빠진 것일까? 인터넷을 통해 24시간 은행 서비스, 배달서비스, 문의 서비스를 할 수 있고 문제를 해결하기가 쉬워졌다. AI를 활용한 서비스로 생활의 편리성이 향상되고 메타버스 세계로 즐기는 가상여행으로 새로운 경험의 제공이라는 여행의 본질을 느낄 수도 있다. 그런데도 많은 사람은 서비스 수준이 떨어졌다고 불평한다. 기업의 생산성 악화나 임금 상승으로 셀프서비스가 도입되고 숙련된 일선 직원은 점차 줄어들고 직원이 없거나 서투른 임시직원이 업무를 대신함에 따라 서비스의 질은 훨씬 떨어졌다고 말한다. 결국, 서비스 경제의 발전이 소비자에게 이득을 주는 것일까 오히려 삶의 질을 떨어뜨리는 것일까?

2. 서비스 공업화와 서비스 패러독스

1) 서비스 공업화

우리는 하버드대학 T. Levitt 교수의 서비스 공업화(service industrialization)에 대해 주목한다. 그는 제조업의 마케팅이론을 서비스기업에 그대로 적용하려고 하였다. 즉 하드 기술, 소프트 기술, 혼합적 기술을 서비스산업에 적용해서, 효율성 제고 및 비용 절감, 생산성 향상을 위해 서비스기업의 노동집약적 부분을 기계로 대체하고 자동차 생산공장에서 사용하는 계획, 조직, 훈련, 통제, 관리 등을 적용해야 한다는 의미이다. 그 예로 패스트푸드업체 맥도날드를 들 수 있으며 서비스 공업화 과정을 응용해 모든 것을 표준화, 단순화, 균일화, 조직화한다. 서비스 공업화를 달성해야 하는데 거기에는 인간이 아니라 장치나 시스템을 활용하는 것이다. 이러한 서비스 공업화 발상이 성공한 사례는 맥도날드를 비롯해 외식 체인업체 이외에도 슈퍼마켓, ATM, 자동판매기, 키오스크 등을 들 수 있다.

2) 서비스 패러독스의 원인

서비스 공업화는 서비스의 표준화와 생산성 향상 등에 크게 공헌하였지만, 한편으로는 몇 가지 한계점을 가지고 있다.

(1) 서비스의 획일화

서비스의 획일화는 고객에의 신속한 대응, 그리고 거기에 따른 생산성의 증대, 품질의 일관성 및 안정화 등 여러 가지 이점이 있으나, 반면에 차별화를 추구해야 하는 서비스에서도 획일적 현상이 나타날 위험성과 그 서비스 장소에서 행해지는 서비스의 현장 대응성이나 유연성을 그르치게 되는 위험성이 있다. 결국, 균일성 추구는 서비스의 핵심인 개별성을 상실하게 된 것이다.

(2) 서비스의 인간성 상실

제조업에서 공업화의 초기에 인간이라는 요소에 충분히 주의하지 않아 직원의 사기가 현저히 떨어지는 심각한 문제가 발생하였다. 경영자 측의 자동화 계획에 대해 노동자 측의 의심과 두려움 등에서 공업화에 대한 기피의식이 강화된 것이다. 서비스기업이 공업화를 추진하는 과정에서 효율성을 강조하다 보면 그 결과 인간을 기계의 부속품처럼 취급하게 됨으로써 제조업의 발전과정에서 나타났던 인간성 무시와 똑같은 현상을 재연하는 경향이 나타난다.

또 제한된 현장 인원이 폭증하는 서비스 수요에 대응하는 데 표준적이고 반복적인 서비스를 제공하는 과정에서 정신적 · 육체적인 피로를 느끼게 되는 경우가 많다. 서비스의 생산과 소비의 동시성으로 인해 고객이 서비스 생산과정에 참여하게 되는데, 직원의 사기 저하나 정신적 피로는 기계적인 응대로 서비스품질에 즉각적으로 반영되며, 소비자의 실망으로 이어지게 된다. 따라서 서비스직원의 인간성 상실은 제조업의 경우보다 훨씬 심각한 문제가 된다고 할 수 있다.

(3) 고객 관계의 무시

서비스 공업화 논리는 기존의 마케팅이론을 서비스기업에 그대로 적용할 수 있다고 주장하고 있다. 이러한 논리에 의하면 제조업 또는 서비스업이 제공하는 거래대상이 무엇인가, 즉 유형재인가 서비스인가에 상관없이 고객은 그 제공물을 평가하여 유형재를 구매하게 된다. 그러나 소비자는 상품의 유형 · 무형의 특성을 구매하는 것이 아니라 상품에서 얻어지는 효용이라는 편익의 다발(a bundle of benefits)을 구매하고 있다.

고객의 최종욕구는 편익이라는 점에서 유형재와 서비스에서 보면 유사하겠지만, 그것을 얻기 위한 거래의 대상은 다르기 때문이다. 고객이 서비스를 평가할 때는 서비스 제공자의 동작, 외관, 행동, 상호신뢰 관계를 창조하는 능력 등을 고려한다. 즉,

서비스 거래에서 서비스 제공자의 고객 관계는 매우 다르며, 훨씬 더 많은 요소 이를테면 직원, 타 고객, 물리적 환경 등을 포함하고 있다.

(4) 기술의 복잡화

4차 산업혁명과 디지털 전환은 예전과는 다른 상황을 가져왔다. 신기술이 너무 복잡하고 다양해져 고객이나 직원이 이러한 기술적 혁명을 따라가지 못하는 경우가 종종 발생한다. 서비스직원은 새로운 지식 습득과 현장 응용에 시간을 더 들여야 하고 서비스기업은 시스템 전환과 직원 교육 및 현장 적응 관리에 새로이 대처해야 하게 되었다.

소비자는 신기술에 맞게 직접 소프트웨어를 다뤄야 하고 ATM 조작방법, 여러 셀프서비스 방식을 학습해야 한다. 신기술 응용에 뒤처진 소비자들은 서비스를 제대로 즐기기가 점차 어려워지고 세상의 급격한 변화를 두려워하는 사회현상이 나타나기도 한다. 이렇게 기술의 복잡화로 인해 오히려 서비스에 대한 불만이 가중되고 있다.

3. 서비스 패러독스의 해결방안

서비스의 표준화, 단순화, 시스템화, 규격화는 생산성 향상 및 일정한 서비스품질 수준의 유지에 도움이 되지만, 서비스가 획일화되거나 인간성이 상실되거나 고객 관계를 무시하거나 새로운 신기술에 대응하는 게 어려워지는 등 여러 문제가 나타난다. 이러한 서비스 패러독스에서 탈피하고 높은 수준의 서비스를 제공하려면 서비스기업은 어떻게 대처해야 하는가? 여기에는 기본적인 단어 SERVICE에서 답을 찾을 수 있다. 핵심 포인트는 서비스 제공자와 서비스 이용자는 모두 인간이라는 점이다. 서비스의 기본은 인적 서비스에 있다는 점을 더 강조해야 한다.

〈표 1-9〉 서비스 패러독스의 해결방안

S (sincerity, speed, smile)	서비스에는 성의, 스피드, 스마일이 있어야 한다. 이는 오랫동안 판매의 3S로 중시되어온 것이다. 성의 있고 신속하며, 상냥한 미소가 좋은 서비스를 결정하는 것이다.
E (energy)	서비스에는 활기가 넘쳐야 한다. 직원의 활기찬 걸음걸이나 표정이 밝을 때 고객과의 대화나 접촉이 활기를 띨 수 있다. 활기찬 대응이 고객의 인상에 큰 영향을 미친다.
R (revolutionary)	서비스는 신선하고 혁신적이어야 한다. 천편일률적인 서비스를 제공하는 것이 아니라 언제나 조금씩이라도 신선하고 혁신적인 요소를 부가하는 것이 중요하다.
V (valuable)	서비스는 가치 있는 것이어야 한다. 어느 한쪽의 희생이 아니라 서로에게 이익이 되고 가치가 있어야 한다.
I (impressive)	서비스는 감명 깊은 것이어야 한다. 기쁨, 감동, 감명을 제공하라.
C (communication)	서비스에는 커뮤니케이션이 있어야 한다. 일방적인 커뮤니케이션이 아니라 고객의 소리를 듣는 쌍방향 커뮤니케이션이 필요하다.
E (entertainment)	서비스는 고객을 환대하는 것이어야 한다. 겉으로만 번지르한 인사치레나 예절 수준이 아니라 진심으로 고객을 맞이해야 한다.

제 7 절 서비스 마케팅믹스(7P)

서비스 마케팅믹스에는 기본적 마케팅믹스로서 상품, 가격, 채널, 촉진 등의 4P로 구성되어 있고, 그와 더불어 확장된 마케팅믹스로서 물리적 환경, 프로세스, 참가자 등의 3P를 추가해 총 7P로 구성된다.

〈표 1-10〉 확장된 서비스 마케팅믹스

구분	상품	가격	채널	촉진	물리적 환경	프로세스	참가자
기본적 마케팅믹스 4P	상품	가격	채널	촉진			
확장된 마케팅믹스 7P	상품	가격	채널	촉진	물리적 환경	프로세스	참가자
	• 물리적 특성 • 품질 • 보조서비스 • 상품계열 • 브랜드 • 보증	• 가격수준 • 거래조건 • 비금전적 비용 • 유연성 • 차별화 • 서비스품질 • 할인	• 채널유형 • 중간상 • 입지 • 채널관리	• 광고 • 판촉 • 인적 판매 • 홍보 • DM • 다양한 매체	• 시설 • 장비 · 설비 • 건물 • 직원복장 • 명함 • 팸플릿 • 계산서 • 표지판 등	• 서비스활동의 흐름 • 서비스 제공 단계 • 고객의 참여 수준 • 전달과정	• 직원의 선발, 교육, 동기부여 • 고객관계 관리 • 타 고객 관리

1. 상품

상품(product)은 유형재(goods)와 유사한 의미로 쓰인다. 그러나 서비스의 무형성, 생산과 소비의 동시성에 의해 상품 결정에는 여러 가지 변수가 포함되므로 서비스기업의 상품 개념은 제조업의 제품개념보다 폭넓다. 서비스기업의 상품 결정에서는 주로 브랜드명, 품질, 보증, 패키지, 능력, 반품 등과 더불어, 보조적 수단으로 현장직원, 눈에 보이는 유형적 수단(tangible clues), 물리적 환경 등이 고려대상이다. 이러한 요소들에 의해 구매자는 서비스에 대하여 더욱 폭넓은 인식대상을 갖게 되며, 서비스기업은 이러한 요소들을 상품으로써 인식하여 상품 계획을 결정한다.

2. 가격

서비스 상품의 가격(price)은 고객에게 제공하는 편익을 금액으로 표시한 것이다. 이것이 고객에게는 눈에 보이지 않는 서비스의 질을 판단하는 '단서'가 되고 있음을 인식할 필요가 있다. 일반적으로 서비스의 질은 평가가 곤란하므로 고객은 그 판단의 실마리로서 가격과 품질 관계를 고려하는 경향이 있다. 고객은 가격수준이 서비스의 품질, 서비스의 가치를 대표하는 것으로 간주해서, 기업이 상대적으로 고가격을 제시하면 질 높은 서비스를 제공할 것이라고 기대한다. 따라서 실제로 제공된 내용물이 낸 돈에 비해서 상대적으로 낮다면 불만족이 발생할 것이다. 가격요소로는 표준가격, 할인가격, 지급 기간 연장 이외에도 고객이 인식한 가치(customer's perceived value), 품질과 가격의 상호작용, 차별화 등의 요소가 있다.

3. 채널

서비스는 대부분 판매자의 인격과 불가분의 관계가 있으며 동시에 일시적으로 다수의 수요에 응하기가 곤란하므로 그 결과 서비스기업의 규모 확충에 커다란 제약을 받게 된다. 따라서 서비스업의 유통채널(distribution & place) 선정은 중요한 요소가 된다.

서비스기업은 판매자와 구매자 사이에 개인적이거나 전문적인 단골 관계를 유지하기 위해서 직접 판매야말로 주요한 판매 채널이 된다. 정보통신기술의 발달로 인터넷을 이용한 직접 판매가 강화되고 있다. 병원의 웹사이트로 진료 예약을 하거나 Swissôtel Hotel & Resort처럼 온라인 예약을 장려하는 프로모션을 진행해 7개월 동안 예약 건수를 2배 이상 올리는 기업들도 나타났다.

[그림 1-5] Swissôtel Hotel & Resort

그러나 본사의 네트워크 또는 지점을 통해 모든 서비스 상품을 판매하려고 하면 한계가 있다. 그래서 서비스 상품을 판매하는 데 간접유통시스템으로 중개인 또는 중개업자를 이용하지 않을 수 없다. 중개인(intermediaries) 또는 중개업자(중간상)는 공급자와 고객들을 연결하는 사람(또는 시스템)이다. 대표적인 중개인으로는 프랜차이즈 시스템, 에이전트와 브로커, 전자채널, 전자상거래업자(쿠팡, 옥션, G마켓, 홈쇼핑 등) 등이 있다.

4. 촉진

무형재의 특징은 구매하기 전에는 그 상품 자체가 존재하지 않는다는 점과 상품에 대해 사전에 감시하거나 검토하기가 좀처럼 불가능하다는 것이다. 그러므로 고객은 품질 보증을 사회적인 평가를 기준으로 하여 판매자 측을 판단하지 않으면 안 되고 또한 자기 자신의 감각과 판단능력 및 주관에 의지할 수밖에 없게 된다. 그 결과 고객은 구매 결정의 기준을 현실의 서비스 상품 자체의 특징보다는 서비스나 서비스기업에 대한 이미지 및 주관적 인상에 두지 않을 수 없게 된다.

촉진(promotion)은 충성도가 높은 개인적 이미지를 창조하는 데 유익한 요소이므로 서비스기업의 마케팅에서는 중요한 마케팅믹스 요소가 된다. 광고, 인적 판매, 판매 촉진, 퍼블리시티 등의 촉진수단을 이용하는 경우 무형의 서비스 그 자체보다도 그것이 소비자나 수요자에게 가져오는 이익 또는 편익을 광고하는 것에 중점을 둘 필요가 있다. 더욱이 서비스의 경험 전(소비 전)과 경험 중(소비 중)에서의 촉진이 특히 중요하다.

또한, 경험적 속성이 큰 서비스는 개인적 커뮤니케이션 오피니언 리더에 의한 정보전달방법이 효과적이다. 따라서 인적 판매는 제조업보다 더욱 중요한 촉진수단이 된다. 그와 더불어 설비, 물리적 환경, 눈에 보이는 단서(예를 들면 현장직원의 복장 및 미소, 실내의 청결함) 등도 고객의 서비스 인식에서 뺄 수 없는 요소가 되며 이것은 촉진의 대상이 되기도 한다.

5. 물리적 환경

주로 무형의 상품을 판매하는 서비스산업에서는 방문이나 구매 전 경험에 대한 예측이 매우 어려우므로, 소비자는 자신이 수용하게 될 무형의 상품이나 서비스에 대한 경험적 속성의 물리적 증거가 되는 유형적 단서를 찾음으로써 이에 대한 수준을 추론하게 된다. 이런 유형적 단서로 가장 중요한 마케팅 요소가 바로 물리적 환경이다. 물리적 환경은 처음 방문하는 고객에게 긍정적인 첫인상을 심어주며 기대를 형성하게 하여 경쟁기업과 차별화할 수 있는 전략적 요소이다.

물리적 서비스 환경의 구성요소는 크게 주변 요인, 디자인 요인, 사회적 요인으로 구분할 수 있다. 주변 요인은 온도, 소음, 공기의 질, 음악, 향기, 색채, 조명, 청결 등처럼 쉽게 인지할 수 없는 배경적 조건으로 주변 요인이 충족되지 않는 경우 고객은 불쾌감을 느껴서 바로 인지할 수 있는 요인이다.

디자인 요인은 상징, 조형물, 배치 형태, 건물 외관, 표지판, 주변 경관, 장식, 규모, 스타일, 구성, 외관 등으로 고객이 한눈에 쉽게 파악하고 인지할 수 있는 요인으로 물리적 환경을 지각하는 데 가장 큰 영향을 미치는 요인이라 할 수 있다. 사회적 요인은 고객이 인지하는 서비스 제공자에 대한 요인으로 외모, 태도, 친절한 행동을 의미한다.

6. 프로세스

서비스 프로세스는 서비스가 전달되는 절차나 메커니즘 또는 활동들의 흐름을 의미한다. 서비스는 일련의 과정이며 흐름의 형태로 고객에게 전달된다. 이 과정은 프로세스이고 또한 서비스의 흐름은 플로(flow)이며 서비스의 전달과정(delivery process)

을 말한다. 따라서 프로세스는 서비스 상품 자체이기도 하면서 동시에 서비스 전달 과정의 성격을 갖고 있다.

프로세스, 즉 구매과정(purchasing process)에는 서비스 상품의 구매에 대한 사람들의 심리적 동기와 의사결정 방법이 고려되어야 한다. 고객들의 욕구와 욕망, 개인적 특성, 사회적 · 경제적 지위는 그들의 동기를 형성하는 데 도움을 준다. 그러므로 구매자의 동기를 파악할 수 있는 기업은 그 동기에 알맞은 서비스와 판매 촉진을 조직화할 수 있다.

잠재고객에게 적절한 정보를 제공하는 것은 구매과정에 있어 결정적으로 중요하다. 고객은 구매하기 전에 서비스 상품에 대한 정보의 근원, 그 정보에 접근하는 방법, 구매를 실행하는 방법 등을 알려고 한다. 관리자는 구매과정을 촉진하는 방법으로써 이러한 정보를 고객에게 알리도록 노력해야 한다.

7. 참가자

참가자(participants)란 서비스 생산과정에서 역할을 행하는 모든 인간(서비스기업의 현장직원과 고객)으로 그들은 구매자의 인식에 커다란 영향을 미친다. 이들 참가자의 상호작용, 즉 서비스의 생산과 소비의 동시성에서 발생하는 고객과 현장직원의 인간적 상호작용은 서비스 마케팅의 연구체계 형성에 중요한 시사성을 지니고 있으며, 이 상호작용의 관리는 마케팅의 업무로서 고객만족의 극대화를 목표로 설계되어야 한다.

서비스의 생산 및 소비 과정에 참가하는 참가자는 고객이 서비스 상품 구매를 최초로 결정하거나 재구매의 결정 및 만족 수준 등에 영향을 미친다. 고객의 반응은 기업의 모든 변수에 의해 영향을 받는데 기본적 마케팅믹스 4P와 함께 참가자는 고객 평가에 관계하는 변수가 된다.

실제로 서비스기업의 생산성은 그 생산과정에서 고객의 적극적인 참가에 의존하는 바가 크다. 고객은 최종적으로 서비스를 소비할 때 서비스 제공자와 밀접하게 접촉한다. 그 가운데 고객은 생산요소로서 서비스기업의 자원의 한 부분으로 편입되어 생산 및 소비 과정에서 작용하게 된다. 예를 들면 보험업의 발전은 고객의 요구를 숙지하고 각 고객의 요구에 합치하는 보험증권을 만드는 판매원의 능력에 크게 의지한다. 그와 동시에 최적인 보험거래를 성립시키기 위해서는 자신이 필요로 하는 보험의 특성을 요령 있게 전달하는 고객 자신의 능력에도 힘입은 바 크다고 할 수 있다.

서비스기업이 서비스 판매에 성공하기 위해서 가장 중요한 것은 참가자 간의 인적 접촉을 관리하는 것이다. 서비스에 만족하는가 불만족하는가 하는 것이 인간관계에 기인하는 경우가 많다. 일반적으로 인적 접촉이 소비자나 고객에게 한층 중요한 것은 서비스에서 인간미를 추구하는 심리적 요구를 만족시키기 때문이다. 따라서 밀접한 개인적 관계에서 커다란 만족감을 얻을 수 있다면 고객은 이 개인적 서비스에 여분으로 더 많은 금액을 지급하려고 할 것이다.

이러한 개인적 서비스에 대한 욕망을 적절한 방법으로 자극하는 것에 의해서 여행대리점, 은행, 보험회사, 호텔 등은 유형재의 판매 방식으로는 쉽사리 획득할 수 없는 고객을 확보하고 만족시킬 수 있는 것이다.

02

CHAPTER

디지털 전환과 서비스 마케팅

Chapter 02

디지털 전환과 서비스 마케팅

제 1 절 4차 산업혁명

1. 4차 산업혁명의 개요

2016년 1월 스위스 다보스에서 열린 세계경제포럼에서 클라우드 슈밥 세계경제포럼 회장은 향후 세계가 직면할 화두로 '4차 산업혁명'을 언급하였다. 4차 산업혁명은 디지털 기술을 토대로, 언제 어디서나 인터넷에 접속할 수 있는 모바일 유비쿼터스 인터넷(ubiquitous and mobile internet), 모든 사물에 장착이 가능한 센서, 인간의 지능을 대신하는 인공지능 기술과 기계학습(machine learning)을 핵심으로 한다.

지난 18세기 최초의 1차 산업혁명이 물과 증기의 힘을 이용하여 기계화 단계로 접어들었다면, 2차 산업혁명은 전기에너지를 통해 대량생산이 가능한 산업화 체계를 만들었다. 그리고 3차 산업혁명은 컴퓨터와 인터넷, 디지털 기술을 이용해 정보화 세상을 만들어냈으며 그 진화는 현재 진행 중이다. 3차 산업혁명은 PC를 기반으로 한 디지털 혁명이지만, 4차 산업혁명은 스마트폰 기반의 디지털 혁명이라는 가치를 갖는다.

그러나 클라우드 슈밥은 현재의 격변을 3차 산업혁명과 달리 새로운 4차 산업혁명으로의 전환으로 보는 3가지 이유를 기하급수적 '변화의 속도', 모든 산업에 영향을 미치는 '변화의 범위', 전체 시스템의 변혁을 초래할 '시스템의 영향' 측면에서 제시하고 있다.

4차 산업혁명(The Fourth Industrial Revolution, 4IR)은 디지털 기술과 바이오산업, 물리학, 정보통신기술(ICT) 등의 기술 융합으로 창조된 혁명적 시대를 뜻한다. 즉 IT 및 전자기술 등의 등장으로 인한 디지털 혁명(3차 산업혁명)에 기초하여 물리적 영역, 디지털 영역 및 생물학적 영역의 경계가 희석되는 기술 융합의 시대를 의미한다.

〈표 2-1〉 산업혁명의 변화[1)]

산업혁명 구분	시기	내용
1차 산업혁명	1784년	증기, 기계 생산
2차 산업혁명	1879년	전기, 노동 분업, 대량생산
3차 산업혁명	1969년	전자 · 정보 기술, 자동생산
4차 산업혁명	?	사이버 - 물리 시스템

2. 4차 산업혁명의 핵심 기술과 개념

4차 산업혁명은 경제와 산업 등의 분야에 지대한 영향을 미치는 다양한 신기술로 설명될 수 있다. 4차 산업혁명을 이해하려면 4차 산업혁명의 원동력인 핵심 기술과 개념을 먼저 이해해야 한다. 4차 산업혁명을 이해하고 신제품 신규사업과 경영전략 및 마케팅 전략을 개발하는 능력을 갖추기 위해서는 이들 기술에 대한 이해가 필요하다. 핵심 기술에는 인공지능, 로봇공학, 빅데이터, 사물 인터넷과 웨어러블 디바이스, 무인 운송수단(예, 자동차, 드론 등), 3D 프린팅, 나노바이오기술 등의 7대 분야를 중심으로 해서 가상현실과 증강현실, 공유 경제, 가상 화폐와 블록체인 등이 있다.

1) 김대호(2016), 4차 산업혁명, 서문, 커뮤니케이션북스, p.x(재인용)

1) 인공지능

인공지능(AI : artificial intelligence)은 과거 인간만이 지니고 있었던 학습의 능력과 추론 능력, 지각 능력 등을 컴퓨터 프로그램으로 실현하는 기술을 의미한다. 2016년 4월 인공지능 알파고가 이세돌 구단과의 바둑대결에서 승리함으로써 인공지능에 대한 인식이 크게 바뀌었다. 인공지능이란 인간의 뇌가 가진 지능의 기능을 컴퓨터 소프트웨어를 이용하여 수행할 수 있게 하는 기술을 다루는 과학이라고 할 수 있다. 이제 단순한 기억을 넘어서 인간의 뇌처럼 습득한 지식을 바탕으로 추론하고 자연 언어를 이해하고 스스로 학습하고 시각적 판단을 할 수 있는 단계에까지 이르렀다.

인공지능이 활용되는 분야로는, 게임, 자연어 처리, 특수 정보를 통합하는 전문가 시스템, 시각적 입력 자료를 이해하고 해석하고 사고하는 인공지능 비전 시스템, 수기 자료 인식, 지능형 로봇, 자율주행차 등 광범위하다.

2) 로봇공학

로봇공학(robot technology)은 사회 전체의 생산성 향상을 위해 로봇이 기여할 수 있도록 하는 기술을 의미한다. 사람 모양을 한 로봇이 이미 인간의 생활에 깊숙이 활용되고 있어서 청소 등 일을 거들기도 하고 환자를 돌보기도 하고 사람과 대화하여 정서적인 상대가 되고 있다.

로봇은 활용도가 매우 높아서 많은 종류가 있다. 로봇을 용도별로 분류하면 먼저 서비스용 로봇과 제조업용 로봇, 극한 작업 로봇, 기타 산업용 로봇이 있으며, 서비스용 로봇은 개인 서비스용 로봇과 공공 서비스용 로봇으로 나누어진다.

로봇은 이미 많은 인간의 일을 대체하고 있으며 앞으로 그 범위는 더욱 확대될 것이다. 이로 인한 일자리 감소가 심각한 문제로 대두되리라 예상되며, 반면에 로봇은 4차 산업혁명 과정에서 인간을 노동으로부터 해방하는 데 핵심적인 역할을 할 것이다. 노동으로부터의 해방과 더불어 일자리 감소 문제를 어떻게 해결하느냐에 대한 해답이 필요하겠지만, 이것은 4차 산업혁명 시대의 대세라 할 수 있다.

3) 빅데이터

빅데이터(big data)는 문자 그대로 '많은 양의 데이터'를 말한다. 현재의 디지털 사회에서는 과거의 아날로그 환경에서 생성되던 것과 비교할 수 없을 정도로 많은 자료가 생성된다. 예를 들면 소비자가 인터넷 쇼핑몰에서 구매한 상품의 종류와 금액, 고객이 관심을 보인 상품의 종류, 쇼핑 시간 등이 기록된다. 인터넷 방문자가 구매하지 않아도 방문 기록 등 정보가 축적된다. 매일 소비자가 실제로 구매한 상품의 가격, 종류, 구매상점, 선물 등에 관한 자료가 엄청나게 생성되는데, 이러한 대량의 데이터를 총칭하여 빅데이터라고 한다. 흔히 이러한 자료는 그냥 지나칠 수 있지만, 그 안에 포함된 유용한 정보를 찾아낼 수 있다.

예를 들면 고객의 쇼핑행위에 관한 빅데이터를 분석하면, 고객들이 선호하는 상품의 종류, 가격, 디자인 등에 관한 정보를 찾아낼 수 있다. 대기업이나 중소기업들도 이러한 빅데이터에 접근하게 된다면 그것을 분석하여 사업 경영에 유용한 정보를 확보할 수 있을 것이다.

빅데이터는 양(volume), 속도(velocity), 다양성(variety), 기계학습(machine learning), 디지털 발자국(digital footprint) 등의 특징이 있다.

즉 자료의 양이 많다. 그리고 속도는 매우 짧은 시간에 또는 실시간으로 분석하고 활용할 수 있다. 또 빅데이터 자료는 다양하다. 여기에는 문자, 이미지, 소리, 동영상 등이 포함된다. 기계학습은 인공지능이 빅데이터에 나타난 패턴, 규칙성, 또는 특성 등을 찾아낸다. 마지막으로 디지털 자료는 스마트폰 채팅 등 디지털 교호작용의 결과, 추가적인 비용 없이 생성되는 부산물이다. 이와 같은 디지털 활동의 결과로 생성되는 자료를 디지털 발자국이라고 한다.

4) 사물 인터넷과 웨어러블 디바이스

사물(thing)과 사물(thing)을 연결하는 인터넷을 사물 인터넷(internet of thing, IoT)이라고 한다. 사물 인터넷(IoT)은 그 활용범위가 엄청나게 확대될 것으로 전망된다. 사물 인터넷을 선점하는 자가 인터넷을 통한 미래에 혁신의 아이콘이 될 것이다.

사물 인터넷은 웨어러블 장치, 스마트홈 관리, 가전제품과 자동차 관리, 개인의 건강관리(원격 의료 관리), 스마트 교통관리, 제조업과 서비스산업, 그리고 스마트 도시 건설에도 적용할 수 있다. 스마트 도시는 인터넷 접속이 언제 어디서나 가능하고 도시 내 모든 시설이 지능화된 다양한 유비쿼터스 서비스를 제공하는 도시의 개념을 나타내는 말이다.

스마트 도시에서 구현할 수 있는 서비스로는 교통서비스, 에너지 절약서비스, 관광서비스, 건강관리, 기타 여러 산업에서 활용되는 서비스 등이 있다. 사물 인터넷과 무선 근거리 통신 기술을 이용하여 여행객이 방문지에 도착하면 스마트폰에서 해당 지역의 맛집, 호텔, 관광지 등 관광 정보를 제공하는 것에서부터, 중동 아랍에미리트의 두바이처럼 도시 전체를 하나로 연결하는 스마트 기반 시설이 갖추어진 스마트 도시를 구축하는 데 사물 인터넷을 크게 활용할 수 있다.

다음으로, 웨어러블 디바이스는 사람이 몸에 직접 착용할 수 있도록 만들어 놓은 인터넷을 의미한다. 사물 인터넷 장치에 손목시계처럼 줄을 부착하면 손목에 착용 가능한 디바이스, 즉 웨어러블 디바이스가 되는 것이다. 건강관리 팔찌(health bracelet), 스마트 워치, 구글 글라스, 스마트 워치 기반 간편 결제 시스템 등이 그 사례이다. 웨어러블 디바이스를 선점하기 위한 기업들의 경쟁이 치열하다.

5) 무인 운송수단

인간이 자동차, 열차, 선박, 항공기 등을 활용한 운송에 직접 관여하지 않고도 안전하고 정확한 운송 행위가 가능하도록 하는 기술을 말한다. 무인 운송 기술이 발전할수록 과거 운송 업무에 투여되었던 시간을 절약할 수 있게 되고, 그 사이에 인간은 다른 일을 할 수 있게 되므로 생산성 향상이 가능하다.

자동차는 기술의 급격한 발전과 더불어 직접 운전자 시대에서, 지금까지 개발된 전자, 인공지능 기술 등이 결합하여 자율주행차로 발전하고 있다. 자율주행차(자율주행 자동차, autonomous driving car, self-driving car, driverless car, smart car)는 인간 운전자가 없이 운행되는 자동차를 말한다. 세계 각국에서는 현재 주로 운행하는 탄소연료 자동차가 공해를 일으키고 또한 탄소연료 매장량이 유한하다는 한계점을 극복하기 위해 석유 자동차를 대체할 방법으로 전기자동차와 수소자동차를 개발하였다. 아직 해결해야 할 문제가 많지만 앞으로 점차 대중화될 것으로 예상된다.

드론(drone)은 '웅웅거리는 소리'라는 영어 단어 의미에서 나왔는데, 지금은 무인항공기(Unmanned Aerial Vehicle, UAV)를 의미하는 말로 많이 사용된다. 무인 항공기에는 사람이 타지 않고 비행체는 지상에서 원격으로 조종된다. 드론은 4차 산업혁명의 주도적 기술은 아니고 응용기술에 해당하지만, 그 활용범위가 넓어서 4차 산업혁명 과정에서 큰 역할을 할 것으로 보이며 관련 산업이 크게 발전하고 있다. 드론의 활용 분야는 군사적 목적 외에도 항공 촬영, 수송, 농업, 우주 항공, 해양, 환경 기상, 재난 안전, 교통 등 그 범위가 매우 넓다고 하겠다.

6) 3D 프린팅

3D 프린팅(3 dimensional printing, 3차원 인쇄)이란 컴퓨터의 3D 모델링 소프트웨어로 완성한 입체 모형을 여러 층으로 나누어 한 층씩 쌓아 올라가며 3차원의 모형을 완성하는 인쇄라는 뜻이다. 즉 x(가로)와 y(세로) 축에 추가해서 z(높이) 축에 따라 이동하며 인쇄하면 입체가 만들어진다는 개념을 이용한 것이다. 3D 프린팅은 과거의 생산방식보다 시간이 단축되고 비용도 절감되며 개인별 맞춤형 생산도 가능하다. 소위 개인 맞춤형 시대에 접어들면서 3D 인쇄기술을 이용하여 자신이 원하는, 자

신만의 제품을 만들 수 있게 되었다. 예를 들어 나만의 음식, 나만의 집, 나에게 맞는 인체조직 등이 그것이다. 3D 프린팅 기술은 이미 식료, 의료 등의 개인적 응용을 넘어서 기계 장치나 부품 등의 생산 분야까지 확대되는 추세에 있다.

7) 나노바이오기술

나노바이오는 바이오기술에 나노를 접목한 기술이다. 나노바이오기술은 생명체를 구성하는 바이오 물질을 나노미터 크기의 수준에서 조작·분석하고 이를 제어할 수 있는 과학과 기술을 지칭한다. 최근 바이오 의료기술이 크게 발전하였다. 바이오 의료기술에는 유전체를 연구하는 유전체학, 뇌와 의식의 여러 가지 측면을 이해하는 데 사용되는 모든 기술을 말하는 신경기술, 그리고 임플란트 치료와 같은 체내 삽입 기술 등이 있다. 특히 체내 삽입 기술은 치아 임플란트 이외에도 신장 이식, 간 이식, 화상 환자를 위한 피부 이식 등이 있으며 기타 인공 와우(달팽이관 임플란트), 피임용 이식, 인슐린 펌프 이식, 심장 세동 제거기 이식 등 생체 이식기술 등이 실용화되고 있으며, 이러한 기술들은 한국 의료기술의 고도화로 인해 해외관광객 유치에도 활용될 수 있다.

8) 가상현실과 증강현실

가상현실(VR : virtual reality)이란 실제로는 현실이 아니고 가상이지만 현실처럼 느껴지는 것을 말한다. 흔히 영화에 나오는 장면들이 마치 현실에서 발생하는 것처럼 착각이 들기도 하는데, 전자 제품 판매장에 가보면 이렇게 가상현실을 체험하게 하는 매장들이 있어서 그것들을 체험해 볼 수 있다.

가상현실은 '어떤 상황이나 환경을 컴퓨터를 통해 그것이 마치 실제처럼 느끼게 하는 인간과 컴퓨터 사이의 인터페이스'를 말한다. 요즘은 가상의 시각 체험에서부터 가상의 맛, 가상의 냄새, 가상의 소리, 가상의 촉각도 만들어내기에 이르렀다. 2016년

7월에 포켓몬고(Pokemon Go) 게임[2)]이 세계의 주목을 받았다.

가상현실의 응용 분야는 매우 다양한데, 자동차 운전 교육, 항공기 조종사 훈련, 3차원 해부도 및 시뮬레이션, 모의 수술, 가상 내시경 등 교육적 목적에 사용되며, 스포츠 분야에서는 VR 패러글라이딩, 각종 VR 스포츠 체험 등이 있다.

한편, 증강현실(AR : augmented reality)은 눈에 보이는 것들이 가상의 이미지와 현실이 섞여 있는 것이라고 할 수 있다. 증강현실은 보통 스마트폰을 이용하는데, 체험자가 자유롭게 움직이면서 체험할 수 있다. 예를 들면 포켓몬고 게임에서 게임플레이어는 스마트폰에 나타난 영상(가상)뿐만 아니라 자신이 실제로 있는 현실도 보는 상황에서 게임을 하는 것이다.

9) 공유 경제

공유 경제(sharing economy)란 소유하고 있는 제품을 여러 사람이 나누어 가며 소비하는 경제활동을 의미한다. 공유 경제라는 개념은 2008년 미국이 금융위기를 겪으면서 취업난, 가계 소득 감소 등이 심화하자 합리적인 소비로 위기를 극복하려는 방안으로 활성화되었다고 한다. 특히 이 개념은 인터넷과 SNS의 발달로 개인 대 개인의 접속과 거래가 쉬워지면서 실용화되었다.

공유 경제를 이용한 비즈니스 모델로는 에어비앤비(AirBnB)와 우버(Uber)가 세계적으로 유명하다. 에어비앤비는 2007년 미국 샌프란시스코에서 호스트 2명이 게스트 3명을 받으면서 시작된 공유 숙소 서비스회사이다. 에어비앤비는 자신들이 숙박 시설을 소유하지 아니하고 여분의 숙박 공간을 가진 사람들이 대여 서비스에 참여하도록 하고 참여자에게는 소득을 보장하고 사용자에게는 저가의 숙박 서비스를 활용하게 하며 자신들(에어비앤비 본사)은 조직화와 연결 서비스에 대하여 소정의 수수료

---

2) 포켓몬고 게임은 2016년 7월 6일부터 미국, 오스트레일리아, 뉴질랜드, 독일, 영국 등에서 출시된 후 큰 돌풍을 일으켰다. 우리나라는 포켓몬고 출시 제외 지역으로 분류되었으나 강원도 속초, 울릉도 등 일부 지역에서 게임이 가능하다는 사실이 알려지면서 속초행 버스가 매진되는 등 엄청난 열풍이 일어났었다.

를 취하는 비즈니스 모형이다. 한국에는 2013년에 진출했고, 2021년 12월 현재 전 세계 220개가 넘는 국가와 도시에 400만 명이 넘는 호스트(집주인)를 보유하고 있다. 여행객들이 에어비앤비를 통해 공유 숙소를 이용한 횟수는 10억 회가 넘는다.

우버는 차를 가진 개인과 차가 필요한 이용자를 스마트폰 앱으로 연결해 비즈니스의 혁신을 불러일으켰다. 이제는 우버 모델이 모든 서비스로 확대되고 있다. 이것을 '경제의 우버화'라고까지 부르는데 이는 주문형(on-demand) 디지털 경제를 일컫는 말이다.

[그림 2-1] 에어비앤비

[그림 2-2] 우버

10) 가상 화폐와 블록체인

가상 화폐(virtual currency 또는 virtual money)는 가치를 디지털로 표시한 것으로 중앙은행이나 공공기관이 발행한 것은 아니지만 지불의 수단으로 사용되며, 전자적으로 송금, 저장, 교환되는 것이라고 정의할 수 있다(유럽은행의 정의). 따라서 가상 화폐는 물리적 실체가 존재하지 않고 전자적으로 존재하는 화폐이므로, 종이와 금속을 이용해 가치를 표시하던 기존의 화폐에 익숙한 사람들은 이해하기 어려운 화폐라고 할 수 있다. 가상 화폐 혹은 사이버 화폐는 인터넷 사이트, 온라인 게임 등 가상·사이버 공간에서 통용되는 화폐를 말한다. 서비스하는 회사별로 다르게 취급하기 때문에 현실의 상품권과 비슷한 개념이다.

그런데 공인 화폐가 성립되기 위한 가장 중요한 두 가지 기본요건은 국가의 공인과 위조방지라고 할 수 있다. 여기서 첫째, 국가 공인에 대해서 보면, 최근에 일본과 영국에서 디지털 화폐를 교환의 수단으로 인정하는 단계에 이르렀지만, 가상 화폐를 이용한 불법행위가 늘어나자 세계 각국 은행이 나서서 거래를 중단하고 일본과 영국을 비롯해 각 정부는 경고 메시지를 높이고 있기도 하다.

공인 화폐로 인정하는 둘째 조건으로 위변조 방지 문제가 있다. 그런데 이것은 블록체인(blockchain)이라는 개념을 통해서 극복되었다고 할 수 있다. 블록체인은 가상 화폐로 거래된 내용을 기록하는 장부이다. 일반적으로 통용되지는 않지만, 송금이 용이하고 저비용이라는 장점 때문에 가상 화폐가 사용되고 있다. 하지만 가상 화폐에 대한 투자는 이익도 있는 반면에 손실을 초래할 수 있다. 실제로 발행된 가상 화폐로는 비트코인(Bitcoin), 이더리움(Ethereum), 리플(Ripple), 라이트코인(Litecoin) 등 수백 가지나 된다.

제 2 절 서비스와 기술 혁신

기술 특히 정보통신기술이 서비스 마케팅에 미치는 영향은 매우 크다. 오늘날 세계화와 함께 기술은 서비스 마케팅에 영향을 주는 가장 중요한 추세로 자리 잡고 있다.

1. 새로운 서비스 기회

최근 서비스혁신을 가져온 기본적인 동력이 기술이라는 사실을 부인할 수 없다. 보이스 메일, 콜센터, 자동응답시스템, ATM 기기, 그리고 4차 산업혁명으로 인한 변화 등으로 인한 서비스는 기존과는 다른 양상을 띠고 있고 정보통신기술이 서비스 마케팅에 엄청난 영향을 미치고 있다.

특히 인터넷 사용자의 급증으로 새롭고 다양한 서비스가 무수히 나타나고 있는데, 아마존, 구글, 이베이 같은 인터넷 기반 기업들은 전에 없던 서비스를 제공하고 있고 또한 상상할 수 없던 수많은 애플리케이션 서비스를 스마트폰을 통해 제공하고 있다. 월스트리트 저널을 비롯해 일부 신문사들은 고객들이 자신의 선호도와 필요에 맞게 신문기사를 구성할 수 있는 쌍방향 신문지면을 제공하고 있다.

새로운 기술로 새로운 서비스가 탄생하고 있다. 모바일과 차량이 결합한 서비스로, 커넥티드 카(connected car)는 운전자에게 특정 장소를 안내해 주는 내비게이션을, 차체 내장 시스템에서 선호하는 소매점이 근처에 있는 경우 쇼핑 정보를 운전자에게 제공하고 있다. 여행 중에는 일기 예보 서비스, 전방 경고 서비스, 근처 호텔예약, 식당 추천과 예약까지 할 수 있다. 의료기술 분야에서는 원격 진료 및 처방전 제공 그리고 수술까지도 가능하다.

또한, 기술은 제조기업의 서비스화를 이끈다. GE(제너럴 일렉트릭)는 항공 엔진, 전력 등 기존 사업에 소프트웨어 기술을 결합해 디지털 서비스기업으로 변신하고 있다. 캐터필러(caterpillar)는 사물 인터넷(IoT) 기술을 활용해 원격으로 장비를 조정하고 인터넷을 통해 고객에게 양질의 정보와 서비스를 제공하고 있다. 또한 제품이 판매 후에 어떻게 활용 소모되는지를 모니터링하고 예측 정비를 통해 서비스 부품을 판매하는 등 가동률을 높이는 비즈니스 모델로 바꾸고 있다.

2. 서비스 제공방식의 변화

새로운 기술은 고객에게 더 쉽고 더 편리하고 더 생산적인 방식으로 기존의 서비스를 제공할 수 있게 한다. 기술은 기본적인 고객서비스 기능(대금 지급, 질문, 계좌기록 체크, 주문 추적), 거래(소매업 또는 B2B), 그리고 학습 및 정보탐색 등을 제공한다. 기술에 따라서 대면접촉 서비스는 쌍방향 음성응답 시스템으로, 이어서 인터넷 기반 서비스로 그리고 또 무선서비스로 변모하였다. 그러나 아이러니하게 이러한 방식을 한 바퀴 돌아서 다시 원점인 대면접촉서비스로 돌아가는 기업들도 많다.

또한, 기술은 구매를 위한 직접적인 수단을 제공하여 거래를 쉽게 한다. 그 대표적인 예는 인터넷뱅킹이다. 그리고 기술의 발전은 많은 B2B 기업 서비스의 거래와 제공방법을 변화시켰다. 예를 들면 세계적 거대네트워크 1위 기술기업인 시스코시스템즈(Cisco Systems)는 온라인으로 주문받고 서비스를 제공한다.

한편으로 기술 특히 인터넷은 고객들이 정보를 찾거나 배울 수 있으며 또한 서로 협력할 수 있는 가장 쉬운 방법이 되었다. 예를 들어 현재 2만 개 이상의 웹사이트가 건강 관련 정보를 제공하고 있으며, 이런 사이트를 통해 질병, 의약품, 진료 문제 등에 대한 답변을 얻을 수 있다.

3. 고객과 직원에게 효과적으로 지원

기술은 직원과 고객 모두에게 서비스를 더 효과적으로 제공하거나 받게 한다. 고객은 셀프서비스 기술을 사용해 자신들의 욕구를 더 효과적으로 충족시키고 있다. 은행직원의 도움 없이 온라인 뱅킹, 온라인 쇼핑, 인터넷과 스마트폰을 통해 가능한 수많은 서비스 도구들이 끊임없이 소비자의 삶을 변화시켜 왔다. 소셜미디어를 통해 고객과 기업은 소통하고 협동할 수 있다.

기술은 직원이 서비스를 더욱 효과적이고 효율적으로 제공할 수 있게 한다. 고객관계관리(CRM)나 판매지원 소프트웨어는 일선 직원이 더 나은 서비스를 제공하도록 지원하는 기술이다. 직원은 이러한 기술들을 즉각적으로 활용해 제품, 서비스, 고객정보에 접근함으로써 더 나은 고객서비스를 제공할 수 있다.

[그림 2-3] 서비스로 확장한 제조업의 예

4. 전 세계로 확장되는 서비스

기술은 이전에는 접근하기 불가능했던 세계 곳곳의 고객들에게 서비스가 도달할 수 있게 한다. 인터넷 자체는 경계가 없으므로 인터넷에 접속할 수만 있다면 어디서든지 정보, 고객서비스, 거래 등에 접근하는 게 가능하다. 기술은 또한 직원들이 국제적으로 소통하는 것을 가능하게 해준다. 손쉽게 정보를 공유하고 질문과 답변을 주고받을 수 있고 물리적인 제약을 넘어서 가상 팀도 운영할 수 있다. 더 나은 기술을 습득한 기업은 전 세계로 서비스를 확장할 수 있고 언제 어디서든지 서비스를 생산하는 것이 가능해졌다.

5. 인터넷 자체가 하나의 서비스

기술의 영향을 살펴보면 흥미로운 것은 인터넷이 하나의 거대한 서비스라는 점이다. 인터넷으로 운영되는 모든 조직은 기본적으로 서비스를 제공하고 있다. 그러므로 서비스 마케팅에서 배우는 모든 도구, 개념, 전략은 인터넷이나 e비즈니스 세상에 직접 적용된다. 기술과 인터넷은 사람들의 비즈니스 방식이나 서비스 상품을 근본적으로 변화시키지만, 고객이 진정으로 원하는 것은 기본적 서비스이다. 즉 고객은 무언가 잘못되었을 때 신뢰할 수 있게 처리해 주고, 손쉽게 접근할 수 있으며, 신속한 반응(응대) 서비스 시스템, 융통성 있는 서비스 제공, 서비스의 실패에는 사과나 보상 등을 원한다.

고객들은 이러한 기본적 서비스를 제조업이나 서비스업은 물론이거니와 기술기반 서비스기업에도 요구한다. 돌이켜보면 초기에 닷컴기업들이 실패했거나 고전한 것은 업무, 물류, 서비스 추적 등을 잘못했거나 고객의 기본적인 욕구에 대한 이해 부족 때문이라고 볼 수 있다.

제 3 절 디지털 전환과 디지털 마케팅

1. 디지털 전환

1) 디지털 전환의 개요

최근 기업들은 자사 제품에 사물 인터넷(IoT), 인공지능(AI), 빅데이터 등의 다양한 정보통신기술을 접목하여 기존 서비스를 혁신하고 경쟁력을 확보하기 위해 노력하고 있는데, 이러한 모든 행위를 통틀어 '디지털 전환'이라고 부른다. 디지털 전환(Digital Transformation, DT 또는 DX)은 기업이 새로운 비즈니스 모델과 제품, 서비스를 창출하기 위해 디지털 역량을 활용함으로써 시장 환경의 변화에 적응하는 프로세스이다. 이는 기업이 디지털과 물리적인 요소들을 통합하여 비즈니스 모델을 변화시켜 산업에 새로운 방향을 정립하는 것이라고 말할 수 있다.

디지털 전환의 대표적인 사례는 GE(General Electric)와 아디다스이다. GE는 가상의 디지털 공장 안에 현실의 공장과 똑같은 '스마트 공장(Smart Factory)'[3]을 만들어서 공장의 효율성을 크게 향상시켰고, 스마트 공장을 뛰어넘는 브릴리언트 공장(Brilliant Factory)을 표방하는 소프트웨어 플랫폼인 '프레딕스(Predix)'를 만들었다. 이는 디지털 기술의 활용을 기반으로 '디지털 트윈(Digital Twin)'[4] 개념을 적용하여 현실 속의 공장과 똑같은 디지털 공장을 만든 것이고, 프레딕스 플랫폼에서 미리 시뮬레이션하여 최적의 프로세스가 현실 공장에서 적용되도록 하고 있다.

4차 산업혁명의 대표적 사례로 꼽히는 '스피드팩토리(Speedfactory)'는 아디다스가 사람 대신 로봇을 활용해 운동화를 생산하는 공장이다. 2015년 독일 바이에른의 안스바흐 지역에의 설립을 시작으로 2017년 하반기부터 제품 생산을 시작한 스마트 공장이다. 아디다스는 인공지능과 가상 물리 시스템(Cyber Physical System)을 활용해 연간 50만 켤레의 운동화를 단 10명의 직원으로 생산해 냈다. 신발제조업은 대표적인 노동집약적 산업으로 중국이나 인도, 베트남과 같은 저임금 국가로 생산시설을 이전하였으나, 디지털 전환의 노력으로 생산기지를 다시 본국으로 불러들이는 것이 가능해졌다.[5]

3) 스마트 공장은 지능형 공장이라고도 하며, 설계, 개발, 제조, 유통, 물류 등 생산과정에 디지털 자동화 솔루션이 결합한 정보통신기술(ICT)을 적용해 실제와 똑같이 제품 설계 및 개발을 실험하여 최적화하고 돌발 사고를 최소화하는 등 생산성, 품질, 고객만족도를 높인다.

4) 디지털 트윈이란 현실 세계의 물체를 가상세계에 구현한 것(쌍둥이)을 말한다. 컴퓨터 프로그래밍 안에 현실 속 사물의 쌍둥이를 만들고, 현실에서 발생 가능한 상황을 시뮬레이션해 봄으로써 결과를 예측하는 기술이다. 실제 제품을 만들기 전 시뮬레이션을 통해 현실을 분석 · 예측해서 발생할 수 있는 문제점을 파악하는 데 사용된다. 이미 제조, 교통시설, 건설 및 토목업 등에서 활용되고 있다.

5) 스마트팩토리는 본격적으로 소개된 지 몇 년 지나지 않았고, 아직 갈 길이 멀어 보인다. 독일과 미국의 스마트팩토리는 2021년 4월 생산을 중단하고, 스마트팩토리 기술을 아시아 공장 두 곳에 적용할 계획이라고 발표했다. 따라서 아디다스의 스피드팩토리의 실패는 그 와중에 이뤄진 '스마트팩토리의 실험' 가운데 하나라고 봐야 한다. 결국 스마트팩토리는 단순한 자동화가 아니며, 여러 분야의 복잡한 기술이 맞물려 돌아가는 보이지 않는 융합기술이다.

[그림 2-4] GE 사옥

[그림 2-5] ADIDAS 사옥

2) 디지털 전환의 원동력

디지털 전환이라는 새로운 패러다임을 가능하게 한 원동력 가운데 가장 대표적인 3가지를 보기로 한다.

첫째, 디지털 용량의 증가이다. 현재 우리 사회는 거의 모든 것이 디지털화되어 있다. 노트북이나 컴퓨터에 무엇인가 다운을 받으려면 용량 문제가 크게 걸림돌이 된다. 그런데 기술의 혁신적인 발전으로 반도체 메모리칩의 성능, 즉 메모리의 용량이나 CPU의 속도 등 기술이 크게 개발되었다. 디지털 저장 매체의 출현 및 저장 용량의 기하급수적인 증가로 디지털 전환이 더욱 쉬워진 것이다.

둘째, 커뮤니케이션의 상호작용성이다. 상호작용성의 핵심은 소비자들이 커뮤니케이션 프로세스에 참여하는 것이다. TV 시청에는 채널변경이나 소리변경 등 제한적인 상호작용이 이루어지나, IPTV(Internet Protocol TV)의 경우, 주문형 비디오는 물론 정보검색이나 쇼핑, VoIP(Voice over Internet Protocol) 등 인터넷 서비스를 부가적으로 제공해 사용자와 쌍방향적 커뮤니케이션이 가능하다. 즉 소비자는 수신자 역할을 떠나 발신자 역할까지 할 수 있게 된다. 이렇듯 디지털 기술에 힘입은 상호작용성의 확장은 스마트폰이나 스마트TV와 같은 제품을 나오게 하였고 금융, 교육, 광고, 방송, 행정, 관광 등과 같은 부문에 널리 활용됨으로써 디지털 혁명을 가속하는 원동력으로 작용하였다.

셋째, 디지털 컨버전스이다. 디지털 컨버전스(digital convergence)는 디지털 기술을 바탕으로 기기와 기기, 기기와 콘텐츠, 콘텐츠와 콘텐츠가 융합되어 새로운 형태의 산업과 가치를 창출하는 현상을 말한다. 즉 매체 간의 융합과 그에 따른 콘텐츠의 융합을 가져와, 매체 환경의 변화를 불러왔으며 TV, 라디오와 신문, 컴퓨터, 전화기 등이 통합된 기기들이 하드웨어의 융합을 실현해 사용자들은 이전에는 생각하지 못했던 새로운 가치를 경험하게 되었다. 최근에는 매체와 매체 간의 융합에서 한 걸음 더 나아가, 매체와 다양한 기기 간에 서비스 결합이 이루어지고 있다. 이렇듯 오늘날의 디지털 컨버전스 현상은 혁신적으로 그리고 매우 빠르게 전개되고 있다.

2. 디지털 마케팅의 등장

1) 개요

디지털 마케팅이란 디지털 기술을 마케팅에 접목하여 고객과의 양방향 소통과 상호작용을 실현함으로써 고객과 지속적인 관계를 유지하고 발전시키는 새로운 형태의 마케팅이다. 또 고객과의 긴밀한 관계 구축 및 유지에 도움을 주는, 통합적이고, 목표에 표적화되며 측정이 용이한 커뮤니케이션을 창출하기 위한 디지털 기술을 사용하는 기법이다.

현재의 소비자는 과거와 같은 수동적인 소비자가 아니라, 게시판에 글을 올리기도 하고 웹사이트를 만들기도 하고 가상 커뮤니티에 참여하기도 하고 UCC를 제작하기도 하며, 상품 정보와 메시지를 많은 사람에게 전달할 수 있다. 이처럼 선의의 고객이 될 수 있으나, 블랙 컨슈머가 되기도 하고 UCC나 SNS 또는 웹사이트에 부정적인 글을 올릴 수도 있다. 소비자들은 또한 영화나 소프트웨어를 쉽게 제작하기도 하며 실제 상품이나 서비스를 직접 만들게 되었다. 이제는 단순한 수동적 소비자가 아니고 능동적으로 많은 것을 스스로 하는 힘을 가진 소비자로 진화한 것이다.

2) 디지털 마케팅의 특징

우리가 익히 알고 있는 전통적 마케팅에서 소비자는 제품을 구매하는 위치에 있었다. 그러나 디지털 마케팅에서는 온라인 구전(eWOM : eWord-of-Mouth)을 통해 소비자를 판매원으로까지 활용할 수 있다. 인터넷 사용이 확산되기 이전에는 제품의 사용 후 느낌을 주변의 지인들에게 말하는 정도에 그쳤지만, 최근에는 제품이나 서비스를 구매한 후 사용한 경험을 다양한 소셜 네트워크를 통해 주변 사람들에게 전할 수 있다. 매체를 통해 광고를 듣는 것보다 자신들의 지인을 통해 듣는 상품평에 대한 신뢰가 더 높기 때문에 구매에 미치는 영향은 훨씬 크다. 그래서 소비자를 우리 상품의 자발적 전파자로 만들기 위해서는 우선 개별 소비자를 만족시켜야 한다. 그리고 만족한 소비자들과 지속해서 우호적인 관계를 맺어야 한다. 〈표 2-2〉는 전통적 마케팅과 디지털 마케팅의 차이를 나타낸다.

〈표 2-2〉 디지털 마케팅의 특징[6]

	전통적 마케팅	디지털 마케팅
제품	소비자(consumer)	제작 참여 프로슈머(prosumer)
가격	이익 중심 가격 책정 (profit-focused pricing)	인지된 가격 중심의 창의적 가격 책정 (creating pricing based on perceived price)
유통	마케터 효율성 중심 (marketer-focused distribution)	소비자 편익 중심 (anytime & anyplace consumer-focused convenient buying channel)
프로모션	일방향성 (one-way promotion)	양방향 참여형, 애드슈머 (two-way interactive dialogue, adsumer)
포지셔닝	제품 중심 (product-focused positioning)	소비자 경험 중심 (consumer experience-focused positioning)
판매	소비자(consumer)	판매 참여 세일슈머 (salesumer through e-WoM)

3) 디지털 여행자

기술의 급격한 발달과 다양한 디지털 매체들의 등장으로 소비자가 점차 디지털 여행자(digital traveller)로 변화하고 있다. 여행 정보를 얻는 데는 노트북이나 스마트폰 등을 이용해 유튜브, 인스타그램 등의 소셜미디어를 찾고, 호텔이나 식당, 관광지 등 현지 정보는 트립어드바이저 같은 플랫폼에서 얻고, 체류할 숙박 장소는 에어비앤비나 호텔스닷컴 등 숙박OTA(Online Travel Agency)를 통해 해결한다. 디지털 여행자의 정보탐색에 정보통신기술(ICT)이 중요한 역할을 하고 있다. 항공, 차량 등 교통수단 검색과 예약도 ICT 활용이 필수적이다.

서비스 산업계는 데이터 활용보다 TV, 신문 등 매스미디어 광고와 저가 경쟁에 대부분 집중해 왔는데, 개별 소비자 상황과 취향을 정확히 파악하려면 자체 데이터를 구축해야 한다. 디지털 경쟁 시대에는 기술을 잘 활용하는 기업이 마케팅 경쟁력을 갖는다. 그렇지 않으면 178년 역사를 지닌 영국 토마스쿡 여행사(2019)[7]가 문을 닫

6) 조창환 · 이희준(2019), 디지털 마케팅4.0, 제2판, 청송미디어, p.65

고, 36년이나 된 우리나라 항공 전문 여행사 탑항공(2018)이 파산한 것과 같은 결과를 초래할 것이다. 국제적인 체인 서점으로 미국 2위의 서점 보더스 그룹(Borders Group)[8]이 전자책 시장에 늦게 대응해 파산(2011년)한 것도 전자책 혁명과 경제 위기 등 빠른 시장 변화에 적응하지 못했기 때문이다.

기업의 자체 데이터 구축은 필수적이지만, 소비자의 만족도와 같은 정성적 정보는 AI나 빅데이터로 정확히 파악할 수 없다. 데이터를 통해 고객이 찾은 상품 및 서비스, 숙소, 식당, 체재시간 등은 알 수 있지만, 만족도는 알 수가 없다. 그러므로 정량적인 데이터뿐만 아니라 그 지역의 상세하고 정성적인 정보도 반드시 활용해야 할 것이다. 데이터 활용 방안은 〈표 2-3〉과 같다.

〈표 2-3〉 데이터 활용 방안[9]

구분	수집 데이터	활용 방안
통신	• 광역 · 기초 · 관심 지점 방문자 수 • 성별 · 연령별 방문자 수	• 도시별 방문객 점유율 분석 • 유사 · 인근 · 규모 지역별 방문자 수 비교 • 원거리 · 근거리 등 거리별 방문객 분포 분석
소비	• 성별 · 연령별 · 일자별 소비액 • 광역별 소비액	• 방문객의 소비 패턴, 소비 동향 파악 • 소비 업종 구분 및 점유율 • 거주민과 방문객의 카드 소비액, 증감률 비교
내비게이션	• 광역 · 기초 · 관심 지점 방문자 수 • 성별 · 연령별 방문자 수	• 방문객 동선 파악 • 지역별 유명방문지 검색 순위 • 전년 대비 유형별 · 검색 건수별 증감률 비교

7) 토마스쿡 여행사는 2019년 9월 23일, 한화 약 2조 원에 달하는 막대한 부채를 견디지 못하고 파산했다. 온라인 호텔예약 사이트(예, 익스피디아)의 부상에도 그것을 따르지 않고 오프라인으로 예약받는 방식을 고수한 점, 배낭여행의 인기가 늘고 있으나 패키지여행 비즈니스에 집중한 점, 재무상태가 안 좋음에도 자체 항공사를 무리하게 운영한 점 등이 결국 파산의 지경까지 이르게 된 원인으로 분석되고 있다.

8) 보더스 그룹(Borders Group)은 미국 미시간주 앤아버에 본사를 둔 국제적인 서점 체인으로, 1971년 설립되었고 2011년에 파산했다. 포춘 500에 선정되었던 적도 있으며, 미국에서 2005년에는 반스 & 노블에 이어 두 번째로 큰 서점 체인이었다. 도서, CD, DVD, 정기 간행물, 선물 및 문구를 판매했었다. 2011년 10월에는 웹사이트도 반스 & 노블로 넘어갔다.

9) 한국경제신문 특별취재팀(2022), 한경무크 트래블 이노베이션, 한국경제신문, p.97

제 4 절 디지털 전환과 서비스 마케팅의 적용

디지털 전환과 마케팅과의 연관에 대한 개념을 정리하고, 서비스 마케팅에 적용된 사례를 살펴보기로 하자.

1. 소셜미디어 마케팅과 SNS 마케팅

1) 소셜미디어 마케팅의 이해

사람 간에 소통 매체로 출발한 SNS는 지금은 주요한 마케팅 수단이자 판매 채널이 되었다. 그래서 얼마 전까지만 해도 소셜미디어의 활용 여부는 기업의 선택사항에서 지금은 필수사항이 되었다. 소셜미디어란 사람들이 의견과 경험, 생각을 공유하기 위해 사용하는 온라인 플랫폼을 의미한다. 대표적인 소셜미디어에는 블로그, 네트워크(페이스북, 트위터, 인스타그램 등), 팟캐스트, 위키 등이 있다.

소셜미디어 마케팅(social media marketing, SMS 마케팅)은 소셜미디어 플랫폼과 웹사이트를 사용하여 제품이나 서비스를 제공하는 마케팅이다. 즉, 인스타그램, 유튜브, 페이스북, 틱톡 등 다른 사람들과 교류할 수 있는 앱 서비스, 일명 '소셜미디어'를 활용하는 마케팅 기법을 말한다. 이는 때때로 소셜 마케팅이라 부르기도 한다.

소셜미디어 마케팅은 전통적인 마케팅과 대조되는 측면이 많다. 전통적인 마케팅에서는 기업이 중심이 되어 매체와 메시지를 통제했다. 대중매체 광고에 유명인이나 전문가가 광고모델로 나와 제품을 추천했다. 그러나 소셜미디어 시대에는 대중이 네트워크로 연결되면서 대중적 집단의 연결이 강해졌고, 소비자가 메시지를 생산하고 유통한다. 과거에는 기업에서 소비자로 수직적으로 정보가 흘러갔지만, 소셜미디어 시대의 메시지는 열린 구조 내에서 수평적으로 이동하기에 상호작용이 활발하다.

인터넷을 활용해 소규모 기업의 시장진입이 쉬워졌고 마케팅 활동에서 물리적 제약도 제거되었다. 차량 중개 서비스인 우버나 숙박 공유 사이트인 에어비앤비와 같은 기업이 거대 택시회사나 대형호텔을 상대로 시장에서 경쟁하는 시대가 열렸다.

2) SNS 마케팅의 이해

SNS 마케팅은 TV, 신문 등과 같은 전통적인 대중매체를 통해 광고나 홍보를 하던 기존의 마케팅과는 다르게, 사용자 간 관계를 형성할 수 있는 웹 기반의 플랫폼인 소셜 네트워크 서비스를 활용하여 고객들과 소통하는 마케팅 전략이다.[10] SNS(Social Network Service)라는 약어는 우리나라에서만 사용되고 해외에서는 사용되지 않는다. 이 단어 대신 앞에서 보았듯이 '소셜미디어'라는 단어를 사용한다.[11]

〈표 2-4〉 SNS의 종류[12]

구분	예
모바일 메신저	카카오톡, 라인, 텔레그램, 페이스북 메신저, 네이트온, 스카이프, 와츠앱, 디스코드
마이크로 블로그	페이스북, 트위터, 인스타그램, 링크트인, 카카오스토리, 싸이월드, 텀블러
블로그	네이버 블로그, 다음 블로그, 블로거, 티스토리, 이글루스
미디어 플랫폼	유튜브, 카카오TV, 아프리카TV, 네이버 V앱, 트위치

3) 소셜미디어 마케팅의 적용 사례

한국민속촌은 대표적인 서비스기업이다. 한국민속촌이 SNS 마케팅으로 성공하여, 젊고 핫한 이미지로 변신하였다. 과거 한국민속촌이라면 따분하고 재미없는 곳이란 인식이 지배적이었다. 실제로도 해외관광객과 학생 단체관람이 한국민속촌의 주된

10) 서구원(2015), 소셜미디어와 SNS 마케팅, 커뮤니케이션북스, p.7

11) 영미권 국가 사람들은 일상에서 SNS라는 말을 사용하지 않는다. 영미권 국가의 일상 생활권에서는 SNS가 아닌 Social Media(소셜미디어)라는 표현을 쓰며, 이들에게 'SNS'라고 언급하면 보통 문자 메시지의 뜻을 가진 SMS와 연관지어서 생각한다. 이렇다 보니 SNS라고 하면 못 알아듣는 경우도 많다. 통상적으로 SNS(Social Networking Service)는 소셜미디어(Social Media)의 한 종류로 분류된다.

12) 박춘엽 · 박병연 · 오점술(2018), 4차 산업혁명의 핵심전략, p.17

고객층이었을 뿐 일반 대중의 관심에서는 멀어져 있었다. 관광형 테마파크의 홍수 속에서 고전을 면치 못하던 한국민속촌이 위기 타개책으로 SNS를 활용한 마케팅이 주효했다. 한국민속촌의 변화가 가장 먼저 시작된 곳은 트위터였다. 처음 개설된 2012년까지는 다른 기업의 계정처럼 한 방향의 단순한 홍보 기능만을 하고 있었다. 그러나 그 이후 우리가 익히 알고 있는 "-했사옵니다" 등의 사극 말투, "거지 꿀알바" 등과 같은 트렌디한 용어를 사용한 유머를 선보이고 사용자들의 멘션에 적극적으로 응답하면서 소비자들과 친밀한 관계를 만들어 가기 시작했다. '민속촌 소 이름짓기' 공모를 비롯해 이색적이고 재미있는 이벤트를 전개했는데, 이에 SNS 사용자들은 환호하며 기상천외한 아이디어를 보내왔다. 그 후 계속해서 SNS 채널을 통해 고객이 전하는 이야기에 귀 기울이고 그것을 오프라인에서 반영했다. 그 대표적인 예가 2014년에 진행된 '500 얼음땡' 놀이다.

전통적인 '술래잡기'를 재해석하여 "500명의 인원이 함께하는 얼음땡을 진행하면 어떨까?" 하는 트윗에, 500명의 일반 팔로워가 열광적으로 호응했고 구체적인 게임방식까지 제안하기도 하였다. 이틀간 진행된 이 이벤트는 10분 만에 모든 티켓이 매진되었고, 더불어 역발상 마케팅으로 '500 얼음땡 협찬 오디션'을 실시해 CJ E&M, 레드불 등 50여 개에 달하는 기업들의 협찬이 이어지는 상황이 연출되기도 하였다.

이렇듯 혁신성, 개방성, 공유성이라는 SNS의 특성은 한국민속촌이 가진 다소 폐쇄적이고 고루한 이미지와 상충하며, 오히려 이용자들에게 흥미와 호기심을 일으키게 되었다. SNS를 활용해서 한국민속촌에 위기를 가져다준 고루한 이미지에서 벗어나 현대적 감각이 살아 있는 젊은 놀이터라는 새로운 이미지를 창출한 것이다.

한국민속촌에서 벌어지는 장면들은 고객들의 스마트폰 렌즈를 통해 여기저기로 퍼진다. 고객에 의해 업로드된 콘텐츠들은 기존방문객과 잠재적 고객에 의해 언급되고 공유되며 재생산된다. 관람객들이 온-오프라인을 연결하는 데 다리 역할을 하고 있는 것이다. 이렇듯 개별 고객의 경험이 다수에게 온라인을 통해 생생하게 전달되고, 사람들은 온라인에서 간접 체험한 즐거움을 기대하며, 그 테마파크나 장소를 방문하게 된다. 오프라인의 경험이 고객들의 손을 통해 온라인으로 생생하게 전달되고, 온라인의 경험들이 다시 오프라인에서 펼쳐지고 있는 것이다.

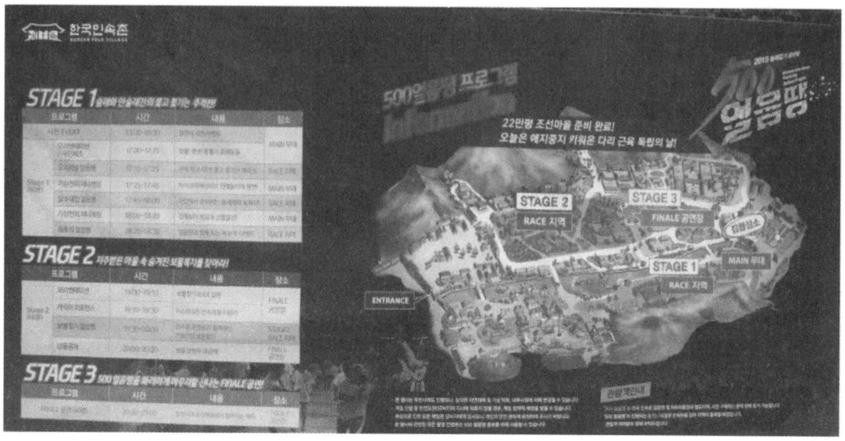

[그림 2-6] 한국민속촌 500 얼음땡

2016년 던킨도너츠(Dunkin' Donuts)는 새 모바일 주문 서비스 홍보를 위해 SNS를 활용했다. 던킨도너츠는 세계에서 가장 빨리 낙하비행을 하는 여성 엘렌 브레넌을 고용해 윙슈트(wingsuit)를 입고 2,400m 높이의 산 절벽에서 뛰어내려 비행하는 도중 공중에 매달린 던킨도너츠 팩을 잡도록 했다. 그만큼 빠른 온라인 주문을 강조한 것이다. 이 이벤트를 던킨도너츠는 TV광고로 만들고 동시에 트위터를 통해 홍보하였다. 페이스북이나 던킨도너츠 웹사이트에서 관련 영상을 360도 VR 비디오로 시청할 수 있게 하였는데, 이것을 보고 이벤트에 사람들의 관심이 집중하였고 페이스북에서만도 700만 뷰 이상을 기록하였다. 이와 같은 소셜미디어 마케팅의 적용 사례는 많을 것이다.

[그림 2-7] 던킨도너츠 광고 윙슈트

2. 언택트 마케팅

1) 언택트 마케팅의 개요

언택트 마케팅은 모바일 기술과 AR, VR 등 실감형 기술이 보편화되면서 주로 무인결제 시스템이나 모바일 무인 매장 시스템에서 활용된다. 언택트 마케팅은 고객과 마주하지 않고 서비스와 상품 등을 판매하는 비대면 마케팅 방식으로, 첨단기술을 활용해 판매직원이 소비자와 직접 대면하지 않고 상품이나 서비스를 제공하는 것이다.

접촉(contact)을 뜻하는 콘택트에 언(un)이 붙어 '접촉하지 않는다'는 의미로, 사람과의 접촉을 최소화하는 등 비대면 형태로 정보를 제공하는 마케팅을 말한다. 즉, 키오스크 · VR(가상현실) 쇼핑 · 챗봇 등 첨단기술을 활용해 판매직원은 소비자와 직접 대면하지 않고 상품이나 서비스를 제공한다.

하지만 기존에 사람이 하던 일을 기계가 대신하면서 향후 일자리 감소와 언택트 디바이드(untact divide) 문제가 일어날 우려가 제기되고 있다. 언택트 디바이드는 언택트 기술이 늘어나면서 이에 적응하지 못하는 사람들이 불편을 느끼는 현상으로, 특히 디지털 환경에 익숙지 않은 노년 계층에서 두드러질 것이다.

2) 언택트 마케팅의 사례

언택트 마케팅은 코로나19 시대에 그 진가를 발휘하였다. 언택트가 필수적일 때 도입된 비대면 셀프 체크인, 음성인식 및 화상 안내서비스, 디지털 백신 여권, 정맥인식 도입, 인공지능 기반 맞춤형 여행 일정 제공 서비스, AI로봇 서비스뿐만 아니라 비대면 랜선여행 360도 VR, 아바타 여행, 토이스토리 랜선 여행, 파노라마 서울, 온라인 지역축제 등 그 도입 사례는 수없이 많다.

언택트 마케팅을 더욱 활성화한 것은 AI이다. AI는 코로나 팬데믹으로 그 수요와 이용이 더욱 다양해지고 있다. 식당이나 레스토랑의 경우 바텐더 로봇, 커피를 만드는 바리스타 로봇, 직원을 대신해 주문을 받고 음식을 나르는 서빙 로봇 등 역할과 기능도 다양하다. 대명리조트의 스마트체크인, 롯데호텔의 L7, 나인트리프리미어호텔 명동Ⅱ 등 호텔숙박업계에서는 이미 무인 입실 시스템이 보편화되었다. 이는 기업 측에 운영비 절감과 관리를 더욱 용이하게 만들었다. 또 패스트푸드 업계에서도 언택트 마케팅을 적극적으로 시행하고 있는데, 다수 매장에서는 키오스크(안내 단말기)를 통해 주문 및 결제를 처리하도록 하고 있다. 항공사도 마찬가지이다. 이러한 비대면 서비스 수요는 포스트 코로나 이후에도 더욱 발전하고 계속될 것이다. 무인 관리 자동화 기술은 유통을 비롯해 공항, 여행, 엔터테인먼트 산업으로 확대되어 사용되고 있다.

언택트 마케팅은 고객의 수요를 읽고 맞춤형 서비스를 제공한다. 소비자가 어떤 제품을 주로 살펴보고 있는지, 어떤 제품을 구매하는지 등을 확인할 수 있다. 고객의 정보를 반영해 고객에게 필요한 상품을 추천하거나 안내하며 할인행사나 사은품 등 마케팅 정보를 제공할 수 있다. 프랜차이즈 커피브랜드 '달콤커피'는 로봇 바리스타 '비트'를 앞세워 언택트족을 공략한다. 로봇 바리스타를 통해 고객이 설정하는 대로 47가지 메뉴를 제공하고 5G와 AI 기술을 활용해 커피가 만들어지는 과정을 보는 재미를 준다.

그러나 언택트 마케팅이 성공하려면 기업은 눈앞의 인건비 절감만을 목적으로 하기보다 고객이 원하는 안락한 경험을 제공하는 것에 목적을 두어야 한다.

[그림 2-8] 달콤커피 바리스타 로봇

3. 콘텐츠 마케팅

1) 콘텐츠 마케팅의 개요

디지털 환경에서 콘텐츠의 역할이 브랜드에 대한 소비자들의 관심과 참여, 더 나아가 충성도를 높이는 마케팅 기법으로 콘텐츠 마케팅이 주목받게 되었다. 콘텐츠 마케팅은 분명하게 정의된 고객 집단에게 흥미롭고 적절하며 유용한 콘텐츠를 창조하고 관리하고 배포하는 마케팅 전략을 말한다. 콘텐츠 마케팅은 소비자와의 관계 형성을 위해 브랜디드 콘텐츠를 활용하는 기법이다. 브랜디드 콘텐츠란 기업이 특정 브랜드를 핵심적 구성요소로 삼아 새롭게 제작한 콘텐츠이다. 구체적으로 영화, 게임, 비디오, 음악, 공연, 방송, 뉴미디어, 출판, 지식 정보, 캐릭터 등의 단독 혹은 조합된 내용물이라고 할 수 있다.

인터넷이 확산되고 기업들이 자사의 홈페이지나 블로그 혹은 소셜미디어와 같은 온드 미디어(Owned Media)를 확보하게 되면서 다양한 온라인 콘텐츠를 비교적 적은 비용으로, 지속해서 제작하고 배포할 수 있게 되었다.

마케터는 때때로 자사의 브랜드 자산이나 판매 실적에 직접 도움이 되지 않더라도 고객에게 가치가 있는 콘텐츠를 창조할 필요가 있다. 그래야만 고객과의 접촉을 이어갈 수 있다. 기업이 보유한 미디어 안에서 소비자들은 여러 가지 흥미로운 콘텐츠를 소비하고, 더 나아가 해당 플랫폼을 즐기면서 자연스럽게 브랜드를 경험하게 된다. 그리고 이 과정에서 브랜드가 전하고자 하는 메시지를 꾸준히 받아들이게 된다는 것이다. 이것이 바로 콘텐츠 마케팅 전략의 핵심이다.

2) 콘텐츠 마케팅의 사례

콘텐츠 마케팅 사례를 살펴보자. 스타벅스(Starbucks)는 국내는 물론 전 세계 여러 나라에서 높은 브랜드 인지도를 갖고 있다. 따라서 스타벅스의 콘텐츠 마케팅은 스타벅스 브랜드의 인지도를 높이려는 목적보다는 기존고객과의 호의적인 관계를 유지하고 발전시키기 위해 활용되고 있다. 스타벅스 콘텐츠 마케팅은 '1912Pike.com[13]'이라는 별도의 도메인으로 블로그를 운영하고 있다. 스타벅스는 그 블로그를 통해 자사의 브랜드 스토리를 고객과 공유하고자 한다. 바로 고객들이 스타벅스 커피를 더욱 맛있게, 재미있게 마실 수 있도록 스타벅스의 스토리를 담아내고자 하였다. 스타벅스는 '1912Pike.com'을 통하여 마케팅 콘텐츠처럼 보이지 않는, 그러므로 소비자가 자발적으로 소비할 만한 매력적인 콘텐츠를 생산·유통하고 있다.

또 하나의 예는 온라인 여행사 힙뭉크(Hipmunk)이다. 힙뭉크는 고객이 실제 어떤 조사를 하지 않고서도 여행계획을 짤 수 있도록 인공지능에 기반을 둔 여행 지원 서비스를 제공한다. 고객이 여행계획을 논의하는 이메일을 복사하여 hello@hipmunk.com에 보

13) '1912Pike.com'은 스타벅스의 1호점이 있는 미국 시애틀의 주소를 의미한다.

내면 힙뭉크가 그 여행의 의도를 알아차리고 관련 제안이 담긴 답장을 보내준다. 또한 고객이 힙뭉크에 자신의 구글 캘린더와 앞으로 여행할 장소를 보여주면 힙뭉크는 인근 추천 여행지를 담은 이메일을 보내준다. 힙뭉크는 어떻게 하면 사람들의 시간이 낭비되지 않을지를 고민한다. 힙뭉크에서는 여행 준비의 시작인 합리적인 가격대의 항공편과 120만 개의 호텔, 그리고 에어비앤비 리스트까지 보유하고 있다. 그리고 여행지 '패키지 프로그램' 예약까지 한번에 할 수 있다. 또한 여행자의 일정에 맞는 시간대를 추천해 준다. 힙뭉크가 제공하는 적절한 콘텐츠는 고객의 수고를 덜어줌으로써 고객 경로 패턴에 이상적인 해결책을 제시하고 있다.

국내외 많은 기업이 소비자의 욕구에 맞춰 맞춤형 앱을 개발하고 있고, 이러한 콘텐츠가 사람들의 삶을 더욱 편안하고 즐겁게 만들고 있다.

4. 빅데이터 마케팅

1) 개요

빅데이터는 인공지능 발전을 뒷받침하는 4차 산업혁명의 기초자원에 해당한다. 빅데이터의 특징은 자료의 크기(volume), 처리 속도(velocity), 다양성(variety)이라는 3V로 압축된다. 즉 자료의 방대한 양, 정형화된 혹은 비정형화된 다양한 형태의 자료, 실시간적 처리 속도로 인해 기존의 데이터와는 양적, 질적으로 다르다는 점에서 빅데이터라는 이름이 붙게 되었다. 여기서 정형화된 데이터란 인구 통계, 구매 기록, 소비자 리뷰 점수, 신용카드 사용기록과 같이 수치화된 데이터를 말한다. 비정형화된 데이터는 손수 제작물(UCC : User Created Contents), SNS에 올라온 글이나 사진 등이다. 이러한 빅데이터의 특성으로 인해 데이터의 정확성과 예측력도 과거와 비교할 수 없을 정도로 매우 높아졌다.

2) 빅데이터 마케팅의 발전

빅데이터 마케팅은 빅데이터에 의존해 고객의 구매 정보를 분석, 구매할 가능성이 높은 고객을 바로 표적으로 하는 이른바 추천 마케팅이다. '마이크로 마케팅(Micro Marketing)'이라고도 한다. 빅데이터 마케팅은 전형적인 표적마케팅이다. 빅데이터 마케팅의 선두주자는 미국 최대의 온라인 서점 아마존(amazon.com)이다. 단골의 취향을 파악해 책을 추천해 주는 동네 서점의 판매 방식을 온라인에서도 구현하겠다는 아이디어가 적용된 아마존은 가입자의 구매 이력 등을 분석해 앞으로 구매 가능성이 큰 제품을 추천하고 미리 쿠폰을 제공하는 식으로 전체 매출을 30%가량 끌어올렸다.

빅데이터 마케팅으로 빅브라더 사회가 도래했다는 비판도 있지만, 소비자는 자신만을 위한 마이크로 마케팅이란 혜택을 받을 수 있으므로 빅데이터 마케팅이 이득이라는 주장도 있다. 예컨대 네이버 뮤직 라디오의 음악 추천 시스템, 미처 생각하지는 못하나 꼭 필요한 제품까지 추천해 주는 아마존의 서비스, 소비자가 좋아하는 브랜드의 쿠폰만 보내주는 백화점 서비스 등이 그런 경우라는 것이다. 여기에 스팸 광고에 대한 소비자들의 염증이 빅데이터 마케팅을 추동시키는 동력으로 작용하고 있다는 해석도 있다.

3) 빅데이터 마케팅 사례

패스트푸드 체인점 타코벨(Taco Bell)은 신제품 출시 전에 소셜미디어를 통해 시장의 반응을 조사한다. 최초 사용자가 맛본 신제품의 기본적인 콘셉트가 매력적인가를 확인하고, 소셜미디어의 게시 글과 댓글을 분석해 제품에 대한 선호도와 대중적 평가가 어떤지를 살핀다. 과거에는 시장조사 및 최종 결정에 2달이 걸렸다면, 지금은 실시간 자료를 가지고 신속한 의사결정이 가능해졌다. 이러한 분석을 통해 신제품의 최종 매출이 얼마나 될지를 90% 이상 정확하게 예측할 수 있게 되었다.

서비스 로봇에 자체 개발한 AI 기술을 접목한 KT는 서울, 제주, 부산 등 전국 60여 개 호텔 1만여 객실에서 기가지니 AI 서비스를 제공하고 있다.

SK텔레콤은 통신데이터를 이용해 중앙정부·지방자치단체와 빅데이터를 구축하고 있는데, AI와 머신러닝(기계학습) 분석기법을 기반으로 방문객을 38개 유형으로 분류해 기존 서비스를 개선하고 잠재고객을 찾아내 홍보 및 마케팅도 맞춤형으로 하고 있다. 인천광역시는 맞춤형 관광 추천에 필요한 방문객의 행동 예측을 위해 사용하는 데이터를 세분화하였다. 제주도는 관광객 데이터 분석을 한 달 이상 머무르는 장기관광객과 단기관광객으로 나누고, 그 두 가지 유형별로 관광행태를 분석해 각 관광객에 대한 맞춤형 관광 추천을 고도화하고 있다.

5. AR · VR 마케팅

1) AR · VR 마케팅의 개요

앞 절에서 보았듯이 증강현실(AR : Augmented Reality)과 가상현실(VR : Virtual Reality)은 쌍둥이 기술에 해당한다. 이러한 증강현실과 가상현실을 활용한 마케팅 기법을 AR · VR 마케팅이라고 한다.

증강현실은 현실 세계를 기반으로 하지만 가상의 정보기술을 더하여, 실생활과 밀접한 교통이나 광고에의 활용가치가 크다. 가상현실은 이용자가 위치한 현실 세계와 동떨어진 온전한 가상세계를 의미하며, 오락, 콘텐츠산업, 여행산업에서 많이 활용된다. 한편, 증강현실을 활용하면 위치 기반 광고나 특정 매장에서 AR 앱을 작동해 실사 영상 위에 다양한 프로모션을 할 수 있다. 그리고 가상현실 기술을 활용해서 게임, 360도 비디오 콘텐츠, 고소 공포 쇼, 절벽 스키 타기, 스포츠카 경주 등 짜릿한 체험도 손쉽게 즐길 수 있다.

2) AR · VR 마케팅 사례

VR로 체험하는 경험적 요소는 무형의 서비스 상품을 판매하는 엔터테인먼트 산업에서 그 활용성이 크다. VR 놀이공원, VR 여행, VR 체험장, VR 축제이벤트, VR 공연, VR 스포츠 등이 대표적이다.

AI는 마케팅에서 홍보, 상품, 최적의 가격 책정과 같은 업무에 도움을 주며 백오피스 분야에서도 의사결정의 중요한 도구로 이용되고 있다. 스타벅스는 고객의 로열티 카드와 앱 활용 데이터를 AI 알고리즘으로 분석해 메뉴를 추천하는 등 개인화 서비스를 제공하고 있다. 호텔과 항공사들은 객실료와 항공권 가격 결정에서 기존에 사용하던 수율관리(yield management)를 넘어서, 고객데이터를 비롯해 날씨와 뉴스, 소셜미디어, 주식 등 AI가 수집하고 분석한 데이터를 반영하는 '초역동 가격결정(hyperdynamic pricing)' 시스템을 이용하고 있다.

이렇듯 로봇이 인간처럼 구체적 지침에 따라 컴퓨터 작업을 수행하고 기업은 이를 통해 대량의 반복적인 업무과정을 자동화해서 오류도 최소화할 수 있고 고객에게 더 좋은 서비스를 제공할 수 있게 되었다.

6. 인공지능(AI) 마케팅

1) 개요

인공지능은 4차 산업혁명을 대표하는 기술이다. 1997년 딥블루(Deep Blue) 컴퓨터가 체스 챔피언을 이긴 사건은 인공지능의 첫 번째 사례로 기록되었다. 인공지능 기술은 이제 사람의 개입이나 지시가 필요 없는 수준까지 이르렀다. 기계학습(machine learning)은 인간이 1차로 기본 정보를 분류해서 컴퓨터에 제공해야 했다. 이것을 '지도 학습'이라 부른다. 반면에 딥러닝(deep learning)은 기본 정보를 인간이 미리 구분하지 않고 그대로 제공해도 알고리즘을 이용해 스스로 학습하고 결과를 도출해 낸다. 이것을 '비지도 학습'이라고 부른다. 인간의 개입 없이 인공지능이 알아서 데이터를 분류해 결과까지 도출한다. 너무 많아서 인간이 손대지 못할 데이터라도 딥러닝은 모든 것을 해결해 준다.

2) 인공지능 마케팅의 사례

인공지능의 비약적인 발전은 획기적인 변화를 이루고 있다. IBM에서 개발한 '왓슨(Watson)'은 병원의 환자 진단용이고, 법률 서비스에 인공지능을 접목한 리걸테크(Legal tech) 산업도 확산되고 있다. 금융 · 보험업계의 콜센터 대신에 인공지능 상담사, 음반제작, 인공지능 아나운서, 고객 응대용 챗봇, 보이스 쇼핑, 아마존의 예측 배송, 실시간 맞춤형 광고 제작 등 인공지능을 중심으로 한 마케팅 혁신이 이미 시작되었다.

인공지능은 사람의 결제 행동을 예측하여 물건을 배송하기도 하고 제품이나 기계에 문제가 생기기 전에 선행적으로 서비스를 제공할 수 있으며 개인의 취향에 맞는 제품이나 서비스를 추천할 수 있다. 전문가들은 인공지능의 도입으로 개인화 마케팅 시대가 본격화될 것으로 전망하고 있다.

최근 서비스기업이나 주택에 인공지능이 작동한다. 기업들이 앞다퉈 AI 도입에 나선 이유는 코로나19로 생겨난 인력 공백을 메우고 장기적으로 인건비를 줄이는 효과를 기대했기 때문이다. 인공지능 스피커가 TV 프로그램이나 음악을 틀어주고 날씨를 확인해 주며 실내온도 조절 등 소소한 일상을 돕는 편리한 서비스를 제공하는 것을 넘어서, 로봇이 호텔운영의 중추적 역할을 담당하는 '보텔(BOTEL, 로봇+호텔)' 시대가 도래한 것이다.

우리나라의 경우 노보텔 앰배서더 서울 동대문 호텔이 2019년 최초로 AI 로봇을 투입했고, 부산 롯데호텔이 딜리버리 로봇 '엘봇(L-bot)' 등 서비스 로봇 5대를 도입했으며, 대구 메리어트호텔은 190개 객실에 음성인식 기반 AI 서비스를 도입했다. 호텔 인터불고 대구는 서빙 로봇 '서빙고(Servinggo)' 10대를 호텔 정문과 레스토랑에 배치했고, 곤지암리조트는 자율주행, 5G(5세대 이동통신), 원격제어 등의 기능을 탑재한 AI 로봇과 중앙관제 시스템을 연동한 AI 시설관리시스템을 도입했다. 인공지능 마케팅의 사례는 계속 늘어날 것이다.

이미 앞의 언택트 마케팅, 콘텐츠 마케팅, 빅데이터 마케팅, AR · VR 마케팅 등에서 인공지능(AI)이 여러 차례 언급된 바 있으니 참조하면 될 것이다.

7. 옴니채널 마케팅

1) 개요

온라인과 오프라인을 유기적으로 연결하여 통합 관리하는 마케팅 기법을 옴니채널 마케팅이라고 한다. 옴니채널(O2O) 마케팅은 온라인에서 시작해 오프라인에서 구매를 종결하든, 그 반대로 오프라인에서 시작해 온라인으로 구매를 종결하든, 순서를 구분하지 않고 온/오프를 병행하는 마케팅 전략이다. 옴니채널 마케팅의 핵심은 소비자가 어떤 채널을 이용하던 구매 전, 구매 중, 구매 후 경험이 매끄럽게 이어져서 편리한 쇼핑이 되도록 하자는 데 있다.

옴니채널 마케팅의 유형으로는 '쇼루밍', '웹루밍(역쇼루밍)', '모루밍'이 거론된다. 쇼루밍은 온라인으로 구매하지만 그 과정에서 오프라인 매장을 쇼룸처럼 이용하는 것을 의미한다. 웹루밍은 쇼루밍의 반대 개념이다. 온라인으로 제품을 검색한 후 최종 구매는 오프라인 매장에서 하는 경우를 의미한다. 모루밍은 쇼루밍의 일종이다. 오프라인 매장에서 제품을 살펴보지만 실제로 구매는 모바일(스마트폰)로 하는 행동을 의미한다.

기업이 대부분 옴니채널 마케팅에 주력하는 이유는, 앞서 쇼루밍과 웹루밍, 모루밍 현상에서 보듯이 소비자의 구매 행동이 복잡해졌고 다양해져서 결국 온/오프 유통의 경계가 없어졌기 때문이다. 따라서 옴니채널 마케팅이 일반화된 셈이다.

2) 오프라인 기업의 옴니채널 마케팅

오프라인 기업이나 매장에서는 근거리 무선통신을 가능하게 하는 '비콘(beacon)' 기술로 웹루밍을 적극적으로 활용하고 있다. 월트 디즈니월드는 '마이매직플러스 앱'과 '매직밴드'라는 팔찌를 만들어 마케팅을 전개했다. 방문객이 팔찌를 착용하면 호텔 객실의 예약과 결제는 물론 호텔 방문 열쇠로 이용할 수 있다. 마이플러스 앱을 설치하면 식당이나 놀이기구를 예약할 수 있다. 매직밴드를 스캐너에 대기만 하면 놀이기구에 탑승하게 된다. 고객들은 매우 편리하게 즐거운 경험을 하게 된다. 온라인과 오프라인의 활동을 하나로 통합함으로써 놀이공원의 대기시간이 크게 줄었고, 고객의 만족도도 크게 올라가게 되었다. 크리스마스 휴가 시즌에는 하루에 3천 명의 고객을 더 받을 수 있게 되어 매출 신장에 기여하였다.

3) 온라인 기업의 옴니채널 마케팅

온라인 마케팅이 활성화되어도 전통적인 오프라인 마케팅을 완전히 대체하기는 어렵다. 인간의 선천적인 오감을 충족시키려면 오프라인 체험이 있어야 하기 때문이다. 중국 허마셴성에서는 로봇레스토랑(ROBOT.HE)을 오픈했다. 처음에 마트에서 신선한 해산물을 골라 결제하고 조리방식을 택하면 해산물은 레일을 타고 마트 옆 레스토랑 주방으로 이동한다. 쇼핑을 마친 고객은 무인 안내기에서 자리를 배정받아 식당에 앉아서 기다린다. 테이블 위에 놓인 태블릿에서는 해산물 조리과정을 실시간으로 보여준다. 완성된 요리는 로봇에 실려 테이블로 옮겨진다. 이 모든 과정이 스마트폰에도 표시되고 앱으로 요리를 추가 주문할 수도 있다. 우리나라 회센터도 앞으로 이렇게 바뀌지 않을까?

8. 메타버스와 가상여행

'메타버스(Metaverse)'는 가상 · 추상을 의미하는 메타(meta)와 현실 세계를 뜻하는 유니버스(universe)의 합성어다. 아바타를 활용해 사회 · 경제 · 문화 활동이 이뤄지는 3차원의 가상세계다. 현실과 같은 상호작용을 할 수 있다는 점이 특징이다.

메타버스에는 네 가지 유형이 있다. 이미 언급한 증강현실(Augmented Reality)과 가상세계(Virtual Worlds), 그리고 일상기록(Lifelogging), 거울세계(Mirror Worlds)이다. 메타버스에의 관심이 증가하면서 메타버스 발전을 기대한다. 메타버스를 구현한 플랫폼은 대표적으로 포트나이트, 마인크래프트, 로블록스, 동물의 숲 등이 있고, 대한민국에서는 제페토, 이프랜드 등이 있다.

최근 코로나19 범유행 이후 비대면 추세 확산으로 인해 외부 활동이 제한되는 사회적 환경요인은 메타버스의 확산을 더욱 촉진하였고, 일상에 급속도로 확장하는 중이다. 지자체에서는 '메타버스 관광지'를 유치하여 메타버스 내에서 관광산업을 실시하고 있기도 하다. 예를 들어 한국관광공사는 2020년 11월에 네이버제트가 운영하는 메타버스 플랫폼 제페토(ZEPETO)에 '한강공원'맵을 개설했다. 우리나라 최초의 메타버스 가상여행이다. 서울시, 부산시를 비롯해 많은 지자체가 메타버스 관광지를 유치하여 방문객을 끌어들이고 있다.

이렇듯 메타버스 가상여행으로 미래 고객을 확보하는 효과를 기대할 수 있을 것이다. 메타버스는 기존 인터넷 비즈니스를 대체할 정도는 아니지만 가까운 미래에 새로운 비즈니스 환경을 제시하게 될 것이다.

03 CHAPTER

서비스 환경분석과 서비스 포지셔닝

Chapter 03

서비스 환경분석과 서비스 포지셔닝

제 1 절 고객, 경쟁자, 기업 분석(3C)

서비스 관리자들은 제공되는 서비스의 모든 면에 대해 체계적으로 생각할 필요가 있으며 표적시장의 소비자들에게 가치 있는 속성들에 대해 자사 서비스가 경쟁적 우위를 가지고 있다고 강조할 필요가 있다. 그렇게 하기 위한 체계적인 방법에는 고객(customer), 경쟁자(competitor), 자사(company)에 대한 분석이 필요하다. 이들은 머리글자를 따서 3C로 부른다.

1. 고객분석

고객분석(customer analysis)은 일반적으로 가장 먼저 행해지는데 시장의 매력도를 비롯해 전반적인 조사가 실행되며 고객의 욕구에 대한 깊이 있는 조사와 함께 고객들의 특성이나 행동에 대한 조사들이 실행된다.

시장매력도에 관한 시장분석은 전반적인 시장의 매력도와 시장 내 세분되어 있는 잠재고객을 발견하기 위한 것이다. 특히 시장의 전반적인 크기와 성장률, 이익률, 수요 수준, 시장의 추세 등을 관찰한다. 기업이 제공하고자 하는 편익에 대한 수요가 증가하고 있는가 아니면 감소하고 있는가? 다른 세분시장에 비해 어떤 세분시장이

빨리 성장하고 있는가? 등을 파악하고자 한다.

고객의 욕구 분석은 고객이 어떤 욕구를 지니고 있고 그 수요는 어느 정도인가를 조사한다. 인구통계적 분석 측면에서, 또는 심리적 · 행동적 측면에서 소비자들은 어떠한 특성을 보이는가? 그 소비자들의 욕구와 문제들은 무엇인가? 욕구가 다르거나 다른 수준의 서비스를 요구하는 다른 소비자집단이 존재하는가? 등을 파악하고자 한다. 고객분석은 [그림 3-1]과 같이 시장세분화의 기본이 된다.

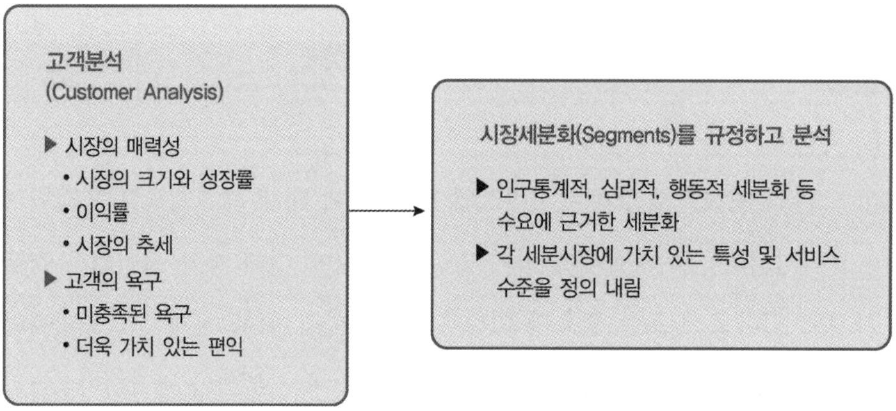

[그림 3-1] 고객분석과 시장세분화의 관계

2. 경쟁자 분석

경쟁자는 특정 시장에 있는 고객들의 필요와 욕구를 충족시키기 위해 비슷한 제품이나 서비스를 제공하는 기업들을 말한다. 경쟁자에는 기존 경쟁자, 잠재 경쟁자, 대체 경쟁자 등이 있다. 경쟁자 분석(competitor analysis)은 경쟁자가 존재하는 현재의 위치, 그들의 강점과 약점 등을 이해할 수 있도록 한다. 경쟁자 분석은 기업의 관리자가 어떤 표적시장에 서비스의 어떤 편익이 강조되어야 하는지를 결정하는 데 도움을 준다. 이러한 분석의 결과를 자사 분석과 연결하면 차별화와 경쟁적 우위를 얻기 위한 기회를 파악하게 해준다.

경쟁자 분석과 다음에 나오는 기업 분석이 표적시장을 결정하는 중요한 요소라는 점을 간략하게 표현한 것이 [그림 3-2]이다.

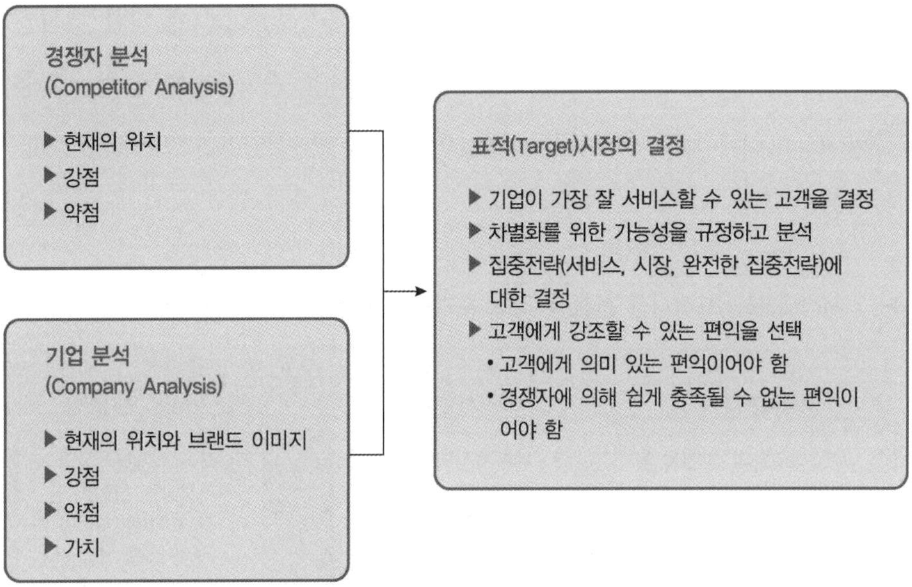

[그림 3-2] 경쟁자 분석과 기업분석

3. 기업 분석

기업 분석(company analysis)의 목적은 현재의 자사 위치와 브랜드 이미지, 조직의 자원(인력, 재무, 노하우, 물적 자산)과 관련한 조직의 강점, 약점, 가치를 규정하는 것이다. 마케팅담당자는 자사의 핵심역량(core competence)을 외부 환경분석 또는 SWOT(strength, weakness, opportunity, threat) 분석을 이용해서, 최종적으로 자사의 경영활동이 가장 효과적으로 이루어질 수 있는 매력적인 시장을 파악할 수 있다.

제 2 절 STP전략

앞 절의 고객(customer), 경쟁자(competitor), 자사(company)에 대한 분석은 기업이 포지셔닝 전략의 주요 요소들을 결정하는 데 도움을 준다. 이들 주요 요소들은 시장세분화(segmentation), 표적시장 선정(targeting), 포지셔닝(positioning)인데, 마케팅전문가들은 이를 STP라고 부른다.

〈표 3-1〉 시장세분화, 표적시장 선정, 서비스 포지셔닝의 단계

시장세분화	표적시장 선정	서비스 포지셔닝
1. 시장세분화의 방법을 명확히 한다. 2. 시장세분화의 윤곽을 개발한다.	3. 세분시장의 매력도를 측정한다. 4. 표적세분시장을 선택한다.	5. 각 표적세분시장의 포지셔닝을 설정한다. 6. 각 표적세분시장의 마케팅믹스를 개발한다.

1. 시장세분화

1) 시장세분화의 정의

시장세분화(market segmentation)는 전체시장을 공통적 특징을 지닌 잠재고객 그룹으로 나누는 과정을 의미하는데, 전체시장의 한 부분을 세분시장 또는 부분시장이라 부른다.

마케터는 전체시장을 세분화함으로써 몇 개 유형의 구매자에게 그 노력을 집중할 수 있다. 마케터가 그러한 그룹의 하나 혹은 몇 개에 대해 촉진(promotion) 메시지를 전달하려고 할 때 그 과정을 표적마케팅(target marketing)이라고 한다. 그리고 그들이 초점을 두고 있는 세분시장을 표적시장(target market)이라고 부른다.

엄밀히 말하면 각 개인은 독특한 특성과 특별한 욕구를 지닌 개별적 표적시장으로 간주할 수 있다. 그러나 수많은 독특한 개인들 모두를, 각각 하나하나 다른 시장으로 생각하는 것은 실용적이거나 경제적이지 못하다. 다양한 시장세분화 방법의 예시는 [그림 3-3]과 같다.

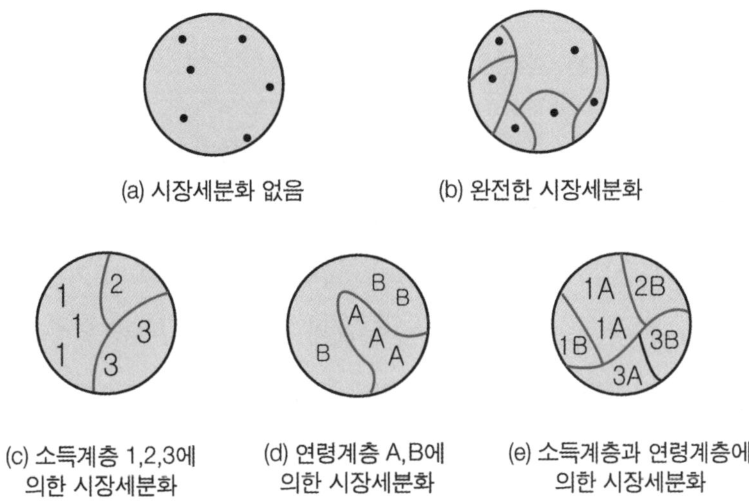

[그림 3-3] 다양한 시장세분화 방법

2) 시장세분화의 기준

(1) 개인적 특성

마케팅전문가들은 다양한 시장세분화 기준을 가지고 있다. 어떠한 단일적인 방법이 옳다거나 그른 것은 아니며 흔히 다양한 기술들이 혼합되어 사용되고 있다. 일반적으로 시장세분화에서는 지리적 변수, 인구통계적 변수, 심리적 변수, 행동적 변수 등 4가지로 나뉘어 사용된다. 시장세분화 기준을 요약한 것이 〈표 3-2〉이다.

〈표 3-2〉 시장세분화 기준

분류	세분화 기준	변 수
1	지리적 변수	• 지역, 인구밀도, 도시의 규모, 기후
2	인구통계적 변수	• 나이, 성별, 가족규모, 가족수명주기, 소득, 직업, 교육수준, 종교
3	심리적 변수	• 가치, 태도, 관심, 활동, 사회적 계층, 라이프스타일, 개성
4	행동적 변수	• 추구하는 편익, 구매준비단계, 사용량, 상표충성도, 중시하는 마케팅변수

(2) 중요한 속성과 결정적 속성

세분시장에서 고객의 욕구를 정확히 충족시키는 서비스 속성들을 선택하는 것은 매우 중요하다. 그것은 경쟁사와 차별화하는 데 도움이 된다. 그러나 경쟁 서비스와 차별화하는 속성이 가장 중요한 속성(most important attribute)이 아닐 수도 있다. 항공서비스의 예를 보자. 소비자는 안전에 문제가 있다고 평판이 난 항공사를 피할 것이다. 기본적으로 항공서비스는 대부분 가장 중요한 안전이 담보된다는 것을 전제로 탑승할 것이며, 최종선택에 큰 영향을 미치지 못할 것이다.

비즈니스 승객들은 항공 스케줄 변경의 편리성, 출발과 도착의 정시성, 고객 라운지 서비스, 마일리지 이용 가능성, 기내 서비스 수준 등이 더 중요할 수 있다. 이런 대안들은 가장 중요한 속성은 아니지만, 그들이 항공사를 선택하는 결정적 속성(determinant attribute)이 될 것이다. 가족 여행자들이나 대학생과 같이 염가추구 여행자에게는 가격이 결정적인 속성이 될 수 있다.

(3) 서비스 제공 수준

서비스 제공 수준은 분야나 기업에 따라 다르며 고객은 시간이 지남에 따라 어느 기업이 어느 수준의 서비스를 제공하는지를 파악하게 된다. 가격은 정량적인 속성이다. 반면에 인적 서비스의 질, 호화로움 등은 정성적인 특성이 있다. 고품질의 고가격을 선호하는 고객이 있는 반면에, 저가의 서비스를 이용하는 고객들도 있다.

풀 서비스(full service) 제공기업과 한정된 서비스를 제공하는 기업들이 존재한다. 그리고 풀 서비스를 지향하는 대한항공에도 진에어라는 저비용 항공사를 자회사로 두고 가격 지향적인 고객에 대응하고 있다.

가격을 낮추는 대신에 서비스 수준을 낮춰서 고객을 끌어들이는 기업들은 많다. 이마트, 월마트 같은 유통업체가 있고, 그 반대로 노드스트롬 백화점, 니만 마커스 백화점 등은 고가라도 개의치 않는 고객을 대상으로 한다. 따라서 마케팅전문가는 서비스 수준 측면에서 고객의 마음속에 기억되도록 포지셔닝을 해야 한다.

2. 표적시장 선정

마케팅전문가는 전체시장을 세분화함으로써 몇 개 유형의 고객들에게 마케팅 노력을 집중할 수 있다. 마케터가 그러한 그룹의 하나 혹은 일부에 대해 기업의 촉진 메시지를 전달하려는 과정을 표적마케팅이라고 부른다.

시장세분화는 기업이 직면한 세분시장에서 사업기회를 발견할 수 있게 한다. 이제 기업이 얼마나 많은 세분시장을 선택할 것이며 가장 바람직한 세분시장을 어떻게 찾아낼 것인가를 결정해야 한다.

표적시장 선정 전략에는 비차별적 마케팅 전략, 차별적 마케팅 전략, 집중적 마케팅 전략 등으로 알려진 세 가지 시장의 영업 범위 전략 중에서 하나를 채택할 수 있다([그림 3-4] 참조).

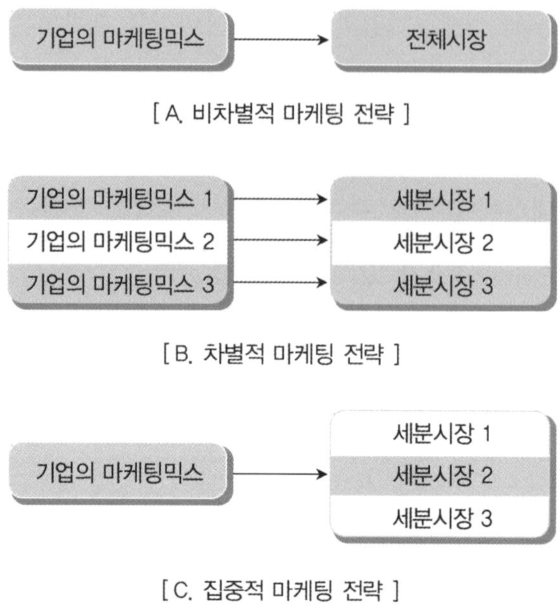

[그림 3-4] 표적시장 선정 전략

1) 비차별적 마케팅 전략

기업은 세분시장의 특성을 무시하고 한 가지 제품을 가지고 전체시장에서 영업을 결정할 수 있는데, 이러한 접근방법을 비차별적 전략(non-differentiation strategy)이라고 한다. 이것은 고객의 욕구에 어떠한 차이점이 있는가보다는 공통점이 무엇인가에 초점을 맞추려는 것이다. 따라서 수많은 구매자에게 호소할 수 있는 제품과 마케팅 프로그램을 설계해야 한다.

비차별적 전략의 가장 큰 장점은 비용 경제성이 가능하다는 점이다. 즉 마케팅을 표준화·대량화함으로써 규모의 경제성을 획득한다는 것이다. 그럼으로써 시장세분화가 불필요하므로 시장조사 및 계획수립에 따른 비용을 절감할 수 있다. 상품도 한 가지만 생산하기 때문에 연구개발 및 생산관리비가 절감되고 판촉프로그램도 표준화되어 있으므로 역시 비용이 적게 든다.

한편, 비차별적 전략의 중요한 단점은 이 방법을 적용할 수 있는 분야가 극히 제한되어 있다는 점이다. 고객의 욕구는 다양하며 또 갈수록 더욱 다양해지고 있으므로 모든 구매자를 만족시킬 수 있는 하나의 제품을 개발한다는 것은 매우 어려운 일이다. 따라서 이 전략을 사용할 수 있는 경우는 고객의 욕구가 동질적이어서 시장세분화가 필요 없는 분야에 국한된다.

전형적으로 이 마케팅 전략을 이용하는 기업들은 어떤 시장 내에서 가장 큰 세분시장을 목표로 하여 제품을 개발한다. 여러 기업이 이 전략을 추구하면 가장 큰 세분시장에서는 격심한 경쟁 현상이 나타나므로 규모가 작은 기업은 불리해진다. 그 결과 하나의 큰 세분시장은 극심한 경쟁으로 인해 수익성이 낮아질 가능성이 있으므로 기업은 시장 내에서 더 작은 세분시장으로 관심을 돌리게 된다.

2) 차별적 마케팅 전략

기업은 여러 세분시장을 표적시장으로 삼아 이들 각각에 독특한 상품을 제공하며 영업하기도 하는데, 이러한 접근방법을 차별적 전략(differentiation strategy)이라고 한다.

이 방법의 장점은 비차별적 전략과 비교해 총매출액을 늘릴 수 있다는 점이다. 즉 다양한 소비자의 욕구에 맞추어 여러 가지 상품을 다양한 가격으로 제공하고 복수의 유통경로를 사용하며 다양한 촉진을 하므로 차별적 마케팅은 더 많은 소비자를 고객으로 확보하게 된다.

차별적 마케팅의 단점은 이것을 추진하는 데 비용이 많이 든다는 점이다. 우선 비차별적 전략과 비교해 시장세분화 작업에 따르는 비용이 추가된다. 그리고 다양한 상품을 개발하고 생산하므로 상품원가가 높아지며, 유통경로 관리와 촉진에 추가적인 비용과 노력이 필요하게 된다.

3) 집중적 마케팅 전략

어떤 기업이 자사 제품에 쉽게 의사 전달할 수 있는 하나의 세분시장을 찾아낸 경우, 그리고 해당 세분시장의 욕구가 제품과 일치하는 경우, 그 기업은 집중적 시장세분화전략을 채택할 수 있다.

이러한 집중적 전략(focus strategy)은 큰 시장에서 낮은 점유율을 추구하는 대신에 하나 혹은 몇 개의 세분시장에 집중함으로써 높은 점유율을 확보하려는 방법이다. 집중적 전략을 채택하는 기업은 틈새시장에서 소비자 욕구에 대한 풍부한 지식과 축적된 명성을 이용해 강력한 시장 위치를 확립할 수 있다. 기업은 큰 시장보다는 작은 시장 또는 틈새시장에서 큰 점유율을 추구하는 것이다. 어느 정도 성장하게 되면 틈새시장 메이커(niche player, nicher)들 역시 더 넓은 시장에서 경쟁하게 된다. 사우스웨스트항공사는 텍사스주에서 여행자와 통근자를 대상으로 사업을 시작했지만, 점점 커지면서 지금은 미국에서 큰 항공사 가운데 하나가 되었다.

3. 포지셔닝

포지셔닝(positioning)은 기업이나 서비스가 고객의 마음속에 자리를 잡는 독특한 위치를 말한다. 기업은 자사 서비스로 고객의 마음속에 특정 위치를 마련하기 전에 먼저 경쟁자의 서비스와 차별화할 방법을 생각해야 한다. 결국 차별화가 서비스의 독특한 위상을 만드는 첫 번째 단계가 된다. 여기서 서비스 콘셉트(service concept)가 매우 중요한 의미를 지닌다. 서비스 콘셉트란 기업이 제공하는 서비스에 대한 약속을 말한다. 즉 기업이 고객을 위해 무엇을 어떻게 하겠다는 의사표명인 것이다. 그 예가 마켓컬리(Kurly)이다. 신선한 프리미엄 식재료와 새벽배송(샛별배송)으로 입소문을 타면서 성장한 마켓컬리는 “당신의 라이프스타일을 완성하는 프리미엄 마켓”이라는 슬로건을 내걸었다. 그리고 ‘내일의 장보기 마켓컬리–당일 수확 채소, 과일, 맛집 음식까지 내일 아침 문 앞에서 만나요!'를 표방하며 신선한 식재료를 매일 아침 집 앞에 가져다준다는 서비스 콘셉트를 명시적으로 표현하고 있다.

서비스 포지셔닝에 대해서는 다음 절에서 상세히 보기로 한다.

제 3 절 서비스 포지셔닝의 유용성과 원칙

1. 서비스 포지셔닝의 유용성

서비스기업이나 특정 서비스가 경쟁사 및 경쟁 서비스와 관련해 고객의 마음속에 독특하거나 고유한 위치를 확보하고 유지하게 된다면 성공적으로 포지셔닝되었다고 할 수 있다. 서비스 포지셔닝은 다음과 같은 경우에 유용하다.

1) 새로운 이미지 창조

새로운 이미지 창조를 위한 마케팅 전략 수행에 유용하다. 새로운 서비스를 도입할 때 이미지 확립에 근거가 거의 없는 상태에서 시작하게 된다. 사람들은 신상품에 대한 이미지가 전혀 없다. 그것은 다른 사람에게 상품에 대해 말해서 화제로 삼거나 추천하는 데 이전의 고객에게 의지할 수 없음을 의미한다. 그러나 그것은 또 한편으로 방해가 되는 부정적인 이미지를 가지고 있지 않다는 것을 의미한다.

한국타이어는 T스테이션이라는 타이어 교체 및 수리서비스 전문회사를 설립했다. 그 후 다양해진 소비자 욕구에 부응하여 토털 카서비스로 진화하였다. 즉 브랜드 이미지를 타이어 제조회사에서 '드라이빙의 즐거움을 선사하는' 토털 서비스기업이미지로 포지셔닝하고 있다.

2) 기존 이미지 유지 강화

기존 이미지 강화를 위한 기업전략에 포지셔닝이 유용하다. 이미 확립된 서비스가 있는 기업은 꾸준히 자사의 이미지를 평가하고 그것을 유지할 것인가, 변경할 것인가를 결정해야 한다. 과거에 사람들이 지녔던 좋은 느낌이 앞으로도 계속되리라고는 누구도 예측할 수 없다. 회사는 자사의 이미지에 대하여 계속 의식하지 않을 수 없다. 서비스는 공백 속에서 존재하는 것이 아니고 유사한 욕구를 충족시키고 유사한 이미지를 기획하는 서비스들과 경쟁 속에서 존재하는 것이다.

코웨이는 정수기 · 공기청정기 · 비데 등 맞춤 케어렌털 서비스를 제공하면서 웰빙 · 라이프케어 기업으로 성장해 왔다. 코웨이 서비스는 깨끗하고 쾌적한 환경과 건강한 생활습관을 추구하는 고객들을 대상으로 포지셔닝된다. 최근에는 빅데이터, 사물인터넷, AI를 접목해 고객의 일상생활을 최상의 상태로 케어하는 첨단기술이 적용된 제품과 서비스를 출시했다.

3) 재포지셔닝(repositioning)을 통한 이미지 변화

재포지셔닝을 통한 이미지 변화는 매우 유용하다. 재포지셔닝은 기존의 콘셉트나 핵심서비스 또는 보조서비스를 보완하거나 제거하여 기존의 관념을 바꾸는 전략이다. 유사한 서비스나 이미지를 기획하는 경쟁자가 있는 상황에서 회사는 어떤 방법을 써서라도 대항할 필요가 있다. 상대방이 너무 견고하다면 경쟁상대에 대한 재포지셔닝을 통해 신시장이나 틈새시장을 창조하는 전략을 추구하는 것이 유용할 수 있다.

원래 극장은 영화를 보는 곳이다. CJ CGV는 국내 최초로 멀티플렉스 극장 'CGV 강변11'을 개장한 이후 멀티플렉스를 중심으로 하는 극장의 기본 서비스인 영화 관람 플랫폼을 제공해 왔다. 그러나 쇼핑, 놀이, 공연, 교육 등을 원스톱으로 대형 복합 쇼핑몰에서 즐기고자 하는 현대인들의 소비문화를 반영해, 다양한 문화를 즐길 수 있는 복합문화공간 컬처플렉스(cultureplex)로 포지셔닝을 변화했다. 리모델링 후 개장한

CGV용산아이파크몰에는 방탈출 게임 공간 '미션브레이크'를 오픈해 엔터테인먼트 공간으로 확장했으며 VR과 체감형 스포츠를 즐길 수 있는 'VR버스터즈'를 도입해 콘텐츠를 다양화했다. 그 외에도 다양한 변화를 보여주고 있다. 이처럼 이 기업은 극장 패러다임의 변화를 도모하며 복합문화공간 '컬처플렉스'로 재포지셔닝한 것이다.

2. 서비스 포지셔닝의 원칙과 수립과정

1) 서비스 포지셔닝의 원칙

기업이 서비스의 고유한 특성을 고려하고 주의해야 하는 서비스 포지셔닝에는 다음과 같은 네 가지 원칙이 있다.

① 단일성 : 기업은 표적시장으로 하는 소비자의 마음속에 특정 포지션(위치)을 차지해야 한다.

② 독특성 : 포지션은 단순하면서도 일관된 메시지를 제공하는 독특한 것이어야 한다.

③ 차별성 : 포지션은 다른 경쟁자와 자사를 구별하도록 차별성이 있어야 한다.

④ 집중성 : 기업은 모든 사람에게 받아들여질 수 없다. 그러므로 자사의 노력은 선정한 포지션에 집중되어야 한다.

2) 수립과정

효과적인 포지셔닝 전략을 개발하기 위해 다음의 6가지 질문에 답할 수 있어야 한다.

① 현재 및 잠재 소비자의 마음속에서 우리 기업은 어떤 의미로 받아들여지고 있는가?

② 지금 우리는 어떤 소비자에게 판매하고 있으며 미래의 표적고객으로 만들 수 있는 소비자는 누구인가?

③ 현재 우리 서비스 상품의 포지셔닝은 얼마나 가치가 있으며, 어떤 세분시장을 겨냥하고 있는가?

④ 우리 서비스 상품은 경쟁사의 서비스 상품과 어떻게 차별화되고 있는가?

⑤ 표적시장의 고객은 우리의 서비스 상품이 그들의 욕구에 얼마나 충족된다고 생각하고 있는가?

⑥ 표적시장에서 경쟁적인 포지션을 강화하려면 서비스 상품에 어떤 변화가 필요한가?

제 4 절 서비스 포지셔닝 전략의 유형

서비스기업은 다양한 방법으로 자사의 서비스를 포지셔닝할 수 있다. 여기서는 서비스 속성, 서비스 용도, 가격과 품질, 서비스 등급, 서비스 이용자, 경쟁자, 서비스품질 차원 등의 유형으로 나눌 수 있다.

1. 서비스 속성

서비스 속성은 '최고로 잘하는 것'의 관점에서 포지셔닝하는 것이다. 소비자들이 서비스를 구매하는 데 가장 중요하게 생각하는 속성을 자사가 차별적으로 가지고 있다는 것을 보여주는 전략이다. '가장 빠른' 속성을 강조하는 서비스로는 '로켓배송'이라는 슬로건을 가진 소셜 커머스 쇼핑몰 쿠팡이 있고, 이동통신기업의 LTE 광고전략들이 있었다.

'편리함'의 속성을 강조한 것으로 신세계그룹은 SSG닷컴을 오픈하면서 신세계백화점, 이마트몰, 트레이더스, 분스(드럭스토어)를 통합하여 백화점에서 이마트까지 한번에 편리하게 쇼핑할 수 있다는 메시지를 소비자들에게 소구하였다. 또 O2O 배달 서비스 브랜드인 배달의민족은 "우리가 어떤 민족입니까?"라는 유머 있는 광고문구를 띄워서 소비자에게 배달앱 브랜드를 각인시키면서 배달음식에 대한 소비자들의 고정관념을 깨고자 하였다. 이후 연이은 마케팅 노력이 이어졌으며, 차별화된 포지셔닝을 통해 배달의민족은 압도적인 업계 1위의 지위를 다지게 되었다.

2. 서비스 용도

서비스를 제공하는 궁극적인 용도가 무엇인지를 강조하여 포지셔닝하는 방법이다. 대표적인 패밀리 레스토랑인 VIPS, 아웃백, TGI 프라이데이스 등은 가족 중심의 식당이라는 서비스 용도로 포지셔닝하고 있다. 헬스클럽도 서비스 용도로 구분된다. 다이어트를 원하는 사람, 운동만을 원하는 사람, 근육 단련을 위한 사람들이 원하는 용도는 다양하며, 각 헬스클럽은 각각 다른 세분시장을 겨냥하여 거기에 맞는 시설과 설비를 갖추고 있다.

3. 가격과 품질

기업이 가격과 품질로 서비스를 포지셔닝하는 것은 포지셔닝 전략에서 명확한 방법 가운데 하나이다. 많은 서비스 상품은 가격과 품질의 스펙트럼에서 양극단 가운데 자리하고 있다.

다양한 가격과 품질의 수준을 제공하는 예로써 호텔을 생각해 보자. 최고급 호텔은 그들의 고객에게 매우 정성스러운 서비스를 제공한다. 그러한 호텔들은 일반적으로 여러 유형의 레스토랑을 다수 소유하고 있다. 그리고 미용실, 마사지 서비스, 실내수영장, 그리고 운동 시설 등을 제공할 것이다. 메리어트, 하얏트, 인터컨티넨탈, 레디슨(Raddison), 힐튼, 쉐라톤과 같은 대형호텔들은 화려한 서비스 및 특징적인 상품을 제공한다.

그와 반대 측면에서 보면 경제적으로 저렴한 호텔과 모텔이 있다. 이코노롯지(Econolodge) 또는 버짓모텔(Budget Motel : 염가모텔)과 같이 그 기업의 사명(社名) 속에 '버짓(염가의)' 또는 '이코노미(절약형의, 저렴한)' 등의 단어가 포함된 기업도 있다. 그 밖에 경제적인 대형 체인으로는 레드 루프 인(Red Roof Inn), 슈퍼 에잇(Super 8) 그리고 모텔 식스(Motel 6) 등이 있다.

대표적인 저가격 정책의 항공사로는 사우스웨스트항공사나 라이언항공, 제주항공, 진에어 등을 들 수 있고 반면에 싱가포르항공은 고품질의 서비스를 원하며 높은 가격을 지불할 용의가 있는 고객층을 대상으로 하고 있다. 물론 에미레이트 항공 또는 카타르항공 등도 최고의 항공사로 포지셔닝하고 있다.

가격과 품질은 서비스 등급 및 이미지, 고객가치 등과 연관되어 설명되기도 한다.

4. 서비스 등급

우리나라 호텔은 별(star)의 개수로 서비스 등급을 나누고 있다. 별 다섯 개는 특급호텔이다. 일반적으로 항공사는 좌석을 일등석, 비즈니스석(프레스티지석), 일반석(이코노미석) 등으로 나누고 KTX는 특실, 일반실, 입석 등으로 나누고 있다.

서비스 등급은 가격 및 품질과 연결되기도 하지만, 앞에서 언급한 이외에도 기업들은 서비스 등급을 구분하며 상품을 판매하고 있다. 스타벅스(starbucks)는 사람들이 가정이나 직장에서 가볍게 마시던 커피를 매장에서 여유롭게 즐기는 '문화'의 개념으로 대중화시킴으로써 고급 커피 매장으로 포지셔닝하였다. 고품질 원두를 선별하여 차별화하였고 체계적인 바리스타 양성 시스템을 갖추고 있다. 반면에 메가커피(Mega Coffee)는 지갑 사정이 가벼운 대학생들 사이에서 큰 인기를 끌고 있고, 메가라는 이름답게 대용량 크기를 자랑하며, 아이스 테이크아웃 컵이 크고 양이 많다. 처음에는 중소도시, 군인 주둔지역, 특히 대학로 위주에 신규 점포를 내기 시작하더니 차츰 대도시로, 그리고 전국으로 확대하고 있다.

5. 서비스 이용자

서비스 이용자를 세분화하고 각 세분시장별로 포지션을 달리하여 메시지 포인트를 증대시키고자 할 때 이용하는 포지셔닝이다. 홀리데이 인은 주로 레저목적의 여행자를 대상으로 하고 있고 메리어트는 사업목적의 비즈니스 여행자를 대상으로 포지셔닝한다. 흔히 비즈니스맨 전용 호텔이나 여성 전용 사우나, 백화점의 여성전용주차장, 애견 동반 호텔 등 점차 전용화나 세분화되면서 집중적인 포지셔닝을 하는 기업들이 많이 생겨났다.

6. 경쟁자

거의 모든 서비스 상품은 소비자의 주목을 끌어 금전을 소비하도록 하는 경쟁대상이 된다. 경쟁은 때때로 직접적이거나 간접적이다. 직접적 경쟁(direct competition)은 두 개 이상의 호텔, 항공사, 스키장, 테마파크 혹은 유사한 서비스 상품 사이에서 발생한다. 직접적 경쟁사와의 포지셔닝 전략에는 비교광고를 많이 사용한다. 미국에서 코카콜라와 펩시, 맥도날드와 버거킹과 같은 비교광고가 그 대표적인 예이다.

간접적 경쟁(indirect competition)은 유사성은 그다지 없지만 다소 비슷한 욕구를 충족시키는 제품 사이에서 일어난다. 한때, 미국 암트랙(Amtrak)은 간접적 경쟁자인 항공사에 대항하기 위해 미국 북서부지역에 운송상품으로써 승객용 기차로 자사를 포지션하였다. 암트랙은 항공기 탑승을 불편하고 번거로운 수단으로 광고하고, 기차 탑승이 조용하고 평화스럽고 도심까지 편리하게 이동한다는 것을 강조함으로써 고객을 획득하려는 포지셔닝 방법을 사용하였다.

이와 유사하게 유럽의 유로스타(Eurostar)는 고객들에게 항공서비스의 대체안으로 자사를 포지셔닝하였다. 이 회사는 "런던에서 유럽의 다른 도시들로 유로스타 고속열차를 타고 여행해 보세요! 합리적인 가격의 유레일 패스를 소지하고 있으면 이동과 편리함을 동시에 누릴 수 있습니다!"라고 광고하면서 자사의 이점을 부각하고 있다.

렌터카사업의 경쟁 역시 치열하다. 허츠(Hertz)사는 렌터카 산업에서 1위의 판매 지위를 유지해 왔다. 에이비스(Avis Rent A Car)사는 2위이고, 다음으로 버짓(Budget Rent A Car)사와 내셔널(National Car Rental)사가 차지하고 있다. 그러나 에이비스사가 6위였던 것은 그리 오래전의 일이 아니다. 비슷한 회사들과 경쟁하면서도 에이비스사는 허츠와 직접 대항하기 위하여 자사의 포지션을 구축해 선두기업인 허츠와 격렬한 경쟁을 전개하였다. 그러나 선두기업과의 경쟁이 그다지 쉬운 일은 아니었다. 그 결과 "우리는 2등입니다. 그러므로 더 열심히 노력하겠습니다(We're No.2, and we work harder)"라는 광고캠페인이 생겨났다.

에이비스의 각종 광고는 자사는 1위가 아니므로, 고객들을 즐겁게 하는 데 더욱 열심히 노력해 왔다는 사실을 여러 방법을 동원하여 소구하였다. 자사는 틀림없이 고객들에게 더욱 잘 서비스하고 있다는 것을 암시함으로써 더 큰 렌터카 회사와의 차별화를 시도하였다. 오늘날 에이비스는 2위를 차지하는 기업이 되었고 이제는 허츠에 직접 도전하고 있다.

7. 서비스품질 차원

서비스품질에 따른 포지셔닝은 SERVQUAL[1]에 의해 포지셔닝하는 방법으로, 신뢰성, 응답성, 확신성, 공감성, 유형성 등 5가지 품질 차원에 근거한다. 이들 5가지 품질 차원 중에서 하나 이상을 강조하면서 포지셔닝할 수 있다. 〈표 3-3〉은 고객이 자동차 수리, 항공사, 의료, 건축가, 정보처리, 인터넷증권업 등에 대해 서비스품질의

1) SERVQUAL은 service + quality를 합친 용어이다. 제13장 서비스품질 관리를 참조하기 바람.

다섯 가지 차원을 판단하는 예를 보여주고 있다.

〈표 3-3〉 고객이 서비스품질의 다섯 가지 차원을 판단하는 예시[2)]

	신뢰성	응답성	확신성	공감성	유형성
자동차수리 (소비자고객)	문제를 처음에 수정, 약속 시간에 준비	이용 용이, 무대기, 요구에 대한 반응	지식이 많은 수리공	고객의 이름을 알고, 이전의 문제 및 선호를 기억	수선시설, 대기장소, 유니폼, 장비
항공사 (소비자고객)	일정에 따라 목적지로 출발 및 도착	발매, 탑승, 수하물 처리에 대한 신속하고 빠른 대응	신인도, 탁월한 안전기록, 유능한 승무원	고객의 특별한 요구에 대한 이해, 고객욕구의 예측	항공기, 발매소, 수하물지역, 유니폼
의료 (소비자고객)	일정에 따른 약속 준수, 정확한 진찰	이용 용이, 무대기, 자진 경청	지식, 기술, 신뢰, 평판	한 개인으로서 환자를 이해, 이전의 문제를 기억, 올바른 경청, 안내	대기실, 검사실, 의료장비, 문서자료
건축가 (사업자고객)	약속된 때 예산 내의 설계도 전달	전화응답, 변화 수용	신뢰, 평판, 사회에서의 명성, 지식과 기술	고객의 산업을 이해, 고객의 특정 요구 및 이해를 인정 및 적응, 고객에 대한 이해 노력	사무실 공간, 보고서, 스스로의 계획, 청구서 작성, 직원의 복장
정보처리 (내부고객)	요청할 때 필요한 정보 제공	요청에 대해 신속한 대응, 관료적이 아닌, 신속한 문제 처리	통찰력 있는 스태프, 숙련, 신임	내부고객을 이해, 부서나 개인의 이해	내부보고서, 사무실 공간, 직원의 복장
인터넷 증권업 (소비자고객, 사업자고객)	정확한 정보의 제공, 고객의 요구를 정확히 이행	이용 용이와 멈추는 시간이 없는 빠른 웹사이트	사이트 내 신뢰할 만한 정보원천, 브랜드 인지, 사이트에 대한 신뢰	필요할 때 사람이 응답	전단지, 브로슈어 및 다른 출력물과 웹사이트의 외관

2) Zeithaml, V. A., M. J. Bitner, & D. D. Gremler(2013), Services Marketing, 6th Edition. 전인수 · 배일현 역(2013), 서비스마케팅, p.132

1) 신뢰성

고객들에게 신뢰성은 서비스품질을 지각하는 다섯 가지 차원 중 가장 중요한 요인이다. 서비스기업은 신뢰성 차원과 관련된 서비스 속성에 기반하여 자사를 포지셔닝할 수 있다. 신뢰성은 서비스 제공자가 약속한 서비스를 정확하게 수행할 수 있는 능력을 말한다. 페덱스(FedEx)는 '절대로, 확실히, 하루 내에'라는 슬로건을 통해 서비스의 신뢰성에서 차별적 포지셔닝을 추구하고 있다. 에어비앤비(Airbnb)는 이용객과 집주인이 상대방이 누구인지를 몰라 불안해했던 공유숙박 서비스의 문제점을 해결하며 고객들의 신뢰를 얻었다.

그러나 은행, 통신, 항공 업종에서 신뢰성은 핵심서비스이고 가장 필요한 기본적 사항이다. 이러한 업종에서 신뢰성을 바탕으로 차별화하기는 어려울 것이다. 따라서 몇 개의 서비스품질 차원을 혼합해 포지셔닝에 사용하고 있다.

2) 응답성

서비스기업은 응답성에 기반해 자사를 포지셔닝할 수 있는데, 응답성이란 고객을 돕기 위한 기업의 의지 및 고객의 요구에 즉각적으로 대응하려는 의지를 말한다. 응답성 포지셔닝은 고객이 어려운 상황에서 신속한 서비스를 제공한다는 것을 강조함으로써 차별화를 할 수 있다. 쿠팡의 로켓배송이 일종의 트렌드가 되면서 유통업계는 배송 전쟁을 벌이고 있다. Kurly는 수도권에서 유기농 프리미엄 제품을 판매하고, 쿠팡의 로켓프레시는 전국구를 대상으로 제공하고 있다.

웰스파고(Wells Fargo) 은행은 광범위하게 설치된 ATM 시스템, 슈퍼마켓까지 확장된 은행 서비스, 폰뱅킹 시스템, 온라인 콜센터, 인터넷 기반 서비스 등을 통해 고객이 원하는 장소와 시간에 바로 접근 가능함을 강조함으로써 응답성에 기반한 경쟁우위를 강조한다.

3) 확신성

서비스기업은 확신성이라는 서비스품질 차원을 포지셔닝에 사용할 수 있는데, 확신성은 기업과 서비스 제공자의 지식, 정중함, 믿음과 확신을 심어주는 능력이다. 고객이 위험이 크다고 지각하는 서비스나 은행, 보험, 증권업, 의료, 법률 등의 서비스와 같이 결과를 평가할 자신이 없는 경우에 특히 중요하다.

올스테이트(Allstate) 보험회사의 "올스테이트와 함께 있으면 든든합니다"라는 슬로건, 푸르덴셜(Prudential) 보험회사의 "바위 한 덩어리를 소유하십시오"라는 슬로건, 노스웨스턴 뮤추얼생명보험(Northwestern Mutual Life Insurance Company)의 "평화로운 기업", 페덱스의 "편히 쉬세요, 페더럴 익스프레스입니다"라는 슬로건을 사용하여 전통적인 신뢰 메시지를 넘어 확신과 믿음에 초점을 두는 광고캠페인을 시행하고 있다.

4) 공감성

서비스기업은 공감성에 기반해 자사를 포지셔닝할 수 있는데, 공감성이란 고객 개인에게 관심과 보살핌을 제공하는 것이다. 대한항공은 세계 유명한 관광지 정보를 제공하고 자사 항공을 이용할 때 특별한 혜택을 주고 있음을 강조하여 많은 여행객의 공감을 형성하고 있다. 10여 년 전에 "그때 캐나다가 나를 불렀다" 광고가 공감을 얻어, 한국광고주협회 주최로 열린 "제21회 소비자가 뽑은 좋은 광고상"을 수상하였고, 최근에는 "대한항공은 미국 어디까지 가봤니?" 시리즈로 광고문구를 통해 차별적인 포지셔닝을 하고 있다. 아마존은 고객 개인별 거래정보를 제공함으로써 공감성 차원에서 차별적인 포지셔닝을 추구한다. 또 아디다스는 사용자가 원하는 디자인, 색상, 소재 등을 선택하면 '스마트 팩토리'를 통해 그 요구대로 제작하여 '마이아디다스(miAdidas)'라는 개인 맞춤형 운동화를 판매하고 있다.

5) 유형성

유형성은 물리적 시설, 장비, 인력 등의 외양을 말한다. 유형성은 리조트, 호텔, 레스토랑, 소매업체 등을 포지셔닝할 때 흔히 사용된다. 호텔의 호화로운 로비나 객실, 항공기의 좌석이나 승무원의 유니폼, 레스토랑의 장식 등은 무형적인 서비스품질을 유형화하는 포지셔닝전략이다. 스타벅스는 최근 프리미엄 고객을 겨냥해 세계 최고 품질의 원두만을 엄선해 로스팅한 커피를 판매하는 '리저브 커피 매장'을 확장하고 있다. 알래스카 항공은 넓고 여유 있는 좌석 공간을 강조함으로써 유형성에서 차별적 포지셔닝을 추구한다.

제 5 절 서비스 포지셔닝 실천 방법

1. 표적시장의 변화와 클럽 메드

[그림 3-5] 클럽 메드 전경

서비스 상품에서 사용할 유용한 표적시장은 많다. 잠재적 이익을 최대화하기 위해 기업은 표적시장 및 지역 인구를 확인해 본다. 그러기 위해 기업은 특정 집단의 사람들에게 메시지를 보낸다.

아마도 표적시장과 관련하여 포지션을 성공적으로 확립한 기업의 사례 가운데 가장 뛰어난 것은 클럽 메드(Club Med)[3]일 것이다. 클럽 메드는 올 인클루시브 리조트(all-inclusive resorts)로 알려진 리조트산업에서 개척자이다. 이 휴양지는 고정가격으로 고객에게 휴양지에서의 숙박, 식사, 오락, 그리고 여러 활동 및 스포츠를 제공한다. 클럽 메드에는 또 하나의 특징으로 G.O 시스템이 있다.

클럽 메드가 미국 시장에의 진출을 결정했을 때 클럽 메드의 마케팅전문가들은 구성인구의 인구통계학적 변수를 철저히 살펴보고 미국의 인구에서 전례가 없이 고성장을 보인 제2차 세계대전 후 베이비부머[4]를 표적시장으로 결정하였다. 그 연령층에는 사람 수가 매우 많아서 마케터들은 상품의 포지셔닝 방법을 결정해서 그 집단의 욕구를 충족시킨다면 이익이 매우 클 것이라는 사실에 주목하였다.

베이비부머의 욕구는 편안함과 스포츠가 배합된 평일의 휴양지였다. 그때 그들의 이상적인 휴양지는 겨울의 춥고 눈 오는 곳으로부터, 따뜻하고 낙원과 같은 섬으로 피할 수 있는 장소로 인식되었다.

만약 낙원이라는 환경 속에 존재한다면 사람들은 그곳에서 만나는 사람마다 미소를 지을 것이고 즐거워할 것이다. 거기에는 많은 음식과 오락이 있을 것이다. 사람들은 거기서는 전화나 신문 또는 돈에 관하여 걱정할 필요가 없다. 만약에 원한다면 몇 시간 동안이나 해변에 앉아 있을 수 있고 정열적인 배구게임도 행할 수 있다. 그곳에

3) 클럽 메드(Club Med)는 프랑스 파리(Paris)에 본사를 둔 프랑스의 글로벌 리조트 기업으로 1950년 제라드 블리츠(Gérard Blitz)가 설립했다. 제라드 블리츠는 휴가 모임을 의미하는 클럽(Club)에 지중해를 뜻하는 프랑스어 'Méditerranée'의 약자인 메드(Med)를 더해 브랜드명을 클럽 메드라고 지었다.

4) 각 나라의 사정에 따라 그 연령대가 다르다. 미국의 경우 제2차 세계대전 이후인 1946년부터 1965년 사이에 출생한 세대를 지칭한다. 제2차 세계대전 동안 떨어져 있던 부부들이 전쟁이 끝나자 다시 만나고, 미뤄졌던 결혼이 한꺼번에 이루어지면서 생겨난 세대로 '베이비붐 세대(baby boom generation)'라고도 한다.

서는 만찬을 위한 정장도 필요가 없다.

클럽 메드는 이러한 표적시장에 소구하려고 베이비붐시대에 태어난 독신자 대부분의 욕구를 강조하여 고안되었으며, 의도적으로 젊은 독신자에게 소구하기 위해 자사를 포지셔닝했다. 클럽 메드의 환경은 홀로 여행하는 사람들이 편안하게 휴식하고 단체활동 계획을 통해 클럽 메드에서 많은 다른 독신자들을 쉽게 만날 수 있도록 만들어졌다. 이전까지 어떠한 다른 휴양지도 이러한 표적시장의 욕구를 충족시키기 위해 그처럼 명확하게 위치되지는 않았다.

클럽 메드는 특별 설계의 휴양지로 몰려드는 베이비부머의 이러한 모든 욕구를 발견하였다. 그들이 시작한 이래로 이와 같은 전문화된 올 인클루시브 리조트의 수가 급격히 증가하였다. 이제 수많은 회사가 클럽 메드와 유사한 개념에 기초하여 리조트 서비스를 제공하고 있다.

그런데 1970년대 후반 이후로 베이비부머에게 몇 가지의 변화가 발생하였다. 독신을 고집하던 그들 중 대부분은 결혼을 했고 아이가 생겼으며, 그 결과 그들의 휴가패턴이 변하기 시작했다. 그러나 베이비부머들이 나이가 들었는데도, 클럽 메드는 그들이 원하는 것 중에 어느 한 가지에도 예전에 제공했던 것과 큰 차이를 두지 않았다. 그래서 클럽 메드 리조트는 어린이를 손님으로 환대하는 것이 무척이나 곤혹스러웠다. 어린이는 독신의 이미지와는 양립할 수 없기 때문이다. 그리고 그때까지 클럽 메드에는 어린이의 부모가 즐기는 동안 어린이들을 즐겁고 기쁘게 해줄 장비가 준비되어 있지 않았다.

1980년대에 들어서 베이비부머들은 리조트에 자녀들을 동반하기를 원하였다. 그들은 자녀들과 시간 보내기를 원하고 반면에, 여전히 서로 다른 개인적 시간을 가지기를 원하였다.

클럽 메드는 '미니클럽(mini club)'을 개발함으로써 이 거대한 표적시장의 욕구를 충족시켰다. 미니클럽은 정규적인 클럽 메드의 일부분으로써 여러 장소에서 아이들을 위한 특별시설과 안전한 활동프로그램을 제공하였다. 아침부터 밤까지 부모들은 미니클럽의 카운슬러에게 아이를 맡길 수 있다. 만약 그들이 하루 동안 해안에서 아이들과 있기를 원한다면 그것 역시 좋다. 미니클럽은 아이들을 위한 여러 가지 활동을 계획하고 감독한다. 그 때문에 많은 부모가 그들의 집에서 흔히 얻을 수 없는 기회, 특히 조용하고 낭만적인 만찬을 갖는 기회를 즐길 수 있게 되었다.

표적시장의 선택이 끝난 후에 클럽 메드는 한 세대의 휴가 욕구에 소구하기 위하여 자사의 상품을 포지션하였다. 클럽 메드는 세대의 욕구가 변하고 있다는 사실을 인식하고 미니클럽의 형태로 기존의 상품과 다른 상품을 개발하여 성공을 거두었다. 이러한 사항들은 마케터들이 표적시장의 변화 욕구에 주의를 기울이고 그들의 변화 욕구를 더 잘 충족시키기 위하여 상품을 적절하게 제공해야 한다는 것을 말해주고 있다.

그 후 미니클럽 대상의 어린이들이 성장함에 따라 클럽 메드는 1990년대 초 이들 젊은 고객을 대상으로 주니어클럽(Junior Club)[5]을 만들었고, 이어 노년이 된 원래 베이비부머들인 노인층을 대상으로 '클럽 르네상스'를 만들어서 연령층의 이동에 따른 표적시장의 변경에 대처하였다.

한편, 클럽 메드는 1993년부터는 호텔 건설에서 벗어나 30여 개국에서 호텔인수와 위탁계약경영으로 경영전략을 변경하였다. Club Med는 주말 및 미니여행 추세에 따라 지상교통은 Club Med가, 항공요금은 여행객이 부담하는 여행객 자신만의 패키지상품을 만들고, 크루즈 부문의 괄목할 만한 성장을 보고 크루즈 자체를 비즈니스로 이끌어왔다. Club Med2라는 크루즈선박은 캐리비안 지역에서 겨울을 보내고 지중해와 노르웨이에서 여름을 보낸다.

---

5) 클럽 메드는 만 4개월의 소아부터 만 17세까지를 아우르는 다양한 연령대별 키즈클럽 프로그램을 운영하고 있다. 베이비 클럽(Baby Club)은 만 4개월에서 23개월까지 영아를 위한 클럽, 프티클럽(Petit Club)은 만 2세부터 3세 유아들을 대상으로 하며, 미니클럽(Mini Club)은 만 4세부터 10세 아이들을 대상으로 제공되며, 주니어클럽(Junior Club)/ 패스월드(Pass World)는 동일한 프로그램으로 리조트마다 명칭이 다른데, 만 11세부터 17세까지의 청소년을 대상으로 하는 특별한 프로그램이다.

Club Med는 매년 110개 이상의 빌리지에서 약 157만 명의 GM[6]을 유치하고 있으며, 아시아 및 태평양, 유럽과 아프리카, 북아메리카와 남아메리카 5개 대륙에 걸쳐 80여 개의 리조트를 소유하고 있다.

2. 서비스 포지셔닝 맵

포지셔닝 맵(positioning map)은 경쟁 위치를 시각화하거나 시간의 경과에 따른 발전을 도식화하는 것이며, 잠재적인 경쟁자의 반응에 대한 시나리오를 만드는 데 아주 훌륭한 도구이다. 포지셔닝 맵은 종종 지각도라고 불린다. 지각도를 만드는 것은 시장에 존재하는 경쟁제품에 대한 소비자의 지각을 도식적으로 표현하는 데 유용한 방법이다. 여기서는 호텔산업의 사례를 대입해 보기로 한다. 호텔산업은 객실의 공급이 수요에 비해 더 많은 계절에는 더욱 경쟁적인 경향을 보인다.

1) 팰리스(Palace)호텔의 포지셔닝 맵

벨빌(Belleville)이라는 대도시에서 이미 시장 포지션을 구축한 4성급의 팰리스호텔에 위협이 될 요소들을 파악하기 위해, 팰리스호텔 경영진이 포지셔닝 맵을 개발하는 과정에 대해 살펴보기로 한다.

(1) 현재 상황

금융가의 끝에 자리한 Palace호텔은 몇 년 전에 상당히 많은 부분을 리노베이션하여 현대화한 우아하고 유서 깊은 호텔이다. Palace호텔의 경쟁자는 8개의 4성급 호텔과 이 도시에서 가장 오래된 5성급 Grand호텔이다. Palace호텔은 현재 수익성이 좋으며, 평균 이상의 객실 점유율을 달성하고 있다. 일 년에 여러 달은 100%의 주말

6) Gentle Member는 Club Med에서 휴가를 즐기는 고객을 부르는 이름이다.

예약률을 나타낸다. 이것은 Palace호텔이 높은 객실료를 기꺼이 지불하고자 하는 비즈니스맨에게 가장 인기 있음을 보여주고 있다.

그러나 최근 호텔 사업에 위기가 찾아왔다. 이 도시에 4개의 신규호텔 건설이 허가되었고, Grand호텔은 리노베이션과 호텔 공간을 확장하는 신규 건물공사를 동시에 시작하기 때문이다. 따라서 향후 이들 호텔이 신규 오픈할 경우, Palace호텔은 시설 및 인지도에서 상대적으로 뒤떨어질 위험에 처해 있다.

(2) 경영진의 포지셔닝 맵 작성

Palace호텔의 경영분석팀은 포지셔닝 맵을 개발하기 위해 4개의 주요 속성을 선정하였는데, 그것은 객실료, 인적 서비스 수준, 물리적 시설의 호화로움, 입지 등이다. 경쟁상황을 묘사하기 위해 두 개의 포지셔닝 맵이 작성되었다.

기존 경쟁구조의 첫 번째 포지셔닝 맵은 가격과 서비스 수준 차원에서 10개 호텔의 경쟁적 포지션을 보여준다. [그림 3-6]에서 보면 상대적으로 높은 수준의 서비스를 제공하는 호텔들이 상대적으로 객실료가 더 비싸다는 것을 보여준다. 좌상에서 우하로 이어지는 막대 모양은 이러한 관계를 의미한다.

포지셔닝 맵을 통해 얻게 된 시사점은 Palace호텔이 고객들에게 제공하는 서비스 수준에 비해 객실료를 상당히 비싸게 책정하고 있다는 것이다. Palace호텔은 투숙률이 높으므로 객실료 고가가 가능한 것으로 보인다. 또 최상위 그룹에는 4성급 Regency호텔이 5성급 Grand호텔과 함께 있다. 중간 그룹에는 Palace호텔이 다른 4개의 호텔과 같이 있고, 나머지 3개 호텔은 별도의 그룹을 형성한다.

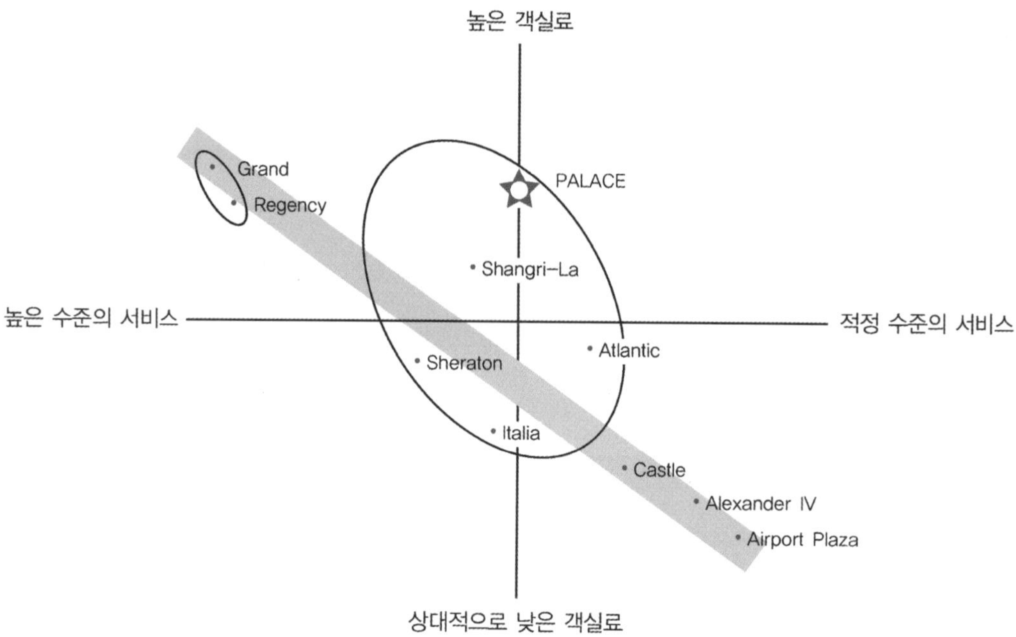

[그림 3-6] 기존 경쟁구조의 포지셔닝 맵1(가격 수준 vs 서비스 수준)

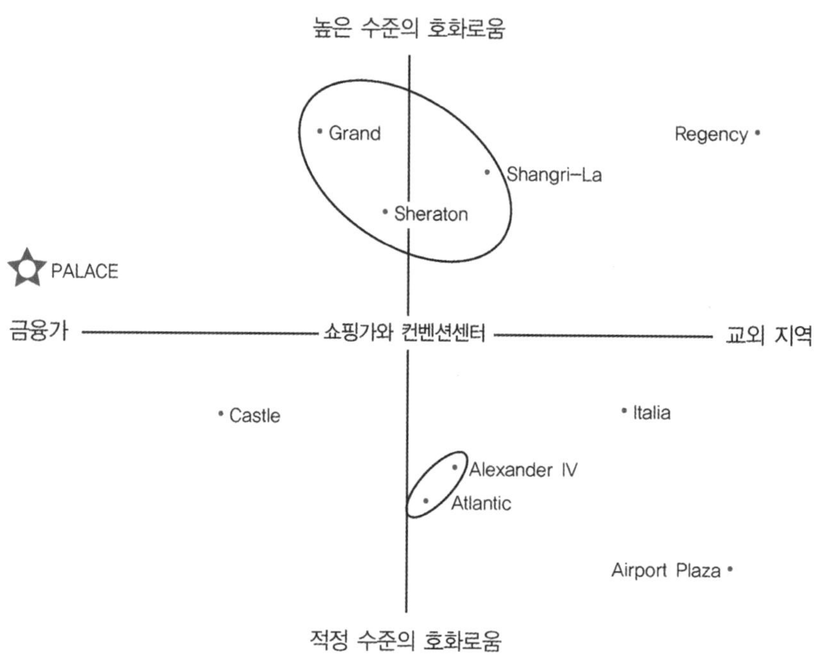

[그림 3-7] 기존 경쟁구조의 포지셔닝 맵2(입지 vs 호화로움)

기존 경쟁구조의 두 번째 포지셔닝은 호텔의 입지와 물리적 시설의 호화스러움 차원에서 [그림 3-7]에서 보는 바와 같이 10개 호텔의 포지션을 보여주고 있다. 여기서 지리적 위치와 호화로움이라는 차원에서 팰리스호텔의 위치를 파악할 수 있다. 쇼핑가와 컨벤션의 주변에는 2개의 호텔그룹이 형성되어 있는데, 한 그룹은 Grand호텔을 선두로 Shagri-La, Sheraton 등 3개의 고급호텔들이고, 다른 그룹에는 중간 정도의 시설을 가진 2개 호텔(Alexander호텔과 Atlantic호텔)이 있다.

이 포지셔닝 맵의 주요한 시사점은 팰리스호텔이 포지셔닝 지도에서 비교적 비어 있는 공간에 위치하고 있다는 것이다. 팰리스호텔은 금융가에 자리한 유일한 호텔인데, 이 사실이 서비스 수준에 비해 상대적으로 높은 요금을 책정할 수 있는 능력을 설명해 준다.

2) 잠재적 경영자 반응을 확인해 주는 미래 시나리오 맵

Palace호텔 경영진은 Grand호텔의 재포지셔닝 이후, 그리고 이 도시에서 건설되고 있는 4개의 신규호텔(Mandarin, Heritage, Marriott, Continental)이 오픈한 후 미래의 시나리오 맵을 작성해 보기로 하였다.

① 호텔의 입지를 보면 신규 2개의 호텔은 금융가에 세워지고 다른 2개 호텔은 컨벤션센터 근처에 위치한다.

② 리노베이션 이후의 New Grand호텔은 규모가 더 커지고 더욱 호화로워지며 새로운 서비스가 추가될 것이다.

③ 신규의 4개 호텔 중 3개 호텔은 국제적 체인호텔이다.

④ 신규 호텔 중 2곳은 5성급 호텔이다.

⑤ 신규 호텔들은 Grand호텔이나 Regency호텔보다 고가격이다.

⑥ 고가격 전략에 따라 서비스는 높은 수준에서 제공될 것이다.

가격 수준과 서비스 수준에서 미래의 포지셔닝 맵을 나타낸 것이 [그림 3-8]이다. 그리고 입지와 호화로움 수준에서 미래의 포지셔닝 맵을 나타낸 것이 [그림 3-9]이다.

Palace호텔이 현재의 위치에서 그냥 안주한다면, 즉 변화를 위한 노력이 없을 경우, 새로운 신규호텔들과 New Grand호텔은 팰리스호텔에 상당히 위협적이며, 팰리스호텔은 현재의 독특한 지리적 입지의 장점을 잃고 그전과 같은 높은 객실료를 받기는 어려울 것이다. 신규호텔들은 높은 객실료를 받으려 할 것이고 그에 맞는 서비스 수준을 높일 것이다.

팰리스호텔의 기존고객 중에 많은 사람이 새로운 Continental호텔과 Mandarin호텔에 관심을 가질 것이고 더 나은 서비스를 받기 위해서 높은 객실료를 기꺼이 지불할 것이다. 다른 2개의 신규호텔 Heritage호텔과 Marriott호텔은 Shangi-La, Sheraton, 그리고 New Grand호텔에게 더욱 위협이 될 것으로 보인다. 결국 신규호텔 4곳과 New Grand호텔은 고급호텔시장에서 고가격 · 고서비스 그룹을 만들 것이고 Regency호텔은 외딴 공간에 떨어져 남을 것으로 예상된다.

[그림 3-8]에서 여러분은 Palace호텔의 장래 행동(action)에 대해서 어떻게 생각하는가? Palace호텔의 경영자라면 좌측으로 액션(action)을 취하겠는가 아니면 아무런 행동도 취하지 않고 가격을 내리는 비실행(no action)으로 가야 하는가? 누구와 어떻게 경쟁해야 하는가?

[그림 3-9]에서 여러분이 Palace호텔의 경영자라면 위쪽으로 액션을 취하겠는가 아니면 아래쪽으로 비실행(no action)을 취하겠는가? 높은 수준의 호화로움을 추구할 것인가 또는 호화로움을 조금 낮추는 전략을 행할 것인가? 어느 쪽으로 누구와 경쟁해야 하는가?

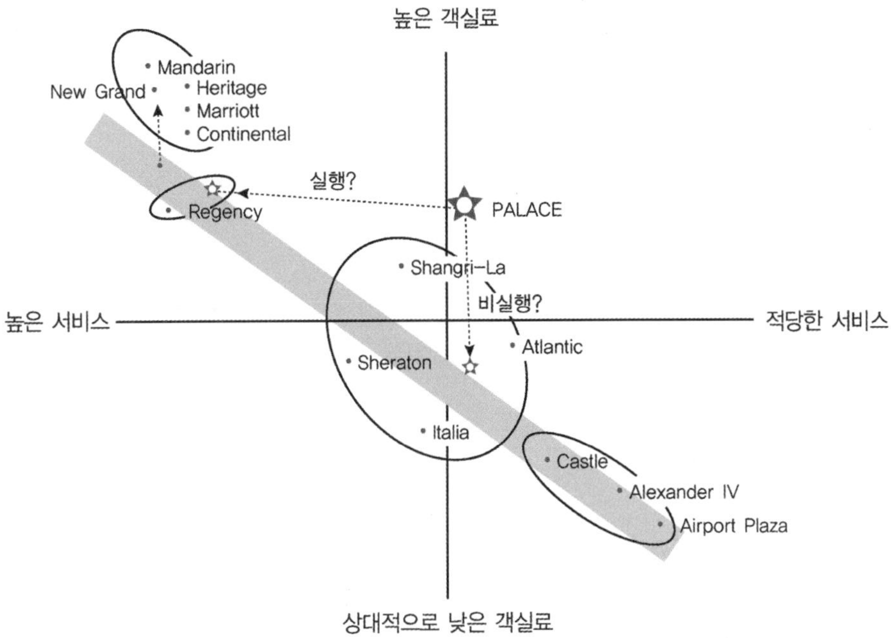

[그림 3-8] 미래의 포지셔닝 맵1(가격 수준 vs 서비스 수준)

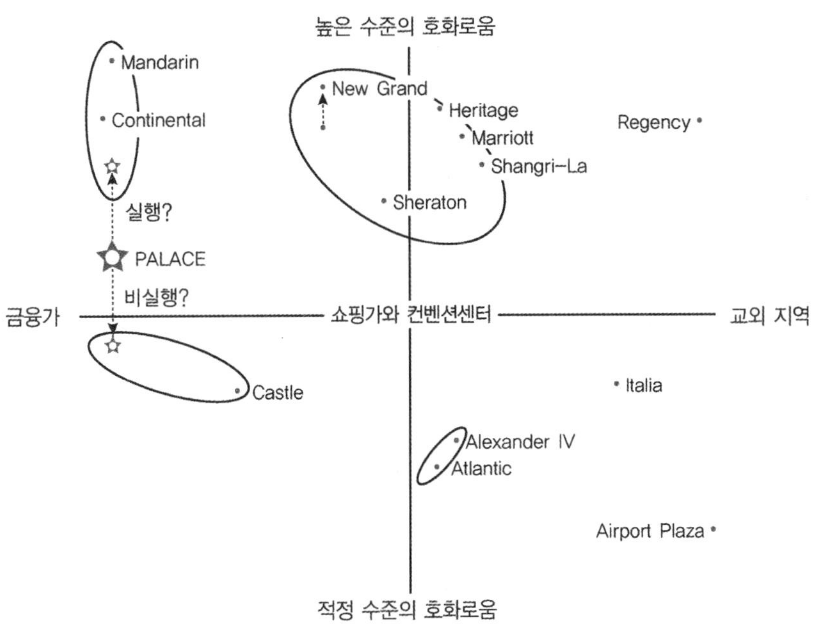

[그림 3-9] 미래의 포지셔닝 맵2(입지 vs 호화로움)

04 CHAPTER

서비스 상품관리

Chapter 04

서비스 상품관리

제 1 절 서비스 상품에 대한 이해

1. 서비스 상품이란?

상품(product)은 고객의 욕구를 만족시키기 위해 기업이 판매하고 제공하는 모든 것을 말한다. 상품은 기본적 욕구 또는 욕망을 충족시켜 줄 수 있는 것으로, 시장에 출하되어 주의나 획득, 사용 또는 소비의 대상이 될 수 있다. 상품에는 물리적 대상물, 서비스, 사람, 장소, 조직, 아이디어 등이 포함된다.

서비스 상품은 제품과 서비스가 결합한 것이라고 정의할 수 있다. 우리가 상품을 구매할 때 거기에서 많은 서비스를 구매한다. 제품은 개발 · 제조되어 만들어진 물건이다. 그것은 구매자에 의해서 소비 또는 사용되며, 자동차, 트럭, 냉장고 등을 예로 들 수 있다. 반면에 서비스는 누군가에게 혜택을 주는 행위 또는 실행이다. 소득세를 계산하기 위해 회계사를 고용하거나 가슴이 답답하여 의사에게 진찰을 받는다면 서비스를 구매하는 셈이 된다. 모든 산업에서는 제품과 서비스를 생산한다.

상품 특성에 대한 의사결정은 유형적 · 무형적 측면의 확인과 잠재고객에의 소구에 기초하여 결정된다. 여기에는 서비스가 제품에 동반될 것이다. 예를 들면, 어떠한 목적지에서 다른 목적지까지 승객을 운송하는 것에 의해 운송회사는 서비스를 판매하고 있다. 제품 또는 서비스에 대한 이미지를 개발하고 상품명을 선택하는 것은 대중에게 상품을 제시하는 데 있어서 매우 중요한 일이다.

2. 서비스 유형성 스펙트럼

서비스를 넓게 본다면 무형성(intangibility)은 제공물의 서비스 여부를 결정하는 중요한 요소이다. 물론 이것은 사실이지만, 순수하게 무형적인 서비스나 완전히 유형적인 제품은 매우 소수이다. 그런 의미에서 서비스는 제품에 비교해 '보다 무형적'이고, 제품은 서비스에 비교해 '보다 유형적'인 경향이 있다. 예를 들어 제조업으로 분류되는 자동차산업은 애프터서비스와 같은 많은 무형적인 요소를 제공하고 있고, 패스트푸드산업은 서비스업으로 분류되지만, 음식, 포장 등과 같은 많은 유형적인 요소도 지니고 있다.

이러한 경향을 나타낸 것이 [그림 4-1] 유형성 스펙트럼(tangibility spectrum)이다. 유형성이 지배적인 좌측과 무형성이 지배적인 우측을 연속선상에 두고 각 제공물을 나열하고 있다. 이것은 '순수서비스'나 '순수유형재'는 없다는 것을 말해주고 있다.

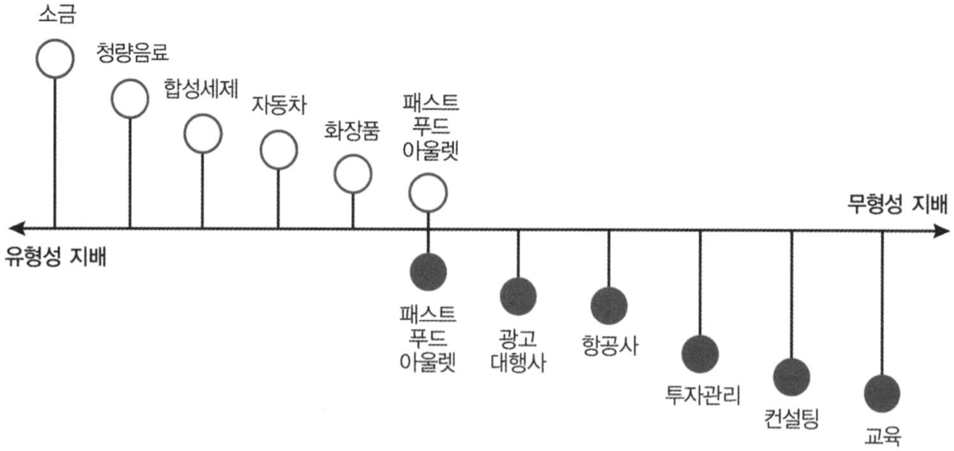

[그림 4-1] 유형성 스펙트럼

3. 서비스 상품의 차원

상품기획자는 상품개발 시 핵심상품, 실제상품, 확장상품 등 세 가지 차원으로 나누어 생각할 필요가 있다. 이러한 차원을 나타낸 것이 [그림 4-2]이다.

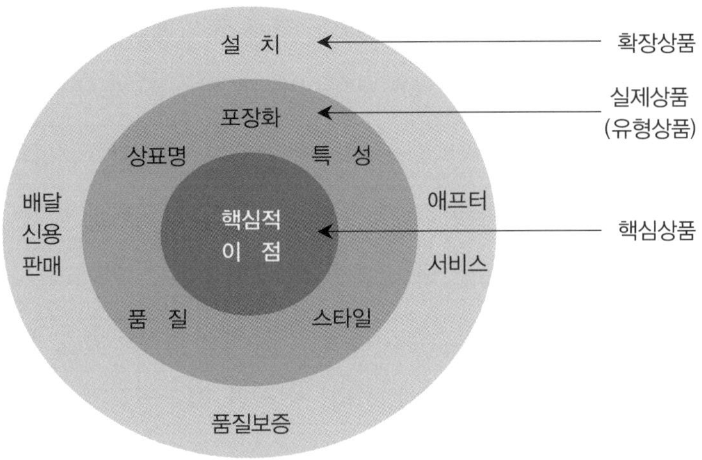

[그림 4-2] 상품의 세 가지 차원

1) 핵심상품

상품개발 시 가장 기본적인 근원적 차원은 핵심상품(core product)이다. 이는 구매자가 실제로 구매하는 것이 무엇인가에 관한 차원이다. 이 핵심상품은 소비자들이 상품을 구매할 때 그들이 획득하고자 하는 핵심적인 이점이나 문제를 해결해 주는 서비스로 구성된다.

2) 실제상품

상품개발 시에는 이와 같은 핵심상품을 실제상품(facilitating product)으로 형상화해야 한다. 실제상품에는 품질 수준, 특성, 스타일, 상표명 및 포장 등의 5가지 특징이 포함되어 있다. 서비스기업은 핵심적인 이점을 소비자에게 전달할 수 있도록 이러한 속성들을 결합해야 한다.

3) 확장상품

상품개발 시에는 핵심상품과 실제상품을 추가적 서비스와 이점으로 결합하여 확장상품(supporting product)을 만들어야 한다. 휴대용 카메라업체는 소비자들이 사진을 찍을 때 발생하는 문제들을 완벽하게 해결하는 방법을 제시해야 하므로 단순히 물건으로써의 카메라 이상의 어떤 것을 제공해야 했다. 예컨대, 삼성의 디지털카메라를 구매하는 경우, 그들은 카메라 그 자체 이상을 얻고자 한다. 즉 판매원들은 고객에게 부품 작동법에 대해 보증을 해줄 뿐만 아니라 무료로 카메라 사용법을 알려주고, 필요할 때 신속하게 수선서비스를 제공하며 문제가 발생하였을 때 무료로 전화를 걸 수 있도록 전화번호를 알려주어야 한다. 이러한 확장상품들이 고객에게는 전체 상품의 중요한 부분이 되기 때문이다.

결과적으로 확장상품은 가시적 속성들의 단순한 조합을 넘어서는 것이다. 사실상 서비스 상품과 같이 거의 유형적 특성을 보이지 않는 상품은 상품이 주는 이점 및 혜택을 더욱더 가시화해야 할 것이다.

제 2 절 서비스 플라워

1. 서비스 플라워 개념과 핵심상품

서비스 제공물의 개발은 핵심상품(core product)과 보조서비스(supplementary service)의 조합, 즉 서비스 콘셉트(service concept)를 개발하는 것이다. 이것은 서비스 플라워(service flower) 개념이다. 서비스 플라워는 이렇게 두 가지로 구성되는데 핵심상품은 고객에게 제공하는 핵심적인 편익과 솔루션에 기초한다. 핵심상품은 서비스기업이 시장에 존재하는 이유를 말한다. 병원은 진료서비스를 제공하고 호텔은 숙박서비스를 제공하는 것이며 항공사는 운송서비스를 제공한다. 서비스기업은 복수의 핵심서비스를 제공할 수 있다. 이를테면 항공사는 장거리 운송과 근거리 운송서비스를 제공할 수 있다. 체인 호텔은 다수 브랜드로 다양한 욕구를 가진 고객들을 만족시킬 수 있다.

고객들은 핵심상품(핵심서비스)뿐만 아니라 다양한 보조적 서비스들도 추가로 받는데 핵심상품 주변에는 보조서비스라는 다양한 형태의 서비스 관련 프로그램이 둘러싸고 있다. 예를 들어 서비스 마케터는 핵심서비스(호텔의 숙박)의 이용을 원활하게 만드는 요소(호텔의 리셉션 데스크)인 촉진 보조서비스(facilitating supplementary service)와, 핵심서비스의 가치를 강화해 주는(호텔과 공항을 오가는 셔틀버스) 가치증대 보조서비스(enhancing supplementary service)로 구분해 관리할 필요가 있다.

[그림 4-3]은 꽃의 중심부에 위치한 핵심서비스를 에워싸고 있는 8개의 꽃잎으로 묘사되어 있다. 꽃 모양의 서비스 제공물(flower of service)은 고객이 서비스를 접하는 순서에 따라 시계 방향으로 정리되어 있다. 그러나 이와 같은 서비스 순서가 항상 일정한 것은 아니다.

잘 설계되고 관리되는 서비스기업의 경우, 꽃의 중심과 꽃잎이 싱싱하고 보기 좋게 형성되어 있다. 그러나 잘못 설계되거나 품질이 열악한 서비스의 경우에는 꽃잎이 빠지거나 꽃이 시들거나 색깔이 변한 것처럼 보인다. 심지어 핵심상품이 완벽하다고 할지라도 꽃이 매력적이지 않게 보일 수도 있다.

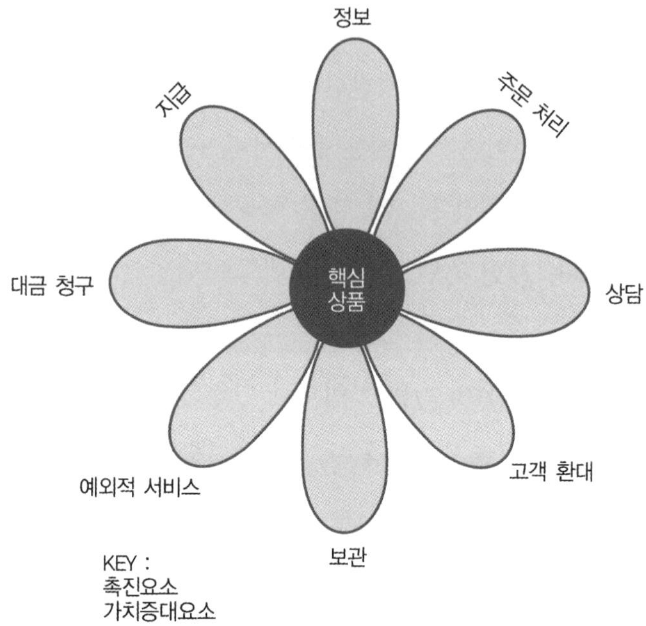

[그림 4-3] 서비스 플라워 : 보조서비스에 둘러싸여 있는 핵심상품[1)]

〈표 4-1〉 촉진 보조서비스와 가치증대 보조서비스

촉진 보조서비스	가치증대 보조서비스
• 정보(information) • 주문 처리(order-taking) • 대금 청구(billing) • 지급(payment)	• 상담(consultation) • 고객 환대(hospitality) • 보관(safekeeping) • 예외적 서비스(exception)

2. 촉진 보조서비스

매니저는 고객들이 핵심서비스를 원활하게 이용할 수 있도록 종종 추가적인 서비스를 제공해야 할 필요가 있다. 호텔에서는 리셉션 서비스를 제공하고 항공사는 체크인 서비스를 제공하는 것이 그 예이다. 이들은 고객들이 핵심서비스를 원활하게

1) Wirtz, J., P. Chew, & C. Lovelock(2013), Essential of Services Marketing, 2nd ed. 김재욱 외 역(2014), 서비스 마케팅, 시그마프레스, p.98

이용하는 데 도움을 주는 보조서비스, 즉 촉진 보조서비스를 말한다. 이 촉진 보조서비스 요소들이 적절히 제공되지 못하면 고객은 핵심서비스를 소비할 수 없다.

촉진 보조서비스는 정보, 주문 처리, 대금 청구, 지급 등 4개의 차원으로 재분류될 수 있다.

1) 정보

어떤 상품이나 서비스로부터 완전한 가치를 얻으려는 소비자는 관련 정보가 필요하다. 그 정보는 다음을 포함한다.

- 서비스 장소에 대한 안내
- 일정/서비스 시간
- 가격
- 주의사항
- 경고사항
- 판매/서비스 조건
- 변경안내
- 예약 확인
- 월간 거래내역서
- 영수증과 티켓

2) 주문 처리

고객이 구매할 준비가 되면, 주요 보조 요소인 주문 처리가 역할을 하게 된다. 주문 처리는 다음과 같은 것을 포함한다.

신청	• 클럽이나 프로그램의 회원가입 • 편의시설 이용 계약 • 금융거래, 대학 입학 등의 자격 취득
주문 접수	• 현장 주문 • 우편, 전화, 이메일, 온라인 주문
예약과 체크인	• 좌석, 테이블, 룸 • 장비 임대 • 전문가 이용(사회자, 예능인 등)

3) 대금 청구

부정확하고, 법에 저촉되며, 완전하지 못한 대금 청구는 그동안의 서비스 경험에 상당히 만족한 고객을 실망하게 만들 수 있다. 만약 서비스 경험에 이미 불만족한 고객의 경우에 대금 청구 서비스의 실패는 고객의 분노를 증폭시킬 수 있다. 대금 청구는 적시에 이루어져야 신속한 대금 지급을 유도할 수 있다.

대금 청구	• 정기적 계좌상태 확인 • 개인 거래 청구서 • 지급액 구두 전달 • 정산가에 지급액 표시

4) 지급

고객들은 대금 청구서에 따라 대금을 지급한다. 은행의 거래 내역서는 그 예외인데, 이는 고객의 계좌에서 이미 차감된 대금의 내역을 보여준다. 고객이 지급하는 방법에는 여러 가지가 있지만 모든 고객은 지급 과정이 더 쉽고 편리해지길 기대한다. 지급에는 다음과 같은 것이 포함된다.

셀프서비스	• 기계에 카드, 현금, 토큰 주입 • 전자금융 거래 • 전신환 거래 • 온라인으로 신용카드 번호 입력
수취인 또는 중개인에게 직접 지급	• 현금 결제 • 수표 결제 • 신용카드/직불카드 결제 • 쿠폰, 선불 티켓
결제계좌에서 자동이체	• 자동화 시스템(예, 하이패스) • 후불 시스템(계좌에서 사용량만큼 자동으로 차감)

3. 가치증대 보조서비스

매니저는 가치증대 보조서비스 요소도 개발해야 하는데, 이것은 핵심서비스의 가치를 증대시키거나 경쟁사의 서비스로부터 자사의 서비스를 차별화시키기 위해 제공되는 보조적 서비스를 말한다. 항공사가 항공운송 서비스 이외에 호텔, 레스토랑, 공항 라운지, 기내서비스 등을 제공하는 것은 가치증대 서비스의 예이다.

가치증대 보조서비스는 상담, 고객 환대, 보관, 예외적 서비스 등의 4차원으로 재분류될 수 있다.

1) 상담

가장 기초적인 수준의 상담은 고객이 욕구에 대한 해결책을 물어볼 때 서비스 제공자가 제시하는 즉각적인 조언이다. 상담은 앞에서 언급한 촉진 보조서비스의 정보제공과 비교되는데, 정보 제공은 고객의 질문에 단순히 응답하는 것(혹은 예상되는 고객 욕구에 맞추어 제공되는 인쇄된 정보)인 반면에, 상담(consultation)은 대화를 통해 고객이 요구하는 것을 파악하고 이에 맞는 해결책을 제안하는 것이다.

상 담	• 맞춤형 조언 • 개인적인 카운슬링 • 제품 이용에 대한 실습교육 • 경영 · 기술 컨설팅

2) 고객 환대

고객 환대서비스는 신규고객을 만나는 과정(encounter)에서, 그리고 재방문한 고객을 맞이하는 과정에서 즐거움을 제공하는 것이다. 잘 관리된 서비스기업은 어떤 경우에도 직원들이 고객들을 초대손님처럼 대우하도록 한다. 예의 바름과 고객 욕구의 배려는 대면 접점과 통화상의 상호작용에 적용되지만, 이러한 고객 환대

(hospitality)는 대면 접점에서 가장 극명하게 표현된다. 의류소매업체 지오다노(Giordano)는 모든 고객에게 "어서 오세요."와 "안녕히 가세요."로 인사한다.

고객 환대	• 인사
	• 음식과 음료
	• 화장실과 세면실
	• 대기실과 편의시설
	  – 라운지, 대기실, 의자
	  – 날씨 관련 장비
	  – 잡지, 오락, 신문
	• 교통

3) 보관

기업이 서비스를 제공하는 동안, 고객은 소지품이 안전하게 보관되기를 원한다. 실제로 안전하고 편리한 주차서비스와 같은 보관서비스를 제공하지 않는 업체는 방문하지 않는 고객도 있다. 서비스 장소에서 제공되는 보관서비스는 다음과 같은 품목을 대상으로 한다.

보 관	• 유아, 애완동물의 보호 • 주차장 제공, 주차 대행 • 외투 보관 • 여행가방 운반 • 여행가방 보관 • 안전금고 • 보안요원

4) 예외적 서비스

예외적 서비스는 정상적인 서비스 전달의 범위를 벗어난 보조서비스를 말한다. 좋은 서비스기업은 예외적인 상황을 예상하고 긴급계획과 지침을 사전에 개발한다. 그래서 고객의 특별한 지원요청에 직원들이 당황하지 않도록 한다. 예외적 서비스에는 다음과 같은 것들이 포함된다.

서비스 제공 사전 특별요청	• 어린이 보호 • 식이요법 관련 요청 • 의료적 도움 • 종교적 의무사항 준수
특별한 커뮤니케이션 처리	• 불평 • 칭찬 • 제안
문제 해결	• 보증 • 상품 사용에 따른 어려움 해결 • 사고나 잘못된 서비스 전달에 따른 어려움 해결 • 사고나 응급치료가 필요한 고객 구호 • 지체
보상	• 하자상품의 무료 수선 • 법적 처리 • 환불 • 무료서비스의 제공

4. 서비스 플라워의 관리적 시사점

서비스 플라워를 구성하는 8가지 보조서비스는 핵심상품의 품질을 향상시킬 수 있는 다수의 좋은 대안을 제공하고 있다. 어떤 보조서비스(정보와 예약)는 고객이 핵심상품을 잘 사용할 수 있도록 촉진시킨다. 어떤 보조서비스는 핵심상품의 가치를 증대시키거나 비금전적 비용을 감소시키는 역할(예를 들어 식사, 잡지, 오락 등은 시간 보내기에 도움이 되는 환대 요소)을 한다. 서비스 제공자에 의해 부과되는 대금 청구나 지급과 같은 보조서비스는 소비자가 원하는 것은 아니지만, 그래도 서비스 경험의 일부분을 형성한다. 처리가 잘못된 보조서비스는 고객의 서비스품질 지각에 부정적인 영향을 미칠 것이다.

한편, 정보통신기술의 급격한 발달로 서비스 전달에 대한 새로운 방법들이 등장하고 있다. Swissôtel Hotel & Resorts는 주요한 사업출장 고객을 대상으로 온라인 예약을 장려하는 프로모션을 진행했는데, 그 후 개선된 웹사이트를 통해 7개월 동안 예약 건수가 종전의 두 배에 이르렀다.

서비스 플라워의 8개 꽃잎 중에서 5개의 보조서비스는 정보기반이다. 정보, 주문처리, 상담, 대금 청구, 지급(신용카드 이용) 등의 보조서비스는 인터넷을 이용한 제공이 가능하다. 사실상 기업 대부분이 고객들을 인터넷 채널로 인도하고 있다.

호텔, 항공사, 렌터카 같은 글로벌 서비스산업의 정보, 상담, 주문(혹은 예약이나 예매) 서비스는 매우 정교한 수준에 이르렀다. 예를 들어 St. Regis, W Hotel, Western, Le Méridian, Sheraton을 포함해 1,000여 개의 호텔을 운영하는 Starwood Hotel & Resort Worldwide는 전 세계에 기업 출장 전문 여행사, 도매상, 미팅 플래너, 그리고 주요 여행사 등의 고객에게 원스톱 솔루션을 제공하는 고객관계관리 업무를 담당하도록 30개 이상의 해외영업소(GSO: global sales office)를 두고 있다. Starwood는 또한 모든 시간대와 주요 언어를 커버하도록 전략적으로 배치된 12개의 고객서비스센터(CSCs: customer servicing centers)를 통해 전 세계 호텔예약, 스타우드 멤버십 프로그램관리, 일반적인 고객서비스 등의 원스톱 고객서비스를 제공하고 있다. 스타우드의 어떤 호텔이라도 고객은 단지 무료 전화번호로 예약하거나 인터넷으로 예약하면 된다.

제 3 절 구매상품의 서비스 측면

1. 무형상품과 서비스 제공자

무형적 제품으로서 서비스는 제품에 추가되는 존재가 아니다. 실제로 무형적 제품을 생산해 내는 산업에서는 고객에게 제공할 수 있는 서비스 상품을 갖고 있어야만 한다. 그렇지 않으면 거기에는 상품이 존재하지 않을 것이다.

서비스는 타인의 편익을 위해서 수행되는 행위이다. 서비스는 인간 또는 기계에 의해 행해진다. 예를 들면 고객이 자동발매기에서 승차권이나 항공권을 구매할 수 있는 것처럼 기계로부터 직접 다소의 서비스를 받는 것은 가능하지만, 서비스산업에 있어서 대부분 서비스는 인간에 의해 수행된다. 우리가 여행을 떠날 때는 처음부터 끝까지 서비스를 많은 사람이 담당하고 있다. 예약담당자, 웨이터, 하우스 키퍼, 여행 안내원 등 모든 사람이 즐거운 휴가를 즐기는 데 필요한 서비스를 제공한다.

2. 판매에 따른 서비스 제공

고객에게 구매를 권유하고 미래의 판매를 유도하기 위해서 마케팅전문가나 중개업자는 특별한 서비스를 준비해야 한다. 판매에 따른 질 높은 서비스를 제공하는 데는 그 상품 구매의 편리성, 고객상담, 고객의 특별한 욕구에 대한 예측, 부가적 서비스 제공 등이 있다.

3. 상품에 따른 서비스 제공

상품에 따라 예외적인 서비스를 제공하는 것은 고객이 그 상품을 재구매할 것인가 아닌가를 결정하는 주요한 요인이다.

모든 상품에는 기본적인 서비스가 포함되어 있다. 예를 들면 모든 호텔의 객실은 편안한 침대, 깨끗한 리넨, 옷걸이 등을 갖추고 있다. 그러나 고객의 즐거움을 증가시키고 특별한 느낌을 느끼기 위해서 호텔은 서비스와 풍요로움을 부각해야 한다. 이러한 부가적인 노력의 종류나 가짓수는 시장에서 자사의 상품을 어떤 위치에 두기를 원하느냐에 따라 달라진다. 예를 들면 고객은 버짓호텔과 특급호텔에서 동일 서비스를 받을 것을 기대하지는 않는다. 그러므로 버짓호텔에 의해 제공되는 부가적인 서비스는 미약한 서비스가 제공된 다른 체인호텔에 비해 경쟁적인 우위를 차지하게 된다. 이는 계속해서 사업을 유지하고자 하는 모든 기업에 있어서 핵심원리가 된다.

4. 상품과 서비스의 패키징

서비스 마케팅에서 패키징(packaging) 변수는 각각의 제품을 다발로 묶어 '패키지'의 형태로 사용되고 있다. 패키징은 고객의 욕구를 직접 부응하도록 보완적 상품을 한데 묶음으로써 그들의 어떤 공통적 욕구에 대처할 수 있는 하나의 메커니즘을 기업에 제공한다. 그러한 과정에서 개별 상품의 장점이 더욱 잘 소구되기도 한다. 또 패키징이 보완적인 상품을 단일상품으로 묶음으로써 각 상품의 소구점을 높이도록 조정되어온 방법이기도 하다.

호텔에서는 여름 휴가철에 숙박, 식사, 수영장, 오락 등을 묶어서 '여름숙박패키지'를 만들기도 한다. 유명한 호텔리조트의 전통적인 서비스에는 룸서비스, 세탁, 공항에서 호텔까지의 리무진 제공, 쇼핑 · 편의시설, 그리고 식당이 포함된다. 건강 관련 사업에 대한 관심이 증가함에 따라 많은 호텔과 리조트에서는 레크리에이션 지도자와 함께 피트니스 시설을 제공하고 있다.

특급호텔은 고객의 특별한 욕구를 만족시키기 위하여 컨시어지(concierge)를 고용한다. 컨시어지는 극장티켓을 예매해 주거나 베이비 시터의 준비, 유명한 치과의사 소개 등 고객의 다양하고 수많은 개인적 욕구를 만족시키기 위한 직무를 담당한다.

특별히 비즈니스관계로 여행하는 고객을 위해서는 비즈니스센터를 운영하여 이곳에서 PC, 팩시밀리 및 기타 필요한 기구를 제공한다. 비서 서비스, 접수원, 통역 · 번역 서비스, 공증인 서비스 등도 이용할 수 있다. 최근에는 테크놀로지 서비스맨을 고용하여 상용고객들의 노트북 및 소프트웨어의 고장을 즉시 수리해 주는 서비스까지 제공하는 호텔이 있다.

고정고객에 대해서는 미래의 재구매를 유도하기 위하여 부가적인 서비스를 제공한다. 여기에는 예약 시 우선순위 부여, 간단한 체크인, 늦게 체크아웃하는 특권, 신문 · 칵테일 무료 제공, 아침 식사 제공 등의 특혜가 주어진다.

제 4 절 서비스 브랜드 관리

1. 브랜드의 의미

브랜드는 이름, 용어, 안내판, 심벌, 디자인 또는 이러한 요소를 결합하고 있다. 이에 따라 판매자의 제품 및 서비스를 식별하게 하고 경쟁상대로부터 차별화하는 것을 의도하고 있다. 브랜드명(brand name)은 브랜드 가운데서 발음할 수 있는 부분이다. 예를 들면 애플, 삼성, 디즈니랜드, 힐튼, 클럽 메드, 시즐러 등이 있다. 브랜드 마크(brand mark)는 심벌과 디자인 또는 특유의 채색 및 문구와 같이 인식할 수는 있지만, 언어로서는 표현할 수 없는 브랜드 부분이다. 예를 들면 맥도날드의 골든 아치와 힐튼의 'H' 상표, 에어비앤비의 는 법률상의 보호를 받는 브랜드이다. 그러므로 판매 측에 의한 브랜드명 또는 브랜드 마크의 독점적 사용권이 보장된다.

[그림 4-4] 베스트 글로벌 브랜드

2. 브랜드 설정의 조건

1) 식별의 용이성

제품은 브랜드나 트레이드마크에 의해 식별이 용이해야 한다. 적색과 백색으로 된 차광막과 특유의 색채를 사용한 T.G.I. 프라이데이즈, 홀리데이인의 녹색 안내판을 고객은 잘 알고 있다. 고속도로 연변의 많은 간판은 브랜드를 알고 있음을 전제로 한 방향지시적 안내판이다. 그것은 단지 브랜드명과 브랜드 마크 또는 이 양쪽을 사용하여 점포까지 가는 길을 안내해 주고 있다. 퀄리티 인터내셔널(Quality International)은 이름을 초이스 호텔 인터내셔널(Choice Hotels International)로 변경하였다. 초이스라는 이름은 짧고 기억하기 쉬우며 이점을 전달해 준다. 그것은 또한 회사의 시장세분화전략을 지원하고 있다.

Choice Hotels는 슬립(sleep), 컴포트(comfort), 퀄리티(quality) 및 클래리온(clarion)의 4가지 주요 브랜드를 제공하고 있다. 그 위에 초이스는 프렌드십(Friendship), 이코노롯지(Econo Lodges), 로드웨이 인(Roadway Inn)을 매입하였다. Choice Hotels International이라는 풀네임은 5대륙 19개국에 호텔을 전개하고 있는 이 회사의 국제적인 지위를 잘 나타내주고 있다.

때로는 회사가 원래 명칭과 어울리지 않을 만큼 커지는 경우가 있다. 주요 체인에 의한 명칭변경으로는 웨스틴 인터내셔널이 Westin으로, 힐튼호텔이 Hilton Hotels and Resorts로의 변경 등이 있다.

2) 최고의 가치

제품은 가격에 비교해 최고의 가치를 지녀야 한다. 제품은 소비자의 지각으로부터 그 가치를 끌어낸다. 브랜드는 좋은 품질과 가치에 대한 지각을 낳게 함으로써 소비자를 유인한다. 결국 마케터는 고객들이 그 브랜드를 다른 기존의 브랜드보다 최고의 가치를 지니고 있다고 지각하도록 만들어야 한다. 앰배시 스위트(Embassy Suites)

는 전관 특실호텔을 찾고 있는 사람들에 대하여 최고의 가치인 이미지를 창출하였다.

브랜드명이라는 아이디어는 지역에까지 사용되고 있다. 베일(Vail), 아스펜(Aspen), 아카풀코(Acapulco), 팜 스프링(Palm Springs)과 프랑스의 리비에라(Riviera) 등은 높은 평가, 소비자 지각, 소비자의 기대를 실현해 왔다.

3) 품질과 표준의 유지

제품은 품질과 표준의 유지가 용이해야 한다. 브랜드가 품질의 이미지를 개발하는데 성공한다면 동일브랜드명을 사용하는 모든 매장에서 똑같은 품질을 기대할 것이다. 표준과 정책에 불일치가 있으면 브랜드의 가치가 손상되므로 표준 및 정책의 일치는 중요한 요소가 된다.

파리의 맥도날드는 파리사람, 독일인, 미국인 등 맥도날드 이름에 친숙한 전 세계 사람들을 끌어들였다. 금빛 아치는 세계에서 가장 강력한 브랜드 마크 중 하나가 되었다. 맥도날드는 제품에 대한 수요를 창출하였고 그 수요에 대처하여 37,000개의 점포를 개발하였다. 그러나 모든 브랜드가 맥도날드와 같이 성공하는 것은 아니다.

4) 시장규모의 개발

제품은 시장규모를 개발할 수 있어야 한다. 원래 서비스 상품이라는 것은 특정 지역에 한정되어 있던 것이다. 그러나 지역의 기호가 경계를 넘어서 확대됨에 따라 지난날 지리적으로 한정된 것으로 보이던 기업이 전국적 · 세계적으로 확대되어 가고 있다. 텍사스주 산 안토니오(San Antonio)의 라 퀸타 인스(La Quinta Inns)는 몬트리올과 같은 대도시를 피하여 레온(Leon)과 아과스칼리엔테스(Aguascalientes)와 같은 소도시에 집중한다는 전략으로 멕시코에 진출하였다. 이 회사는 라 퀸타가 멕시코와의 국경 근처에 위치하고 스페인어를 할 수 있는 많은 직원을 확보할 수 있으므로 멕시코에서 영업을 개시하는 것이 합리적인 결정이라 믿었다.

5) 규모의 경제성

제품은 규모의 경제성이 있어야 한다. 브랜드 설정에는 비용이 든다. 브랜드명을 촉진하려는 기업은 표준, 시스템, 품질보증 프로그램을 개발하지 않으면 안 된다. 그리고 브랜드명은 확산시키지 않으면 안 된다. 그 밖에 경영관리와 광고를 위한 지출을 정당화하기 위해서는 규모의 경제성을 지녀야 한다. 전형적인 규모의 경제성하에서는 촉진비용이 절감된다. 특정 지역에서 광고 영향권 안에 들어 있는 모든 브랜드는 촉진으로부터 이익을 얻게 되기 때문이다.

경영정보시스템, 예약시스템, 전국단위의 구입계약, 공통의 건축디자인 등의 방법에 의하여 브랜드에 따른 규모의 경제성이 가능해진다. 레드 루프 인(Red Roof Inns)과 퀸시스 스테이크 하우스(Quincy's Steak House)는 1개 지역에서 단기간에 여러 개의 체인점을 전개하는 전략을 추진하고 있다. 지역 내의 많은 점포는 사람들이 일시에 몇 가지 점포를 방문할 수 있으므로 그만큼 촉진 전술로써 유용하다.

3. 브랜드명의 특징

브랜드명의 개발은 브랜드 정체성을 만드는 데 열쇠가 되는 요소이다.

① 브랜드명은 제품의 혜택과 품질에 관해 무엇인가를 시사하고 있어야 한다. 예를 들면 FedEx, 피자헛, 버거킹, 아메리칸항공, 컴포트 인(Comfort Inns), 데이리 퀸(Dairy Queen) 등이다.

② 발음 및 식별이 용이하고 기억하기 쉬워야 한다. 그래서 짧은 명칭이 좋다. 예를 들면 애플, 3M, P&G, 셔틀(United Iimited-Service Airline), 웬디스 등이다.

③ 다른 브랜드와 구별할 수 있어야 한다. 예를 들면 아마존, 에이비스, 베니건스, 엘 토리토(El Torito) 등이다.

④ 외국시장으로의 확대를 고려해 외국어로 번역이 가능해야 한다.

⑤ 법률상의 보호를 받을 수 있어야 한다.

제 5 절 서비스 신제품 개발

1. 신제품 개발의 필요성

소비자 기호와 기술 및 경쟁상황의 급속한 변화로 인해 기업은 기존제품에만 기대할 수 없게 되고 있다. 고객은 새롭고 보다 개량된 제품을 원하고 경쟁을 통해 이러한 제품이 즉시 공급되고 있다.

모든 기업은 추세에 주목하면서 제품을 시험해 보는 체제를 만들어놓지 않으면 안 된다. 그래서 신제품 개발프로그램이 필요하다. 어느 전문가에 따르면 미국의 모든 회사 가운데 이익금의 2분의 1은 10년 전에는 존재하지 않았던 제품에서 획득한 것이라고 한다.

기업은 두 가지 방법으로 신제품을 획득할 수 있다. 그 첫째는 다른 제품을 생산하는 회사 전체나 라이선스 또는 특허를 구매함으로써 기존제품을 획득하는 방법이다. 유망한 신제품을 개발하기 위한 비용이 점점 상승함에 따라서 새로운 제품을 만들기보다는 기존의 브랜드를 획득하는 기업이 많아지고 있다.

둘째는 자사의 연구부문을 설립하고 신제품 개발을 통해서 신제품을 획득하는 방법이다. 기업이 자사의 R&D(연구개발)를 통하여 획득하는 신제품은 오리지널 제품, 제품개량, 제품수정, 신브랜드 등을 의미한다. 그러나 신제품이 항상 성공하는 것은 아니다. 소비재의 경우 매년 출시된 신제품 가운데 90% 이상이 실패하는 것으로 알려져 있고, 서비스도 이에 못지않게 높은 실패율을 보인다.

최고경영자는 마케팅 조사 결과가 바람직하지 않은데도 불구하고 자기 뜻대로 추진했을 수도 있다. 실제의 제품이 마땅히 그렇게 되도록 설계되지 않았을 수도 있고, 시장에서의 포지셔닝이 잘못되었을 수도 있다. 가격이 너무 비쌌지도 모른다. 광고의 방법이 좋지 않았을 수도 있다. 제품개발비용이 예상외로 많이 들어가기도 하고 경쟁상대가 예상 이상으로 격렬한 저항을 보일 수도 있다.

이처럼 기업은 여러 가지 문제에 직면한다. 그래도 기업은 신제품을 개발하지 않으면 안 된다. 그러나 실패할 위험성은 높다. 이러한 문제의 해결책은 신제품을 발견·육성해 나가는 과정에서 강력한 신제품계획, 조직적인 신제품개발과정을 확립하는 것이다. 기업은 창조(creation), 모방(imitation), 수정(modification), 응용(application) 등을 통해서 상품을 개발할 수 있다.

2. 신제품 개발과정

신제품 개발과정의 주요 단계를 제시하면 [그림 4-5]와 같다.

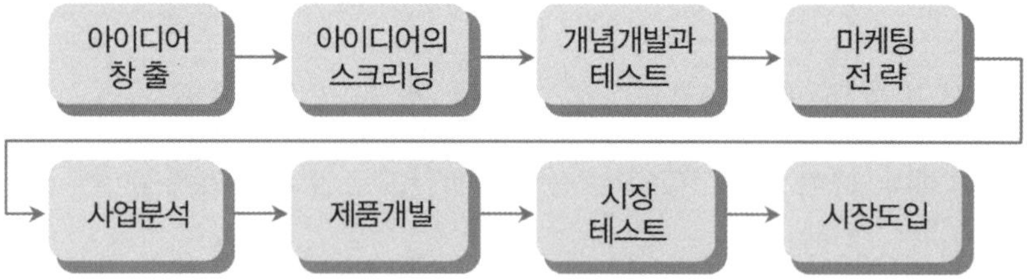

[그림 4-5] 신제품 개발의 주요 단계

1) 아이디어 창출

신제품 개발은 새로운 아이디어를 조직적으로 탐색하는 아이디어의 창출로부터 시작된다. 일반적으로 좋은 것을 찾아내기 위해서는 많은 아이디어를 내놓지 않으면 안 된다. 기업은 신제품 개발 전략을 신중하고 명확히 해야 한다. 전략은 어느 제품과 시장에 주력할 것인가를 명백하게 제시해야 한다. 그리고 기업이 그 신제품에서 무엇을 얻으려고 하는 것인가? 높은 현금유통인가 시장점유율인가 또는 무엇인가 다른 객관적인 목표인가를 명기해야 한다.

한편, 전략에는 원제품개발에, 기본제품의 변경에, 경쟁제품 모방에 어느 정도의 노력을 기울일 것인가를 명기해 두지 않으면 안 된다. 신제품 아이디어의 흐름을 확보하기 위하여 회사는 몇 가지 아이디어 정보원에 접촉하지 않으면 안 된다. 그러한 정보원으로는 판매원, 매니저, 접객직원 등 기업 내부의 원천이 있으며, 고객, 경쟁자, 유통업자와 공급업자, 기타 관련 업계 등이 있다.

2) 아이디어 스크리닝

스크리닝 단계의 목적은 아이디어의 수를 줄이는 데 있다. 스크리닝(screening)의 목적은 가능한 빠른 단계에서 기발한 생각을 발견하고 그렇지 못한 것은 중지시키는 것이다. 아이디어 또는 개념(concept)을 스크리닝하는 단계는 제품라인과의 적합성 문제를 신중히 고려하는 일이다. 아이디어 스크리닝 단계에서는 다음 사항을 고려해야 한다.

① 우리들의 사명에 적합한가?

② 회사의 목표에 적합한가?

③ 각 시설의 목표에 적합한가?

④ 우리 회사의 주축사업을 지키고 신장시킬 수 있는 것인가?

⑤ 우리 회사의 중심적 고객을 지키고 기쁘게 할 수 있겠는가?

⑥ 기존자원을 더 활용하고 있는 것인가?

⑦ 기존제품라인을 지원하고 강화하는 것인가?

3) 개념 개발과 테스트

살아남은 아이디어는 곧이어 제품개념으로 전개되어야 한다. 제품개념이란 아이디어를 의미 있는 소비자의 언어로 상세하게 설명한 것이다. 제품 이미지는 현재 또는 잠재적인 제품에 대하여 소비자가 어떻게 생각하고 떠올리는가 하는 것이다. 개념 테스트(concept testing)는 표적집단 내에서 실시된다. 신제품개념은 언어에 의한 기술이나 그림에 의하여 제시된다. 그러나 대개의 사례에서는 가장 단순한 소비자 태도 조사가 사용되고 있다.

4) 마케팅 전략

마케팅 전략(marketing strategy)은 제품을 시장에 도입하기 위한 초기적 마케팅 전략계획의 개발이다. 마케팅 전략의 기술은 3가지 부분으로 구성된다. 첫 번째 부분은 최초 수년간의 표적시장, 계획된 제품의 포지셔닝, 매출고, 시장점유율, 이익목표를 기술한다. 메리어트의 코트야드의 표적시장은 합리적인 가격으로 고품질 객실을 원하는 비즈니스고객과 안전하면서 쾌적한 객실을 바라는 관광객이었다. 두 번째 부분은 제품가격, 유통, 초년도 예산에 관한 계획개요에 대한 것이다. 통계 소프트를 사용하여 메리어트는 세련된 모형을 구축할 수 있었다. 이러한 모형은 가격 결정, 각 가격에 따라서 기대되는 시장점유율에 대한 정보를 제공한다. 이 시장세분화를 위한 정보는 메리어트가 시장에서 전개하는 데 필요한 정보를 제공하였다. 세 번째 부분은 장기판매계획, 이익목표, 장기 마케팅믹스전략을 기술한다.

5) 사업분석

제품개념과 마케팅 전략이 결정되면 경영자는 다음 순서로 이 제안에 대한 사업매력도를 평가할 수 있다.

사업분석(business analysis)에는 매출고 · 비용 · 이익 등 각 예측치의 재검토와 이러한 것이 회사의 목표를 충족하는 것인가 어떤가의 판단이 포함된다. 만약 충족되는 것이라면 제품개발단계로 옮겨갈 수 있게 된다.

기업은 매출고를 견적하기 위해 유사제품의 과거 매출고를 분석하기도 하고 시장동향을 조사하지 않으면 안 된다. 위험부담의 폭을 알기 위하여 최소의 매출고와 최대의 매출고를 견적해야 한다. 판매예측이 준비되면 경영자는 그 제품에 대하여 기대되는 비용과 이익을 견적할 수 있다. 비용은 연구개발부문, 영업부문, 경리 · 재무부문에 의하여 견적된다. 이 분석에는 마케팅비용의 추정도 포함된다. 이어서 회사는 매출고와 비용 수치를 사용하여 그 신제품의 재무상 매력을 분석한다.

6) 제품개발

제품개념이 사업테스트에 합격하면 제품개발(product development)이 다음에 이어진다. 이 단계에서 제품개념은 제품의 원형(prototype)으로써 발전한다. 이 단계는 투자의 대폭적인 증가가 필요하며 실현가능한 제품으로 만들 수 있는가 어떤가를 명확히 하게 된다. 회사는 제품개념에 대한 두 가지 이상의 버전(versions)을 실제로 개발하게 되는데, 다음 기준을 충족시킬 제품을 발견하는 것이 바람직하다.

첫째, 소비자는 제품개념에 기술되어 있는 주요 특징을 그 제품이 그대로 갖추고 있다고 지각한다.

둘째, 일반적인 상황에서 안전하게 기능하거나 제공된다.

셋째, 예산 내 비용으로 만들 수 있다.

7) 시장테스트

시장테스트(market testing)에서 마케팅담당자는 제품을 마케팅하는 경험을 쌓게 된다. 이에 따라서 전면적인 도입으로 막대한 경비를 지출하기 전에 잠재적 문제를 발견하고 어느 곳에 더 많은 정보가 필요한지를 알 수 있다. 시장테스트는 제품과 마케팅 프로그램 전체를 현실의 시장 상황에서 평가한다. 제품, 포지셔닝 전략, 광고, 유통, 가격 결정, 브랜드 설정, 패키징과 예산 규모 등이 시장테스트 기간 중에 평가된다. 기업은 그 제품의 취급과 사용, 재구매에서 소비자와 유통업자가 어떻게 반응하는가를 배울 수 있다. 시장테스트 결과는 매출고 예측과 이익예측 정도를 높이기 위하여 사용할 수 있다.

기업은 만약 다음의 조건 가운데 하나가 존재한다면, 시장테스트를 대대적으로 실시하게 될 것이다. 신제품 도입에 막대한 투자를 수반하든가 또는 경영자가 제품 또는 마케팅 프로그램에 대하여 확신이 없거나, 최종적으로 도입되기까지 몇 번이고 테스트하고 중단·변경되고 또다시 테스트되는 제품과 마케팅 프로그램도 있다. 시장테스트는 거액이 소요된다. 그러나 커다란 잘못으로 닥쳐올 비용과 비교하면 적은 경우가 많다.

8) 시장 도입

시장테스트는 신제품을 판매할 것인가의 여부를 최종적으로 결정하는 데 필요한 정보를 경영자에게 제공한다. 그런데 만약 기업이 시장도입(commercialization) 쪽으로 나간다면 그 때문에 거액의 비용을 들이게 될 것이다. 첫해에 광고와 판매촉진을 위해 수억 원을 사용하게 될지도 모른다. 예를 들면 빅맥과 골든 아치(golden arches)로 잘 알려진 맥도날드가 시장테스트를 위해 스위스에 2개의 4성 호텔(four-star hotel)을 오픈했다. 만약 성공했다면 맥도날드는 유럽의 골든 아치 호텔(golden arch hotels)들을 통해 그들 상품의 제공범위를 확장할 것이다. 맥도날드는 유럽 고객들이 호텔에서도 햄버거에 기대하는 품질, 서비스, 청결, 가치를 똑같이 받을 수 있음에 감사할 것이라고 믿고 있다.

신제품을 도입할 때 기업은 언제, 어디서, 누구에게, 어떻게 등의 4가지 사항에 대해 의사결정을 내려야 한다.

9) 매입을 통한 제품개발

대형체인은 때로는 스스로 새로운 개념을 개발하는 대신에 소형체인을 매입하기도 한다. 그들은 이제 막 출발한 체인이 성장하는 것을 지켜볼 수 있다. 그들은 길숙한 의자에 느긋이 앉아서 내점객 상황과 1점포당 매출액 또는 신규 점포진출이 어느 정도로 쉬운지 또는 곤란한지를 관찰한다. 새로운 체인이 성공을 거두게 되고, 또한 자기 회사조직과 전략상 적합하다면 그런 체인을 매입하면 되는 것이다.

또 다른 방법은 혼미를 거듭하고 있는 체인을 매입하는 것이다. 체인의 잘못된 관리와 그 결과로써 낮은 업적은 체인의 시장가치를 떨어트리게 된다. 이는 좋은 업적을 내게 만들 수 있는 회사로서는 매력적인 표적이 된다. 이처럼 스스로 제품을 개발하는 것이 아니고 오히려 매입을 통해 신제품을 얻는 것도 하나의 선택안이다.

제 6 절 서비스 수명주기

1. 서비스 수명주기의 내용

신상품을 발매하고 나면 경영자는 그 상품이 오랫동안 존속하면서 큰 성공을 거두기를 기대한다. 그러나 경영자가 정확한 형태와 단기별 계속 기간을 예측하는 것은 어렵지만 상품의 수명주기가 있음을 잘 알고 있다.

전형적인 서비스 수명주기는 제품수명주기(PLC: Product Life Cycle)와 마찬가지로 [그림 4-6]과 같이 매출액과 이익의 형태로 되어 있고 다음과 같이 5단계로 구성된다.

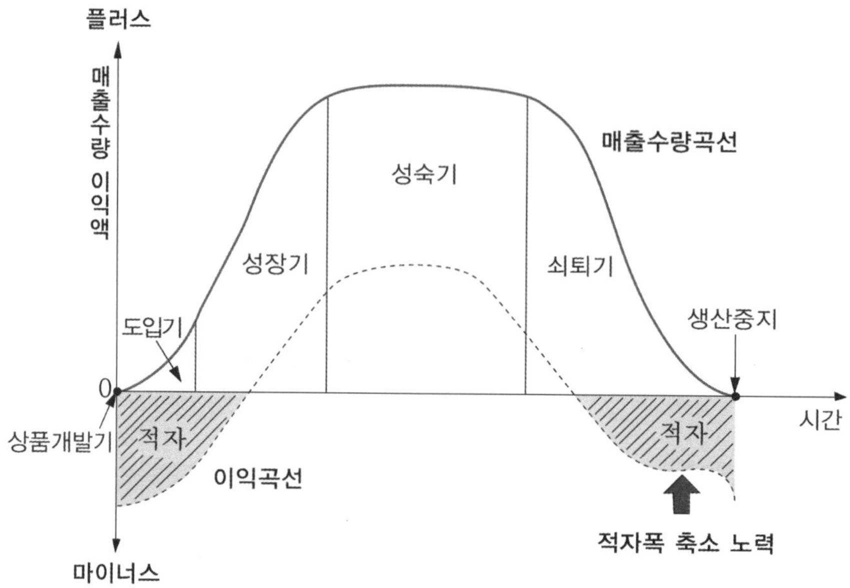

[그림 4-6] 상품수명주기

1) 상품개발기(Product Development Stage)

신상품 아이디어를 발견하고 개발하는 단계로서 매출액은 영(0)이고 투자비용은 증가하는 단계이다. 이미 신제품개발 과정에서 보듯이 회의, 조사, 분석 등에 많은 비용이 드는 것을 알 수 있다.

2) 도입기(Introduction Stage)

새로운 서비스나 기존의 변경된 서비스가 시장에 도입되면서 판매가 완만하게 증가하는 단계이다. 서비스 도입에 막대한 비용이 소요되므로 이익은 나지 않는다. 이 단계에서는 유통업자(중개업자)를 확보하여 상품을 시장에 공급하는 데 많은 자금이 소요된다. 그리고 잠재고객에게 신상품을 알리고 이용을 유도하는 데 높은 수준의 촉진 활동이 요구되기 때문에 매출액 대비(對比) 촉진비용이 이 단계에서 가장 높다.

3) 성장기(Growth Stage)

시장수용 및 이익이 급속하게 증대되는 기간이다. 초기 수용자들이 계속 구매할 것이고 후기 수용자들도 이들을 따라서 구매하게 될 것이다. 특히 호의적 구전(word of mouth)에 접하는 경우 그 효과는 크다. 그리고 새로운 경쟁자들이 모방상품 생산과 이익의 기회를 잡기 위해 시장에 진입할 것이다.

대단위 생산량에 의해 촉진비가 분산되고 단위당 제조원가가 떨어지게 됨에 따라 이익은 증대된다. 급속한 시장성장기를 가능한 장기간 지속시키기 위해서 여러 전략이 사용되어야 한다.

4) 성숙기(Maturity Stage)

잠재구매자들이 대부분 그 상품을 구매하였으므로 판매성장이 둔화하는 기간이다. 이익은 정체되거나 하락한다. 이유는 자사상품을 경쟁자로부터 보호하기 위해 마케팅경비의 지출이 증가하기 때문이다. 그리고 경쟁자들이 빈번하게 이익폭 축소와 가격할인을 단행한다. 또한 광고와 중간상 촉진 및 판매촉진도 비용을 증가시킨다. 기업은 더욱 좋은 고급상품을 만들어내기 위하여 연구계발예산을 증액한다. 이러한 조치로 인하여 이익은 하락한다. 일부의 취약한 경쟁자들이 떨어져 나가기 시작하고 결국 이 산업에는 경쟁우위의 확보가 가능한 경쟁자들만 남게 된다.

5) 쇠퇴기(Decline Stage)

판매와 이익이 동시에 급속히 하락하는 기간이다. 쇠퇴기가 오는 이유는 기술변화, 고객기호의 변화, 국내외 경쟁의 격화 등 여러 가지가 있다. 판매량과 이익이 하락함에 따라 일부 기업들이 시장에서 철수한다. 잔존기업들도 우선 상품의 수를 축소하고, 소규모의 세분시장과 유통경로들을 축소하게 된다. 그리고 촉진예산을 삭감하여 비용을 줄이고 고객을 끌기 위해서 가격을 계속 인하한다.

〈표 4-2〉 서비스 수명주기 모델의 관리상 의미

영향과 반응	서비스 수명주기의 단계			
	도입기	성장기	성숙기	쇠퇴기
경쟁	중요치 않음	약간 나타남	시장의 조그만 부분까지 경쟁자가 나타남	약한 경쟁자의 급격한 몰락으로 경쟁자 수가 감소됨
전반적인 전략	시장형성 : 초기 채택자에게 당해 제품의 구매시도를 설득함	시장침투 : 당해 상표를 선호하는 대규모 시장을 설득함	상표 위상의 방어 : 경쟁에 의한 잠식을 체크함	철수의 준비 : 모든 가능한 이익을 뽑음
이익	높은 생산비와 마케팅비용으로 이익이 거의 없음	높은 가격과 수요의 성장으로 이익이 최고에 이름	경쟁이 증가하여 이익 폭이 감소하고 궁극적으로는 전체이익이 감소함	판매량의 감소로 이익이 완전히 제거됨
소매가격	높음. 제품진입의 초과비용 중 일부분을 회복	높음. 두터운 소비자의 수요의 이점을 얻음	가격경쟁은 피함	빠른 청산이 가능할 정도로 재고를 낮춤
유통	선택적 : 유통망을 서서히 구축	전속적 : 판매점포들의 거래 열망에 따라 약간의 거래할인 시작	전속적 : 진열장의 공간 확보를 위한 대규모 거래보상	선택적 : 이익이 없는 판매점포를 서서히 제거
광고전략	초기 채택자의 요구에 맞춤	상표의 편익들을 대규모 시장 창출에 맞춤	다른 유사제품과의 차별화를 위한 수단으로 광고 사용	재고를 제거하기 위해 저가격을 강조
광고의 중요성	높음. 초기 채택자의 브랜드 인지와 흥미를 유도하고, 판매점포들의 브랜드 취급을 설득함	보통. 입에서 입으로의 추천으로 판매를 증가시킴	보통. 브랜드 특성을 대부분의 구매자들이 알게 됨	제품소멸을 위한 비용을 최소화함
판매촉진 비용	높음. 제품의 사용을 이끄는 샘플, 쿠폰, 기타 유인물로 목표 소비자에게 접근	보통. 상표선호(광고가 이에 더 적합)를 창출함	높음. 상표전환을 유도하고, 기존고객들을 애호고객으로 전환시킴	최소. 상표비용 그 자체로 해결

2. 서비스 수명주기의 한계

서비스 수명주기 개념은 시장의 양상을 설명하는 데 유용한 개념적 틀이다. 그러나 성과를 예측하는데 또는 마케팅 전략 수립의 도구로서 PLC개념을 활용하는 데는 몇 가지 문제가 있다. 서비스 수명주기의 전략은 광범위한 활용에도 불구하고 그 유용성을 제한하는 몇 가지의 가정이 존재한다.

첫째, 제품계층(product class)들이 각각 한정된 수명을 지니고 있다는 점이다. 상당한 제품 부류들이 그 수명주기에 일치하기보다는 예외적인 경우가 더 많다. 예컨대, 세탁기, 칫솔, 주택, 자동차, 테마파크, 호텔, 항공사 등은 쇠퇴기를 맞고 있는 징후가 보이지 않는다. 제품에 따라서는 그 수명주기의 유형이 미리 결정되어 있지도 않다. 시장의 치열한 경쟁에도 오랫동안 시장의 지배적 위치를 유지하는 상표들을 볼 수도 있다.

둘째, 각 수명주기 단계는 일반적으로 미래의 전략을 계획하는 데 있어서 유용한 독립변수로 여겨지고 있다. 그러나 이는 단순히 앞 단계의 경영활동의 결과일 수도 있다. 예컨대, 판매액의 감소는 제품계층(부류) 또는 개별적 제품이 쇠퇴기에 있는 것인지, 아니면 전체 산업 또는 기업의 부실한 경영에 의한 것인지에 대한 의문을 갖게 한다. 각 단계에서 수행된 전략의 효과성을 알지 못하는 한, 다음 단계에 대해 수립된 전략이 적절하다고 판단하기는 어렵다. 눈에 보이는 잘못된 점들이 사전에 결정된 제품수명주기 단계에서 비롯되었다기보다는 그릇된 경영활동에서 기인할 수 있는 것이다. 그러므로 진단적 의미의 변수로서 수명주기의 단계에 의존하거나 모델의 다음 단계에서 제시되는 전략을 무조건 따르는 데는 더욱 신중한 고려가 필요하다.

셋째로, 서비스 수명주기의 모형이 제품계층이나 제품형태 또는 제품들 가운데 어떠한 것이냐에 따라 이 모형은 다른 함축적인 의미를 지닌다. 전통적으로, 서비스 수명주기 모형은 제품이나 서비스를 신제품형태나 신제품계층으로써 다루고 있다. 그러나 제품이 성장기나 성숙기에 있는 제품형태로써 새로운 상표를 도입하는 경우, 마케팅 전략은 일반적인 제품수명주기에 의거한 전략과는 매우 상이할 것이다.

넷째로, 서비스 수명주기를 확장하는 것과 같은 수명주기전략은 제품의 여러 가지 형태에 따라 특별히 다르지는 않다는 점에서 포괄적이라 할 수 있다. 그러나 이러한 전략은 전체 제품 중 일부 특정한 제품에 적용하는 것이 적절할 것이며, 장기적인 성공을 위한 전략이 되기 위해서는 더욱 특별한 노력이 요구된다.

다섯째, 수명주기 전략은 판매액과 같은 효과성 측정에 의존하고 있지만, 판매량은 전적으로 마케팅부서의 통제하에만 있지는 않다. 판매량은 마케팅부서 활동의 함수로 구성되어 있기보다는 기업 전체차원의 효과성 함수이다. 판매를 마케팅의 기능만으로 관련시키는 것은 마케팅의 영향을 과대평가하는 것이며, 또한 조직의 다른 사업부서의 중요한 기여를 무시하는 것일 수 있다. 마케팅의 기능이 잘 수행되어도 조악한 품질관리나 인사, 재무, 연구개발 및 기타 조직부서의 지원 부족으로 판매량이나 시장점유율이 감소할 가능성은 항상 있는 것이다.

비록 서비스 수명주기 전략은 명백하고 활동 지향적인 방향 제시를 한다는 이점을 가지고 있지만, 마케팅 전략 수립 시에 이러한 방법을 사용하기 위해서는 각 제품과 시장조건의 본질에 대한 충분한 고려가 요구된다.

서 · 비 · 스 · 마 · 케 · 팅

05

CHAPTER

서비스 가격관리

Chapter 05

서비스 가격관리

제 1 절 서비스 가격과 가격정책의 목표

1. 서비스 가격의 의의

협의로 가격(price)은 제공되는 제품 및 서비스를 대가로 요구되는 금액이고, 광의로는 가격이란 소비자가 소유 또는 사용하게 된 제품이나 서비스가 제공하는 혜택과 교환하는 대가로 지급하는 금전적 가치이다. 즉 가격은 제품이나 서비스를 받기 위해 고객이 지급해야 하는 돈의 총액이다.

가격은 어떻게 결정되는가? 판매자는 실제로 받기를 기대하는 가격보다 높게 요구하고 구매자는 지급해야 한다고 생각하는 가격보다 낮게 요구하여 결국 협상을 통해 상호 인정할 수 있는 가격에 도달한다. 그래서 개별 구매자들은 그들이 충족해야 할 욕구와 협상 기술에 따라 동일상품에 대해서도 다른 가격을 지급하게 된다.

서비스 가격은 기업에 따라 다른 용어를 사용하는데, 대학 수업료, 극장의 입장료, 부동산 중개 수수료, 은행의 이자 및 서비스 수수료, 고속도로 통행료 등이 그 예이다.

가격을 결정하는 데 있어서 기업은 많은 요인을 고려해야 한다. 제품이나 서비스의 생산과 유통을 위한 실제적 비용, 기업의 이익률, 제품에 대한 현재의 수요, 경쟁자가 제공하는 유사제품 및 서비스의 가격 등을 고려해야 한다. 그와 동시에 가격전략은 제품 또는 서비스가 의도하고 있는 각각의 세분시장에 소구해야 될 것이다. 이는 소비자가 지급할 금액에 상당하는 가치를 제공하는 제품이라고 인지해야만 하기 때문이다.

2. 서비스 가격의 중요성

역사적으로 볼 때 가격은 저개발국가나 하류층 집단, 또는 불경기에는 제품이나 서비스 구매에 가장 중요한 요소이며 선진국에서도 동일상품의 구매 시에 매우 중요하게 고려되는 요소이다. 경제적 측면에서 가격은 토지, 노동, 자본, 경영 및 원자재 등의 생산요소와 그 산출물의 수요·공급을 조정하여 균형상태를 이루도록 작용한다.

최근 들어, 마케팅환경이 급속히 변화함에 따라 가격 결정의 중요성이 더욱 강조되고 있다. 몇 년 전만 해도 가격의 중요성이 상품, 촉진 다음이었는데 요즈음에는 마케팅믹스 요소 중에 가격이 더 중요한 요소로 평가되고 있다.

서비스 가격 결정은 다음과 같은 점에서 중요하다.

첫째, 마케팅믹스요소 중에 가격은 기업의 수익을 창출하는 유일한 요소이다. 서비스 상품, 유통채널, 촉진, 프로세스, 물리적 환경, 직원 등과 같은 마케팅믹스의 다른 요소는 모두 비용을 초래한다.

둘째, 가격은 마케팅믹스요소들 중에 가장 유연성이 높다. 앞에서 언급한 다른 믹스요소들은 필요에 따라 바로 변경하는 것이 어렵지만, 가격은 시장 상황에 따라 쉽게 변경할 수 있다.

셋째, 가격은 서비스기업의 수익관리에서 전략적 도구로 활용된다. 소멸성이라는 서비스의 특성을 활용하여, 수요가 지나치게 많을 때는 가격을 인상하여 수요를 감소시키고, 수요가 적을 때는 가격을 인하하여 수요를 촉진할 수 있다.

최근 소비자들은 온·오프라인을 넘나들며 가격 정보를 쉽게 접하게 되어 가격에 민감해졌고 서비스 상품의 보편화로 기업들은 가격을 통한 차별화가 더욱 중요해졌다. 특히 ICT의 혁신으로 인해 가격에 영향을 미치는 수요 및 공급 측면의 정보가 방대하게 수집되면서 기업들이 빅데이터를 빠르게 실시간으로 저장 및 처리할 수 있게 되어 소비자들에게 즉각적이고 유연하게 가격전략을 제시할 수 있게 되었다.

3. 서비스 가격정책의 목표

가격은 이익의 원천으로서 총수익에 영향을 주며 목표이익을 달성하기 위한 기본 요건이 되는 동시에 판매량에 영향을 준다. 더 나아가서는 가격 결정 및 가격경쟁은 서비스기업의 경영자들이 공통으로 당면한 제일의 문제이다.

가장 일반적인 서비스 가격정책의 목표는 〈표 5-1〉에서 제시하는 바와 같이 수익 목표와 고객기반 구축과 관련이 있다.

〈표 5-1〉 서비스 가격정책의 목표

수익과 이윤 목표	이윤 추구	이윤 극대화, 특정수준의 목표 이익
		최대수익창출 - 수익관리 시스템 구현
	원가 충당	간접비용을 포함한 총비용 충당
		특정 서비스 비용, 추가고객/추가생산 비용 충당
충성도 및 고객기반 목표	수요 창출	최소 수준의 수익 창출을 위한 수요 극대화
		생산능력의 최대 활용 달성
	고객기반 구축	서비스 사용과 채택 촉진 - 신규서비스, 멤버십서비스
		시장점유율 증대 또는 고객기반 구축

제 2 절 서비스 가격의 차별적 특성

고객이 서비스 가격을 판단할 때, 서비스의 고유한 특성 때문에 유형상품과 다르게 인식한다. 그 이유는 첫째, 고객의 서비스에 대한 준거가격(reference price)이 부정확하거나 제한되어 있기 때문이고, 둘째, 서비스에서는 금전적 가격뿐만 아니라 비금전적 요소인 시간, 탐색 노력, 불편, 심리적 비용 등도 중요한 고려대상이 되며, 셋째, 가격은 서비스의 무형적 특성으로 인해 품질을 판단하는 중요한 단서가 되기 때문이다.

1. 서비스 준거가격에 대한 정보 차이

고객은 서비스를 선택할 때 가격을 얼마나 중요하게 생각할까? 서비스 원가에 대해 고객은 어느 정도 알고 있는가? 가격이 싸다 혹은 비싸다고 판단하는 기준은 무엇일까? 〈표 5-2〉에서 제기한 질문들에 답할 수 있다면 여러분은 준거가격을 가지고 있는 셈이다. 준거가격이란 제품이나 서비스에 대한 기억 속의 가격인데, 가장 최근에 지불한 가격, 가장 자주 지불한 가격, 혹은 유사한 제공물을 구매하기 위해 지불한 가격의 평균 등으로 구성된다.

〈표 5-2〉 서비스 가격에 대한 질문

서비스 가격에 대해 얼마나 알고 있습니까?	
여러분이 살고 있는 동네에서 다음과 같은 서비스의 비용은 얼마나 되는지 적어보시오.	
치과검진	________
종합병원검진	________
음주운전 벌금에 대한 법률자문	________
치아교정	________
비디오 재생기를 하룻밤 빌리는 비용	________
한 시간 동안의 집안청소 서비스	________
특급 호텔 투숙료	________
이미용	________
오일교환과 윤활유	________

그러나 고객들은 제품과 달리 서비스에 대한 준거가격을 설정하는 게 힘이 든다. 그 이유는 다음과 같이 다섯 가지로 정리할 수 있다.

첫째, 서비스의 다양성이 소비자의 지식을 제한한다. 서비스는 무형적이고 공장에서 생산되지 않고 현장에서 만들어지는 생산과 소비의 동시성으로 인해 서비스기업은 다양한 서비스를 만들 수가 있다. 즉 다양한 서비스에 가격도 다양하고 복잡해진다. 우리가 생명보험에 가입할 때 다양한 유형, 공제사항, 제한사항, 고객에 따른 차이(나이, 건강지수, 흡연 여부), 혜택 등에 따라 보험가격은 다양하게 구분된다. 전문가가 아니고는 판단하기 어렵다.

둘째, 서비스 제공자들이 가격을 추정하지 않는다. 서비스 유형에 따라 서비스를 경험하기 전에 서비스 가격을 미리 산정하기가 어렵다. 의료서비스의 경우 환자는 병원에서 수술한 후 퇴원하기까지 어느 정도의 서비스가 제공될지 모르며 총병원비를 추정할 수 없다. 회계법인의 서비스나 컨설팅에서도 마찬가지로 최종가격을 추정하는 데 활용될 준거가격을 찾아내기는 어렵다.

셋째, 개별고객의 욕구는 다양하다. 미용실의 서비스 가격은 머리카락의 길이, 헤어커트의 유형, 컨디셔닝, 스타일링, 염색의 정도 등에 따라 다양하다. 치과의사의 치열교정, 변호사의 법률 조언과 같은 서비스에서도 가격은 천차만별이어서 준거가격을 찾아내기 어렵다.

넷째, 고객들은 가격을 평가하는 데 수집해야 할 정보가 너무 많다. 제품의 경우 마트의 진열대에서 브랜드와 크기별로 가격을 비교할 수 있다. 그러나 서비스의 경우 한 공간에서 모든 서비스를 비교하는 경우는 거의 없다. 그래서 서비스 가격을 비교하려면 각각의 서비스 제공자에게 일일이 문의해 볼 수밖에 없다.

다섯째, 서비스 가격은 가시적이지 않다. 그래서 고객들이 지불해야 할 비용을 추정하는 데 판단근거가 될 준거가격을 찾아내는 것이 어렵다. 예를 들어 증권, 종신보험, 연금과 같은 금융서비스의 경우 고객은 자신들이 얻게 되는 수익률에 대해서만 대략 알 뿐이고 그들이 지불해야 할 비용을 판단하는 데 활용될 준거가격을 알아내기가 어렵다.

2. 비금전적 비용

고객은 서비스를 구매하고 경험하는 데 금전적 가격(monetary price)뿐만 아니라 비금전적 비용(non-monetary costs)도 고려한다. 비금전적 비용이란 고객이 서비스를 구매하고 경험하는 과정에서 지각하는 여러 가지 손실을 말하는데, 시간비용, 탐색비용, 불편비용, 심리적 비용 등이 그 예이다. 서비스 구매에는 비금전적 비용이 금전적 가격보다 더 중요할 수 있다.

1) 비금전적 비용의 유형

비금전적 비용은 크게 4가지로 나누어볼 수 있다.

- 시간 비용(time costs)

서비스를 받기 위해서 고객은 대부분 서비스 제공과정에 직접 참여한다. 고객은 서비스 제공자와 접촉하는 과정에서 시간을 써야 하고, 또는 서비스를 받기 위해 대기시간까지 투자해야 한다. 서비스의 대기시간(waiting time)은 유형재 구매의 경우보다 소요 시간이 길고 예측이 어렵다.

- 탐색 비용(search costs)

고객은 자신이 원하는 서비스를 찾고 그중에서 자신이 원하는 서비스를 선택하는데 상당한 노력을 기울이는데 이를 탐색비용이라고 한다. 서비스는 진열대에 전시되는 경우가 거의 없으므로 비교 · 평가하기가 어렵다. 따라서 서비스 가격은 그 서비스를 구매하려고 결정한 후에야 비로소 알 수 있게 된다.

그리고 고객이 서비스에 대한 정보를 얻기 위해서는 초기에 몇 개의 회사와 접촉해야 하므로 탐색비용이 더 들어가는 것이다.

- 불편 비용(inconvenience costs)

고객이 서비스 구매나 사용을 위해 이동해야 한다면 비용이 발생하게 될 것이고, 노약자나 장애인들처럼 이동이 어려울수록 비용은 그만큼 커진다. 이를 불편비용이라고 한다. 때때로 서비스 제공시간이 고객이 좋아하는 시간과 일치하지 않는다면 고객은 자신의 일정을 서비스회사의 일정에 맞추어야 한다. 그리고 예를 들어 해충퇴치제 살포 준비를 위해 부엌 찬장의 모든 그릇이나 음식을 옮겨 놓아야 하는 등, 고객이 서비스를 받기 위해 시간과 노력을 기울여야 한다면 추가적인 희생을 치르게 된다.

- 심리적 비용(psychological costs)

고객이 어떤 서비스를 구매나 사용하는 과정에서 경험하는 정신적 노력, 지각된 위험, 인지적 부조화, 두려움 등을 심리적 비용이라고 한다. 내용을 정확히 이해하지 못한 데서 따르는 두려움(보험), 거절에 대한 두려움(은행 대출), 서비스 성과의 두려움(성형 수술) 등이 심리적 비용의 예이다. 긍정적인 변화라 할지라도 모든 변화는 처음 도입되었을 때처럼(예, 은행 ATM, 마트의 셀프 계산, 무인 점포, 핸드폰 결제 등) 기기나 시스템을 이용하는 데 불안감을 느끼게 되는데 서비스기업은 이러한 장벽을 빨리 제거하는 노력이 필요하다.

2) 비금전적 비용의 시사점

서비스기업이 비금전적 비용을 감소할 수 있는 대안은 다음과 같다.

첫째, 고객이 서비스를 구매 · 소비하는 데 투입하는 시간을 감소시킨다. 예약이나 대기시간 단축을 위해 시스템을 바꾸도록 노력한다. 일부 편의점에서 현금인출을 하거나 택배 서비스를 운영하는 것이 그러한 예가 될 것이다.

둘째, 정보탐색 과정과 서비스 제공과정에서 고객들이 원치 않는 신체적 노력을 제거하거나 최소화한다. 홈페이지나 광고를 통해 서비스나 품질을 알리도록 노력하거나 정보제공을 위한 원활한 eCRM(e고객관계관리)을 체계화한다.

셋째, 불쾌하거나 불편한 서비스 제공절차를 제거하거나 재설계한다. 이는 서비스 프로세스 관리를 철저히 하는 것이다. 그리고 고객들에게 자사 서비스에 대해 알리고 교육하거나, 직원들의 재교육으로 고객이 기업이나 현장직원을 접촉하는 데 심리적 비용을 낮추도록 노력해야 한다.

넷째, 서비스기업은 비금전적 비용을 줄임으로써 금전가격을 높일 수 있다. 즉 비금전적 비용을 줄이고 더 많은 가격을 지급하려는 고객들을 찾아내도록 한다. 그들은 기꺼이 추가비용을 내려는, 시장세분화가 가능한 고객들이다.

배달서비스, 우편 특송, 익스프레스 체크아웃, 비행기 대기시간을 줄이려는 '우선탑승요금제' 등을 응용하면 서비스기업 곳곳에서 활용할 틈새시장이 찾아낼 수 있을 것이다.

3. 서비스품질 지표로서의 가격

고객은 가격을 서비스 원가와 서비스품질의 지표로 사용하는 경향이 있다. 서비스품질의 지표는 이용 가능한 다른 정보가 있느냐 없느냐의 여부에 따라 다르다.

서비스품질을 평가할 정보가 별로 없는 경우 가격에 근거해 품질을 평가하는 경향이 높아지며, 또한 고객이 품질을 확인하기 어렵거나 여러 서비스 가운데 품질과 가격이 다양하게 분포할 경우 고객은 가격을 통해 품질을 평가한다.

그리고 금융, 법률, 의료 등 신뢰속성이 강한 서비스는 서비스 구매에서 지각된 위험이 커지게 된다. 이 경우 고객은 가격과 품질의 상관관계를 더욱 강하게 믿게 된다.

반면에 서비스품질을 파악할 수 있는 단서가 많고 브랜드 명성 혹은 브랜드 인지도가 높거나 광고를 통해 기업이나 브랜드에 대한 신뢰가 높은 경우 고객은 그러한 요인들을 통해 서비스품질을 평가하게 된다.

고객이 품질의 단서나 기대로 가격을 사용한다면, 서비스기업의 가격은 주의 깊게 결정되어야 한다.

가격은 비용을 상쇄하고 경쟁자들과 비교우위를 가져야 하며 품질에 대한 적절한 신호를 담아낼 수 있어야 한다. 너무 낮게 책정된 가격은 고객이 서비스품질을 추측하는 데 부정적인 영향을 미칠 수 있으며, 너무 높게 책정된 가격은 고객의 기대가 높아지기 때문에 기대를 제대로 충족시키지 못할 우려가 있다.

제 3 절 서비스 가격 결정 방법

서비스 가격 결정 방법에는 크게 원가중심 가격 결정, 경쟁중심 가격 결정, 수요중심 가격 결정의 세 가지로 나누어볼 수 있다.

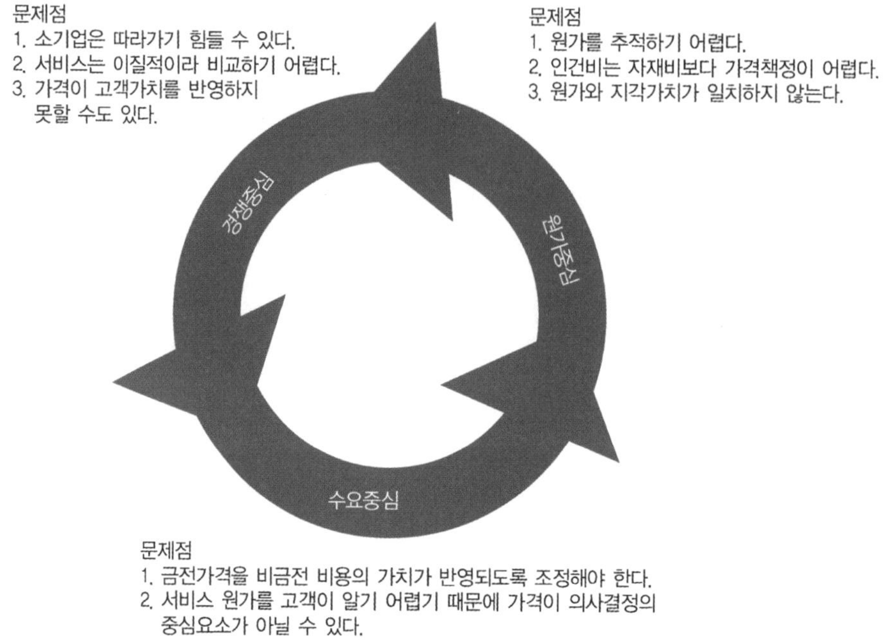

[그림 5-1] 서비스 가격 결정 방법과 서비스 적용에의 문제점[1)]

1. 원가중심 가격 결정

이 방법은 원자재와 인건비로 직접비용을 산정하고 여기에 간접비용과 이익을 추가해 가격을 산정한다. 원가중심 가격 결정(cost-based pricing)은 공공서비스, 도매, 하청, 건설, 엔지니어링, 광고 등의 산업에서 많이 사용하는 방법이다. 원가에 기초한 가격 결정 방법은 다음과 같다.

직접비 + 간접비 + 이익 마진 = 가격

1) Zeithaml, V. A., M. J. Bitner, & D. D. Gremler(2013), Services Marketing, 6th Edition. 전인수 · 배일현 역(2013), 서비스 마케팅, 청람, p.546

직접비에는 서비스와 관련된 재료비와 인건비가 포함되고, 간접비에는 고정비의 일정 부분이 포함되며 이익 마진은 총비용(직접비 + 간접비)의 일정 비율을 의미한다.

이 가격 결정 방법은 원가를 계산하고 마진(markup)을 추가하는 것이 제일 흔한 방법이다. 제품 가격 결정에서 이 방법은 꽤 간단하다. 그러나 서비스산업의 경우 원가의 추적이나 규명이 어려우므로 서비스의 가격 결정에 사용하기에는 몇 가지 문제점이 있다.

첫째, 원가를 추적하기가 어렵다. 즉 서비스산업의 경우 투입단위를 계산하기가 어렵다. 은행에서 창구직원이 수표발행, 통장정리, 저축, 인출, 예금계좌관리, 담보대출 처리 등을 하는데 각 활동에 투입한 직원의 시간과 비용을 계산하는 것은 어렵다.

둘째, 인건비는 자재비보다 가격책정이 어렵다. 즉 원가를 구성하는 것이 대부분 원자재가 아닌 직원의 시간이며, 이 시간은 제공자에 따라 시간가치가 다르므로 추정이 어렵다. 이러한 이유로 많은 서비스가 산출단위보다 투입단위로 판매되고 있다. 예컨대 컨설팅, 엔지니어링, 건축, 최면요법, 개인지도 등과 같은 전문서비스는 시간단위로 판매된다.

셋째, 실제 투입되는 서비스 원가와 지각가치가 일치하지 않는다. 동네의 양복점에서 100만 원짜리 양복을 수선하는 데 5만 원을 받고, 30만 원짜리 바지를 수선하는 데 5만 원을 받는다고 하자. 수선사는 둘 다 수선에 드는 시간이 같으므로 같은 비용을 받는다고 생각한다. 그러나 고객이 비싼 양복에 대해서는 더 비용을 지급할 용의가 있다는 것과 바지를 수선하는 데 5만 원은 비싸다고 인식할 수 있다는 것을 그 수선사는 간과하고 있다.

2. 경쟁중심 가격 결정

이 방법은 동일 산업이나 시장 내에서 다른 기업이 매기는 가격에 초점을 두는 것이다. 경쟁중심 가격 결정(competition-based pricing)은 다른 기업의 가격을 자사 가격 결정의 기준으로 사용하는 것을 의미한다. 이 방법은 공급자 간의 서비스가 표준화되어 있거나 소수의 대규모 제공자가 서비스를 제공하는 과정에서 많이 사용된다.

경쟁중심 가격 결정을 사용하는 데는 몇 가지 문제점이 있다. 첫째, 소규모 기업에서는 사용하기 어렵다. 세탁소, 소매점, 세무회계 등 소규모 서비스기업은 대형프랜차이즈처럼 고가격을 책정할 수가 없고, 반면에 너무 낮은 가격은 생존에 충분한 높은 마진을 얻지 못할 수 있다.

둘째, 서비스 공급자들 간에 서비스의 이질성 또는 다양성으로 인해 경쟁자와 비교해 가격 수준을 책정하기 어렵다. 은행들은 다양한 유형의 금융상품과 서비스를 제공하고 있다. 그런데 경쟁은행이 개인계좌의 서비스 유형과 원가에 어떤 차이가 있으며, 충분한 이익을 가져오도록 어떻게 가격을 결정하는지 파악하기 어렵다.

셋째, 가격이 고객가치를 반영하지 못할 수도 있다. 경쟁중심 가격 결정에서는 흔히 다른 기업이 매기는 가격에 초점을 두게 되는데, 그 결과로 고객이 생각하는 가치에 걸맞은 가격을 책정하지 못할 우려가 있다.

3. 수요중심 가격 결정

앞의 두 가지 가격 결정(원가중심 결정과 경쟁중심 결정) 방법은 기업 자체 혹은 경쟁자에 기초한 방법이고 고객의 입장을 고려하지 않고 있다.

수요중심 가격 결정(demand-based pricing)은 수요에 기초한 방법으로 가격을 고객이 지각하는 가치에 부합해서 정하는 방법이다. 즉 가격은 제공되는 서비스에 대해 고객이 얼마나 지급하려고 하는지에 근거하여 책정되는 것이다.

수요중심 가격 결정에서 중요한 것은 금전 비용과 편익이 고객의 지각된 가치를 계산하는 데 고려된다는 점이다. 고객이 서비스를 받는 데 비금전적 비용(시간 비용, 불편비용, 심리적 비용, 탐색비용)이 든다면 금전 비용은 이를 보상하는 쪽으로 결정되어야 한다. 그리고 탐색비용을 절감하는 것이라면 고객은 기꺼이 높은 금전 비용을 감수할 것이다. 여기서 문제는 서비스에 포함되는 각각의 비금전적인 측면에 대한 고객의 가치를 산정하는 것인데, 그것이 매우 어렵다는 점이다.

두 번째는 서비스의 원가에 대한 정보를 고객이 알기 어려우므로, 서비스 선택 시에는 제품 구매와 비교해 금전 비용이 뚜렷하지 않고 덜 중요한 요인이 된다는 것이다.

제 4 절 서비스 가격 전략

서비스 가격 전략에는 크게 저가격 전략, 고가격 전략, 차별화 가격 전략, 결합가격 전략 등의 4가지가 있다.

〈표 5-3〉 서비스 가격 전략[2)]

저가격 전략 • 할인 • 단수가격 • 일치가격 • 침투가격	**고가격 전략** • 품위가격 • 초기 고가격
차별화 가격 • 가치가격 • 세분시장가격	**결합가격** • 가격프레이징 • 묶음가격 • 보완가격 • 결과중심가격

2) Zeithaml, V. A., et al., Services Marketing. 전인수 · 배일현, 상게 역서, p.562

1. 저가격 전략

고객이 "가치란 낮은 가격이다"라고 여길 때의 가격책정전략인데, 저가격 전략에는 할인, 단수가격, 일치가격, 침투가격 등이 있다.

1) 할인

서비스 제공자는 가치를 가격으로 생각하는 구매자와 커뮤니케이션하기 위해 할인(discounting)이나 가격 인하(price cutting)를 단행한다. 정기적 가격할인(periodic discounts)은 일정한 주기에 따라 가격할인을 시행하는 전략을 말한다. 예를 들어 백화점의 정기세일이나, 비수기의 항공요금 또는 철 지난 의류의 할인가격 등이 이에 해당한다. 소비자는 가격할인이 언제 일어날지 예상할 수 있으므로 가격할인이 일어나는 시기에 맞추어 구매를 계획할 수 있다.

비정기적 가격할인(random discounts)은 가격할인이 비정기적으로 발생하며 소비자는 예상치 못한 가격할인에 맞닥뜨리기도 한다.

최근에는 인터넷 쇼핑몰을 비롯해 온라인 기업들이 이메일, 페이스북, 트위터를 통해 소비자에게 쿠폰을 발행한다. 할인 쿠폰은 음식점, 세탁소, 스파, 호텔, 심지어 아파트 인테리어 시공이나 주택검사 등 지역 기업에서 사용할 수 있는 것을 제공한다.

2) 단수가격

단수가격(odd pricing)은 서비스의 가격을 정가보다 약간 낮은 금액으로 책정함으로써 고객이 낮은 가격으로 구매했다고 지각하도록 하는 방법이다. 예를 들어 10만 원의 가격을 9만 9천 원으로 할인하여 실제 할인금액은 천원에 불과하지만, 고객들은 9만 원대 가격으로 지각하도록 유도하는 전략이다. 단수가격 전략에서는 주로 가격의 끝자리를 홀수로 처리하는 게 일반적이다.

3) 일치가격

일치가격(syncro-pricing)은 고객의 민감도를 이용해 서비스의 수요를 가격으로 조절하는 방법이다. 세금, 여객수송, 호텔, 영화 등과 같은 서비스의 수요는 성수기 등 시간에 따라 달라진다. 이들 산업에서는 언제나 이익을 낼 수 있는 가격을 책정하기가 어렵다. 그러나 가격 결정은 수요곡선을 완만하게 하여 수요와 공급이 일치하도록 하는 역할을 할 수 있다. 일치가격에는 장소별 차이(공연장이나 경기장의 좌석, 호텔의 바다 전망 객실), 시간별 차이(성수기와 비수기, 주중과 주말, 오전과 오후 등), 구매량별 차이(대량구매자, 패키지 구매자, 단체 구매 등), 인센티브 차이(단골할인, 전문가 무료상담, 비수기 장려금, 스포츠 이벤트 참가) 등이 속한다.

4) 침투가격

침투가격(penetration pricing)은 새로운 서비스의 사용 구매나 폭넓은 사용을 유도하기 위해 낮은 가격으로 출시되는 전략이다. 이것은 시장점유율을 극대화하거나 포화상태인 판매시장 내에 침투할 수 있도록 새로운 상품의 가격을 가능한 저가로 책정하는 것이다. 이 방법의 문제는 나중에 가격을 올리는 것이 불가능하지는 않지만, 매우 어렵다는 것이다. 그러므로 수익과 투자이윤이 영구적으로 낮아지게 된다. 시장침투가격은 고가(high price) 탄력성, 판매된 상품의 구매비용에서 규모의 경제성, 그리고 제품 및 서비스에 대한 높은 수요가 있을 때 적용할 수 있다.

2. 고가격 전략

1) 품위가격

품위가격(prestige pricing)은 고품질이나 지위를 나타내는 서비스를 제공하는 서비스 관리자들이 행하는 수요에 기초한 가격책정방식이다. 레스토랑, 헬스클럽, 항공사, 호텔 등과 같은 서비스에서 호화로움을 추구하는 대상에 고가격이 매겨진다. 고객은 서비스가 품위나 품질 이미지를 나타내기 때문에 실제로 가치가 높다고 생각할 수 있다. 고객들이 고가의 서비스를 이용하면 특혜를 받는다고 인식하는 것으로, 가격이 인상됨에 따라 수요가 증가할 수도 있다.

2) 초기 고가격

초기 고가격(skimming pricing)은 제품을 구매하려는 잠재고객을 방해하지 않고 가능한 가장 높은 수준으로 가격을 설정하는 것을 의미한다. 상층흡수가격이라고도 부르는데 이 가격전략의 목적은 가능한 고객에게 자사상품을 많이 판매하는 데 있다. 그러면 이익도 최대가 될 것이다.

이 전략은 상품의 수요자인 고객에게 그 상품이 꼭 필요하고, 고객도 그 상품에 대해 비싼 가격을 지급할 용의가 있는 경우의 신상품 판매에서 가능하다. 이러한 고객들을 타깃으로 하는, 예를 들어 보톡스 주사, 레이저 지방흡입술과 같은 노화 방지 관련 서비스는 처음에 높은 가격에 출시되었다. 수익성이 아주 높으므로 이 전략은 시장으로 새 경쟁자들을 끌어들일 것이다.

새로운 경쟁자는 더 낮은 가격으로 동일제품을 제공할 것이므로 고객이 선택할 때 자사의 기존상품에 대해 가격저항을 느끼게 되므로 시간이 흐르면 가격결정자는 가격을 인하해야 할 것이다. 초기 고가격 전략은 고가(高價) 비탄력성이 존재하고 유사 대체물이 없으며 그 가격을 지급할 시장세분화 단위가 존재할 때 적절한 가격전략이다.

3. 차별화 가격

1) 가치가격

가치가격(value pricing)은 보다 적은 손실로 더 많은 이익을 얻는 것을 의미하는 것으로 서비스 제공에 쓸모없는 서비스를 최대한 줄여서 값싸게 서비스를 제공하는 것을 말한다. 사우스웨스트항공은 기내서비스를 줄이는 대신에 빈번한 출발과 정시 도착, 유머러스하고 친근한 승무원 등의 서비스를 제공하면서 낮은 가격 책정을 시도하여 성공하였다.

2) 세분시장가격

세분시장가격(market segmentation pricing)은 제공하는 서비스의 원가에 차이가 없더라도 고객 집단별로 다른 가격을 책정하는 가격전략이다. 이는 세분시장별로 수요의 가격탄력성과 희망 품질 수준이 다르다는 것을 기본으로 한다. 대학 근처의 헬스클럽은 학생증을 제시한 대학생들에게 가장 바쁜 시간에 이용하지 않는다는 조건으로 가격할인을 해준다. 또 일반 회원들이 회사에 근무하는 시간에, 실버회원들이 이용하는 조건으로 노인 우대 가격할인을 단행한다.

4. 결합가격

일부 고객은 그들이 받는 편익만이 아니라 그들이 투입한 시간, 돈, 노력을 포함하여 가치를 정의한다. 결합가격은 이러한 시간, 돈, 노력을 모두 결합한 가격을 말한다. 결합가격에는 가격프레이밍, 묶음가격, 보완가격, 결과중심가격이 있다.

1) 가격프레이밍

가격프레이밍(price framing)은 고객들이 정확한 서비스 준거가격을 갖고 있지 않기 때문에 서비스 마케터들은 가격 정보를 더 조직화해서 고객이 가격을 어떻게 보는지 알려고 하는 가격전략이다.

소비자는 핵심서비스를 비교 판단할 수 있는 기준가격(anchor price)을 알려고 한다. 만약 고객이 기준가격을 받아들인다면 서비스 패키지와 그 가격을 호의를 가지고 받아들일 것이다.

실제로 한국에도 여러 쿠폰 사이트가 있고, 미국에도 그루폰, 리빙소셜 등 많은 온라인 쿠폰 사이트가 있다. 이 사이트들은 소비자에게 상품의 실제가격뿐만 아니라 할인가격을 공개한다. 예를 들면 배관이나 배수구 청소, 압력 세척 등의 주택 수리 서비스의 준거가격을 소비자들은 잘 모른다. 그런데 이 사이트들이 실제가격을 공개하면서 할인가격을 제공하면 그때 소비자들은 받는 가치를 판단할 수 있다.

2) 묶음가격

묶음가격(price bundling)은 두 가지 이상의 제품이나 서비스를 결합해 특별한 가격으로 제공하는 전략이다. 이러한 예로는 여행상품 패키지, 레스토랑의 세트 메뉴, 방송 · 통신 결합상품, 공연물 시즌티켓, 컴퓨터 하드웨어와 소프트웨어의 결합, 헬스클럽 프로그램, 자동차의 옵션 패키지 등에서 찾아볼 수 있다.

- 순수묶음가격(pure price bundling): 이것은 서비스를 패키지로만 구매할 수 있도록 하고 개별적으로는 구매할 수 없도록 가격을 책정하는 가격전략이다. 대표적으로 해외 여행패키지, 강습과 장비 렌털, 리프트권, 숙식을 결합한 스키캠프 등이 있다.
- 혼합묶음가격(mixed price bundling): 이것은 서비스의 개별 구매뿐만 아니라 패키지 구매도 가능한 가격전략이다. 사람들은 여러 서비스를 연결해서 이용할 가능성이 있으므로, 이 가격전략은 서비스기업에서 많이 사용한다. 흔히 스포츠센터에서 수영, 헬스, 댄스 강좌 등을 개설하면서 수영과 헬스, 수영과 댄스, 헬스와 댄스 등 패키지 프로그램을 만드는 것이 이에 해당한다.

3) 보완가격

보완가격(complementary pricing)은 포로가격, 이중요율가격, 미끼가격의 전략들을 이용해 가격을 책정하는 방법이다. 포로가격(captive pricing)은 기본적인 서비스는 제공하고 그 서비스를 계속 사용하도록 해서 주변 서비스나 소모품에 가격을 부담하게 하는 방법이다. 케이블TV 설치비용은 저렴하지만, 수익 감소를 보상하기 위해 매월 수신료를 부과하는 것이 그 예이다. 이 가격 방법은 고정비와 변동비로 구분할 수 있으므로 이중요율가격(two-part pricing)이라고도 한다. 전화, 헬스클럽, 임대와 같은 상업 서비스에서 그 예를 볼 수 있다.

미끼가격(loss leadership pricing)은 소매점에서 많이 사용하는 방법이다. 친숙한 서비스에 가격을 낮춰 고객을 유인한 후 다른 서비스를 고가로 책정하는 방법이다. 세탁소에서 셔츠 세탁을 저가로 제공하고 다른 의류들을 고가로 제공하기도 한다.

4) 결과중심가격

결과중심가격(results-based pricing)은 서비스를 제공한 후 결과에 기초해 가격을 책정하는 방법이다. 이는 결과가 매우 중요하지만 불확실한 서비스산업의 경우에 사용할 수 있는 방법으로 법률서비스에서는 승소, 회계서비스에서는 세금 절감, 영화산업에서는 흥행, 직업학교에서는 취업 등이 가격전략의 가치로 판단된다.

06

CHAPTER

서비스 채널관리

Chapter 06

서비스 채널관리

제 1 절 유통채널과 입지

1. 유통시스템의 중요성

오늘날의 경쟁 환경에서 기업은 직접 유통채널을 가동하는 중앙예약시스템과 독자적인 판매력에만 의존할 수 없게 되었다. 그리하여 복잡한 유통 네트워크 개발이 필요한 상황에 놓이게 되었다. 경쟁사, 세계시장, 정보통신기술의 발달에 따른 제품 진부화는 유통의 중요성을 증대시키고 있다.

유통(place & distribution)은 마케팅믹스 요소의 하나이다. 유통(입지 = location & place 또는 전달과정 = process of delivery)은 고객에게로 서비스 또는 제품을 전달하는 과정에 수반되는 모든 활동을 말한다. 여기에는 유통장소와 유통채널 모두가 포함된다.

유통시스템은 고객에게 안정된 서비스의 흐름을 제공한다. 잘 관리된 유통시스템은 시장점유율의 리더와 생존을 위해 고전하는 기업을 구별할 수 있다. 서비스기업은 대부분 이용 가능한 마케팅채널을 많이 채택하고 있다.

2. 유통채널의 기능

유통채널은 상품을 생산자로부터 소비자에게 이전시킨다. 그것은 제품과 서비스를 이용하는 사람들로부터 그것을 격리하는 시간 · 장소 및 소유라는 커다란 간격을 메우는 것이다. 마케팅채널의 구성원(도매업자, 소매업자 등)은 다음과 같이 많은 주요 기능을 수행한다.

① 정보(information) : 마케팅 환경에 관한 조사와 전략정보의 수집 및 배포
② 촉진(promotion) : 제공물에 관한 설득력 있는 의사소통의 개발 및 확산
③ 접촉(contact) : 기대되는 구매자의 발견 및 의사소통
④ 적합(matching) : 구매자의 욕구에 대하여 제공물을 수집하고 적합하는 일. 그것은 제조 · 규격 · 집하 및 포장 등의 작업을 포함한다.
⑤ 교섭(negotiation) : 소유권을 이전할 수 있게 가격과 제공물, 그 밖의 조건에 동의하는 일
⑥ 물적 유통(physical distribution) : 상품의 운송 및 보관
⑦ 자금 융통(financing) : 채널상의 업무비용을 충당하기 위한 자금의 획득 및 이용
⑧ 위험부담(risk taking) : 재고품을 충분한 이익을 내고 판매할 수 있는 재무상의 위험부담

3. 입지 선정

1) 입지의 의의

입지(place, location)란 이미 주어진 장소이면서 변하지 않는 장소라고 볼 수 있다. 입지는 곧 서비스업체의 위치나 장소를 말한다. 특히 고객과의 접근성이 필요한 점포나, 건물 · 창고나 중장비가 필요한 서비스업체는 입지가 한 번 정해지면 변경은

거의 불가능하므로 입지의 선정에는 신중해야 한다. 입지를 결정할 때는 어떤 고객을 대상으로 하고 그들의 욕구를 충족시킬 수 있는가, 고객이 접근하기 쉬운가, 다양한 활동을 하기에 적합한가 등을 먼저 고려해야 한다.

그렇지만 마케팅전문가는 위치나 장소에 관한 정보전달방법을 통제해서 고객이 특정 지역에 관해 어떻게 느끼는가 하는 고객의 인식을 변화시킬 수 있다.

2) 입지선정

입지선정에는 입지 선택과 입지 평가의 과정을 거치게 된다.

(1) 입지 선택

입지 선택(site selection)은 여러 후보지 가운데 가장 적절한 지역을 고르는 것을 말한다. 입지 선택은 실제로 현장조사를 하기 전에 지도를 보면서 정부가 발행한 각종 자료를 참조하고 전문기관에서 자문받고 책상 위에서 후보지를 결정한다.

(2) 입지 평가

입지 평가(site evaluation)는 몇 개의 후보지가 선정된 후 가장 적합한 곳을 택하기 위한 평가작업이다. 평가작업에는 고객을 받아들일 수 있는 수용 능력(carrying capacity)의 평가가 있으며 그 입지선정에 대한 여러 항목을 평가하는 항목별 평가방법(scoring)이 있다. 입지의 평가에는 그 밖에도 고려해야 할 사항이 있다. 예를 들면 보조금 및 세금감면, 소유권의 문제, 사회적 · 정치적 제약요인의 유무 등이다.

제 2 절 서비스 직접유통

서비스는 무형이고 경험적 특성을 갖는다. 서비스 유통은 생산자에서 중간상을 거쳐 소비자에게 전달되는 제품의 유통처럼 유형적인 제품이동을 수반하지 않는다. 서비스는 대부분 서비스 생산자에서 소비자로 직접 전달된다. 서비스 유통경로는 서비스의 생산자가 소비자에게 직접 판매하고 직접 상호작용하는 직접적인 형태가 일반적이다. 사우스웨스트항공과 같은 항공여행, 메이요클리닉과 같은 의료서비스, IBM 글로벌서비스와 같은 컨설팅 등이 그 예이다.

1. 공급업자

공급업자(suppliers, principal)는 서비스 상품을 직접 생산 · 판매하는 모든 기업을 말한다. 공급업자(서비스 공급자, 서비스 소재업자)들은 가능하면 그들의 상품을 유통하고자 하며, 일부 공급업자는 그들의 상품을 고객들에게 직접 판매하기도 한다.

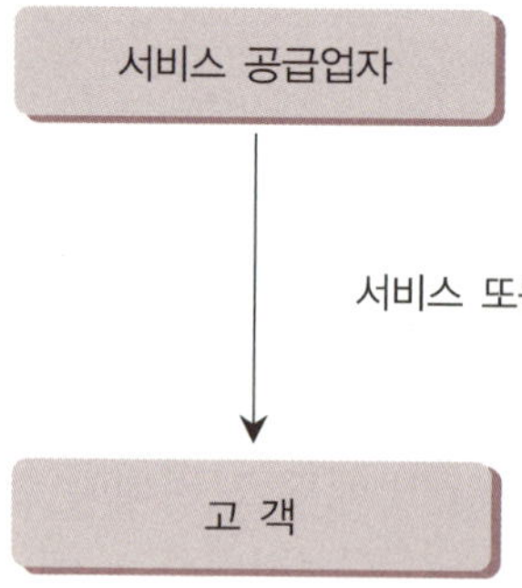

[그림 6-1] 직접유통

2. 직접유통과 자사 인터넷

공급업자와 고객이 중개인을 통하지 않고 직접 거래를 이루는 유통형태이다. 이를 직판이라고도 한다. 대다수 서비스기업은 인터넷을 사용하여 그들의 제품을 유통하고 있다. 인터넷 이용자는 기업의 인터넷으로 직접 예약한다. 서비스산업은 정보통신기술의 발전에 따라 고객과의 직거래가 급속히 확대되고 있으며, 그에 따라 고객의 교섭력(bargaining power)도 점차 강력해지고 있다. 일부 기업들은 직판 영업을 위해 고객이 많은 수도권이나 주요 도시에 외부사무소를 두기도 한다.

서비스기업이 자사 인터넷을 이용해 고객과 접촉하는 것은 제7장 서비스 촉진관리를 참조하면 좋다.

제 3 절 서비스 간접유통

제조업의 경우 제품이 고객에게 전달되기까지 여러 중간상이 끼어드는 데 비해 서비스의 경우 중간상(중개인)의 역할은 많지 않다. 그러나 중간상은 서비스를 고객에게 전달하는 데 중요한 기능을 수행하고 있다.

첫째, 중간상은 생산과정에 서비스 생산자와 함께 참여하여 고객에 대한 생산자의 약속을 대행한다. 일부 프랜차이즈 서비스가 여기에 속한다. 둘째, 서비스 중간상은 지역적으로 서비스를 이용하게 하여 고객에게 시간과 장소의 편의성을 제공한다. 셋째, 중간상은 여러 서비스 제공자를 대표해 한곳에서 다양한 선택안을 고객에게 제시하는 소매기능을 한다. 소매여행사나 보험설계사 등이 그 예라고 할 수 있다. 넷째, 금융서비스나 전문서비스의 경우 중간상은 신뢰 관계를 바탕으로 고객과 서비스기업을 연결하는 역할을 한다.

중간상(intermediaries) 또는 중개업자(중개인)는 공급자와 고객들을 연결하는 사람(또는 시스템)이다. 서비스 상품의 종류와 다양성 때문에 중간상들은 종종 그들이 취급하는 상품을 고객의 유형에 따라, 또는 상품을 결합하는 방법에 따라 전문화한다. 중개업자는 프랜차이징, 에이전트와 브로커, 전자채널, 전자상거래업자(쿠팡, 옥션, G마켓, 홈쇼핑) 등으로 구분할 수 있다.

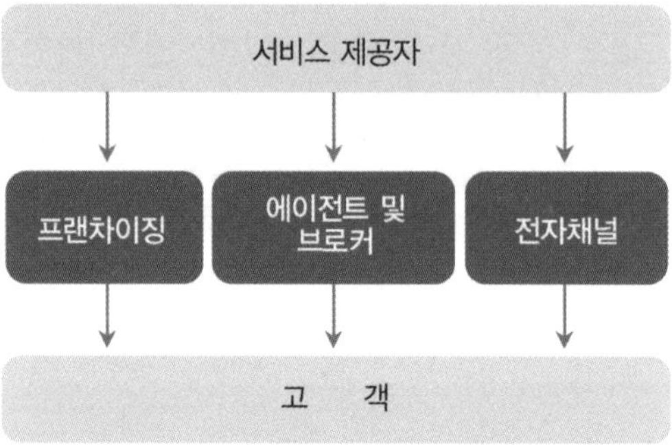

[그림 6-2] 중간상을 이용한 서비스채널

1. 프랜차이징

프랜차이징(franchising)이란 프랜차이저(franchisor, 본사 혹은 가맹사업자)에 의해 설계된 마케팅 기획편성하에서 제품과 서비스를 제공하고 판매 · 유통하는 권리를 프랜차이지(franchisee, 가맹점)에게 부여하는 사업수행방법이다. 프랜차이저는 프랜차이지에게 자사의 상표, 명칭, 제품 및 서비스, 명성, 광고 등을 사용할 수 있게 인정하고 있다. 대신에 수수료 혹은 특허권의 사용료를 받고 사용허가권을 내주는 계약이다.

프랜차이징은 가장 급속하게 성장하는 소매업의 형태이다. 미국에서는 70여만 개의 프랜차이즈업이 소매판매의 약 2분의 1을 차지하고 있을 정도이다.

프랜차이즈 시스템은 소매점, 호텔과 레스토랑에서 흔히 이용되는 일반적인 유통형태이다. 호텔의 대표적인 프랜차이즈에는 초이스 호텔(Choice Hotel), 홀리데이 인(Holiday Inns), 데이즈 인(Days Inns), 쉐라톤 인(Sheraton Inns), 힐튼 인(Hilton Inns) 등이 있고, 레스토랑의 대표적인 프랜차이즈에는 맥도날드, 버거킹, 켄터키 프라이드 치킨, 피자헛, TGI 프라이데이즈 등이 있다.

프랜차이즈 시스템에 의하여 개개의 경영자는 자기 점포뿐만 아니라 다수의 다른 점포에 대해서도 책임을 지게 된다. 명칭, 경영방법, 그 밖의 프랜차이저로부터 편익을 얻는 대가로서 프랜차이지는 가입비 · 수수료 및 마케팅요금을 지급한다.

가입비와 수수료는 프랜차이저의 브랜드 자산에 의존하고 있다. 예를 들면, 맥도날드는 전 세계적으로 패스트푸드 레스토랑으로 잘 알려져 있다. 런던이나 파리 · 싱가포르 · 뉴욕에서도 맥도날드는 어떤 곳이라는 것이 잘 알려져 있다. 시장 위치가 강력할수록 브랜드명은 가치가 있다. 그 결과 맥도날드의 프랜차이즈는 미스터 퀵(Mr. Quick)의 프랜차이즈보다 가치가 높다. 프랜차이즈의 그 밖의 특전으로는 경영지원, 품질관리, 회계시스템, 마케팅, 자금조달, 건축설계, 그리고 공동구매 등이 있다. 합리적으로 잘 짜인 프랜차이즈 시스템은 프랜차이저와 프랜차이지 쌍방에게 이익을 가져다주고 있다. 그러나 프랜차이즈 본사와 가맹점 간에 이해 상충의 문제가 나타나기도 한다. 이것을 요약한 것이 〈표 6-1〉이다.

〈표 6-1〉 프랜차이즈 시스템의 장단점

	장점	단점
프랜차이저 (본사)	• 더 많은 유통망 및 수익 확대 • 점포의 일관성 유지 • 지역시장 정보 획득 • 재정적 위험 감소	• 가맹점의 동기부여가 어려움 • 본사와 가맹점 간의 분쟁 소지 • 가맹점의 일관성 없는 품질 • 가맹점의 고객관계 통제 곤란
프랜차이지 (가맹점)	• 사업 포맷 획득 가능 • 전국 또는 지역브랜드 명성 획득 • 사업 초기 위험 최소화	• 시장의 잠식 • 이익과 수익에 대한 실망 • 본사의 압력 및 높은 수수료

2. 에이전트와 브로커

에이전트(agent)는 부동산중개인과 같이 서비스 생산자(기업)나 고객을 대리하거나, 서비스 생산자와 고객 간의 계약을 체결할 수 있는 권한을 위임받은 중간상이다. 에이전트는 크게 판매 에이전트(selling agent)와 구매 에이전트(purchasing agent)로 나눌 수 있다. 판매 에이전트는 서비스 생산자가 자원이 부족하거나 판매대행을 원하는 경우에 이루어지며, 서비스기업의 여행·보험·금융서비스 등을 판매할 수 있는 권한을 가지게 된다. 반면에 구매 에이전트는 고객 또는 구매자를 대신하여 제품을 평가하고 구매하는 사람으로 서비스기업과 장기적인 관계를 맺는다. 이들은 예술품, 골동품 또는 희귀품을 구매하고자 하는 기업이나 개인에게 고용되거나 계약관계를 맺는다.

〈표 6-2〉 에이전트와 브로커의 장단점

장점	단점
• 판매와 유통비용의 절감 • 특수 기술과 지식을 중간상이 보유 • 넓은 범위에 진출 용이 • 지역시장에 관한 지식 • 고객의 선택폭 증대됨	• 가격 책정에 대한 통제권 상실 • 여러 서비스 회사를 대리

3. 전자채널

전자채널(electronic channel)은 서비스 제공자와 고객이 직접 접촉하지 않는 형태의 서비스 유통방법이다. 효과적으로 전자채널을 이용하기 위해서는 사전에 준비된 서비스 내용과 제공할 전자매체가 필요하다. 전자매체는 TV, 전화, 인터넷 등으로 최근에는 모바일 매체가 확대되고 있다.

여기서는 우리 생활과 가장 밀접한 온라인 여행사(인터넷 여행사)와 전자상거래업자를 보기로 하고, 더 자세한 것을 다음 7장 서비스 촉진관리에서 논하기로 한다.

1) 온라인 중개상

21세기 들어 거의 모든 산업의 유통은 인터넷 쪽으로 이동해 왔다. 여행서비스에서도 초기에 트래블로시티, 익스피디아, 프라이스라인 등의 온라인 중개상에 의해 시작되었는데 이들이 온라인 여행사이다. 초기에는 항공권 예약에서 숙박, 렌터카, 도착지 서비스로 점차 영역을 확대하였다. 최근에는 자신들이 만든 관광패키지나 타사에서 만든 관광패키지를 판매하고 소비자가 만든 패키지도 판매한다.

예를 들어 미국에 본사를 두고 있는 세계 최대 온라인 여행사 '익스피디아(Expida)'는 한국어 사이트(http://www.expedia.co.kr)를 개설함으로써 본격적으로 한국 시장에 진출하였고, 이를 시작으로 유사한 온라인 여행사들이 활동하고 있다. 이러한 온라인 여행사들은 전 세계 호텔과 협력해 수많은 여행상품을 판매하는 등 개별 여행 프로그램을 특화하기도 하고, 호텔, 항공, 유람선, 렌터카 등에서 다른 영역으로 확대해 가고 있다.

[그림 6-3] 익스피디아 1

[그림 6-4] 익스피디아 2

2) 전자상거래업자

사회적 미디어의 사용이 급증하면서 전자상거래가 일반화되고 있다. 전자상거래(EC : electronic commerce)라는 용어는 미국의 Lawrence Livermore National Laboratory에서 사용된 후 미국 연방정부가 도입하면서 확산되었다. 통일된 개념이 정립되어 있지는 않지만, 일반적으로 전자상거래는 기업, 정부 기관과 같은 독립된 조직과 조직 간

혹은 조직과 개인 간에 다양한 전자적 매체를 이용하여 상품이나 서비스를 교환하는 방식으로 정의할 수 있다.

1990년대 후반에 등장한 인터넷 쇼핑몰은 웹과 인터넷 등 정보통신기술의 발달로 인해 전자상거래의 핵심이 되었고 전 세계적으로 전자상거래의 대표적인 모델이 되었다. 수많은 사람이 인터넷 쇼핑몰을 방문하고 상품과 서비스를 구매하기 시작하면서 가파른 성장을 구가하기에 이르렀다. 국내에서 인터넷 쇼핑몰은 1996년 인터파크가 쇼핑몰을 오픈하면서부터 시작되었다. 전통적으로 오프라인 유통업체들이 온라인 쇼핑몰에 진출했으며, 백화점과 제휴해 온라인 쇼핑몰 서비스를 하고 있다. 그리고 전통적인 오프라인 할인점들도 온라인 쇼핑몰을 개설하고 있다. 특히 최근 오픈 마켓을 기반으로 급성장한 G마켓, 11번가, 옥션, 쿠팡 등에서도 제품과 서비스를 구분하지 않고 많은 상품 등을 판매하고 있는데, 최근에는 특히 해외여행상품이나 호텔 객실, 리조트 등의 무형적 서비스 상품을 판매하고 있다.

[그림 6-5] 인터파크

[그림 6-6] G마켓

[그림 6-7] 11번가

[그림 6-8] 쿠팡

제 4 절 직접유통과 간접유통의 장단점

1. 직접유통이 공급자에게 주는 이점

1) 단순성

직접유통은 거래에 포함된 유통단계의 수를 줄인다. 그래서 서비스의 판매는 매우 단순하다. 공급자는 고객으로부터 돈을 받고 고객에게 제품 및 서비스를 제공한다. 공급자는 중개인에게 수수료를 지급할 필요가 없는데, 이것은 거래에 관련된 사무나 업무시간을 생략하였기 때문이다. 여기서는 오로지 공급자와 고객 양측만이 거래에 직접 관련되어 있다. 일반적으로 많은 사람이 거래에 연관될수록 잘못 전달되거나 복잡해질 위험이 그만큼 커진다. 그러나 직접유통은 그러한 위험이 거의 없다.

2) 추가적 판매기회

고객들은 대부분 직접 공급자로부터 상품을 구매하고 싶어 한다. 그러한 고객과 거래하고자 하는 공급자는 직접유통시스템을 유지하려 한다.

직접유통은 고객의 기본적 구매 이외에도 공급자에게 추가판매를 수행할 기회를 제공한다. 공급자들도 이와 유사하게 직접유통시스템으로부터 이익을 얻을 수 있다.

직접유통은 공급자가 판촉상품, 환율, 특별 서비스에 대해서 고객에게 직접 이야기할 수 있는데, 이로써 추가판매의 가능성이 증가하게 된다.

3) 융통성

공급자가 유통시스템을 더 많이 관리할수록 이 시스템은 더욱 융통성이 생긴다. 만약 시장조건이나 고객의 욕구가 변한다면 공급자는 재빨리 그 변화에 대응할 수 있다. 즉 수요의 변화에 대해 직접유통시스템에서는 더욱 빨리 대응할 수 있다. 이를테면 컨벤션센터는 대규모 회의로 인하여 증가한 연회 수요를 담당할 수 있도록 일시적으로 임시직원을 증원할 수 있다. 갑자기 늘어난 항공여행자를 위해 항공사는 임시전세기를 띄울 수도 있다.

4) 이윤의 증가

고객에게 직접 판매하는 공급자는 중개인들에게 수수료를 지급할 필요도 없고, 할인해 줄 필요도 없다. 물론 공급자는 직접유통시스템을 유지하는 모든 비용을 부담해야 한다. 여기서 공급자는 서비스를 직접 판매함으로써 발생한 비용이 중개인들에게 지급해야 할 수수료를 초과하는지의 여부를 알아내야 할 것이다.

5) 통제력 확대

직접유통을 통해서 공급자는 제공되는 서비스 상품과 공급자가 고객에게 설명하는 방법을 완전히 통제할 수 있다. 여기서 공급자는 최대의 이윤을 좌우할 수도 있는 대리인의 행동에 의존할 필요가 없다.

일반적으로 중개업자는 한 명 이상의 공급자를 대리하며 수많은 서비스 상품을 판매한다. 그들에게 특정 공급자의 판매직원만큼 단일상품에 대해 깊은 지식을 지니도록 기대할 수는 없다. 그리고 중개업자가 경쟁공급자의 상품보다 자사의 상품을 더 잘 판매할 수 있다고 볼 수도 없다.

직접유통은 공급자가 중개인을 통하여 자사상품을 판매하는 것보다 훨씬 강도 높게 자사상품의 판매방법에 대해 원격조정을 할 수 있다. 직접유통시스템은 공급자가 고객들과 직접 접촉할 수 있도록 만드는데, 이로써 공급자는 자사상품이 고객에게 제공되는 품질에 대한 통제가 더욱 쉬워지게 된다.

그러나 간접유통시스템보다 직접유통시스템을 선택하는 것은 잠재적 판매경로를 줄이고 결국 더 높은 유통경비를 초래한다. 결과적으로 공급자는 유통판매 조직을 결정할 때 판매상품의 특성과 관련하여 가격, 유용성, 품질, 통제 가능성 등을 심사숙고하여야 한다.

2. 직접유통이 고객에게 주는 이점

직접유통시스템은 고객에게도 역시 어떠한 이익을 제공한다. 일부 고객들, 특히 다빈도 고객은 공급자로부터 서비스를 직접 구매하고자 한다. 그들이 이렇게 하는 데는 몇 가지 이유가 있다.

1) 통제

고객들은 서비스를 직접 구매하는 것이 그들의 구매계획에 대하여 예약, 수정, 취소 등 통제가 쉽다고 생각한다. 그들은 자신을 위해 예약하는 데 제삼자에게 의지할 필요가 없다고 생각한다.

2) 시간 절약

일부 서비스 상품을 공급자로부터 직접 구매하는 것은 구매계획이 간단할 때는 중개인을 통하는 것보다 더 빠르다. 일부 공급자들은 잠재고객이 사용할 수 있도록 장거리 무료전화번호를 제공하고 있다. 고객들은 판매담당자들과 직접 연락할 때 즉석에서 다양한 선택안 가운데 하나를 결정할 수 있다. 만약 중개인이 개입하면 공급자와 고객이 선택안과 의사결정을 내리는 데 여분의 시간이 더 걸릴 수 있다.

3) 정확성

많은 사람이 거래에 관련될수록 실수나 잘못이 발생할 기회가 많아진다. 고객이 중개인을 이용할 때 공급자와 중개인의 정확성에 의존하는데, 종종 실수나 잘못이 발생하기도 한다. 그래서 일부 고객들은 서비스 상품을 직접 구매하는 것이 실수를 최소화한다고 믿기도 한다.

3. 간접유통이 공급자에게 주는 이점

간접유통시스템은 한 명 이상의 중개인이 개재하여 공급자로부터 고객에게 서비스 상품을 제공하는 유통채널 시스템이다.

이론적으로 보면 모든 중개인은 '동일 서비스 상품의 거대한 집합소'이다. 간접유통시스템에 속하는 중개인은 다수의 공급자로부터 막대한 양의 이질적 서비스 상품을 취급하고 있다. 그래서 거의 예외 없이 중개인들은 독특한 서비스 상품을 독점적으로 고객에게 제공하지는 못한다. 그러나 그들은 고객의 욕구를 충족시키는 방법으로 나름대로 독특하게 서비스와 제품들을 결합해서 판매한다.

예를 들어 미국 여행업자들은 크루즈 투어의 95%, 패키지 투어의 90%, 미국 내 항공권의 80%, 렌터카의 50% 그리고 미국 내 호텔 객실의 25%를 판매하고 있다. 이렇듯 간접유통시스템은 서비스산업의 기둥이다.

간접유통시스템은 공급자에게 커다란 이익을 제공한다. 이러한 이점은 간접유통에 관련된 중개인의 특성에서 발생한다.

1) 판매경로의 확대

간접유통을 사용함으로써 상품을 팔 수 있는 판매점의 수가 증가한다. 프랜차이즈나 여행사와 같은 에이전트 수만큼 다수의 판매점을 가지게 된다. 이러한 판매기회의 확대원리는 서비스산업에서 모든 공급자 유형에 적용된다.

2) 초과 판매력 부담의 제거

간접유통시스템은 비록 공급자의 판매력을 확대하지만, 그렇다고 해서 공급자의 일반경비에 추가되는 것은 아니다. 공급자들은 중개인에게 수수료를 지급하는 것이 정식직원이 상주하는 판매사무실을 유지하는 것보다 경비가 훨씬 적게 든다. 중요한 상품기반이 없는 소규모 공급자들은 많은 판매직원을 고용하는 것보다 중개인을 이용함으로써 부가적인 급료, 시설, 장비, 사무실 임대료를 피할 수 있다. 따라서 공급자들에게는 판매와 관련해서 수수료 형태로 판매경비만을 지급하면 된다는 사실에 커다란 매력이 있다.

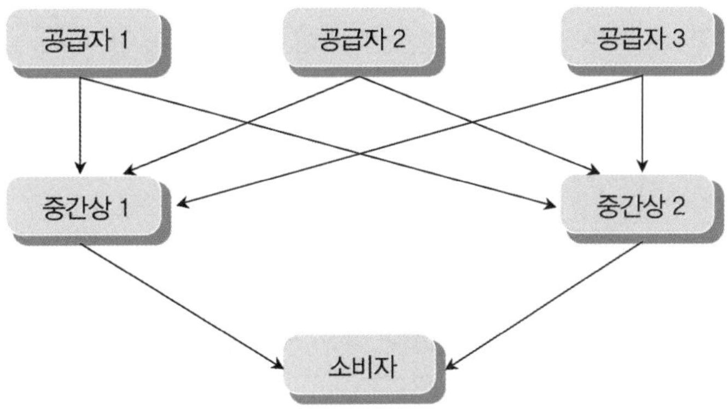

[그림 6-9] 간접유통의 이점

4. 간접유통이 고객에게 주는 이점

만약 간접유통시스템의 이점이 공급자들에게 제한되어 있다면 고객은 오로지 직접적인 수단을 통하여 관광상품을 골라야 한다. 그러나 간접유통은 판매의 이점을 고객들에게 명확하게 제공하고 있다.

1) 선택

중개인으로부터 서비스를 구매한 고객은 그들이 공급자에게서 직접 구매하는 경우보다 더 많은 선택권을 갖기도 한다. 사용할 수 있는 선택의 수가 많은 것은 다음과 같은 두 가지 이유 때문이다.

첫째, 중개인들은 단지 그들의 상품만을 제공하는 공급업자와는 달리, 많은 공급자의 상품을 경쟁적으로 취급한다. 그러므로 고객은 중개인을 통하여 구매할 때 여러 번 전화하지 않고도 한번에 패키지상품을 구매할 수 있고, 특히 식구나 친구들이 떠나는 해외여행의 경우 항공기부터 목적지의 호텔까지 모두 효과적으로 선택할 수 있다.

둘째, 중개인들은 개인들이 스스로 모으기 어렵거나 불가능한 서비스 상품들을 결합해서 제공한다.

2) 가격

"공장에서 직접 구매하면 돈을 절약한다"라는 말은 유형재(有形財)의 상품을 고르는 데는 좋은 조언이 될 수 있다. 그러나 그것은 서비스 상품에서는 종종 통용되지 않는다. 사실 정반대의 경우가 종종 발생한다.

중개인을 통하여 상품을 구매한 고객은 중개인의 대량구매와 할인으로 이득을 볼 수 있다. 예를 들면 홈쇼핑, 인터넷 쇼핑 등은 백화점이나 생산업체에서 구매하는 것보다 더 저렴한 경우가 많다. 우리가 흔히 떠나는 해외여행을 보아도 여행도매업자(tour operator)는 개별적 상품가격의 합계보다 염가의 패키지상품을 만들어 고객에게 판매한다. 게다가 여행사들은 경쟁적으로 많은 여행공급업자의 정보를 이용해 여행상품에서 가장 낮은 가격을 책정하기 위해 노력한다.

3) 서비스

중개인은 고객의 상품선택에서 직면하는 이용 가능한 서비스 상품의 수를 좁히는 데 특히 효과적인 역할을 한다. 중개인은 서비스 상품을 찾는 고객 측에 서서 일하고, 한편으로는 고객을 찾는 공급자를 대변하기도 하여, 이들 양쪽의 '탐색 과정'이라는 구조 속에서 핵심적인 역할을 한다. 상대편을 찾는 양쪽의 욕구를 해결해 주는 역할을 하는 것이다.

중개인들은 많은 선택안에서 고객의 욕구를 충족시킬 수 있는 서비스 상품을 확실하게 소구하고 추천하는 데 적임자이다. 중개인들은 여러 정보나 특별한 서비스를 제공한다. 최근에 코로나19와 전쟁 등으로 유류할증료가 급등하고 경쟁이 더욱 치열해짐에 따라 고객선택의 폭이 좁아지고 있다. 특히 항공권의 요금과 제한 조건의 수는 매우 증가하였다. 그런데 전문적인 여행업자들은 이러한 특별요금과 제한 조건에 익숙해서 고객들에게 조언할 수 있으며, 고객이 상품의 구매를 결정했을 때 고객을 위해 필요한 수배 서비스를 할 수 있다. 많은 다른 전문적 서비스와 달리 이러한 서비스는 무료이다.

제 5 절 채널 행동과 채널 조직

1. 채널 행동

유통경로는 여러 가지 흐름에 의해 하나로 결합한 기업의 단순한 집합 이상의 시스템이다. 유통경로는 복잡한 행동 시스템이고, 그 안에서 고객과 기업은 상호 간에 목표달성을 향하여 작용한다. 채널 시스템 가운데는 유연한 조직구조에 의하여 느슨한 상호작용으로 이루어진 것이 있기도 하고, 강력한 조직구조에 의하여 형성되고 뚜렷한 상호작용으로 이루어진 것도 있다. 채널 시스템은 불변적인 것이 아니라 새로운 형태가 출현하기도 하고 새로운 채널 시스템으로 진화하기도 한다.

채널 구성원은 상호 의존관계에 있으나, 그들은 때때로 자기들에게 단기적이고 최고의 관심사가 되는 일에는 단독으로 활동한다. 그리고 상호 간에 수행할 역할, 즉 반대급부를 추구하여 누가 무엇을 할 것인가에 반대하기도 한다. 목표와 역할에 관한 이러한 입장의 불일치는 채널 충돌(channel conflict)을 낳는다.

수평적 충돌(horizontal conflict)은 동일 채널 단계에서 발생하는 기업 간 충돌이다. 예를 들면, 프랜차이즈의 피자 인(Pizza Inn)은, 어느 한 피자 인의 프랜차이지가 식품 재료를 속이거나 빈약한 서비스를 제공하고 있다고 소비자가 불만을 품고 있다면, 이로 인해 전체의 이미지에 상처를 입게 된다.

수직적 충돌(vertical conflict)은 훨씬 일반적인 상황인데, 동일유통채널 내에서의 다른 단계 간의 충돌을 말한다. 리틀 시저(Little Caesar)와 케이 마트(K Mart)와의 협약은 리틀 시저로서는 매출고를 늘리고, 자기들의 유통시스템에 1,200개의 신규판로를 추가하는 커다란 기회를 가져다주었다. 그러나 리틀 시저의 몇몇 프랜차이지(가맹점)에게는 매출고의 감소를 의미한다.

유통채널 내에서의 충돌에는 건전한 경쟁형태를 취하는 것도 있다. 경쟁이 없으면 채널은 수동적이고 비혁신적인 것이 될 것이다. 그러나 때때로 충돌은 채널에 손실을 입히기도 한다. 채널 전체가 원활하게 기능하기 위해서는 각 유통채널 구성원의 역할이 명확하고 채널 충돌이 잘 관리되지 않으면 안 된다.

2. 채널 조직

1) 수직적 마케팅시스템의 성장

최근 두드러지게 발전하고 있는 채널조직 가운데 하나는 전통적 마케팅시스템에 대하여 필연적으로 출현하여 도전하고 있는 수직적 마케팅시스템이다.

전통적 유통경로는 1개 또는 그 이상의 독립계 생산자 · 도매업자 · 소매업자로 구성된다. 각각은 별개의 사업체이고 시스템 전체로서의 이익을 희생시켜서라도 각자의 이익을 최대한 거두려고 한다.

채널 구성원은 누구도 다른 채널 구성원에 대하여 강력한 통제력을 가지고 있지 못하고 역할이 분담되어 있어서 채널 충돌을 해결하려는 공식적인 아무런 수단도 존재하지 않는다.

이에 대해 수직적 마케팅시스템(Vertical Marketing System)은 통일된 시스템으로서 활동하는 생산자 · 도매업자 · 소매업자로 구성된다. 1개의 채널 구성원이 다른 채널 구성원을 소유하든가 다른 채널 구성원과 계약 체결하든가 하여 다른 채널 전체 구성원이 협력할 만큼 힘을 행사한다.

수직적 마케팅시스템은 생산자 · 도매업자 · 소매업자에 의해 지배된다. 이 시스템은 원래 채널 행동을 통제하고 채널 행동을 관리하기 위하여 개발되었다. 또한, 규모의 경제, 교섭력 및 겹치는 서비스를 배제하는 데 이점이 있다. 수직적 마케팅시스템은 소비재 마케팅에서는 지배적인 것이 되었고 미국 시장 전체의 64%를 차지한다고 한다.

기업형 수직적 마케팅시스템에서 협조와 충돌의 관리는 채널 내의 각 단계에서 공동의 소유권을 통하여 달성된다. 기업형 수직적 마케팅시스템은 단일 자본하에서 생산과 유통의 계기적 단계를 결합하는 것이다. 예를 들면, 레드 랍스터(Red Lobster)는 자기들의 식품 가공 공장을 가지고 있고 식자재를 레스토랑으로 배송한다. 영국의 양조업자는 또한 펍(pubs)을 소유하고 있고 그 펍에서는 그 양조업자의 맥주만을 제공한다. 세계 최대의 와인 메이커인 갤로(Gallo)는 와인 제조 외에도 갤로 산하 기업들이 트럭운송, 와인 운반, 병마개 제조 등에 종사하고 있다.

관리형 수직적 마케팅시스템에서는 생산과 유통단계를 연속적으로 관리하는데, 그 관리는 소유 또는 계약상의 연결이 아닌 당사자의 규모와 힘을 통하여 권한을 행사하는 것이다. 예를 들면, 어느 맥주 브랜드는 그 브랜드의 힘을 통하여 드래프트

맥주(draft beer)를 독점적으로 제공할 권리를 획득하였다. 이 맥주 생산자는 자사 맥주를 맥주 탭(tap)에서 취급하는 바(bar)의 경우에는 다른 맥주를 취급하지 못하게 하였다. 다른 맥주를 같은 맥주 탭에서 따르면 자사 맥주의 맛을 버리게 되기 때문이다. 다른 맥주회사는 불결한 도구를 사용하든가 적절한 압력을 설정하고 있지 않다고 이 회사는 말하고 있다. 브랜드의 힘을 내세워 처음부터 경쟁을 없앤 사례이다.

2) 업무제휴

업무제휴(alliances)란 2개의 조직이 쌍방의 힘을 활용하기 위하여 개발된 것이다. 업무제휴는 물론 계약에 따라 성립되고 있다.

경쟁 관계에 있지 않은 두 회사 또는 그 이상의 기업 간 업무제휴는 시장을 확대하는 일반적이고 효과적인 방법이다. 예를 들면, 레스토랑은 편의점이나 호텔과 제휴하여 상품을 유통한다. 세븐일레븐은 2,000점에서 던킨도넛을 판매하고 있다. 엠버시 스위트(Embassy Suites)사는 동사의 호텔 내에서 레드 랍스터를 경영하고 있다.

편의점 내의 패스트푸드 체인점은 편의점이 당해 브랜드명의 상품판매를 인정하고 있다. 체인 자체로서도 우량유통거점을 획득한 것이 된다. 소비자의 대다수에게 호텔 내의 레스토랑은 제공 상품의 질에 비하여 너무 비싼 가격을 붙이고 있다고 생각한다. 호텔 내에 누구나 알 수 있는 체인 레스토랑을 도입한다면 이러한 불신을 사지 않아도 된다.

3) 수평적 마케팅시스템의 성장

다른 하나의 채널 발전으로서 수평적 마케팅시스템을 들 수 있는데, 같은 수준에 있는 2개사 또는 그 이상의 기업이 자본, 생산능력, 마케팅 자원을 결합하여 1개 회사로서는 불가능한 일을 집합체로써 수행하려고 한다. 예를 들면, 시어즈와 맥도날드가 협력하여 '스몰 프라이를 위한 재미있는 복장(fun cloths for small fries)'을 만들어

맥키즈(Mckids) 상품을 판매하였다. 맥도날드의 프랜차이지와 시어즈의 점포는 각 지역에서 각종의 공동판매 촉진을 하고 있다.

[그림 6-10] 맥키즈 맥도날드 셔츠

4) 다중채널 마케팅시스템의 성장

과거 1개 시장이나 1개 세분시장에 대해서는 단일경로를 이용하는 경우가 많았다. 오늘날 고객세분화와 채널의 가능성이 확대됨과 동시에, 대다수 회사는 다중채널(multichannel)의 유통경로를 이용하고 있다. 그러한 다중채널 마케팅은 1개 기업이 2개 또는 그 이상의 마케팅채널을 구축하고 1개 또는 그 이상의 고객 세분시장에 도달하려는 것이다.

예를 들면, 맥도날드는 각기 다른 프랜차이지의 네트워크를 통하여 판매하는 한편, 동사는 전 점포의 4분의 1 이상을 직접 소유하고 있다. 이렇게 맥도날드에서 완전 소유한 레스토랑은 맥도날드 프랜차이지가 소유한 레스토랑과 경쟁관계에 있기도 하다.

다중채널 마케팅담당자는 새로운 채널을 구축할 때마다 판매액을 높일 수 있으나, 동시에 기존 채널에 타격을 줄 위험도 있다. 기존 채널은 '공정한 경쟁'을 주장하면서 경쟁을 제한해야 한다고 말한다. 이러한 예로써, 일부 프랜차이지는 그 시장구역에서 경쟁사업을 전개한 프랜차이저에 대해 소송을 제기하기도 한다.

07

CHAPTER

서비스 촉진관리

Chapter 07

서비스 촉진관리

과거의 고객들은 TV나 신문과 같은 한정된 정보 원천에서 상품이나 서비스에 대한 정보를 입수하였다. 그 한정된 정보 원천에 의해 마케터들은 브랜드 이미지와 약속을 쉽게 전달할 수 있었다. 그러나 오늘날의 서비스 소비자들은 좀 더 다양한 마케팅 매체(웹사이트, 소셜미디어, 모바일 광고, 블로그, 가상 커뮤니티, DM, 극장광고, e-메일 권유, 표적 잡지, 다수의 판매촉진 등)를 통해 커뮤니케이션을 한다. 그리고 소비자들은 서비스스케이프[1], 고객서비스부서, 접점직원과의 대면을 통해 추가적인 커뮤니케이션을 한다. 이러한 서비스 상호작용을 통해 고객이 받는 정보는 더욱 다양하고 많아졌으며 복잡해졌다. 따라서 외부자원을 통제하지 못하는 기업은 모든 내부자원으로부터 창출되는 메시지를 고객에게 일관성 있게 전달하는 것이 서비스 마케터들이 직면한 커다란 과제이다.

제 1 절 마케팅 커뮤니케이션의 역할

오늘날의 마케팅 커뮤니케이션은 단순히 미디어 광고, PR(Public Relations), 전문 판매원보다 좀 더 넓게 보아야 한다. 서비스시설의 위치와 분위기, 색감, 그래픽 요소

1) 서비스스케이프(servicescape)는 고객이 주문하고 서비스전달을 받게 되는 물리적 장소의 설계를 말한다. 9장 참조

의 사용 등 기업 디자인의 특징, 직원의 외모와 행동, 웹사이트의 디자인 등의 요소들이 고객 마음속의 이미지를 형성한다. 이러한 이미지는 공식적인 커뮤니케이션 메시지의 내용을 강화할 뿐만 아니라 부정하는 데도 영향을 미친다. 마케팅 커뮤니케이션은 서비스 프로세스 각각의 단계에서 다음과 같이 특별한 역할을 한다.

1. 서비스 포지셔닝과 차별화

서비스기업은 경쟁업체와 비교해서 자사의 서비스와 제품이 표적고객의 욕구를 충족시키기 위한 최상의 해결책임을 설득하기 위해 마케팅 커뮤니케이션을 활용한다. 마케팅 커뮤니케이션 노력은 신규고객을 유인하거나 기존고객을 유지하고 밀접한 관계를 형성해 주기도 하며, 표적고객에게 자사 제품과 서비스 핵심속성의 우수함에 대해 확신을 심어주기도 한다. 자사가 제공하는 서비스의 차이를 명확히 알리기 위해 구체적인 단서, 이를테면 장비나 시설들의 품질 혹은 직원의 자격요건과 경험, 전문성 등을 사용하기도 한다.

포지셔닝의 차별화에서는 여러 속성 가운데 특히 강조하거나 오히려 사용하지 않기도 한다. 예를 들어 항공사는 안전성에 대해 광고하지 않는다. 이는 그런 광고가 오히려 고객을 불안하게 만들 수 있기 때문이다. 그 대신에 조종사의 경력과 전문성, 최신 항공기 도입, 정비 기술과 훈련 등에 대한 광고를 통해 고객들의 불안을 해소하려고 한다. FedEx는 배송 서비스의 우수 품질과 신뢰성을 증명하기 위해 고객만족연구의 가장 저명한 기관인 J. D. Power and Associates에서 입증하고 수여한 항공, 지상, 국제 배송에서의 가장 높은 고객만족지수 등에 관한 여러 상과 상패를 광고에 전시하거나 유튜브로 보여주고 있다.

[그림 7-1] 페덱스

[그림 7-2] 스타벅스

2. 서비스직원과 후방 운영의 공헌에 대한 커뮤니케이션

고품질의 전방인력과 후방인력은 서비스에서 중요한 차별점이 될 수 있다. 고접촉 서비스의 경우, 전방인력은 서비스 전달에서 중요한 원천이다. 서비스 현장의 전방인력을 보여주는 광고는 잠재고객들이 서비스 접점의 특징을 이해하는 데 도움을 준다.

광고, 전단, 웹사이트 등은 후방지원부서에서 최상의 서비스를 제공하고 있다는 사실을 고객들에게 보여줄 수 있다. 예를 들어 스타벅스에는 자사의 서비스직원이 후방에서 무엇을 준비하는지를 보여주는 홍보자료와 웹페이지가 있다. 스타벅스는 자사 커피가 최상의 품질임과 신선함을 강조하기 위해 커피 원두가 어떻게 경작되고 수확되며 생산되는지를 그림이나 광고로 보여준다.

3. 커뮤니케이션 콘텐츠를 통한 가치 부가

기업이 제공하는 정보와 자문은 제품에 가치를 더하는 중요한 방법이다. 즉 기업은 커뮤니케이션 콘텐츠를 통해 가치를 부가할 수 있다. 대다수 잠재고객은 자신에게 필요한 서비스의 종류, 적정시간과 장소, 서비스 가격, 특정 형태, 서비스에 따른 기능과 혜택 등에 대한 정보가 필요하다. 이러한 정보가 어떻게 가치를 부가하는지에 대한 자세한 설명은 이미 언급한 제4장 2절 서비스 플라워에서 다시 확인할 수 있다.

4. 서비스 생산과정에 고객 관여 촉진

서비스 생산과정에 고객이 적극적으로 관여하기 위해서는 이를 위한 훈련이 필요하다. 고객이 생산과정에서 그 역할을 잘 수행한다면 기업의 생산성 향상에 도움을 줄 수 있다. TV나 비디오는 서비스 전달과정의 순서를 보여주는 수단이 될 수 있다. 고객의 관여를 높이기 위해 일부 병원에서는 수술하기 전에 수술의 모든 절차를 보여주기도 하고, 수술의 온라인 시뮬레이션을 제공하기도 한다. 이러한 교육은 환자 스스로 심리적으로 준비하고 성공적인 수술과 빠른 회복을 위해 서비스 전달과정에서 어떤 역할이 필요한지에 대해 미리 알려주고 대비하게 하는 효과적인 방법이다.

5. 생산능력 일치를 위한 수요의 확대 또는 감소

광고나 판매촉진은 고객의 서비스 이용 시기를 변화시키고 주어진 시간에 수요를 조절하는 데 도움이 된다. 예를 들어 금요일 저녁 극장의 좌석이나 주말 관광지 호텔과 같은 서비스의 경우에는 시간의 제약이 있으므로 재판매를 위한 저장이 곤란하다. 호텔과 같이 높은 고정비를 가진 기업이라면 수요가 낮은 비수기에, 항공사의 경우라면 주중에 수요의 감소가 큰 문제가 되는데 이때 서비스 이용의 촉진을 위해 가격할인을 한다거나 등급 업그레이드와 같은 부가가치를 제공하기도 한다. 성수기나 수요증가 시에는 그러한 촉진을 줄이거나 아예 폐지하는 것이 낫다.

제 2 절 마케팅 커뮤니케이션 믹스

서비스 마케터는 다양한 형태의 커뮤니케이션을 활용하는데 이를 총체적으로 마케팅 커뮤니케이션 믹스라고 한다. 각각의 커뮤니케이션 요소는 전달할 메시지의 종류와 노출하고자 하는 세분시장과 관련된 독특한 특징이 있다. [그림 7-3]에서 보는 바와 같이 마케팅 커뮤니케이션 믹스에는 인적 커뮤니케이션, 광고, 판매촉진, 홍보 및 공중관계, 교육지침서, 기업 디자인 등이 포함된다.

[그림 7-3] 마케팅 커뮤니케이션 믹스

1. 전통적 마케팅 채널을 통한 메시지 전달

제조업체에서 발전되어 전통적으로 마케팅 커뮤니케이션에서 사용되어왔던 마케팅 도구들도 서비스기업에서 활용할 수 있다. [그림 7-4]는 표적 청중에게 주어지는 메시지의 원천을 간략화한 것이다.

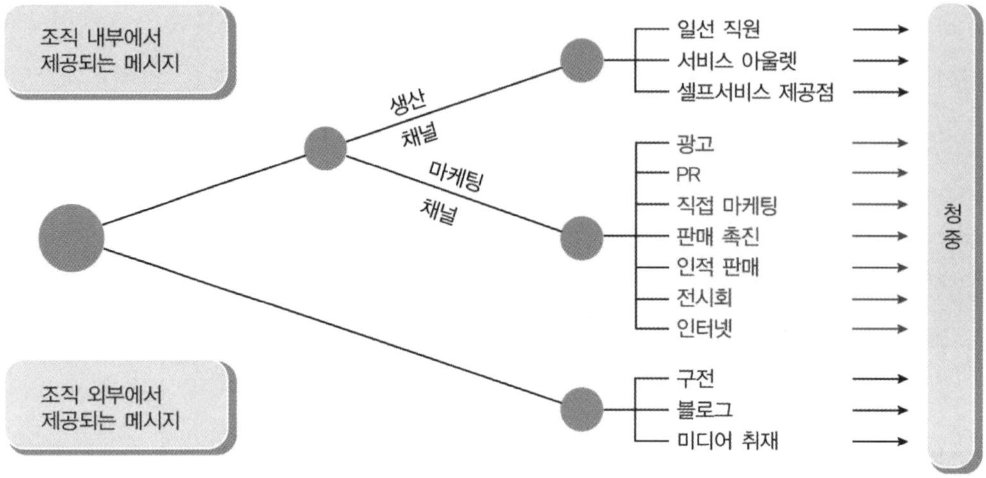

[그림 7-4] 표적 청중에게 주어지는 메시지 원천

1) 광고

광고(advertising)는 스폰서가 기업 제공물을 촉진하는 것이다. 광고는 마케팅에서 가장 널리 쓰이는 커뮤니케이션 형태로, 소비자와 서비스 마케터의 첫 번째 접점이 된다. 광고는 소비자의 인지를 형성하고 알리고 설득하며 해당 기업을 상기시키도록 하는 역할뿐만 아니라, 제품의 형태나 기능을 소비자에게 학습시키고 서비스에 대한 실제적 정보를 제공하는 중요한 역할을 한다.

주요 광고매체는 TV, 라디오, 신문, 잡지, 옥외광고판, 인터넷 등이다. 광고는 돈을 지급하는 것이기 때문에 창조적인 소구, 지면, 그리고 시간을 통제할 수 있다. 인터넷 광고는 기업 광고예산의 많은 부분을 차지하고 있으며 전통적인 마케팅 수단과 동시에 실행해야 한다.

2) 판매촉진

판매촉진(sales promotion)은 인센티브를 동반한 커뮤니케이션이다. 판매촉진은 시간, 가격, 고객층 또는 이들 조합에 따라 달라질 수 있다. 그러나 판매촉진의 전형적 목적은 고객을 더욱 빨리 구매하도록 하거나 특정 서비스를 더욱 빈번하게 이용하도록 하거나 구매량을 늘리게 하거나 더 빈번하게 구매하도록 하는 데 있다.

판매촉진에는 샘플, 쿠폰, 덤, 선물, 가격할인 그리고 고객의 구매와 미디어에 대한 관심을 자극하는 다른 단기적인 인센티브 등이 있다. 맥도날드, 버거킹, 웬디스 등의 패스트푸드산업은 유행하는 영화나 TV쇼에 제공물을 노출하기도 한다.

3) PR

PR(public relations; 공중관계)은 뉴스매체와 관련된 홍보(publicity)나 커뮤니티 이벤트를 통해 호의적인 기업 이미지를 만드는 활동을 의미한다. PR은 새로운 보도자료 발표, 컨퍼런스 개최, 특별행사 개최, 제삼자에 의해 개최되는 활동에 후원하는 등 제품이나 기업에 긍정적인 이미지를 갖도록 하는 모든 노력 등을 포함한다. 그 외에 기금 활동, 커뮤니티 참여와 지원, 보상프로그램, 대중 표창 등과 같은 PR방법도 있다. 그리고 올림픽이나 월드컵과 같은 스포츠 이벤트의 배너 광고, 전사 인쇄[2], 기타 다른 방법을 활용해 기업명이나 상징을 지속적으로 노출하여 자사를 알리고 있다.

PR은 광고의 이상적인 동반자로서 기업이나 상품에 대해 더욱 상세한 정보를 제공하기에 충분하다. PR캠페인의 목적 중 하나는 잠재고객의 마음속에 기업과 상품에 대한 긍정적인 이미지를 창조하고, 고객이 자사의 광고를 수용하도록 만드는 것이다. 이러한 방법으로 좋은 홍보는 고도의 경쟁시장에서도 그들의 경쟁자와 공급자를 구별할 수 있게 한다.

4) 직접 마케팅

직접 마케팅(DM; direct marketing)은 우편이나 전화, 이메일 그리고 특정 소비자에게 직접적인 반응을 얻기 위한 커뮤니케이션의 도구들을 말한다. 이러한 채널들은

2) 사진 제판의 원고로 사용하기 위하여 원판에서 선명하게 찍어낸 인쇄물

고도로 세분화된 고객들에게 개인화된 메시지를 보낼 수 있다. 이러한 직접 마케팅 전략은 마케터가 고객 및 잠재고객의 정보에 대한 자세한 데이터베이스를 가지고 있을 때 더욱 성공할 수 있다.

이메일의 스팸필터, 티보(Tivo)[3], 팟캐스팅, 팝업 차단과 같은 기술의 진보는 소비자들이 원하는 것을 언제, 어떻게, 누구에 의해 받고자 하는지를 결정하게 한다. 아메리칸 익스프레스는 직접 마케팅을 광범위하게 사용하고 직원들과의 상호작용적인 메시지를 포함해 모든 다른 메시지를 잘 통합하여 시행하고 있다.

5) 인적 판매

인적 판매(personal selling)는 특정 제품이나 브랜드에 대한 선호를 촉진하고 고객을 학습하도록 하는 인적 서비스 제공방법이라고 할 수 있다. 인적 판매는 서비스 상품을 판매하고 고객 관계를 구축하는 데 기업의 대리인(판매원이나 유통업자)이 행하는 대면적인 방법이다. 기업 간(B2B) 거래상황에서 인적 판매와 광고를 통합하는 한 가지 방법은 판매원이 고객에게 배포하는 광고물의 개발에 참여하는 것이다. 이러한 접근은 통합된 메시지를 만들면서 동시에 기업이 만들어낸 약속을 판매원이 잘 이해하는 데도 도움이 된다.

보험, 자산관리, 장례서비스와 같은 구매빈도가 낮은 서비스의 경우, 판매대리인은 고객의 구매 선택을 도와주는 상담자 역할을 한다. 반면에 상대적으로 복잡한 산업재 기업이나 전문서비스의 경우, 고객에게 전문적 조언이나 교육, 상담 가능한 고객관리자를 두고 있다.

인적 판매의 단점은 비용이 많이 든다는 것이다. 그래서 신규 잠재고객 발굴을 위한 저렴한 대안으로 텔레마케팅이 도입되었다. 텔레마케팅은 전화를 사용하여 잠재고객을 접하는 방법이다. 텔레마케팅은 주말이나 저녁 시간 가정에 소비자가 있을

3) 티보(Tivo)는 상표명으로, 하드디스크에 텔레비전 프로그램을 자동으로 녹화할 수 있는 디지털 비디오 리코더이다.

때 전화하는 경우가 많았기 때문에 소비자 불만이 커지게 되었고, 미국에서는 많은 소비자가 스팸성 전화차단(do not call registry)에 찬성함으로써 잠재고객에게 도달되는 전화 횟수가 급격히 감소하기도 하였다.

6) 전시회

전시회(trade show)는 홍보의 한 형태로, B2B 서비스에서 특히 중요하며 인적 판매의 기회도 가질 수 있다. 많은 산업에서 전시회는 언론의 큰 관심을 받고, 기업 고객은 전시회를 통해 다양한 최신 제품의 정보를 접할 기회를 얻을 수 있다. 서비스 판매자는 잠재고객에게 알리기 위한 전시, 샘플, 증명서, 브로슈어 등을 통해 물리적 증거를 제공한다. 전시회는 대규모 구매자들이 마케터에게 다가올 수 있는, 드문 기회를 제공하기 때문에 매우 생산적인 촉진방법이 될 수 있다.

2. 인터넷을 통한 메시지 전달

기업은 자사의 웹사이트나 온라인 광고를 통해 마케팅을 할 수 있다. 인터넷을 통한 광고는 합리적인 비용으로 전통적인 커뮤니케이션 채널을 보완하거나 대체할 수 있게 한다. 그러나 인터넷 광고는 다른 커뮤니케이션 전략과 함께 통합적으로 잘 설계된 커뮤니케이션 전략의 일부로 존재해야 한다.

1) 웹사이트

기업의 마케터들은 다양한 커뮤니케이션 업무를 수행하기 위하여 인터넷을 활용한다. 예를 들어 소비자의 인식과 흥미 창출, 정보제공과 상담, 이메일과 채팅 공간을 통해 쌍방향 커뮤니케이션을 할 수 있도록 유도하거나, 제품 사용 유도, 주문 유도, 특정 광고나 판촉 캠페인의 효과 측정 등에 활용된다.

마케터는 웹사이트의 고착성(stickness)[4]에 영향을 미치는 다운로드 속도와 같은 다른 요소들을 설명해야 한다. 고착성이 높은 사이트란 콘텐츠의 높은 품질, 사용자의 편리성, 빠른 다운로드, 잦은 업데이트 등의 요소를 포함한다.

2) 온라인 광고

온라인 광고에는 배너광고와 검색엔진 광고의 두 가지 형태가 있다. 그리고 추가로 팝업광고가 있다. 광고주는 이러한 광고 안에 동영상 이미지를 탑재할 수 있고, 다른 영상과 연계할 수도 있다. 통합 커뮤니케이션 전략의 한 부분인 온라인 광고를 적절하게 이용하는 것은 서비스기업의 성공에 도움을 줄 수 있다.

(1) 배너광고

배너광고는 타사의 인터넷 사이트에 광고비를 지급하고 게재되는 띠 모양의 광고이다. 배너광고는 주로 정보를 찾아주는 검색 서비스, 뉴스를 제공하는 매스미디어, 영화나 음악 등의 오락 정보를 제공하는 엔터테인먼트 사이트에 광고를 싣는다. 많은 기업이 야후, 네이버, 카카오, 기타 기업의 웹사이트와 같은 포털의 배너와 버튼 광고를 하기 위해 광고비를 낸다. 그 목적은 광고주의 자체 웹사이트에 접속하도록 하는 것이다.

(2) 검색엔진 광고

검색엔진은 방송 네트워크의 반대 형태이다. 광고주가 소비자에게 메시지를 전달하는 대신에, 검색엔진은 키워드 검색을 통해 고객들이 원하는 정보를 정확히 알려주는 것이다. 따라서 광고주들은 이러한 고객들에게 적절한 마케팅 커뮤니케이션을 할

4) 방문자가 사이트에 머물고자 하는 시간과 미래에 재방문할 의도를 말한다.

수 있다. 세계적으로 성공적인 검색엔진 광고 사례는 Yahoo, AOL, MSN, Blink, Google 등에서 나타나고 있다.

(3) 팝업광고

팝업광고(pop-ups)는 막간광고(interstitial advertising)로 인터넷에서 정보를 요청하는 동안 틈새를 이용해 광고를 내보는 것으로, 사용자가 요청한 정보를 얻기 위해 대기할 때 가장 높은 관심을 가지고 화면을 주시하므로 이때 제시하는 광고는 그만큼 효과가 크다. 그러나 광고가 지나치게 자주 등장하면 오히려 소비자의 반감을 사게 되므로 주의해야 한다.

3) 뉴 미디어와 마케팅 커뮤니케이션

급격한 기술적 진보는 표적시장 선정을 위한 중요한 기회를 제공하는 새롭고 흥미로운 커뮤니케이션 채널을 만든다. 뉴 미디어와 마케팅 커뮤니케이션에는 팟캐스팅, 모바일 광고, Web 2.0과 Web 3.0, 유튜브, 소셜 네트워크와 커뮤니티 등이 있다.

(1) 팟캐스팅

팟캐스팅(Podcasting)은 아이팟(iPod)과 브로드캐스팅(broadcasting)의 합성어로서, 배포자 - 구독자(또는 송신자 - 수신자) 모델을 활용해 인터넷으로 오디오나 비디오 프로그램을 분해하는 기술이다. 팟캐스팅은 새로운 방식으로 TV나 라디오 프로그램을 제공한다. 일단 누군가 청취나 시청을 하게 되면 새로운 정보를 자동으로 받게 된다.

팟캐스팅은 비디오 클립, 휴대전화 다운로드 방송 서비스, 블로그를 위한 오디오나 비디오 캐스트 등과 같은 다양성을 갖고 있어 매우 인기가 높다. 기업 마케팅 커뮤니케이션 프로그램으로써 팟캐스팅을 활용하는 것은 매우 가치가 높다. 어떤 고객이 특정 프로그램을 시청한다면 그 고객이 해당 주제에 흥미가 있다는 것을 의미하기 때문이다. 이를 활용하면 광고 메시지가 더욱 세분화되어 제공될 때, 기업은 지출액 대비 더욱 높은 성과를 거둘 수 있을 것이다.

(2) 모바일 광고

모바일 광고는 휴대전화나 다른 모바일 무선 장치를 이용해 광고하는 형태이다. 모바일 광고는 SMS(short message service), MMS[5], 모바일 게임 광고, 비디오 혹은 음성메일을 녹음하기 전에 음악의 형태로 제공된다.

모바일 광고와 전체적 포지셔닝 시스템의 사용을 통해 고객들은 쇼핑몰에 갈 수 있으며 쇼핑몰 내에서 특정 점포를 방문하면 할인, 쿠폰 등을 받을 수 있다는 광고를 접하기도 한다. 이것은 소비자들에게 어떤 편의를 제공하고 더 표적화된 광고를 제공할 수 있는 반면에, 사생활 침해의 소지가 될 수도 있다.

(3) Web 2.0과 Web 3.0

Web 2.0은 사용자가 콘텐츠를 제작하는 기술이다. 이는 P2P[6] 커뮤니케이션의 힘을 사용한다. 위키피디아와 플릭커, 유튜브, 트위터, 기타 소셜 네트워크 등 다양한 매체를 총칭하는 용어이다. 웹 2.0에서는 다수의 사용자에 의해 콘텐츠가 생성, 업데이트, 수정되며, 무료로 공유된다. 가장 중요한 것은 마케터가 이곳에서 공유되는 내용에 대해 통제할 수 없다는 것이다.

---

5) MMS는 멀티미디어 메시징 서비스(Multimedia Messaging Service)를 뜻하는 것으로 정지영상을 비롯해 음악 및 음성 그리고 동영상 등 다양한 형식의 데이터를 상대편에게 보내는 동시에 검색할 수 있는 메시징 시스템이다.
6) P2P(peer to peer, person-to-person)는 인터넷에서 개인과 개인이 직접 연결되어 파일을 공유하는 것이다.

웹 3.0(Web 3.0)이란 컴퓨터가 시맨틱웹 기술[7])을 이용하여 웹페이지에 담긴 내용을 이해하고 개인 맞춤형 정보를 제공할 수 있는 지능형 웹 기술을 말한다. 지능화, 개인화된 맞춤형 웹이다. 웹 3.0은 월드 와이드 웹이 앞으로 어떻게 될 것인지를 서술할 때 주로 사용되는 용어이다. 최근의 웹 혁명을 서술하기 위해 쓰는 웹 2.0이라는 구문의 도입에 따라 수많은 기사와 기자, 그리고 산업을 이끄는 사람들이 웹 3.0이라는 용어를 사용하여 앞으로의 인터넷 혁명의 파동에 대한 가설을 세운다.

(4) 유튜브

유튜브는 구글이 운영하는 동영상 공유 서비스로, 사용자가 동영상을 업로드하고 시청하며 공유할 수 있도록 한다. 당신(You)과 브라운관(Tube, 텔레비전)이라는 단어의 합성어이다.

2005년 2월 창립되어 2006년 10월 구글이 유튜브사를 인수하였으며, 이후 2007년부터 국가별 현지화 서비스를 시작하여 한국어 서비스도 2008년 1월에 시작되었다. 여러 국가의 언어를 지원하는 다국어 서비스이며, 일부 서비스를 제외하고는 기본적으로 무료로 이용할 수 있다.

동영상이나 사용자에게 댓글을 달아 소통하기 때문에 소셜미디어 서비스의 일종으로도 분류된다. 유튜브에 업로드하는 사용자의 대부분은 개인이지만, 방송국이나 비디오 호스팅 서비스들 또한 유튜브와 제휴하여 동영상을 업로드하고 있다. 대부분의 동영상은 회원가입을 하지 않아도 볼 수 있지만, 동영상을 게시하기 위해서는 회원가입이 필요하다. 기업들은 유튜브의 장점에 주목하여 이를 마케팅 커뮤니케이션 수단으로 활용하고 있다.

---

7) 현재의 컴퓨터처럼 사람이 마우스나 키보드를 이용해 원하는 정보를 찾아 눈으로 보고 이해하는 웹이 아니라, 컴퓨터가 이해할 수 있는 웹을 말한다. 즉 사람이 읽고 해석하기 편리하게 설계되어 있는 현재의 웹 대신에, 컴퓨터가 이해할 수 있는 형태의 새로운 언어로 표현해 기계들끼리 서로 의사소통할 수 있는 지능형 웹이다.

[그림 7-5] 유튜브　　[그림 7-6] 트위터

(5) 소셜 네트워크와 커뮤니티

소셜 네트워크는 인터넷 또는 인트라넷 등 전자 네트워크로 정보를 주고받는 미디어 서비스를 통칭하는 개념이다. 초기엔 지인들 간에 소식을 공유하는 블로그와 메신저에서 출발했지만, 위키, 스마트폰 마이크로 블로그, 협업 툴 등의 개념들이 추가되고 있다. 페이스북, 인스타그램, 트위터, 링크트인과 같은 소셜 네트워크는 마케터들을 위한 학습과 커뮤니케이션 기회를 제공한다. 세컨드 라이프[8]에는 여러 커뮤니티에서 실제처럼 가상 광고기업과 가상 광고캠페인이 존재한다.

소셜 네트워크가 일반화되면서 기업에서는 커뮤니티 안에 가장 영향력 있는 사람을 찾기 위해 네트워크를 분석하고 있다. 그러나 어떤 커뮤니티에서는 그러한 기업의 마케터를 불청객이나 방해자로 규정하기도 한다. 따라서 기업 측에서 네트워크에 참여하기 위해서는 새로운 창의적 방법으로 접근해야 한다. 예를 들어 인기 있는 가상 선물을 제공해 구전을 만들어내는 것 등이다.

3. 서비스 전달 경로를 통한 커뮤니케이션

1) 고객 서비스직원

고객 서비스직원(현장직원, 일선직원)은 면대면, 전화, 이메일 등을 통해 고객과 접촉한다. 이 현장직원의 커뮤니케이션은 핵심서비스 제공, 정보제공, 예약서비스,

8) 세컨드 라이프(www.secondlife.com)는 미국 샌프란시스코에 본사를 둔 벤처기업 린든 랩이 2003년 선보인 인터넷 기반의 가상현실공간을 말한다. 자신의 아바타(인터넷에서 사용자의 역할을 대신하는 애니메이션 캐릭터)를 이용해 집을 사고 물건을 만들어 파는 등 경제활동을 한다. 사이버 활동으로 번 돈(린든 달러)을 실제 미국 달러화로 환전해 주기 때문에 현실과의 경계가 허물어지고 있다.

결제, 문제 해결 등 다양한 부가서비스의 형태를 취한다. 서비스기업의 브랜드 자산은 서비스직원과 접촉한 고객의 개인적인 경험을 통해 형성된다. 특히 신규고객은 효과적으로 서비스를 이용하거나 문제를 해결하기 위해 고객 서비스직원과 밀접하게 커뮤니케이션을 하게 된다. 이렇듯 고객과 직접 접촉하는 서비스직원은 기업을 대표하며 그 회사의 이미지를 창출하는 등 매우 중요한 역할을 하므로 더욱 효율적인 관리를 필요로 한다.

2) 서비스 판매점

서비스기업의 메시지는 서비스 판매점(service outlet)에서 배너, 포스터, 표지판, 브로슈어, 비디오 스크린, 오디오의 형태로 고객에게 전달될 수 있다. 이들을 서비스 스케이프라고 부르는데, 서비스의 물리적 디자인을 의미한다. 건물 인테리어 컨설턴트와 기업 디자인 컨설턴트는 기업의 포지셔닝을 고객에게 알리고 강화해서 고객이 긍정적인 서비스 경험을 느낄 수 있도록 건물의 내외부 디자인의 시각적 요소를 조정하여 서비스스케이프를 디자인할 수 있다.

3) 셀프서비스

이미 셀프서비스는 우리 사회에 깊숙이 자리 잡고 있다. 슈퍼마켓에서는 고객이 상품을 선택한 다음 스스로 계산대까지 운반하고, 식당에서는 물을 셀프로 따라 마신다거나 손님이 직접 카운터로 주문품을 가지러 간다. 이러한 슈퍼마켓 이외의 셀프서비스 판매점을 셀프서비스점이라 한다.

셀프서비스 방식은 인건비가 비싼 미국에서 시작되었는데, 한국에서도 최근 심각한 인력난 등으로 산업 전반에 무인화·자동화가 급격히 추진되면서, 서비스 분야에서도 셀프서비스 제도가 급속도로 확산하고 있다.

셀프서비스의 예로는 ATM, 자동판매기, 무인판매점, 호텔 자동 체크아웃, 항공사 무인 체크인, 폰뱅킹 및 온라인을 기반으로 하는 다양한 셀프서비스가 존재한다.

[그림 7-7] 항공사 키오스크

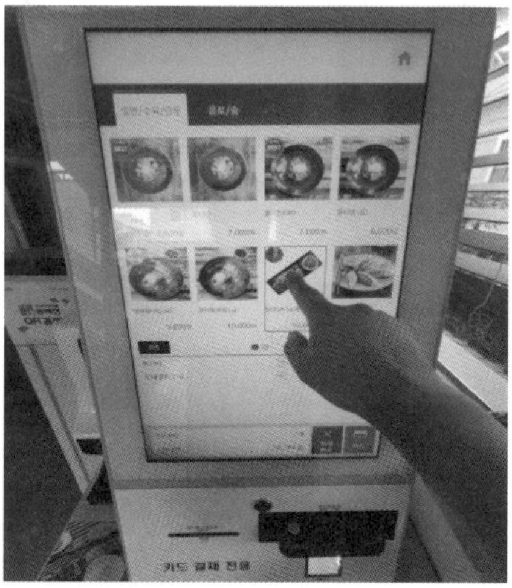

[그림 7-8] 매장 키오스크

4. 조직 외부에서 기인한 메시지

1) 구전

구전(word of mouth)은 소비자의 서비스 이용 여부에 대한 의사결정에 강력한 영향을 미친다. 서비스 구매에 소비자가 위험을 더 크게 인식할수록 구전에 더 의지하게 된다. 즉 의료, 법률, 컨설팅, 금융, 미용, 자동차 정비 등의 서비스를 구매할 때 주위 사람들의 의견을 많이 참조한다.

서비스는 높은 경험속성과 신뢰속성을 가지고 있고 이로 인해 잠재고객들이 높은 지각된 위험을 느끼기 때문에 긍정적인 구전은 특히 서비스기업에 매우 중요하다. 실제로 스타벅스와 같은 성공적인 기업은 그들의 만족한 고객의 구전에 의존하여 강력한 브랜드를 구축하였다.

2) 블로그

온라인 구전의 새로운 형태로 블로그가 있다. 블로그(Blogs)는 'web'과 'log'의 줄임말로서, 새로 올리는 글이 맨 위로 올라가는 일지 형식을 띠는데 이것이 log의 형식과 유사하여 블로그라는 이름이 붙게 되었다. 온라인 저널, 일기 또는 자신의 관심사에 따라 자유롭게 글을 올리는 웹페이지를 의미한다. 네이버(naver)나 다음(daum)과 같은 포털사이트를 통해 개인 블로그를 만들 수 있다. 글뿐만 아니라 사진이나 촬영한 동영상 업로드가 가능하고 다른 사람들이 자유롭게 블로그에 드나들며 의견을 나누고 정보를 공유할 수 있다. 어떤 것이든 블로그의 주제가 될 수 있으며 여행, 맛집, 호텔, 상품 후기, 생활 팁, 법률 등 다수의 정보를 얻을 수 있다.

흔히 블로거(blogger)라 불리는 운영자들은 한정된 영역에 관심을 갖고 있으며, 특정 분야에서 자칭 전문가로 통한다. 그중 많은 사람이 공유하게 되는 블로그를 운영하는 사람을 '파워 블로거'라 부르며 그 영향력은 막강하다.

그러나 어디까지나 개인이 주관적으로 기록한 정보이기 때문에 정보를 공유하고 사용을 촉구할 수도 있지만 반대로 상품에 대한 부정적 의견도 확산될 수 있다는 점에서 기업에서는 주의해서 받아들일 필요가 있다. 서비스기업들은 수시로 블로그를 모니터하며 온라인상에서 평판을 관리하고 이를 시장조사 및 피드백의 정보로 활용하고 있다.

3) 트위터

트위터(Twitter)는 이용자들이 다른 이용자가 업데이트하는 내용을 읽거나 보내는 소셜 네트워크와 마이크로 블로그이다. 현재 무엇이 일어났는지, 무엇을 생각하는지를 매우 간단하게 기술하고, 남들이 이를 구독한다. 트위터는 문서 서식 등의 기능은 모두 제거되었으며 최대 140자까지 쓸 수 있고 극히 짧은 포스팅만이 가능하다.

휴대전화 연동으로 팔로잉하는 사람의 트윗을 실시간으로 받아볼 수 있었고 현재는 모바일 앱을 제공한다. 2009년에 만들어진 트위터는 2009년 가장 빠른 성장을 기록한 소셜 네트워크 서비스가 되었다.

자포스(Zappos)의 CEO는 마치 친구가 된 것처럼 고객들과 상호작용을 하면서 자사 및 상품을 알리고 있고, 유명한 연예인들은 이동하는 중에도 그의 팬들과 상호작용하며 의사소통하고 있다.

[그림 7-9] Zappos

4) 언론 취재

최근에 온라인의 중요성이 급속하게 증가하고 있지만, 그래도 전통적인 매스컴의 보도를 결코 무시할 수는 없다. 뉴스가 될 만한 이벤트는 온라인에서 맨 처음 거론되는 게 보통이지만 점차 대중들에게 전달하기 위해서는 전통적 미디어에서 보고된다. 기업이나 서비스 상품에 관한 취재는 기업 PR 활동의 일환으로 이루어지지만, 방송사나 출판사의 독자적인 취재를 통해 보도가 이루어지기도 한다. 가치 있는 기사는 편집자나 제작자가 독자나 시청자에게 관심 있는 정보라고 결정할 때 뉴스가 된다.

제 3 절 서비스 커뮤니케이션의 과제

고객이 받는 실제의 서비스 제공물과 기업이 고객과 약속하는 커뮤니케이션의 불일치는 서비스품질에 대한 고객지각에 큰 영향을 미칠 수 있다. 이러한 서비스 커뮤니케이션의 쟁점과 관련된 요인들은 다음과 같이 5개 과제로 요약된다.

1. 서비스 무형성의 문제

서비스 무형성의 본질은 소비자의 서비스 구매 전과 후 모두에서 문제를 발생시킨다. 서비스를 구매하기 전에 소비자들은 무엇을 구매할 것인지와 브랜드 환기, 그리고 서비스를 유형적으로 이해하는 데 곤란함을 느낀다. 또 소비자는 구매하는 동안에 여러 서비스 간에 그 차이를 분명하게 알지 못하며, 구매 후에도 서비스 경험을 평가하는 데 어려움을 느낀다.

여기서 무형성으로 인해 다음의 5가지 문제점을 갖게 되는데, 그 각각의 문제점은 서비스 커뮤니케이션을 위한 시사점을 담고 있다.

① 무형적인 존재 : 서비스는 보이지 않으며 물리적 공간을 차지하지도 않는다. 형체가 없어서 눈에 보이는 유형재와 비교해 고객에게 보여주기가 어렵다.

② 추상성 : 건강, 흥(fun), 오락, 보험 등과 같은 서비스의 편익은 추상적이며 직접 서비스를 표현하거나 이해하기가 어렵다.

③ 일반성 : 서비스 상품과 서비스 약속은 일반성(대단한 경험, 우수한 교육, 완전히 만족한 고객)으로 기술되어, 경쟁자와 차별화하기가 어렵다.

④ 조사 불가능성 : 서비스는 성과이기 때문에 구매과정에서 미리 보거나 면밀하게 살펴볼 수 없다. 즉 그것을 사전에 조사하기가 불가능하다.

⑤ 상상의 어려움 : 서비스는 복잡하고 다차원적이며 마음속에서 상상하기가 어렵다. 이전에 접한 적이 없거나 사전 지식이 없을 때 서비스를 해석하기 어렵다.

2. 서비스 약속의 문제

서비스기업의 서비스 접점직원, 광고, 영업사원 등이 고객과 약속한 마케팅 커뮤니케이션에 실패할 때 심각한 문제가 발생하는데, 이러한 실패는 그 기업의 각 부서가 고객에게 제시할 약속을 정확한 문구로 만드는 데 필요한 정보들이 부족해서 발생한다. 기업 간 사업(B2B)의 경우 판매원은 흔히 현재 제공할 수 없거나 정확히 언제 제공될지 모르는 서비스를 판매하곤 하는데 이러한 경향은 새로운 서비스사업에서 더욱 두드러진다. 그리고 수요와 공급의 변동은 서비스의 공급이 어떤 경우에는 가능하지만 다른 경우에는 불가능한 상황이 발생해서 결국에는 미래 상황예측을 더욱 어렵게 만든다.

3. 고객 기대의 문제

마케팅부서는 실제로 서비스 접점에서 일어나는 일들을 정확히 반영해야 하며, 운영부서는 커뮤니케이션에서 약속한 사항을 반드시 제공해야 한다. 따라서 서비스에 대해 적절하고 정확하게 커뮤니케이션하는 것은 마케팅부서와 운영부서 모두의 책임이다. 만약 광고, 인적 판매 또는 기타 외부커뮤니케이션(마케팅부서)이 고객들에게 비현실적 기대를 품게 한다면 실제로 서비스가 제공되는 접점(운영부서)에서 고객은 실망하게 될 것이다.

많은 기업은 소비자에게 이전의 서비스가 앞으로 제공되지 않게 된다거나, 더 높은 가격으로 제공된다는 내용을 전달하여 소비자의 기대를 낮추는 전략을 쓰기도 한다. 때때로 신용카드사의 부가가치서비스 중지, 의료보험회사의 서비스 축소, 종합병원들의 입원 기간이나 검진 프로세스 축소, 항공사의 무료 기내식 제공 중지 등은 서비스에 대한 고객의 기대를 낮추고 그 대신에 유료화로 전환함으로써 수익증진을 위한 전략의 일환이 되기도 한다.

4. 고객 교육

서비스기업은 반드시 고객을 교육해야 한다. 서비스가 어떤 방식으로 제공되는지, 서비스 제공과 관련해 자신이 어떤 역할을 해야 하는지, 그리고 이전에 경험해 본 적이 없는 서비스를 어떻게 평가해야 하는지에 관해 고객이 정확하게 이해하고 있지 않으면 고객은 당연히 불평할 것이다. 불평할 때는 불평의 원인을 자신이 아니라 기업 탓으로 돌릴 것이다. 고객 자신에 의해 유발된 실수나 문제로 인해 불만족한 경우라도 고객 이탈로 이어질 수 있다. 그러므로 기업은 고객을 사전에 잘 교육해야 할 필요가 있는 것이다.

5. 내부마케팅 커뮤니케이션

서비스기업의 마케팅부서와 운영부서는 서비스 제공이라는 목표를 달성하기 위해 통합해야 한다. 서비스기업이 행하는 광고나 인적 판매는 접점직원이 행하는 업무에 대한 약속이므로, 여러 부서 간에 빈번하고 효과적인 커뮤니케이션, 즉 수평적 커뮤니케이션이 중요하다. 만약 이러한 내부커뮤니케이션이 제대로 안 되면 서비스품질에 대한 지각은 위험한 상태에 빠지게 된다. 만약 기업의 광고나 약속이 운영부서의 의견을 반영하지 않고 개발된다면 접점직원은 마케팅에서 추구하는 이미지에 맞는 서비스를 제공할 수 없을 것이다.

또한, 본사와 직영점 간에 정책과 절차를 일관성 있게 유지하는 것, 또는 프랜차이즈 본사와 가맹점 간에도 유사한 서비스 수준의 제공, 유사한 자율권 등을 유지할 수 있도록 커뮤니케이션이 필요하다.

제 4 절 서비스 약속과 서비스 제공의 일치전략

앞 절에서 언급한 서비스 커뮤니케이션의 과제나 쟁점을 극복하기 위해서는 [그림 7-10]에서 보는 바와 같이 5가지 주요 접근법이 있다. 서비스 제공의 목표는 약속한 것과 똑같거나 더 많은 것을 제공하는 것이다.

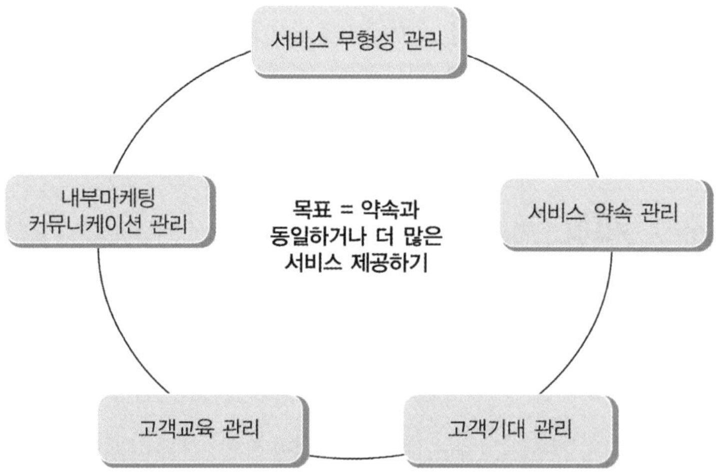

[그림 7-10] 서비스 커뮤니케이션 경로 극복을 위한 5가지 접근법

1. 서비스 무형성 관리

서비스 무형성을 관리하기 위한 접근법에는 서비스 속성과 편익을 고객에게 명확하게 커뮤니케이션하는 광고와 촉진전략, 그리고 구전 커뮤니케이션을 권장하도록 계획된 전략이 있다. 만약 서비스기업이 무형성 때문에 발생한 문제점을 인지한다면 그에 따른 보완전략을 선택하여 사용할 수 있다. 다음에 논의할 개별 전략은 메시지를 극적이고 기억에 남도록 만드는 데 초점을 맞춘 것들이다.

〈표 7-1〉 무형성의 특징에 맞는 서비스 광고전략[9]

무형성의 특징	광고전략	설명
무형적인 존재	물리적인 표현	독특하고, 높은 품질을 나타내며, 올바른 연상을 만들 수 있는 서비스의 물리적 요소를 보여줌
추상성	서비스 소비 에피소드	일반적인 고객들이 서비스로부터 얻는 편익을 포착하고 전시하고 특정 사건을 환기시킴
일반성	시스템 증거자료	사실과 형상을 보여줌으로써 물리적 시스템 능력의 증거를 객관적으로 보여줌
	성과 증거자료	과거의 긍정적인 성과 통계치를 인용하고 증거로 보여줌
	서비스 성과 에피소드	중요한 서비스 속성과 관련된 실제 서비스 제공 사건의 생생한 이야기를 제시함
조사 불가능성	성과 증거자료	독립적으로 감사받은 성과를 인용
	소비 증거자료	고객의 추천을 수집하고 보여줌
상상의 어려움	서비스 과정 에피소드	서비스 과정의 단계마다 생생한 증거자료를 보여줌
	예시 역사 에피소드	특정 고객을 위해 기업이 무엇을 했는지 실제의 과거 예시를 보여줌

1) 서비스 경험을 증명하기 위해 이야기를 사용하라

서비스는 대부분 경험 중심적이므로 그것을 커뮤니케이션하는 데 효과적인 접근법은 이야기 기반의 소구를 이용하는 것이다. 서비스 속성 자체가 무형적이므로 소비자에게 실제적이면서 긍정적인 경험을 서비스와 함께 제시하는 것이 서비스 속성을 기술하는 것보다 더욱 효과적이다.

2) 생생한 정보를 제시하라

효과적인 서비스 마케팅 커뮤니케이션은 강렬하고 분명한 인상을 주며 뚜렷한 심적 이미지를 만들어준다. 생생한 정보를 사용하는 방법은 공포와 같은 강한 감정을

9) Zeithaml, V. A., M. J. Bitner, & D. D. Gremler(2013), Services Marketing, 6th Edition. 전인수 · 배일현 역(2013), 서비스마케팅, 청람, p.514

유발하는 것인데 특히 서비스의 무형성 정도가 매우 높고 복잡할 때 바람직하다. 교통상해보험, 화재보험 광고 등에서 흔히 볼 수 있다.

3) 상호작용적 이미지를 사용하라

상호작용적 이미지는 둘 이상의 항목이 서로 통합되어서 기억을 회상하는 효과를 높이기도 한다. 일부 기업들은 로고와 심벌을 업무와 연관해 효과적으로 결합하는데, 푸르덴셜보험의 심벌인 바위(rock)가 그러한 예이다. 바위의 이미지는 견고한데, 그것의 인상을 서비스기업인 푸르덴셜보험으로 전이되도록 설계하였다.

Prudential
푸르덴셜, 당신의 삶을 담다

[그림 7-11] 푸르덴셜 보험

4) 유형성에 초점을 맞춰라

무형적인 서비스를 소비자들에게 확실히 인식시키는 데는 광고에서 유형성을 뚜렷이 보여주는 것이 좋다. 유형성을 제시하면 서비스의 본질과 품질에 대한 유형적 단서를 제공한다. 서비스를 유형적인 특성과 관련시키는 것으로는 TV광고에서 은행의 대리석 기둥이나 골드등급의 신용카드를 보여주는 것 등이 있다.

[그림 7-12] 골드카드의 예

5) 서비스를 유형화하기 위해 브랜드 아이콘을 사용하라

서비스 상품의 광고주들은 어떻게 경쟁적 차별화와 강한 브랜드 인지도를 얻어낼 것인가? 이에 대한 해결책으로 기업을 대표하고 쉽게 알아볼 수 있는 브랜드 아이콘을 창출하고 브랜드 가시성을 만들어낸다. 가장 오래된 서비스브랜드 아이콘 중의 하나는 로널드 맥도날드인데, 그는 맥도날드와 어린이를 위한 자선단체인 로널드 맥도날드 하우스(Ronald Mcdonald House)를 대표하는 빨갛고 노란 광대이다. 맥도날드 경쟁자인 잭인더박스(Jack in the Box)는 공 모양의 머리에 모자로 포인트를 준 잭(Jack)이라는 그들의 마스코트를 가지고 있다. 잭은 TV광고에서 체인의 '창립자'로 출연하는데 일부는 광대로, 일부는 양복을 입은 비즈니스맨으로 등장한다. 그는 언제나 재미있으면서(광대) 한편으로는 심각하다(비즈니스맨).

[그림 7-13] 도널드 맥도날드 하우스 광대

[그림 7-14] 잭인더박스 비즈니스맨

6) 연상, 물리적 묘사, 증거자료, 가시화를 사용하라

기업은 커뮤니케이션에서 연상, 물리적 묘사, 증거자료, 가시화를 사용하면 더욱 좋다. 연상이란 유형의 사람, 장소, 대상과 서비스를 연결하는 것이고, 물리적 묘사는 직원, 건물, 시설과 같은 서비스의 유형적인 부분을 직간접적으로 보여주는 것이다. 증거자료는 객관적인 데이터나 실제 정보를 두드러지게 보여주는 것을 말한다. 가시화는 휴가를 맞은 사람들이 즐겁게 시간을 보내는 것처럼 서비스의 편익이나 품질의 생생한 상상적 사진이다. 광고의 상징(아이콘)도 유형적인 것으로 사용될 수 있다.

7) 커뮤니케이션에서 서비스직원을 주인공으로 하라

고객과 접촉하는 현장직원은 서비스의 유형적 묘사이며 서비스광고를 위한 중요한 2차 청중이다. 실제 직원이 일하는 모습을 광고로 내보내거나 직원이 제공하는 서비스를 설명하는 것은 1차 청중인 고객과 2차 청중인 직원 모두에게 효과적이다. 그것은 고객이 그 서비스 내용을 신뢰하게 되고, 직원에게는 자신들이 중요한 사람이라는 것을 깨닫게 해주기 때문이다. 게다가 서비스를 잘 수행한 직원이 마케팅 커뮤니케이션에 묘사될 때, 그들은 다른 직원의 행동기준이 될 수 있다.

8) 버즈 또는 바이럴 마케팅을 활용하라

버즈 마케팅(buzz marketing)은 바이럴 마케팅(viral marketing)이라고도 불리는데, 기업은 비용을 지급하지 않았는데 소비자들이 제품에 대한 소문을 퍼트려주는 행위를 말한다. 버즈 마케팅은 단순히 소비자가 그 서비스의 열렬한 팬이어서 일어나기도 하고 때로는 기업이 소비자에게 서비스나 제품을 살포하기도 한다. 일부 식당들은 광고를 피하는 대신 독특하면서 맛있는 음식에 대하여 소비자들이 퍼뜨리는 구전에 전적으로 의존하기도 한다. 우리는 입소문으로 대박을 터트린 식당도 가끔 볼 수 있다.

9) 소셜미디어를 지렛대로 활용하라

트위터, 유튜브, 인스타그램, 페이스북과 같이 인터넷을 통해 고객 간에 상호 커뮤니케이션을 할 수 있는 소셜미디어가 정보를 교환하는 하나의 방법으로 자리 잡고 있다. 소셜미디어의 성장은 소비자 구매 행동의 많은 측면에 영향을 미치고 있다.

기업에서 소셜미디어를 통제하는 것이 가능하지는 않지만, 기업은 매체를 모니터할 수 있고, 소비자들의 의견과 추천을 이해해야 한다. 기업들은 브랜드에 관한 온라인 커뮤니케이션을 추적하고 모니터하며 분석할 수 있는 정형화된 기법(formal method)과 정교한 기법(sophisticated technology) 개발에 박차를 가했는데, 이러한 접근의 혁신적인 도구로서 닐슨의 버즈메트릭스(Nielsen Buzzmetrics)가 있다. 이것은 인터넷 커뮤니케이션의 수백만 회선을 끌어모아 소비자들이 브랜드를 어떻게 느끼고 있는지, 온라인에서 얼마나 이야기되고 있는지, 논의되고 있는 이슈는 무엇인지, 마케팅이 고객에게 어떻게 보이는지, 제공된 구전 커뮤니케이션에 영향을 미치도록 어떻게 노력해야 하는지 등에 관한 브랜드 정보를 수집한다. 이 서비스는 기업에게 이슈에 대한 실시간 경계경보(real time alert)뿐만 아니라 산업 규범과 기준을 알려주기도 한다.

10) 메시지에 영향력 있는 사람을 공략하라

기술의 급격한 발전으로 기업은 온라인에서 서비스에 더 큰 영향력을 갖는 소비자인 인플루언서(influencer)를 찾는 게 가능해졌다. 이러한 영향력 있는 인플루언서들이 파악될 경우 그들 개개인 모두 매출 향상의 근원이 될 수 있는데, 기업은 그들에게 서비스에 대한 정보를 주고 특별 이벤트에 초대하며 제품에 관한 커뮤니케이션을 장려하도록 할 수 있다.

11) 유머 있고 설득력 있으며 독특해서 이야깃거리가 되는 광고를 만들어라

재미있는 광고는 소비자들의 이야깃거리가 된다. 특히 좋은 이야깃거리가 될 만한 구전 마케팅 커뮤니케이션의 소재를 기반으로 유머 있고 설득력 있으며 독특한 광고를 만들면 더욱 좋다.

한국관광공사의 "한국의 리듬을 느껴 보세요!(Feel the Rhythm of Korea)"는 2020년 가장 주목도가 높은 광고캠페인 중 하나로 꼽힌다. "범 내려온다. 범 내려온다"는 퓨전 국악 밴드 이날치의 음악과 앰비규어스 댄스팀의 매력적인 춤이다. 여기에 한국의 주요 관광지를 무심하게 툭 던져 놓듯 배경으로 쓰면서 '힙(hip)'한 광고라는 평가를 받았다. 서울, 부산, 전주, 강릉, 안동, 목포 등 6개 도시를 배경으로 만들어진 공식 광고 영상의 유튜브 조회 수는 그 당시 3억 뷰를 넘어섰다. 무엇보다 코로나19로 해외여행이 단절되다시피 한 시대에 외국인 댓글이 넘쳐난다. '광고를 넘기지 않았다' '한국에 가고 싶다' 등 예찬이 줄을 잇는다.

[그림 7-15] 한국관광공사 광고캠페인 "범 내려온다…"

12) 만족한 고객을 커뮤니케이션의 주인공으로 하라

실제 고객이 광고에 출연해 추천하는 광고는 사람들 사이의 개인적 커뮤니케이션을 만드는데, 그렇게 하는 것은 서비스 편익을 전달하는 데 신뢰가 가는 방법이다. 건강보험기업인 블루크로스 블루실드(BlueCross BlueShield)가 미국 노스캐롤라이나주에서 전개했던 광고캠페인은 의료사고로 고통받는 실제 가족회원이 건강보험사에 의해 효과적으로 관리되는 것을 담았는데, 이 추천은 강력하고 믿을 만하였다. 이 광고캠페인은 건강보험에 대한 신뢰를 회복했고 긍정적인 구전을 만들었다.

BlueCross BlueShield of North Carolina

[그림 7-16] BlueCross BlueShield의 노스캐롤라이나주 로고

13) 직원을 통해 구전을 창출하라

서비스 경험을 통한 서비스 만족만으로는 구전 활동을 자극하는 데 충분치 않다. 그러나 소비자가 특정 직원을 신뢰하면 긍정적인 구전의 결과가 나타난다. 이 신뢰는 직원과 고객 간의 개인적 관계, 직원이 고객에게 보이는 관심, 직원과 고객의 친숙성이다. 기업은 서비스 설계, 지원시스템, 직원, 소비자에 초점을 맞춘 전략을 사용하여 신뢰를 이끌어 상호 간에 유대를 강화할 수 있다.

2. 서비스 약속 관리

서비스의 경우 현장직원이 제공하는 서비스를 부서가 다른 판매부서나 마케팅부서가 약속한다. 그런데 직원의 서비스는 표준화가 어려우므로 고객과의 약속에서는 많은 조정과 관리가 필요하다. 이러한 조정은 강한 서비스브랜드의 창출과 기업의 모든 마케팅 커뮤니케이션의 조정을 통해 달성될 수 있다.

1) 강력한 서비스브랜드의 창출

제조업에서 각 상품이 그 자체의 브랜드를 가지고 있는 제품브랜드 상황과는 다르게, 서비스기업의 주요 브랜드는 기업 그 자체이다. 브랜드 창출의 초점은 기업의 인지, 의미, 자산에 있다. 예를 들어 FedEx, 디즈니월드, 스타벅스, 페이스북과 같은 기업은 그들이 제공하는 개별적 제품보다 기업에 대한 정보와 커뮤니케이션에 중점을 두고 있다.

[그림 7-17]은 강력한 서비스브랜드를 창출하는 데 주요 요인들 간의 관계를 보여주는 서비스 브랜딩 모델이다. 제시한 브랜드는 기업이 인적, 비인적 채널을 통해 기업이 통제하고 확산시키는 브랜드 이미지의 일부분이다. 광고, 상표명, 웹사이트, 직원, 시설 등과 서비스에 관련된 다른 모든 유형의 정보 확산은 반드시 조정되고 통제되어야 한다. 이러한 메시지들은 소비자의 브랜드에 대한 회상과 브랜드 인지를 만들어낸다. 브랜드 인지(brand awareness)의 정도가 더 높고 긍정적일수록 서비스기업은 브랜드 이미지(또는 브랜드 자산)를 강하게 만들고 더욱 차별화한다. 기업에 대한 고객의 경험(직원과의 상호작용 또는 기업행사 참여로 인한 상호작용)은 브랜드를 형상화하는 또 하나의 요소이며 다른 어떤 메시지보다도 강력할 수 있다. 서비스는 아무리 효과적이고 통합된 광고를 고객에게 노출하더라도 실제 경험이 고객에게 불균형적인 의미를 전할 수도 있다.

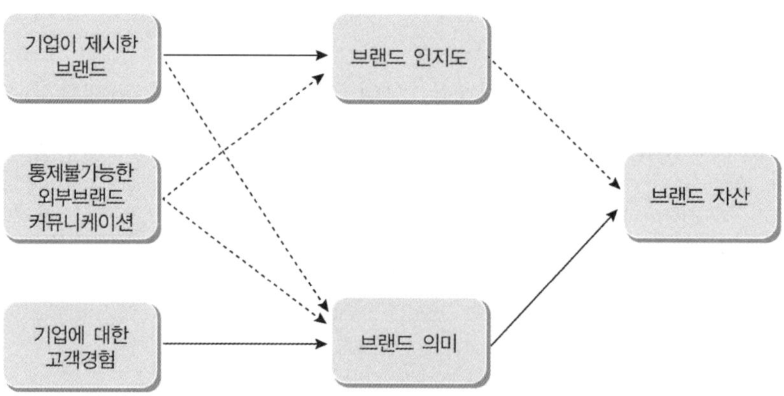

[그림 7-17] 서비스브랜딩 모델[10)]

2) 외부커뮤니케이션의 조정

최근 새로운 미디어의 출현과 확산으로 인해 주목할 만한 트렌드의 변화가 빨라지면서 외부커뮤니케이션 수단을 조정하지 않으면 안 되게 되었다. 마케터들은 광고,

---

10) Zeithaml, V. A., et al., Services Marketing, 전인수 · 배일현, 상게 역서, p.518

웹사이트, 판매촉진, PR, 다이렉트 마케팅, 인적 판매 등과 같은 전통적인 커뮤니케이션 도구뿐만 아니라 새로운 형태의 미디어 사용이 가능해졌다. 소셜미디어, 디지털 사이니지(digital signage)[11]라고 불리는 전자간판, 블로그, 모바일 광고, 여러 유형의 인터넷광고, 영화와 TV의 PPL 사용 증가 등이 메시지 조정의 목표를 복잡하게 만들고 있다.

3. 고객기대 관리

고객에게 서비스가 언제, 어떻게 제공될 것인가에 대해 정확하게 약속하는 것은 커뮤니케이션 차이를 줄이는 가장 중요한 방법이다. 소비자의 기대를 관리하는 효과적인 전략 가운데 현실적 약속하기, 서비스 보증, 선택안 제공, 계층화된 가치제공물 등을 보기로 한다.

1) 현실적인 약속을 하라

고객의 기대는 서비스품질에 영향을 미친다. 고객의 기대가 높을수록 고품질의 서비스가 제공되어야 한다. 고객의 기대에 맞는 서비스 약속은 실제로 현실적으로 수행되었을 때 신뢰받을 수 있다. 따라서 서비스가 정확히 제공된 비율이나 발생한 문제의 횟수 및 비율 등 서비스 제공의 현재 수준에 대해, 고객에게 약속하기 전에 마케팅부서나 판매부서가 파악하거나 알고 있어야 한다.

2) 서비스 보증을 제공하라

본서의 여러 곳에서 강조하듯이, 기업이 묵시적 또는 관행적으로 서비스 보증을

11) 전자간판(digital signage, 디지털 사이니지)은 디지털 기술을 활용하여 평면 디스플레이나 프로젝터 등에 의해 영상이나 정보를 표시하는 광고매체이다.

제공하고 있다면, 그 보증이 명확히 존재하고 확실히 제공되고 있다는 것을 알릴 필요가 있다.

3) 선택안을 제공하라

고객 기대를 조정하는 방법의 하나는, 고객이 시간, 가격, 서비스의 중요요소를 자신이 선택할 수 있도록 선택안(option)을 제시하는 것이다. 시간이 적게 들면 가격이 높아지거나, 가격이 높아지면 고품질서비스가 제공되거나, 고객이 선택하는 서비스를 먼저 제공하는 등 여러 선택안을 제시하는 것이다.

4) 계층화된 가치제공물을 만들어라

제조업체는 고객이 지각하는 가치에 상응하는 가격으로 다양한 버전의 제품을 제공하고 있다. 자동차의 배기량, 외관, 내부디자인 등의 조합에 의해 자동차의 가격은 고객이 지각하는 가치에 의해 결정된다. 이와 유사하게 서비스에서도 계층화(bundling)를 활용할 수 있다. 신용카드회사는 계층화된 카드 종류를 제공하는데, 전형적으로 기본적인 서비스를 제공하는 일반 카드, 추가적인 혜택을 제공하는 골드카드, 고급화되거나 전문화된 서비스를 제공하는 플래티넘카드 등 여러 계층의 서비스를 제공한다.

4. 고객교육 관리

고객교육 관리에는 다음과 같은 세 가지 노력이 필요하다.

1) 고객이 서비스 프로세스를 준비할 수 있도록 하라

사전에 국제항공권을 예약했을 경우, 출발일이 가까워지면 탑승객이 전화로 예약확인을 직접 해야 한다. 그런데 이러한 사항을 게을리하면 탑승권이 다른 승객에게 팔려 국제선을 탑승하지 못할 수도 있다. 이 경우 고객이 자신의 역할을 충실히 수행하도록 하는 것은 누구의 책임이 되는 걸까?

기업이 고객에게 서비스 프로세스를 잘 이행하게 함으로써 이러한 상황은 피할 수 있다. 때때로 모든 단계에서 고객이 취해야 할 후속 행동에 대해 고객 교육을 통해 고객을 준비시킬 필요가 있다. 그러면 실패의 확률이 더욱 줄어들 것이다.

2) 성과가 표준과 기대에 부합했다는 것을 확인시켜라

고객이 쉽게 이해하지 못하는 서비스를 서비스표준이나 서비스 제공 노력으로 알리는 것은 고객이 서비스품질을 높게 지각하는 데 도움이 된다. 기업이 제공한 서비스가 표준대로 완수됐는데도 고객에게 제대로 전달하지 못하는 경우가 종종 발생한다.

이것은 첫째, 고객이 경험이 부족하거나 제공된 서비스가 너무 기술적 서비스라면 고객이 서비스의 효과성을 평가하지 못하기도 한다. 둘째, 서비스 구매의 의사결정자와 서비스사용자가 다른 사람일 경우에 만족도가 다를 수 있다. 예를 들어 정보기기나 게임기를 구매자(부모)가 지급하고 사용자(아이들)이 그 서비스를 이용하는 경우에, 만일 사용자가 구매과정에 참여하지 않는다면 어떤 서비스가 약속되었는지 알지 못하여 불만족하게 될 것이다. 셋째, 서비스가 고객이 볼 수 없는 데서 제공될 때, 즉 서비스 접점 이면에 있는 지원 프로세스를 잘 모르는 경우는 고객 기대에 부합했다는 것을 확인시킬 필요가 있다. 예를 들어 일부 헤어스타일링(또는 뷰티 숍)의 경우 커트, 파마, 염색, 헤어스타일 등과 관련한 고객만족을 보증하고 있다. 명시적인 보증 사실을 알린다면 서비스품질에 불안해 하는 고객들로부터 많은 호응을 받을 수 있다.

3) 판매 후 기대를 명확히 하라

판매부서나 마케팅부서에서 서비스제품이 만들어진 후 현장부서로 이관될 때, 고객의 기대가 무엇인지를 명확히 하는 것은 고객의 기대에 합치하기 위한 전제조건이다. 마케팅부서는 현장직원들이 서비스를 제공하기 이전에 고객의 기대에 맞는 약속을 명확히 함으로써 고객이 느끼게 될 실망감을 사전에 방지할 수 있다.

5. 내부마케팅 커뮤니케이션 관리

서비스 커뮤니케이션의 과제나 쟁점을 극복하고 서비스 약속을 제대로 제공하기 위해서는 내부마케팅 커뮤니케이션 관리가 필요하다. 내부마케팅 커뮤니케이션 관리에는 아래와 같이 6가지 전략이 있다.

1) 수직적 커뮤니케이션

첫째, 효과적인 수직적 커뮤니케이션을 만들어라. 고객 접점직원에게 적절한 정보, 도구, 기술 등을 제공하는 기업은 그 직원들과 성공적인 상호작용 마케팅을 원활하게 유지할 수 있다. 정보, 도구, 기술 등은 직원 훈련 및 교육 등으로 가능하지만, 수직적·하향적 커뮤니케이션을 통해서도 제공된다. 수직적 커뮤니케이션의 형태로는 기업의 뉴스레터, 잡지, 기업TV네트웨크, 이메일, 브리핑, 비디오테이프, 내부촉진 캠페인 등이 있다.

특히 외부커뮤니케이션을 통해 고객에게 전달되는 모든 내용을, 직원이 사전에 알고 있도록 유지·관리하는 것이 중요하다. 만약 수직적 커뮤니케이션이 원활하지 못하면 고객과 직원 모두 고통을 받을 것이다. 그러한 상황에서 고객은 적절한 서비스를 받지 못할 수 있고, 직원들은 기업이 제공하는 서비스 내용을 숙지하지 못해 서비스 응대에 차질을 빚을 것이다. 때로는 자신이 무식하고 무시당하고 속수무책이라 느끼게 되어, 근로 의욕이 크게 떨어지는 부작용이 발생할 수 있다.

2) 수평적 커뮤니케이션

둘째, 효과적인 수평적 커뮤니케이션을 만들어라. 조직 내부의 각 부서에 따라 목표, 철학, 견해, 고객을 바라보는 관점 등이 상이하므로 수평적 커뮤니케이션을 활성화하는 것은 그렇게 쉬운 일은 아니지만, 서비스 제공에서는 매우 중요하다. 마케팅부서와 운영부서 간의 원활한 조정으로 고객 기대와 실제 서비즈 제공 간의 격차는 줄어들게 될 것이다. 마케팅부서와 인적자원관리부서 간의 노력을 통합하는 것은 현장직원을 훌륭한 마케터로 키울 수 있게 한다. 재무부서와 마케팅부서 간의 조정은 서비스에 대한 고객의 평가를 정확히 반영하는 가격을 책정할 수 있게 한다. 이처럼 기업은 고객에게 일관된 메시지를 만들고 서비스 갭을 좁히기 위해서 부서 간 조정, 특히 원활한 수평적 커뮤니케이션이 필수적이라고 할 수 있다.

3) 기업 내부의 브랜드 강조

셋째, 브랜드를 기업 내부에 판매하라. 기업의 브랜드와 브랜드 메시지를 직원들에게 마케팅하면 이를 통해 소비자들과 강한 유대감을 가질 수 있다. 기업은 직원들이 브랜드에 대한 열정을 창출할 수 있을 때 기회를 명확하게 선택해야 한다. 직원들에게 브랜드를 생기 있게 인식시키면 직원과 기업 간에 강한 감정적 유대관계를 창출할 수 있다. 사우스웨스트항공은 편한 유니폼 옷차림, 지상과 기내에서 안내 멘트를 할 때 즉흥적인 연기하기, 연휴에 체크인 카운터 장식하기 등의 행위로 자사의 브랜드를 생기있게 만들었다. 싱가포르 항공은 우아함, 격조 높은 의상, 조용한 말투, 건강한 아시안 음식의 강조 등을 통해 직원들과 좋은 유대관계를 형성하였다.

4) 상향식 커뮤니케이션

넷째, 효과적인 상향식 커뮤니케이션을 창출하라. 서비스 약속과 서비스 제공 간의 차이를 메우기 위해 상향식 커뮤니케이션 또한 필요하다. 현장직원은 서비스 접점에서 일하기 때문에 제공할 수 있는 것과 없는 것에 대해 누구보다도 잘 파악하고 있다. 현장직원들은 언제 서비스 실패가 발생하는지, 그리고 왜 자주 발생하는지도 잘 알고 있다. 그러므로 현장직원들이 의견을 개진하거나 애로사항을 토로할 수 있는 개방적이고 상향적인 커뮤니케이션 시스템을 갖추는 것이 필요하고, 그럼으로써 서비스문제가 발생하기 전에 예방할 수 있고 문제 발생 시에도 그것을 최소화할 수 있다.

5) 후방의 지원직원과 외부고객의 연결

다섯째, 상호작용이나 측정을 통해 후방의 사무 및 지원인력을 외부고객과 연결하라. 기업은 후방에 있는 사무 및 지원부서 직원과 외부고객 간의 상호작용을 촉진할 수 있다. 미국 목재 및 종이 생산회사로 유명한 와이어하우저(Weyerhaeuser)는 직원을 고객의 공장으로 자주 보내서 고객의 요구를 더욱 잘 이해하도록 하였다. 이 고객은 자사의 목재나 종이를 사용해서 상품을 생산하는 기업이다. 만약 실제로 상호작용이 어렵거나 불가능한 경우에는 고객 회사에서 일어나는 구매와 소비과정을 비디오로 녹화해서 고객의 요구를 생생히 묘사하고 고객의 기대가 어떤 것인지를 여러 직원에게 보여준다.

다른 예로 FedEx는 측정을 이용해 내부직원과 외부고객을 연결하는 회사 중 하나이다. FedEx는 회사 전체의 서비스 실패 횟수를 근거로 서비스품질지표(SQI: Service Quality Index)를 매일 산출한다. FedEx는 내부직원에게 고객 실패점을 명확히 전달하기 위해 각 내부부서에 원인을 추적할 수 있는 연결측정지표를 개발하였다. 예를 들어 FedEx의 정보기술부서는 서비스품질지표 측정치에 영향을 미쳤고 따라서 거기에 맞는 하위측정지표를 개발해서 원인을 추적하였다.

6) 교차기능팀

여섯째, 교차기능팀을 만들어라. 효과적인 수평적 커뮤니케이션을 활성화하기 위해서, 최종고객의 요구사항에 따라 직무가 편성된 교차기능팀에 직원들을 참여시키는 방법이다. 예를 들면 텔레커뮤니케이션 서비스부서와 같이 고객접점에서 상호작용하는 부서(팀)에 컴퓨터전문가나 교육직원과 같은 후방 사무직원을 팀의 일원으로 참여시킬 수 있다. 이렇게 구성된 교차기능팀을 통해 고객의 요구사항을 학습할 수 있고 팀이 함께 달성해야 하는 계획을 직접 수립하고 교차기능팀 간에 커뮤니케이션을 직접 하도록 하여, 고객에게 더 나은 서비스를 제공할 수 있게 된다.

서 · 비 · 스 · 마 · 케 · 팅

08

CHAPTER

물리적 환경

Chapter 08

물리적 환경

제 1 절 물리적 환경의 개념과 구성요소

1. 물리적 환경의 개념

서비스산업에서 물리적 환경(physical environment)은 두 가지 측면에서 특히 중요하다. 첫째는 판매가 발생하는 환경으로서 중요하고, 둘째는 제품이 생산되고 소비되는 환경으로서 중요하다.

고객들은 즐겁고 안락한 환경에서 구매할 가능성이 더욱 크기 때문에 마케팅 전략은 제품과 서비스를 판매하는 물리적 환경을 고려하는 데 주안점을 두어야 한다. TV나 안락의자와 같은 제품을 구매하는 경우 제품이 어떻게 보이고, 어떻게 느껴지고, 어떻게 작동하는가에 사람들은 많은 관심을 가진다. 그들의 주의력은 주위환경보다 제품에 더 비중을 두게 된다. 그러나 서비스 상품을 구매할 때 고객들은 끝날 때까지 결과가 좋으리라고 확신할 수는 없다. 특히 고객의 기대와 감정은 객실의 구조, 가구, 방음 상태, 기온 그리고 심지어는 냄새와 같은 요인에 의해서도 영향을 받는다.

서비스산업에서 물리적 환경은 사업의 반복적 안전성을 위해 특히 중요하다. 한 예로써 별로 매력 없고 안락하지 못한 디자인과 장식으로 꾸며진 객실에서 지낸 고객은 다시는 그곳에 숙박 예약을 하지 않을 것이다. 리조트의 너저분한 해안이나 풀장, 형편없이 어질러진 스키 자국, 발코니에서 보는 형편없는 전망은 물리적 환경이 리조트사업을 망치는 또 하나의 예이다. 결론적으로, 기업은 모든 가능한 방법을 동원하여 그들 제품의 물리적 환경을 개선하는 데 심혈을 기울여야 한다.

2. 물리적 환경의 구성요소

주로 무형의 상품을 판매하는 서비스산업에서는 대개 방문이나 구매 전 경험에 대한 예측이 매우 어려우므로, 소비자는 자신이 수용하게 될 무형의 상품이나 서비스에 대한 경험적 속성의 물리적 증거가 되는 유형적 단서를 찾음으로써 이에 대한 수준을 추론하게 된다. 이런 유형적 단서로 가장 중요한 마케팅 요소가 바로 물리적 환경이다. 마케팅 분야에서 물리적 환경의 의미는 코틀러(P. Kotler)가 처음으로 유형적 단서가 되는 물리적인 증거를 물리적 환경이라는 개념을 도입하면서 '마케팅 도구로써 분위기'로 정의하여 물리적 환경에 대한 중요성을 처음 언급하였다. 무형의 상품과 서비스가 주를 이루는 서비스산업에서 물리적 환경은 처음 방문하는 고객에게 긍정적인 첫인상을 심어주고 기대를 형성하게 하며 경쟁기업과 차별화할 수 있는 전략적 요소이다.

물리적 서비스 환경의 구성요소는 크게 주변 요인, 디자인 요인, 사회적 요인으로 구분할 수 있다. 주변 요인은 온도, 소음, 공기의 질, 음악, 향기, 색채, 조명, 청결 등 쉽게 인지할 수 없는 배경적 조건으로 주변 요인이 충족되지 않는 경우 고객은 불쾌감을 느껴서 바로 인지할 수 있는 요인이다. 디자인 요인은 상징, 조형물, 배치 형태, 건물 외관, 표지판, 주변 경관, 장식, 규모, 스타일, 구성, 외관 등으로 고객이 한눈에 쉽게 파악하고 인지할 수 있는 요인으로 물리적 환경을 지각하는 데 가장 큰 영향을 미치는 요인이라 할 수 있다. 사회적 요인은 고객이 인지하는 서비스 제공자에 대한 요인으로 외모, 태도, 친절한 행동을 의미한다. 여기서 물리적 환경의 구성요소를 정리하면 〈표 8-1〉과 같다.

〈표 8-1〉 물리적 환경의 구성요소

구 분	요 소
주변 요인	음악, 향기, 색채, 조명, 청결, 온도, 소음, 공기의 질
디자인 요인	상징, 조형물, 배치 형태, 건물 외관, 표지판, 주변 경관, 장식, 규모, 스타일, 구성, 외관
사회적 요인	외모, 태도, 친절한 행동

1) 주변 여건의 영향

물리적 환경은 시각, 청각, 후각, 촉각 등의 다양한 형태를 지닌 물리적 자극체로서 색채, 조명 등의 시각적 효과, 소리의 높낮이 및 속도 등의 청각효과, 냄새 등의 후각효과 및 부드러움, 온도, 유연함의 촉각효과 등이 고객의 정서에 영향을 미치는 인위적인 환경 및 공간이라 할 수 있다. 여기서 물리적 자극을 정리하면 〈표 8-2〉와 같다.

〈표 8-2〉 물리적 자극

감각기관	물리적 자극
시 각	색채, 조명, 크기, 형태
청 각	소리의 높고 낮음, 속도
후 각	냄새, 신선함
촉 각	부드러움, 온도, 유연함

(1) 음악

음악은 아무리 작은 소리라도 서비스 상황에서 사람의 지각과 행동에 강력한 영향을 미친다. 사람들은 음악의 빠르기, 크기, 하모니와 같은 다양한 요소들을 총체적으로 지각한다. 음악이 지각과 행동에 미치는 영향은 개인에 따라 다르다. 그리고 나이가 많고 적음에 따라서, 같은 음악에 대해서도 다르게 반응한다. 빠른 템포와 큰 소리의 음악은 사람의 흥분수준을 높이기도 하므로 음악의 템포에 맞춰 행동의 속도를 조절하기도 한다. 레스토랑에서는 음악의 템포와 소리를 높여 테이블 회전속도를 빠르게 하고 더 많은 손님을 받을 수 있다. 반면 느린 템포의 조용한 음악으로 저녁 식사 속도를 느리게 하여 음료수 매출을 높일 수도 있다.

(2) 향기

향기란 대기에 퍼져 있는 향 또는 냄새로, 고객에 의해 의식적 또는 무의식적으로 지각될 수 있으며 특정 제품과는 관련이 없다. 향기는 분위기, 감정, 심지어는 구매 의도, 점포 내 행동에도 강한 영향을 미친다.

많은 기업이 향기의 힘을 인지하고 브랜드 경험의 일부로 향기를 활용하고 있다. 예를 들면 Westin호텔은 백차(white tea) 향을 로비에 활용하고 있으며, Sheraton호텔은 로비에 무화과, 정향, 재스민을 혼합한 향을 사용하고 있다.

〈표 8-3〉 방향 요법 : 향이 사람에게 미치는 영향

향	향기 종류	방향 요법 종류	전통적 사용법	잠재적인 심리적 효과
유칼립투스	장뇌향	탄력, 자극	체취 제거, 살균, 진정제	활력과 고무
라벤더	약초향	진정, 조화	근육이완, 진정제, 지혈제	안정과 평온
레몬	시트러스	활력, 희망	살균, 진정제	활력에 대한 진정
후추	스파이시	조화, 진정	근육이완, 최음제	정서 조절

(3) 색채

연구자들은 색채(색)가 또한 사람들의 감정에 강한 영향을 미친다고 한다. 색은 자극적이고 진정시키고 표현적이고 인상적이고 문화적이고 활기 넘치고 상징적이다. 〈표 8-4〉는 색에 대한 사람들의 일상적인 연상 및 반응을 요약한 것이다. 서비스 환경에서 보면 사람들이 좋아하는 색에는 차이가 있지만, 일반적으로 따뜻한 색감을 좋

아한다. 따뜻한 색은 빠른 의사결정을 조장하기 때문에 저관여 상황에서 의사결정이나 충동 구매를 유도하는 데 적절하다. 차가운 색은 소비자가 고관여 상황에서 구매 의사를 결정하기 위해 시간이 필요한 경우에 선호된다.

〈표 8-4〉 색에 대한 사람들의 일상적인 연상 및 반응

색	따뜻함의 정도	자연과 관련된 상징	색에 대한 공통적 속성 및 인간적인 반응
빨간색	따뜻함	지구	높은 수준의 에너지 및 열정, 감정, 표현, 온기를 불러일으킴
오렌지색	가장 따뜻함	일몰	감정, 표현, 온기
노란색	따뜻함	태양	낙관주의, 명확성, 지적 능력 및 감정, 강화
초록색	시원함	성장, 잔디, 나무	양육, 치료 및 조건 없는 사랑
파란색	가장 시원함	하늘 및 해양	휴식, 평온함, 충성심
남색	시원함	일몰	조정, 영성
보라색	시원함	보라색 꽃	영성, 스트레스 감소로 평온한 감정을 만들어줌

2) 공간배치와 기능성

서비스 환경은 특정한 목적을 수행하고 고객의 욕구에 대응해야 하므로 공간배치와 기능성은 매우 중요하다. 공간배치는 층별 계획, 집기의 크기와 모양, 계산대, 가구나 기구, 설비의 배열을 일컫는다. 기능성은 서비스성과를 증진할 수 있는 위 아이템들의 능력을 의미한다. 두 차원 모두 고객들이 느끼는 친숙성과 아이템의 서비스 수행능력에 영향을 미친다. 그러나 너무 가깝게 배치된 테이블, 프라이버시를 보장해 주지 않는 안내 데스크, 불편한 로비 의자, 부족한 주차공간은 고객에게 부정적인 인상을 주기도 하고, 서비스 경험이나 구매 행동에 나쁜 영향을 미쳐, 궁극적으로 서비스 시설물의 성과에도 부정적 결과를 초래할 수 있다.

서비스 상품을 구매하는 고객에게 외관적으로 보이는 매력이 부족하거나 고객이 머무르는 동안 아늑한 분위기와 쾌적성 및 편의성을 증대할 수 있는 물리적 환경의 결핍은 고객의 감정에 악영향을 끼치게 된다. 이에 기업은 고객들의 유형 및 성향을

파악하여 그들의 트렌드에 맞는 내외부 인테리어를 개발하고 각 기업만의 독특한 개성과 스타일을 반영한 물리적 환경에 고유한 이야기(story)를 부여함으로써 흥미와 관심을 유발할 수 있는 물리적 환경에 대한 개발이 필요하다.

3) 표지판, 상징, 인공물

고객들은 서비스 환경과 서비스 전달과정에서 제공되는 표지판(signs), 상징(symbols), 인공물(artifacts) 등을 통해 가장 먼저 그 의미를 유추하려 노력한다. 표지판은 서비스 상황에서 행동지침을 알려주기 위해 자주 사용된다. 예를 들어 표지판은 부서나 창구의 명칭을 알려주기 위해, 입구나 계단 및 화장실 등 방향을 알려주기 위해, 대기 번호나 식사 후 식기반납 등 서비스 규약을 알리기 위해, 공연 시 핸드폰 끄기나 진동모드로 전환하기, 금연 구역 알리기 등 행동적 규범을 상기시키기 위해 활용될 수 있다.

4) 서비스 환경의 일부로 인식되는 사람

서비스를 제공하는 직원과 고객, 이들 모두의 외모와 행동은 서비스 환경에 의해 생성되는 인상을 강하게 할 수도 약하게 할 수도 있다. 디즈니 테마파크는 직원을 배우라고 부른다. 이들 직원은 신데렐라가 되든, 백설공주의 일곱 난장이가 되든, 공원의 청소부가 되든, 버즈라이트이어 투모로우랜드를 관리하는 사람이 되든지 간에 각자의 상황에 맞게 옷을 갖추어 입고 테마파크의 일부가 되어야 한다. 복장을 갖추고 나면 고객을 위해 최선을 다해야 한다. 이렇듯 마케팅 커뮤니케이션은 서비스 제공자가 만들어낸 주변 환경을 제대로 인식할 뿐 아니라 그들의 외모와 행동으로 고객들을 유인할 수 있어야 한다.

서비스기업에서 물리적 환경은 서비스 제공자와 소비자 간의 직접적인 상호작용이 일어나는 공간으로 생산과 소비가 동시에 이루어지는 환경이다. 서비스가 생산되는 물리적 환경은 일반적으로 제조업으로 생각하면 공장이라 할 수 있다. 제조업의 경우 생산이 이루어지는 공장이 소비자에게 노출되지 않지만, 서비스업의 경우 생산이 일어나는 곳이 소비자에게 그대로 노출되기 때문에 소비자의 구매 결정에 직접적인 영향을 미치는 것이 물리적 증거이다.

제 2 절 서비스스케이프와 물리적 증거

1. 물리적 증거

서비스 환경은 설계뿐만 아니라 실행하는 데도 많은 시간과 노력이 드는 작업이다. 물리적 환경 가운데 유형적 단서를 물리적 증거(physical evidence)라고 부른다.

〈표 8-5〉 물리적 증거의 요소

서비스스케이프	기타 물리적 증거
시설외관	업무용 명함
외관설계	사무용품
방향/안내 표시	청구서
주차	보고서
조경	직원의 옷
주변환경	유니폼
시설내부	브로슈어
내부 설계	웹페이지
설비나 장비	가상적(virtual) 서비스스케이프
방향/안내 표시	
레이아웃	
공기품질/온도	
사운드/음악/향/조명	

물리적 증거의 일반적인 여러 요소는 〈표 8-5〉에 제시되어 있는데, 서비스스케이프(servicescape)는 고객이 주문하고 서비스전달을 받게 되는 물리적 장소의 설계를 말한다. 서비스스케이프는 표지판, 주차장, 조경 등 시설외관과, 설계, 배치, 실내장식 등 시설내부로 구성된다. 기타 물리적 증거에는 인터넷으로 전달되는 웹페이지(web pages)와 가상 서비스스케이프(virtual servicescape) 등이 있는데, 이는 구매 전후에 서비스를 고객이 좀 더 유형적으로 경험하게 하여 커뮤니케이션이 쉽도록 해주는 현대화된 형태의 물리적 증거이다.

2. 서비스스케이프의 전략적 역할

서비스스케이프는 여러 가지 전략적 역할을 동시에 수행할 수 있다. 서비스스케이프는 서비스를 소비자 마음속에 포지셔닝하는 데 가장 중요한 역할을 한다. 서비스스케이프 역할의 다양성과 그 요소 간 상호작용을 검토함으로써 서비스에서 적합한 물리적 증거를 제공하는 것이 전략적으로 얼마나 중요하고 이를 어떻게 관리해야 할 것인지에 대한 아이디어를 얻을 수 있을 것이다.

1) 서비스 포장

유형제품의 포장과 마찬가지로, 서비스스케이프도 포장 즉 패키지(package)의 역할을 한다. 서비스스케이프는 고객들이 서비스 콘텐츠를 미리 파악할 수 있게 한다. 서비스 포장은 새로운 고객의 기대를 창출하기 때문에 새로운 고객에게 중요하고 또 특정의 이미지를 구축하려는 새로운 서비스기업에 특히 중요하다. 서비스스케이프는 접점직원의 유니폼 또는 외적인 모습 등과 통합되어 접점직원의 이미지를 좋게 만든다.

스타벅스, 페덱스, 메리어트 등과 같은 기업은 물리적 환경, 즉 서비스스케이프를 자사 브랜드이미지와 연계해서 서비스 포지셔닝하고자 노력하고 있다.

2) 서비스 촉진

서비스스케이프는 서비스 창출과 제공의 촉진제(facilitator) 역할을 한다. 서비스 증거가 어떻게 설계되느냐에 따라 서비스 환경에서 서비스 프로세스가 더 쉬워지거나 어려워질 수 있다. 서비스시설이 잘 설계되어 있으면 고객과 서비스 제공자가 목표를 달성하는 게 쉬워지고 그렇지 못하면 고객과 직원 모두에게 불만을 줄 수 있다. 예를 들어 처음 이용하는 국제공항의 표지판과 안내가 제대로 되어 있지 않고 환기도 잘 안 되며 쉴 수 있는 좌석이 부족하다면 여행객은 크게 고생할 것이다. 그런 환경에서 일하는 직원들 역시 동기부여가 이루어지지 않을 것이다.

3) 서비스의 사회화

서비스스케이프의 설계는 기대 역할, 관계를 직원과 고객에게 전달하는 데 도움이 된다는 점에서 직원과 고객의 사회화(socializer)를 촉진하는 도구이다. 새로 입사한 직원은 자신이 일하는 서비스 현장의 주변만 살펴보아도 맡겨진 일이 어떠한 것인지를 짐작할 수 있다. 고객들도 서비스스케이프를 보면 어디서 서비스를 받아야 하고 어떠한 행동을 취해야 하며 어떤 상호작용이 필요한지를 연상하게 된다. 클럽 메드의 경우, 고객들끼리 어울리는 장소, 그리고 고객과 직원 간에 상호교류를 할 수 있는 장소를 구분하고 있다. 스타벅스는 고객이 단순히 커피를 픽업하거나 빨리 마시고 나가는 것보다는 사람들이 모여서 이야기하고 즐거운 시간을 갖는 장소로 변화해 가고 있다. 사회화를 촉진하기 위해 스타벅스는 고객들이 넓은 공간에서 머무르며 상호작용할 수 있도록 편안한 안락의자와 테이블, 와이파이를 제공한다. 이는 집이나 직장 외에 자주 드나들며 편하게 이용하는 제3의 장소(the third place)가 되는 것을 목표로 하고 있다. 〈표 8-6〉은 고객이 지각한 서비스 환경의 예로 영화관을 들고 있다. 서비스 경험 절차마다 서비스 환경 디자인은 기대 이상일 수도 있고 기대 이하일 수도 있다.

〈표 8-6〉 고객이 지각한 서비스 환경(영화관)

서비스 경험 절차	서비스 환경디자인	
	기대 이상	기대 이하
주차장 찾기	귀중품을 보관해 주는 경비원이 있는 입구 근처의 밝고 넓은 공간	부족한 주차 공간 때문에 다른 주차장으로 가야 하는 경우
표 구매를 위해 줄서기	거울의 전략적인 배치, 개봉 예정작 포스터, 긴 대기시간을 위한 연애뉴스, 상영 영화와 시간대를 쉽게 확인, 티켓 구매 가능 여부의 명확한 표시	긴 대기시간, 상영 영화와 시간대를 확인하기 힘들며, 티켓이 남아 있는지 확인하기도 어려움
상영관으로 들어가기 위한 티켓 확인	상영관 위치에 대한 명확한 방향이 있는 매우 잘 정비된 로비, 손님의 경험을 강화시켜 줄 수 있는 영화포스터	쓰레기가 여기저기 버려진 더러운 로비, 상영관 방향의 불명확함과 잘못 표시된 경우
영화가 시작되기 전에 화장실 가기	매우 청결하고, 장소가 넓고 밝으며 잘 건조된 바닥, 잘 정리되어 있고, 장식도 좋으며 정기적으로 닦인 깨끗한 거울	더러움, 참기 힘든 냄새, 깨진 변기, 핸드타월, 비누, 휴지가 없음, 사람들이 북적거림, 더러운 거울
상영관에 들어가서 자리를 찾음	결점 없는 상영관 : 잘 디자인된 좋은 의자, 자리를 찾기에 충분한 조명, 넓고 편안한 의자, 각 의자마다 음료수와 팝콘 놓는 공간, 적절한 온도	휴지가 널린 바닥, 부서진 의자, 끈적거리는 바닥, 우울하고 어두운 조명, 불이 들어오지 않은 출구 표지
영화 보기	훌륭한 음향시스템과 필름 품질, 좋은 관객, 영화 보기를 즐겁고 기억에 남게 하는 전반적인 것	평균 이하의 음향과 영상 도구, 소근거리거나 떠드는 비호감 관객, 영화 관람을 불쾌하게 하는 전반적인 것
상영관 떠나기 및 차로 돌아오기	친절한 서비스직원이 떠나는 고객에게 인사함, 밝은 조명의 출구 및 안전한 주차장, 주차장으로 돌아가는 데 필요한 표시	좁은 복도로 사람들이 몰림, 조명이 없거나 어두워서 차를 찾기 어려움

4) 서비스 차별화

서비스스케이프의 설계는 경쟁사와 차별화하고 목표시장을 명확히 알리는 차별화(differentiator) 기제의 역할을 한다. 서비스를 재포지셔닝하거나 신규고객을 유인하려면 서비스스케이프의 재설계가 필요하다. 호텔 로비에서 보면 로비 장식과 심벌 및 색상, 표지판, 배경음악 등이 특정 세분시장을 겨냥하고 있음을 알 수 있다.

혁신적인 애완동물호텔 펫스호텔(PertsHotel)을 출점한 펫스마트(PetSmart)사는 특별한 서비스스케이프로 다른 경쟁자와 차별화하였다. 이곳은 주간 돌봄 서비스, 야간 돌봄 서비스 등이 있고 보통의 애완동물 시설과 크게 차별화되어 있다. 이 호텔은 로비 공간, 다양한 인테리어의 놀이터도 있고 안락한 침실, 텔레비전 등을 갖추고 있는데, 전통적인 훈련장보다 가정적인 느낌을 주는 설비를 제공한다.

다른 예로 대형호텔은 설계의 차별화를 통해 음식 메뉴의 등급을 나타낸다. 또는 좀 더 넓은 객실에서는 물리적 즐거움을 좀 더 만끽할 수 있는데, 이러한 물리적 증거의 차이를 통해 가격차별화가 정당화된다. 유사한 예로 항공기의 경우 넓은 좌석 공간은 그만큼 높은 요금으로 차별화하고 있다.

[그림 8-1] 펫스마트

3. 서비스스케이프 모델

서비스스케이프가 소비자 행동에 미치는 효과를 이해하기 위한 통합적 모형으로 서비스스케이프 모델이 있다. 서비스스케이프 모델의 가장 뚜렷한 공헌은 서비스 환경에 직원의 반응을 포함했다는 것이다. 고객보다 직원은 서비스 환경에 더 많이 머무르게 된다. 그러므로 서비스 환경의 설계자는 어떻게 서비스 환경이 일선 직원의 생산성을 높이고, 어떻게 서비스 전달의 질(quality)을 강화하는지 알아야 한다.

서비스스케이프 모델은 고객과 직원의 반응이 조절변수로써 작용한다. 유사한 서비스 환경이라도 고객이 누구이고 무엇을 좋아하는지에 따라 다른 효과를 미친다는 의미이다. 예를 들어 랩음악은 어떤 고객에게는 즐거움을 주지만 다른 고객에게는 시끄러운 고문일 수도 있다.

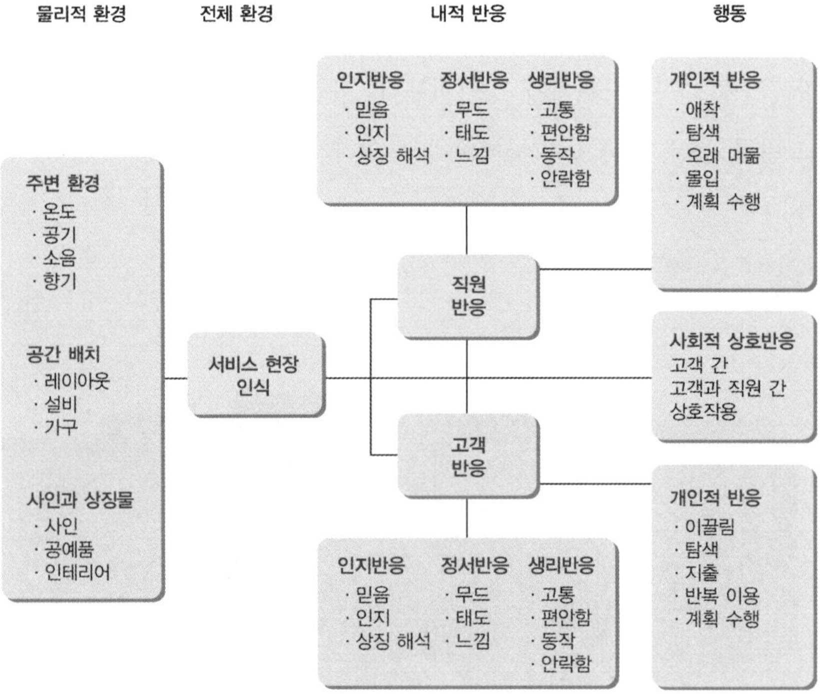

[그림 8-2] 서비스스케이프 모델

[그림 8-2] 서비스스케이프 모델은 본 장의 앞에서 설명한 내용을 요약한 것이다. 그림에서 보면 물리적 환경 차원은 이미 1절에서 논한 (1) 주변 여건, (2) 공간배치와 기능성, (3) 표지판, 상징, 인공물 등이 포함된다. 직원 반응과 고객 반응은 (1) 인지적 반응(예, 품질 지각과 신념, 상징적 의미), (2) 정서적 반응(예, 기분, 태도, 느낌 등), (3) 생리적 반응(예, 고통, 안정감, 편안함 등)으로 구분할 수 있다. 이러한 심적 반응은 붐비는 리조트 해변을 피하거나, 한가하고 여유로운 리조트에서는 더 오래 머무르며 돈을 더 많이 지출하는 등의 행동을 보인다. 중요한 것은 그림의 우측에 표시한 '행동'으로, 거기서는 개인적 행동, 사회적 상호작용, 개인적 활동 등이 일어나며, 특히 여기서 기업은 생산성을 높이거나 고품질의 서비스를 구매하는 방식으로 행동의 결과가 나타나야 한다는 것이다.

서비스스케이프에서 고객과 접점직원이 스트레스를 느끼는지, 그렇지 않으면 편안하고 행복감을 느끼는지에 따라 서비스 거래의 결과나 기업의 이윤이 달라진다는 것을 명심해야 할 것이다.

제 3 절 물리적 환경의 관련 개념

1. 분위기

상품의 무형적인 측면을 더욱 유형적인 측면으로 만드는 물리적 환경의 관련 개념 가운데 첫 번째 요소는 분위기이다. 우아하다든가, 전원적이라든가, 시골풍이라든가, 유럽 스타일 같다는 말들이 리조트를 설명할 때 사용되는 용어이다. 분위기는 감정이나 호의를 전달하는 데 도움을 주는 물질적인 것, 사실적인 것의 묘사이다. 예를 들어, 많은 레스토랑이 전원적인 분위기를 전달하고자 한다면 향토색이 강한 가구,

농기구, 빨래판 등을 장식해 놓고 거칠게 자른 나무장식용 판자 등을 활용하여 분위기를 연출할 수 있다. 전원적이라는 무형의 감각이 유형의 단서에 의해 전달되는 것이다.

리조트나 호텔이 고급스럽게 프레젠테이션되기 위해서는 분위기 요소들이 전혀 달라야 하는데, 금박을 입힌 거울이나 신선한 꽃으로 가득한 꽃병, 수정샹들리에 등이 우아한 분위기를 전달하는 데 도움을 주는 유형적 요소들이다.

항공사는 서비스의 등급에서 차이를 전달하기 위해 분위기를 이용한다. 일등석에는 1회용 종이컵 대신에 진짜 유리잔으로 무상의 음료가 지급되고 종이 냅킨 대신에 천 냅킨이 제공되며 국외로 비행할 때 탑승객은 슬리퍼, 치약, 칫솔 등을 받는다. 이 아이템들은 일등석 승객들이 특별하다고 느끼게 하는 데 도움을 준다.

[그림 8-3] 에미레이트 항공 1등석

2. 입지

물리적 환경의 관련 개념 가운데 두 번째 중요한 요소는 기업의 입지이다. 입지란 이미 주어진 것이라는 사실과 변하지 않는 장소라고 볼 수 있다. 입지는 곧 점포의 위치나 장소를 말한다. 어떤 측면에서 마케터는 위치나 장소에 관한 정보전달 방법을 통제해서 고객이 한 지역에 관해 어떻게 느끼는가 하는 고객의 인식을 변화시킬 수 있다.

콜로라도산(山)에 있는 인공 산악스키리조트의 입지의 중요성을 생각해 보자. 비록 그 리조트가 가장 좋은 스키장, 숙박시설, 적설 조건을 가지고 있다 해도 그 스키리조트는 주요 인구중심지로부터 너무 멀리 떨어져 있다. 미국 동서부 연안 지역으로부터 오는 스키어들은 우선 덴버까지 비행기를 이용해야만 한다. 그리고 그들은 다소 비싼 경비행기로 비행할 것인가 또는 눈 덮인 산길을 버스나 차로 몇 시간 더 달릴 것인가를 선택해야만 한다. 잠재고객에게 제공하는 스키리조트의 입지적 특징은 비관적이다. 리조트의 커뮤니케이션은 사람들이 어떻게 먼 거리를 인지하는지 결정하는 데 도움을 준다. 스키리조트는 무엇인가 특별하다든지 먼 거리의 위치를 이점(利點)으로 느낄 수 있도록 노력할 필요가 있다. 그 입지는 모든 스키어를 위한 곳이 아니라, 스포츠에 열광적인 스키마니아를 위한 리조트로써 자사를 소구할 수도 있다.

만약 우리나라 수도권 주변의 스키장이라면 다른 전략을 구사할 것이다. 수도권의 스키마니아들에게는 가까운 스키리조트가 위치상 편리성을 제공할 수 있다. 짧은 거리이므로 거기에 도착하는 데 이동시간이 적게 들고 자가용이나 버스의 이용성이 강조될 것이다.

마케터는 위치의 편리성을 강조함으로써 고객에게 관련 정보를 알린다. 목적지 주변 지역이 아름답고 경치가 좋으면 마케팅 관리자는 그런 사실을 강조한다. 예를 들어, 호숫가의 호텔이라면 호텔의 위치를 설명할 때 분명히 호수를 언급할 것이며 호텔이나 레스토랑이 여행하기에 좋은 도로나 주요 교차로에 위치한다면 그런 입지 접근성을 강조할 것이다.

3. 현장직원의 행동과 태도

위락여행과 같은 서비스지향의 사업에서 직원은 물리적 환경에서도 중요한 부분이 된다. 직원은 고객과 빈번히 접촉하며 제품에 대한 인상에 영향을 주고 직원의 행동과 고객이 제품을 재구매 여부의 결정에 도움을 준다. 웨이터나 웨이트리스, 벨보이에 대한 좋지 않은 경험은 리조트나 목적지 심지어 전체여행에 대한 여행객의 인식을 흐리게 할 수 있다.

여러 측면에서 직원은 서비스 상품의 일부분으로 인식되고 있다. 항공사의 스튜어디스나 호텔의 웨이터 또는 커피숍의 직원들은 고객들을 위한 분위기를 창출하는 역할을 한다. 단정치 못하고 무뚝뚝한 웨이터보다는 밝고 쾌활하고 단정한 옷을 입은 웨이터가 제공하는 모닝커피를 마신다면 좋아하지 않을 사람이 어디 있겠는가?

사람들은 자신들이 특별하다고 여겨지는 것을 좋아한다. 그래서 호의적인 작은 몸짓이나 손님을 호명하며 인사하는 것은 고객을 즐겁게 하는 데 효과가 있으며 그렇게 함으로써 반복적으로 거래할 기회가 많아지게 되는 것이다.

제 4 절 가상적 물리적 환경

정보통신기술의 발달과 온라인을 기반으로 한 네트워크 시스템의 발달은 가상공간을 창출하였다. 가상공간 이전의 모든 사물의 의미와 속성은 현실 세계에서만 존재하였다. 가상공간은 인간이 물리적 공간에서 겪는 시간과 공간의 제약을 극복하고 쌍방향 커뮤니케이션의 효율성을 획기적으로 증대시킨 공간이다. 즉 인터넷 기술의 네트워크 시스템을 통해 대량의 정보가 교환되고 공유되는 공간을 의미한다. 가상공간이 발달하면서 전통적인 물리적 환경에서 이루어졌던 개인의 일상들이 점차 가상공간으로 옮기게 되었고 현실 공간에서의 사회교류, 쇼핑의 상거래, 은행 업무는 물론 휴식과 여가 및 학습에 이르기까지 다양한 활동이 가상공간에서 가능하게 되었다.

과거 소비자들은 직접 시장을 방문하여 판매원들과 커뮤니케이션을 통해 정보를 획득하고 상품과 서비스를 소비하는 것이 일반적이었으나, 오늘날 디지털 정보화 사회에서는 시장이라는 물리적 공간을 탈피해서 소비자가 개별적으로 필요한 정보를 얼마든지 수집할 수 있고 원하는 상품과 서비스의 거래가 적재적소에서 이루어짐에 따라 가상공간에서 소비자가 받을 상품과 서비스에 대한 유형적 단서로써 웹사이트의 역할이 매우 중요하게 되었다고 할 수 있다.

일반적으로 기업에서는 웹사이트를 활용하여 가상공간에서 기업의 상품과 서비스를 홍보 및 판매하고 있으며, 이런 웹사이트를 방문하는 고객들은 웹사이트의 시각적 디자인의 특징을 통해 웹사이트에 대한 첫인상을 형성하게 된다.

웹사이트의 디자인은 웹사이트의 그래픽과 멀티미디어에 관한 것으로 사용자가 가상공간에서 느끼는 분위기, 음악, 레이아웃, 색상 등을 통해 느끼는 것이다. 이는 웹사이트의 디자인이 고객의 흥미와 관심을 유발하고, 독특하고 신속한 그래픽의 변화로 고객에게 신선함과 친숙함을 제공하여, 브랜드의 긍정적인 이미지가 형성된다.

이처럼 더욱 사실적으로 지각하게 하는 가상공간에서의 물리적 환경은 협의의 개념으로 웹사이트 심미성을 의미할 수 있다. 심미성은 웹사이트의 시각적 매력과 같은 웹사이트의 외형과 관련 있는 속성으로 상품과 서비스에 대한 콘텐츠에 사용된 색상의 조합, 사용된 글자체의 크기, 애니메이션, 사진, 음향효과, 텍스트의 명확성과 가독성을 의미한다. 광의의 개념으로는 소비자가 구매하고자 하는 상품과 서비스를 웹사이트를 통해 미리 체험하고 경험할 수 있는 가상체험의 의미까지 포함할 수 있다.

가상체험의 경우 지역의 활성화에 크게 공헌한 지방자치단체의 마케팅 전략을 보자. 보성군청에서는 보성녹차의 홍보와 방문객 유입을 위하여 보성군청 웹사이트 내에서 방문객들이 미리 유명 지역을 방문하여 가상공간에서 이를 체험할 수 있으며, 코스별, 지역별 여행 스케줄을 체험함으로써 방문 이전에 방문지에 대한 자세한 정보를 확인할 수 있다.

이처럼 웹사이트를 활용한 가상공간에서의 물리적 환경은 오늘날 소비자들의 유입을 극대화할 수 있는 전략적 요소로 향후 꾸준히 발전할 것이다.

09

CHAPTER

서비스 프로세스

Chapter 09 서비스 프로세스

제 1 절 서비스 프로세스란?

1. 서비스 프로세스의 의의

서비스 프로세스는 서비스가 전달되는 절차나 메커니즘 또는 활동들의 흐름을 의미한다. 서비스는 일련의 과정이며 흐름의 형태로 고객에게 전달된다. 이 과정은 프로세스이고 또한 서비스의 흐름은 플로(flow)이며 서비스의 전달과정(delivery process)을 말한다. 따라서 프로세스는 서비스 상품 자체이기도 하면서 동시에 서비스 전달과정의 성격을 갖고 있다.

프로세스, 즉 구매과정(purchasing process)에는 서비스 상품 구매에 대한 사람들의 심리적 동기와 의사결정 방법이 고려되어야 한다. 사람들이 보트, 별장, 가구 대신에 왜 서비스 상품에 돈을 소비하려고 하는가? 또 수백 가지나 되는 상품 중에서 왜 특정 상품을 선택하는가? 그리고 사람들은 위신을 높이기 위해, 일부 사람들은 자신의 건강을 위해 서비스 상품을 구매하기도 하고, 때로는 모험하기 위해, 다른 지역의 문화를 배우기 위해, 조상의 뿌리를 찾기 위해, 단순히 가족과 친구와 즐기기 위해 특정 서비스를 선택하기도 한다.

고객들의 욕구와 욕망, 개인적 특성, 사회적 · 경제적 지위는 그들의 동기를 형성하는 데 도움을 준다. 그러므로 구매자의 동기를 파악할 수 있는 기업은 그 동기에 알맞은 서비스 상품과 프로모션을 조직화할 수 있다.

잠재고객에게 적절한 정보를 제공하는 것은 구매과정에 있어 결정적으로 중요하다. 고객은 구매하기 전에 서비스 상품에 대한 정보의 근원, 그 정보에 접근하는 방법, 구매를 실행하는 방법 등을 알려고 한다. 서비스 관리자는 구매과정을 촉진하는 방법으로써 이러한 정보를 고객에게 알리도록 노력해야 한다.

구매과정에서 서비스에 대한 정보는 기업이 의도한 대로 항상 지각되고 해석되는 것이 아니다. 그러므로 때때로 제품에 대한 오보라든가 부정적인 관념을 극복하는 것이 필요하다. 예를 들어, 1980년대에 크루즈산업은 유람선이 돈 많은 백만장자나 졸부를 위한 것이 아니라는 것을 일반 대중에게 확신시켜 줌으로써 크루즈 판매가 급격히 증가하였다.

서비스 관리자는 고객이 구매하는 각각의 서비스 상품에 대해서 똑같이 생각하지는 않는다는 것을 인식하게 되었다. 렌터카나 식당은 편의점에서 물건을 구매하는 것처럼 그다지 깊이 생각하지 않고 쉽사리 선택되기도 한다. 그러나 휴가리조트나 크루즈 세계 일주와 같은 상품을 선택하는 데는 많은 생각이 필요할 것이다. 이 구매과정 요소는 제품을 어떻게 시장에 내놓는가에 영향을 미친다.

2. 서비스 프로세스 플로차트 작성

플로차트(flowchart)는 고객에게 서비스를 제공하는 데 서로 다른 단계의 순서와 특징을 보여줄 수 있는 기법이다. 이는 전체적인 고객서비스 경험을 이해하는 방법이 된다. 서비스기업에서 소비자가 갖게 되는 접점의 순서를 플로차트로 작성함으로써 제공하는 현재 서비스에서 의미 있는 시사점을 얻을 수 있다.

1) 서비스 프로세스 도구로서 플로차트

서비스 플로차트(service flowchart)를 설계하는 것은 고객이 사용하는 핵심서비스의 단계와 핵심상품을 보조하는 서비스 단계를 구별하는 데 매우 유용한 방법이다. 예를 들어 유명 레스토랑에서 음식과 음료는 핵심상품의 일부이고, 예약, 발레파킹, 코트 룸, 에스코트, 주문 메뉴, 계산, 화장실 사용 등은 보조서비스에 포함된다. 이

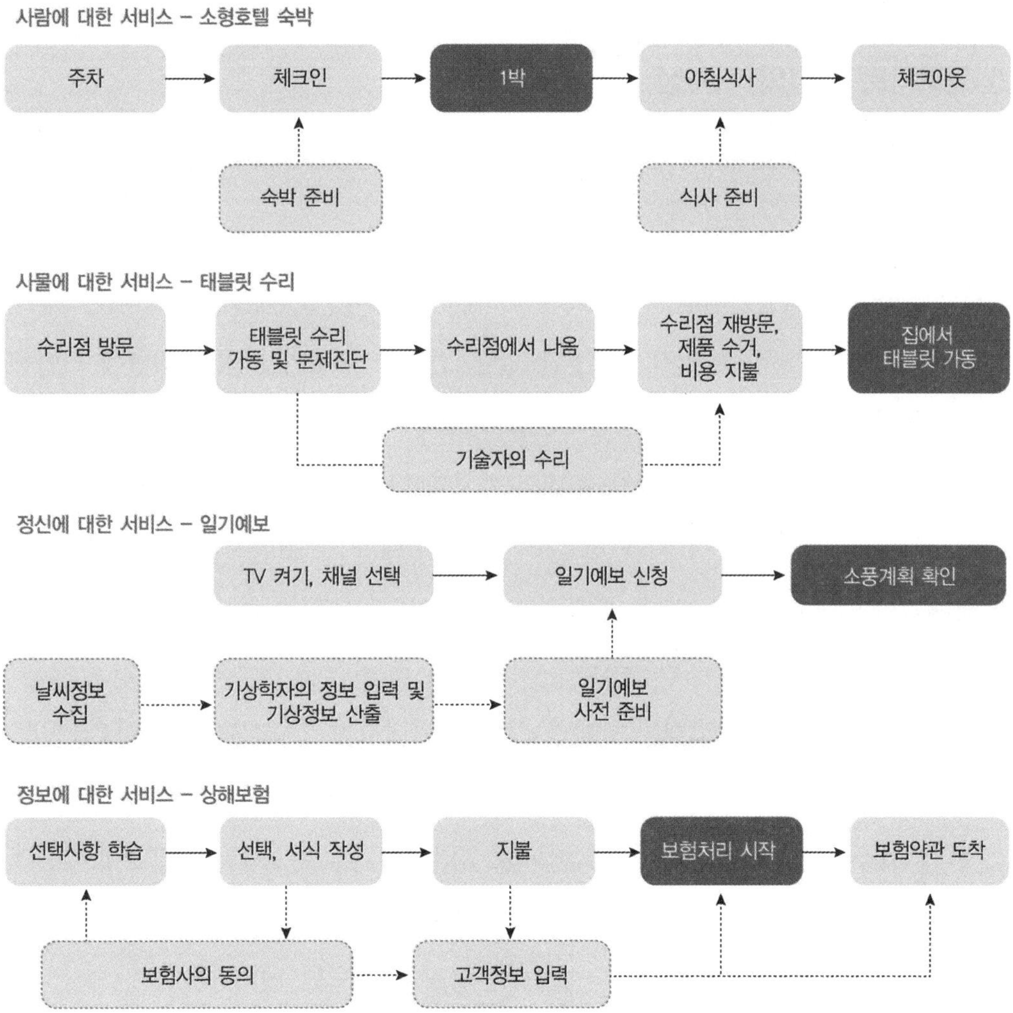

[그림 9-1] 다양한 서비스 전달 플로차트의 예

처럼 다양한 서비스를 위한 플로차트를 작성한다면 핵심상품은 모두 다르더라도 정보제공, 예약, 주문, 문제 해결, 계산 등의 공통적인 보조 요소가 있다는 것을 알 수 있다.

플로차트는 사람에 대한 처리, 사물에 대한 처리, 정신에 대한 처리, 정보에 대한 처리 등 서비스의 네 가지 범주 각각에 대해 고객의 관여 정도가 다르다는 것을 보여준다. [그림 9-1]은 다양한 서비스 전달에 대한 플로차트의 예이다.

2) 플로차트 기법의 시사점

앞의 플로차트에서 보듯이 서비스 이용에 대한 고객의 역할은 각각의 범주에 따라 달라진다.

① 호텔의 예는 물리적인 프로세스를 포함하고 있다. 호텔은 숙박을 위한 침실, 욕실, 주차, 다른 물리적 시설들과 같은 건물과 부지의 물리적 외형에 기반해서 서비스품질에 관한 판단을 내릴 수 있다. 호텔 패키지상품의 한 부분으로 간단한 조식을 제공함으로써 호텔의 가치를 더할 수 있다. 고객의 역할은 열쇠를 받고 체크아웃 시 키를 반납하는 것 등 매우 간단하다.

② 수리점에서 고객의 역할은 태블릿 기기가 어딘가 고장이라는 간단한 설명, 기계를 맡기는 일, 수리가 끝난 후 찾아가는 일 등으로 제한된다.

③ 일기 예보의 경우 고객의 역할은 그다지 활발하지 않다. TV는 라디오, 신문, 인터넷 등 다른 매체와 경쟁하며, 고객에게 그래픽 디자인, 기상 캐스터의 개성과 프레젠테이션 기술, 일기 예보 편성의 편리성 및 정확도에 기반해 고객에게 소구해야 한다. 고객의 역할은 TV 방송을 선택해서 TV를 켜는 것이다. 비용이 들지 않으며 다만 일기 예보 전에 광고를 보면 된다.

④ 상해보험에 가입하는 것은 무형적 활동이지만 시간이 소요되고 정신적인 노력이 필요하다. 고객의 역할은 여러 선택사항을 확인하고 세부 계약서를 작성해

야 한다. 그 후 보험의 효력이 발생하고 보장되기를 기다리면 된다. 나이, 지병, 병력 등과 건강 계획에 대한 선택이 혜택에 상응하는 비용을 반영해 줄 것이다. 선택한 보험사의 브랜드를 잘 이해하지 못한다면, 보험사의 명성을 판단하고 가입할 것이다.

제 2 절 서비스 청사진

1. 서비스 청사진이란?

서비스 청사진(Service blueprinting)은 고객과 직원, 서비스 시스템의 상호작용을 나타내는 지도이다. 즉 직원의 역할이나 상반된 사람들이 서비스에 대해 이해하고 그것을 객관적으로 다룰 수 있도록 서비스 시스템을 명확히 나타내는 그림 또는 지도라고 할 수 있다. 그래서 서비스 청사진은 직원의 역할, 서비스 제공 및 운영 프로세스, 공급, 정보기술, 그리고 고객 간의 상호작용을 보여줌으로써 기업의 마케팅과 운영, 인적자원을 보다 효율적으로 관리할 수 있게 한다. 청사진은 로지스틱, 산업공학, 의사결정론, 컴퓨터 시스템 분석, 소프트웨어 엔지니어링 등을 포함해 여러 분야에서 그 기원을 찾을 수 있는데, 그 핵심은 프로세스를 정의하고 설명하는 것이다.

[그림 9-2]는 서비스 청사진 내용을 잘 요약하고 있다. 서비스 청사진은 고객 관점에서 서비스 프로세스, 고객 접점, 그리고 서비스의 증거를 동시에 묘사하는 도구이다. 서비스는 경험이기 때문에, 청사진은 서비스를 유용하게 설명해 줄 수 있다.

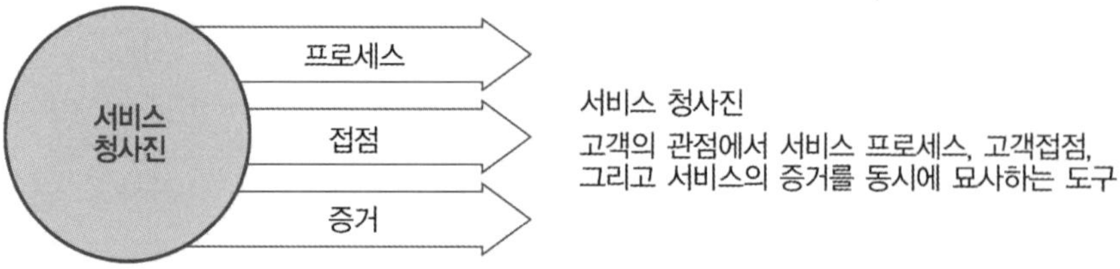

[그림 9-2] 서비스 청사진

2. 서비스 청사진의 요소

청사진은 고객이 볼 수 있는 부분과 후방에서 일어나는 모든 일을 포함하여 어떻게 서비스 프로세스가 형성되는지를 자세하게 구체화하고 있다. 즉 핵심적인 고객활동 및 고객과 직원이 상호작용하는지, 서비스직원에 의한 전방 활동과 이러한 활동이 어떻게 후방활동과 시스템에 의해 지원되는지를 한눈에 볼 수 있다.

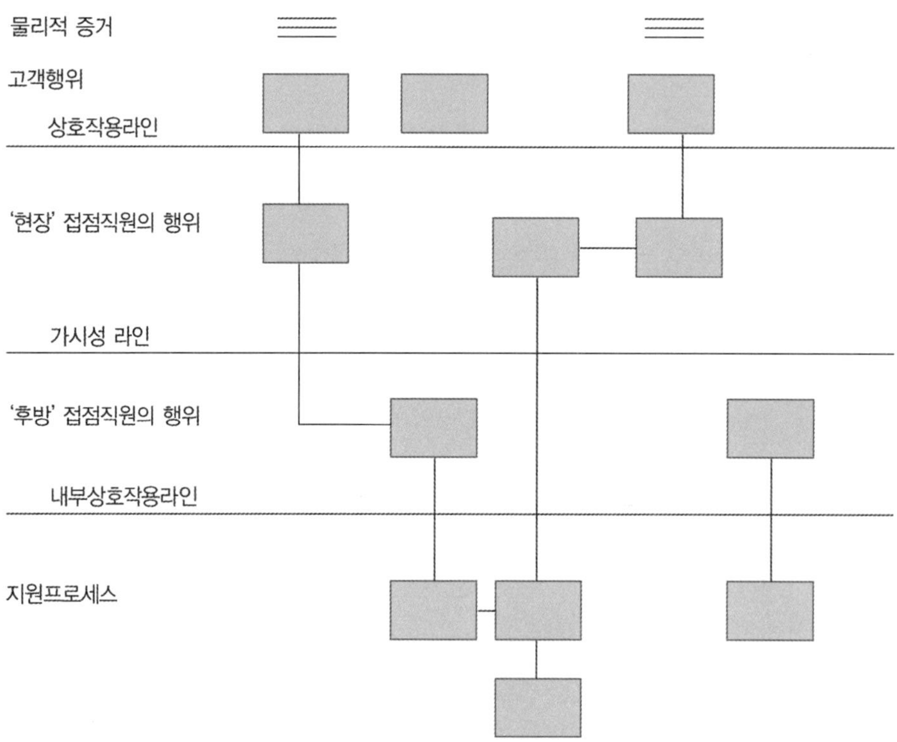

[그림 9-3] 서비스 청사진의 주요 요소

서비스 청사진은 직원과 고객 간의 상호작용을 안내하기 위한 서비스 스크립트(대본)와 역할의 정의, 실패점과 과다한 고객 대기시간을 설계하고, 마지막으로 서비스 표준과 서비스 전달의 표적을 설정하는 것 등 더 나은 서비스 프로세스를 개발할 수 있다. [그림 9-3]은 서비스 청사진의 주요 요소를 나타내고 있다.

1) 물리적 증거

청사진의 맨 위쪽 부분에 서비스의 물리적 증거(physical evidence)가 있다. 전형적으로 접점의 각 단계 위에 서비스의 실제 물리적 증거가 명시되어 있다. 예를 들면 외관, 내부 장식, 데스크, 서류, 의복 등과 같은 것이다.

2) 고객 행위

고객 행위(customer action)에는 고객이 행하는 선택, 상호작용, 기타 활동이 포함된다. 고객 경험 전체가 고객 행위 영역으로 청사진에 나타난다. 예를 들어 법률 서비스의 경우 고객 행위는 변호사 선임 여부, 변호사와 통화, 직접 대면, 문서의 수취, 계산서의 수취 등을 포괄한다.

3) 접점직원의 행위

고객 행위와 마주보는 위치에 접점직원의 두 가지 행위 영역이 있다.

- 현장 접점직원의 행위 : 의뢰인에게 보이는 변호사의 행위는 초기 상담, 중간 미팅, 법률문서의 전달 등이다.
- 후방 접점직원의 행위 : 고객과 전화통화를 한다거나 미팅과 직원의 행위가 이에 속한다. 고객의 눈에 보이지 않는 모든 접점직원의 행위는 청사진의 바로 이 영역에 포함된다.

4) 지원프로세스

서비스를 제공하는 접점직원을 지원하기 위해 기업 내부에서 이루어지는 상호작용을 말한다. 해당 일에 대한 직원의 내용 조사, 문서의 준비, 미팅을 위한 비서의 지원, 등록시스템, 결제정보시스템, 에어컨 및 공조, 컴퓨터시스템, 원자재 조달 등이 이에 속한다.

5) 세 가지 수평 라인

- 상호작용라인 : 이 라인은 고객과 조직 간의 직접적인 상호작용을 나타낸다. 상호작용 수평 라인과 수직 라인이 교차하는 때에 고객과 조직, 또는 서비스 제공자와의 직접적인 만남이 발생한다.
- 가시성 라인 : 이 라인은 보이지 않는 서비스 활동과 고객에게 보이는 서비스 활동을 분리한다. 또 이 라인은 현장에서 일어나는 접점직원의 활동과 후방에서 이루어지는 활동을 구분하게 한다.
- 내부상호작용라인 : 이것은 접점직원의 활동과 여타 지원부서의 활동을 구분하게 한다. 수직 라인과 이 라인이 교차하는 점이 내부 서비스 접점이다.

3. 서비스 청사진의 적용

1) 익스프레스 메일서비스에 대한 청사진

[그림 9-4]는 익스프레스 메일 제공의 아주 단순한 청사진이다. 이 청사진을 보면 고객 관점에서 서비스 프로세스는 단지 전화통화, 화물수취, 화물배달이라는 세 단계만 존재한다. 프로세스는 상대적으로 표준화되어 있고, 서비스를 수행하는 사람은 전화 주문을 받는 사람과 배달하는 사람이며, 물리적 증거는 화물 소포, 운송서류, 트럭, 그리고 포켓용 컴퓨터(또는 핸드폰)이다.

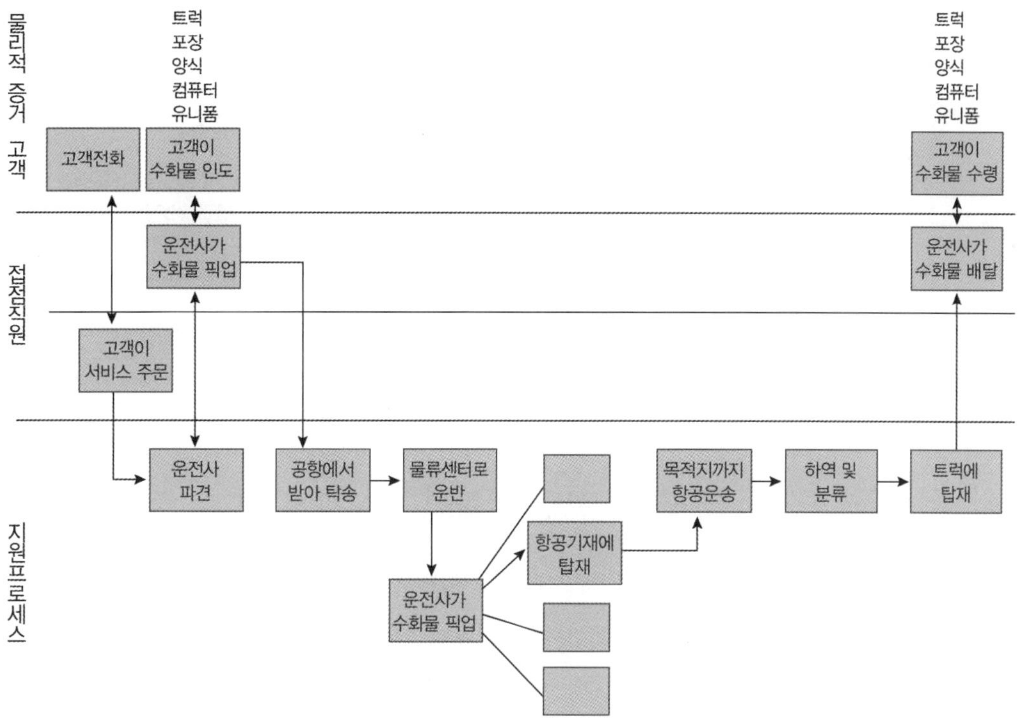

[그림 9-4] 익스프레스 메일서비스에 대한 청사진

그림에는 나타나지 않지만, 고객은 온라인이나 핸드폰으로 자기 화물을 추적할 수 있다. 가시성 라인 뒤에 있는 복잡한 프로세스는 상대적으로 고객의 관심을 끌지 않는다. 그러나 고객의 눈에 보이는 세 단계를 효과적으로 수행하기 위해서는 보이지 않는 내부서비스가 필요하다. 내부서비스의 단계와 이것이 외부서비스 제공 활동을 지원한다는 사실은 청사진을 보면 명백하게 알 수 있다. 청사진에 나타난 모든 단계에서 필요하다면 좀 더 상세한 청사진을 만들 수 있다.

2) 커피전문점의 청사진

Espresso & Coffee Shop의 청사진에서 서비스 프로세스가 이루어지는 흐름을 한 눈에 파악할 수 있다.

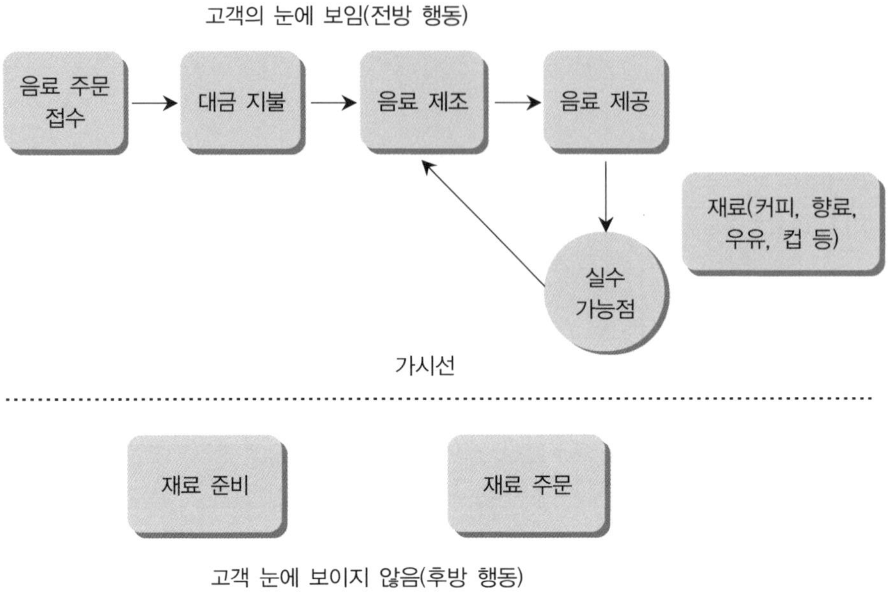

[그림 9–5] 커피전문점을 위한 서비스 청사진

[그림 9-5]에서 보듯이 커피점의 전면부인 고객 접촉이 많은 구역과 후면부이면서 고객 접촉이 드문 지역 간의 구별이 명확하다. '가시선'이 양쪽의 기능적 영역을 나누고 있으며 각 구역에서 공정이 이루어진다. 새로운 서비스를 개발할 때 설계자는 누가 그 업무를 할 것이며 어떤 공정이 소비자가 보는 곳에서 혹은 소비자가 보지 못하는 곳에서 이루어질 것인지, 그리고 언제 어떤 순서로 공정이 이루어질 것인지, 왜 그 공정이 그런 순서로 가시적 영역 내에서 이루어져야 하는지를 반드시 고려해야 한다. 예를 들어, 커피전문점은 커피 원두를 보이지 않는 곳에서 미리 갈아놓을 수도 있지만, 고객이 보는 곳에서 원두 가는 모습을 보여줌으로써 음료의 신선함을 강조하고 어떤 감각적인 경험을 창출할 수 있다.

두 번째로, 설계자들은 표준 및 최대 업무시간, 재료, 특정 단계의 정확한 세부사항을 결정할 수 있다. 예로 든 커피전문점에서 설계자는 직원들이 고객의 돈을 받는 과정과 잔돈을 준비하는 과정을 정확히 지시한다. 물론 카드를 사용하는 과정도 정확히 지시한다. 도표는 각 공정에 필요한 재료와 누구에게 구매와 주문에 대한 책임이 있는가를 나타낸다. 에스프레소 체인점은 커피, 향료, 컵, 뚜껑 등을 공정에 필요한 재료로 사용한다. 이 커피전문점에서는 또한 머그컵, 커피메이커, 책자 또는 CD를 함께 팔기도 하지만 이런 품목들은 음료 준비 설계와는 다른 설계요소이다.

세 번째로, 설계자들은 잠재적인 문제점들을 검토하고 그런 실수를 방지하거나 만회하기 위한 전략을 구상할 수 있다. 이런 실수 방지 전략, 혹은 포카요케(poka-yoke, 실수를 피한다는 뜻)는 설계에 있어 불가결한 요소이다. 포카요케는 일반적으로 경고, 물리적 및 시각적 접촉방법이며, 여기에는 실행되어야 할 업무, 고객 접대, 서비스의 유형적 혹은 환경적인 요소들이 포함된다.

에스프레소 전문점의 예에서는 음료 배달과 관련한 문제점을 보여주고 있다. 구매자들은 주문과 다른 음료를 받을 수도 있다. 이런 실수를 방지하기 위한 포카요케 설계요소들은 다음과 같다. 직원은 고객이 주문할 때 음료 목록을 종이컵에 표시하며, 주문이 끝나면 고객이 말한 것을 반복해서 들려준다(예를 들어, "아이스 아메리카노", "무카페인, 우유 첨가, 카페라테 큰 컵"). 내용이 맞는지 고객이 확인한다. 음료가 준비되면 직원은 다시 완성된 목록의 순서를 반복해서 확인한다.

3) 호텔의 서비스 청사진

호텔 서비스 청사진의 예는 [그림 9-6]에 나타나 있다. 고객은 먼저 체크인을 하고 객실로 가는데, 거기서 가방을 받고 잠자고 샤워하고 아침을 먹는 등 다양한 행위를 하고 마지막에 체크아웃한다. 만일 호텔에서 1주일간의 휴가나 3일간의 비즈니스 미팅을 하는 것을 나타내는 서비스 청사진을 그린다면 얼마나 다양하고 복잡한 프로세스와 상호작용이 일어날지 상상해 볼 수 있다.

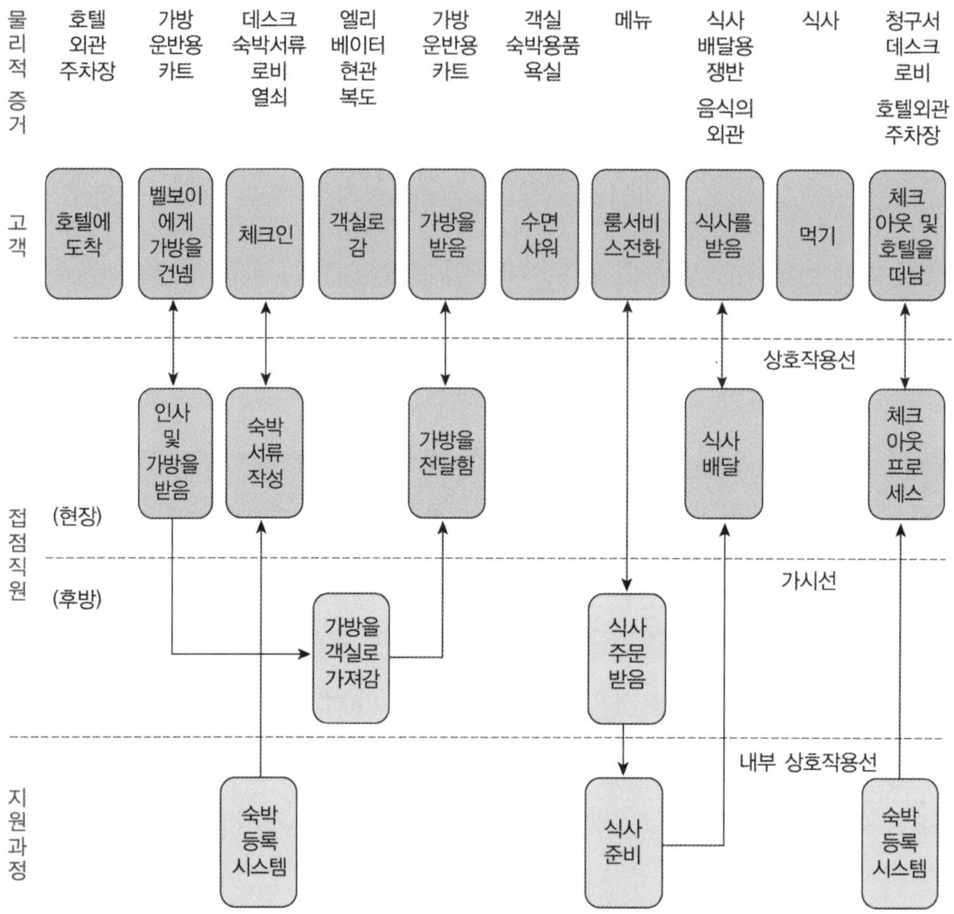

[그림 9-6] 호텔 서비스 청사진

제 3 절 서비스 프로세스 재설계

1. 서비스 프로세스 재설계의 이유

시간이 흐름에 따라 서비스 프로세스는 기술의 발전, 소비자 욕구, 부가서비스 특성, 신제품 제공 등의 변화 등으로 진부해질 수 있다. 이런 경우 서비스 프로세스는 재설계되어야 한다. 재설계에는 크게 두 가지 이유가 있다.

첫째는 외부환경의 변화이다. 이로 인해 서비스의 어떤 활동이 필요하지 않게 될 수도 있다. 특히 셀프서비스나 자동화 등으로 인력이 감축되거나 사람이 필요하지 않게 된다. 따라서 서비스 프로세스를 재설계하거나 새로운 브랜드 프로세스를 창출할 필요가 있다.

둘째는 기업 내부의 원인에 의해 발생한다. 서비스 프로세스의 진부화 현상은 내부 프로세스, 규율과 규범, 비공식적 표준에 대한 약화 현상 등 내부 원인에 기초한다. 프로세스가 원활하게 작동하지 않고 재설계가 필요함을 알려주는 몇 가지 징후들이 있다. 점점 많은 정보 교환이 필요하거나, 유용하지 않은 데이터가 쌓이게 되거나, 가치 부가 활동에서 높은 수준의 확인 혹은 통제 활동이 필요하거나, 예외의 증가, 불편하고 불필요한 절차에 대한 고객 불만의 증가 등이 나타나면 바로 재설계에 착수해야 한다.

〈표 9-1〉 서비스 프로세스 재설계의 방안

	기업 혜택	고객 혜택	한계점
가치창출에 기여하지 않는 단계의 제거	효율성 증가 생산성 증가 고객별 서비스 제공	효율성과 속도 증가 고객으로부터 기업으로 업무 전가 고객별 서비스	원활한 실행을 위해 고객과 직원의 교육 필요
셀프서비스로의 전환	비용 감소 생산성 감소 기술에 대한 평판	서비스 속도 증가 접근성 향상 비용 감소 통제력 증가	고객 역할 수행을 위한 준비 필요 관계 형성을 위한 대면 기회 부족 피드백 부재
서비스를 고객에게 직접 전달	위치적 한계 극복 고객 기반 확장	편의성 증가 접근성 증가	물류 부담 비용 증대 신뢰도 필요
일괄 서비스	고객 유지 고객당 서비스 이용 증대	편의성 증가 고객별 서비스	고객에 대한 광범위한 이해 필요 비경제적으로 인지될 수 있음
물리적 측면의 재설계	직원만족 증가 생산성 증가	편의성 증가 기능의 향상 흥미 유발	모방이 쉬움 많은 비용 소요 고객의 기대 상승

2. 서비스품질과 생산성 향상을 위한 재설계

서비스 프로젝트 관리자는 서비스 프로세스 재설계를 위해 서비스품질과 생산성을 동시에 향상시킬 수 있는 기회를 찾아야 한다. 먼저 서비스 청사진을 체크하는 것은 그러한 기회를 확인하고 업무수행 방법을 재설계하기 위한 중요한 단계이다. 서비스 재설계를 위한 노력은 서비스 실패의 감소, 서비스 프로세스의 시작부터 완료까지의 사이클 타임의 감소, 생산성 향상, 고객만족의 증대 등 네 가지 핵심 목표를 달성하는 데 초점을 두며 동시에 그 목표들을 달성해야 한다. 서비스 프로세스 재설계는 재구조화, 재배열, 서비스 프로세스의 대체를 포함한다.

〈표 9-1〉은 서비스 프로세스 재설계 방안을 요약한 것이다. 여기에는 재설계 5단계에 따른 기업 혜택, 고객 혜택, 한계점이 정리되어 있다. 우선 핵심 이해관계자와 서비스 관리자의 청사진 확인하기, 의미 없는 서비스 단계의 제거, 셀프서비스로의 전환 등을 고려해야 한다. 그리고 다음 단계로 서비스를 고객에게 직접 전달하기, 일괄 서비스로 제공하기, 물리적 측면의 재설계 등으로 이어진다.

제 4 절 서비스 프로세스의 공동생산자 고객

1. 공동생산자로서의 고객

서비스 프로세스 재설계는 생산성과 효율성을 위해서 서비스 전달에 고객이 더욱 관여하기를 기대한다. 청사진은 고객의 역할을 구체화하고 고객과 서비스직원 간 접촉의 범위를 명확하게 확인할 수 있게 한다.

1) 고객 참여 수준

고객 참여는 서비스 생산 및 전달과정에서 고객에 의해 제공되는 정신적, 물리적 정서적 행동과 지원을 의미한다. 고객 참여는 다음의 세 가지 수준으로 구분할 수 있다.

- 낮은 참여 수준 : 낮은 참여 수준에서 서비스 상품은 표준화되어 있다. 고객은 돈을 지급하거나 서비스를 즐기는 역할을 할 뿐이다. 영화 감상 또는 버스 탑승, 일상적 청소나 유지 및 보수와 같이 소유물에 대한 처리에서 고객이 서비스 프로세스에 거의 관여하지 않는다.
- 중간 참여 수준 : 중간 참여 수준에서 고객은 서비스 생산과 소비에서 기업을 도울 필요가 있다. 정보의 제공, 개인적 노력, 물리적 소유를 제공해야 하는 것 등이다. 미용실에서 머리를 다듬을 때 원하는 헤어스타일을 미용사에게 알려주어야 하고 미용사의 요구에 머리를 움직여줘야 한다. 고객이 회계사에게 세금환급을 맡긴다면, 세금환급 관련 서류와 정보를 주어야 하며 회계사의 질문에 잘 대답할 준비가 되어 있어야 한다.
- 높은 참여 수준 : 높은 참여 수준에서 고객들은 서비스의 공동 생산을 위해 적극적으로 참여한다. 고객이 자신들의 역할을 적절히 수행하지 못하면 서비스 성과에 부정적인 영향을 미친다. 결혼 상담이나 교육서비스가 이에 속한다. 고객은 체중감량이나 건강 회복을 위해 의사가 처방한 운동이나 식이요법을 적극적으로 잘 수행해야 한다.

2) 서비스 공동생산자로서의 고객

고객은 서비스를 받는 것만이 아니라 공동생산자(co-producer)로서의 역할을 한다. 헬스클럽의 개인 트레이닝, 학교의 교육서비스 등은 서비스 제공이 한 번이나 단기간에 이루어지는 것이 아니고 서비스직원과 고객의 참여 없이는 성과가 이루어질 수 없다. 이는 서비스 프로세스에 고객이 활발하게 참여하는 것을 의미하므로, 그 책임이 기업에만 있다고 할 수는 없다.

고객의 서비스 참여나 공동 생산의 성과는 서비스품질과 생산성에 영향을 미치므로 기업은 과업을 잘 수행하는 데 필요한 기술과 동기를 갖도록 고객을 교육·훈련해야 한다. 또한, 고객이 자신들의 역할을 명확히 이해할 수 있도록 도와야 한다.

2. 고객에 의해 발생하는 서비스 실패 예방

모든 문제의 1/3 정도는 고객에 의해 발생한다. 그리고 고객에 의해 발생하는 실패는 회복이 어렵다. 이는 고객과 기업은 문제 발생 원인에 대해 서로 다른 견해를 갖고 있기 때문이다. 따라서 기업은 고객에 의해 발생하는 서비스 실패를 예방하는 데 노력을 기울여야 한다.

고객 실패 예방을 위한 좋은 방법에는 3단계 접근법이 있다.

첫째, 가장 일반적인 실패점에 대한 정보를 체계적으로 수집하라.

둘째, 실패의 원인을 확인하라. 때로는 직원의 설명이 진짜 원인이 아닐 수 있다. 그러한 원인은 고객의 관점에서 조사되어야 한다.

셋째, 확인된 서비스 실패를 예방하기 위한 전략을 수립하라. 거기에는 프로세스 재설계, 기술의 활용, 소비자의 행동 관리, 고객 시민 활동의 독려, 서비스 환경 개선 등 다섯 가지 전략을 적절히 혼합해 사용해야 한다.

3. 서비스 프로세스를 방해하는 불량고객 관리

1) 불량고객이란?

서비스나 상품을 속이거나 잘못 이용하는 고객을 불량고객(jaycustomer, dysfuntional customer) 또는 블랙 컨슈머(black consumer)라 한다. 이러한 불량고객은 기업에 득

보다는 해가 되는 경우가 많다. 기업이 관대한 서비스 정책을 갖고 있거나 보증을 제시할 때 일부 고객이 기업의 호의를 악용할 가능성은 항상 존재한다. 그리고 불평하는 고객이 항상 옳은 것은 아니며 정당하지 않을 수도 있다. 그중 일부 불평은 다른 고객 불평의 원인이 될 수 있다.

불량고객은 직원, 다른 고객, 그리고 기업에 나쁜 영향을 미칠 수 있다. 직원에게 정신적, 정서적, 행동적, 물리적 피해를 줄 수 있다. 또 다른 고객에게도 부정적 영향을 미치는데 다른 고객이 받는 서비스를 망칠 수 있고 이들 불량행동을 보고 다른 고객들이 모방할 수 있다. 고객의 불량행동은 기업에 직간접적으로 비용을 유발할 수 있는데, 직접적 비용으로는 실질적 피해 복구 비용과 보험료, 피해당한 고객의 배상 등이 있고, 간접적 비용은 직원 업무 증가와 스트레스, 이직의 증가, 이에 따른 신규 직원 채용 등이 있다.

2) 불량고객의 유형

불량고객은 기업과 다른 고객에게 해가 되므로 불량행동을 통제하거나 방지하고 엄격한 대처를 하거나 사전에 불량고객을 끌어들이지 않도록 해야 한다.

불량고객의 유형을 살펴보는 것은 유형별로 해결책을 모색하는 데 출발점이 된다.

- 사기꾼형(swindler) : 서비스 정책이나 서비스 보증을 악용하여 기업을 속이는 사람을 말한다. 보험 위조나 위장 구매도 이러한 행태이다. 100% 만족하지 않으면 환불이 가능하다는 보증제도가 있다는 것을 알고 호텔 객실에서 자동차 소리로 한숨도 못 잤다고 해서 환불을 요구하는 고객도 사기꾼형이다. 서비스가 느리다, 너무 빠르다, 너무 뜨겁다, 너무 차갑다, 너무 밝다, 너무 어둡다, 너무 인간미가 없다, 너무 공공연하다, 너무 개인적이다 등등 갖가지 이유를 대며 불평하고 환불이나 보상을 요구하기도 한다.
- 도둑형(thief) : 상품과 서비스에 대한 대가를 지불하지 않는 사람들이다. 가게나

마트에 좀도둑이 가장 흔하며 어떤 사람은 도벽이 있어서, 어떤 사람은 빈곤해서 도둑질을 한다. 훔친 신용카드 사용, 불법 다운로드, 무임승차, 무단복제, 무전취식 등은 도둑형 고객의 행동이다. 도난 방지나 도둑 잡기 또는 형사입건을 위해 필요한 첫 단계는 절도행위 방법을 파악하는 것이다. 그러나 비용 지불을 잠시 잊은 정직한 고객이 있다는 것을 기업은 반드시 고려해야 한다.

• 규칙위반형(rule breaker) : 이는 정해진 규칙이나 법규를 위반하는 사람들이다. 서비스가 제공되기 위해서는 단계별로 직원과 고객이 따라야 하는 규칙이 필요하다. 항공여행을 할 때 지켜야 하는 안전보장을 위한 규칙이나, 공공기관이 건강과 안전을 목적으로 규칙을 만든다. 스키장에서 위험하게 조심성 없이 스키타는 사람은 본인은 물론 다른 사람과 부딪혀 사고 위험이 크다. 스키장 측은 이에 순찰대원을 고용해 단속하는 역할을 한다.

  가장 좋은 방법은 사전 교육과 위험에 대한 경고이다. 규칙을 정할 때 주의해야 할 점은 그 서비스를 이용하는 고객들의 안전과 즐거움을 지켜줄 수 있어야 한다는 사실이다. 규칙이 너무 많으면 고객의 주의를 끌지 못하고, 규칙이 적을수록 그 중요성이 강조된다는 것을 명심해야 할 것이다.

• 호전형(belligerent) : 어느 곳에서든 화가 나서 고함을 지르고 욕을 하고 악담을 하는 사람들이 이 형태에 속한다. 배달 지연, 긴 대기시간, 갑작스러운 단말기나 기계 고장, 서비스직원의 실수 등이 상점, 공항, 호텔, 식당 등에서 종종 일어나기도 한다. 이 경우 일부 사람들은 미친 듯이 날뛰거나 심지어 신체적인 공격까지도 일삼는다.

  현장직원들은 이러한 어려운 상황을 해결하기 위해 여러 가지 기술을 습득해야 한다. 상황극이나 역할극을 통해 직원의 대응 방법을 훈련할 수 있다. 공공장소에서는 해당 고객을 재빨리 다른 고객과 격리한다. 현장직원이 해결하기 어려운 경우는 바로 상위관리자가 투입되어 해결해야 한다. 고객이 신체적으로 공격하면 경비원이나 경찰을 불러야 한다.

- 불화형(family feuders) : 다른 고객들이나 동행한 일행들과 싸우거나 심지어 함께 온 가족들과 싸우는 사람들이다. 운동경기 중에 관객들 간에 싸움이 일어나고 식당에서 뛰어다니는 아이들 때문에 손님들 간에 다툼이 발생하기도 한다. 직원의 개입이 사태를 진정시킬 수 있고 이를 더욱 악화시킬 수도 있다. 상황별로 자세한 분석과 함께 신중하게 대응책을 개발할 필요가 있다. 경우에 따라 서비스 관리자는 즉각적으로 판단하여 빠르게 대처해야 한다.
- 파괴형(vandal) : 어떤 고객은 시설이나 장비에 대해 물리적인 손상을 입히기도 한다. 은행의 ATM에 청량음료 쏟기, 카펫 · 테이블보 · 침대보에 담배로 구멍 내기, 가구나 수화기 망가뜨리기, 컵 깨뜨리기, 천 찢기, 내외부 벽에 흠집 내기, 타인 자동차에 흠집 내기, 사용한 기기나 장비 고장 내기 등 이러한 사례는 끝이 없다.

  최선의 대처방법은 예방이다. 안전조치를 하고 밝은 조명장치, 잘 파손되지 않는 표면제, 보호막을 씌운 장비, 튼튼한 가구 등은 파괴 행동을 막는 방법이다. 고객에게 올바른 시설 사용 방법을 가르치고 경고문을 부착하는 것도 좋은 방법이다. 그리고 손상을 입힌 설비에 대해 고객이 보상하도록 동의서를 작성하거나 예치금을 맡기도록 하는 등 경제적인 부담을 지우는 방법이 있다.
- 신용불량형(deadbeat) : 서비스 이용금액에 대한 지불을 연기하는 사람들이다. 파괴형 고객과 마찬가지로 사전 예방 활동이 사후 대처보다 낫다. 이에 따라 선지급을 요구하는 기업 수가 점차 많아지고 있다. 호텔들이 예약고객에게 신용카드 번호를 요구하거나 인터넷 쇼핑몰에서 상품을 주문한 고객에게 사전 지불을 요구하거나 신용카드 번호를 요구하는 경우가 그 예이다. 차선책으로는 서비스 완료 시 고객에게 즉시 계산서를 주는 것이다. 우편이나 메일로 청구서를 보내야 할 경우는 제공된 서비스가 아직 생생하게 기억에 남아 있을 때 최대한 빨리 보내는 것이 좋다.

제 5 절 셀프서비스 기술

고객 참여의 궁극적인 형태는 고객이 서비스 활동을 직접 하고 서비스기업이 제공한 시스템이나 장치를 이용하는 것이다. 셀프서비스 기술(SST : self-service technology)은 서비스직원의 어떤 직접적인 관여나 상호작용 없이 전적으로 고객에 의해 생산되는 서비스이다. 기업이 전적으로 생산하는 서비스부터 고객에 의해 생산되는 서비스까지 서비스의 연속선을 이루는데 SST는 고객 참여의 정도에서 최고점인 서비스이다.

1. 새로운 SST의 확산

고객은 직원의 관여 없이 서비스를 직접 생산하도록 하는 다양한 SST에 직면해 있다. SST는 은행 자동화 서비스, 슈퍼마켓 자동 스캐닝, 셀프 주유소, 폰뱅킹과 같은 자동 전화 시스템, 호텔 자동 체크아웃, 셀프서비스 기차표 발권 등을 포함하고 있다. 〈표 9-2〉는 SST 목록의 예를 나열하고 있다.

〈표 9-2〉 SST 목록

• ATM	• 소매점에서의 셀프스캐닝(self-scanning)
• 주유기에서 계산	• 온라인 뱅킹
• 공항 체크인	• 온라인 자동차 등록
• 호텔 체크인과 체크아웃	• 온라인 경매
• 자동화된 렌터카 대여	• 온라인 집과 자동차 구매
• 자동화된 법적 클레임 등록	• 자동화된 투자거래
• 온라인 자동차 면허시험	• 온라인 보험
• 자동화된 베팅기(betting)	• 화물 추적
• 전자 혈압측정기	• 인터넷 쇼핑
• 다양한 자판기(vending)	• 상호작용적인 목소리응답 전화시스템
• 세금준비 소프트웨어	• 온라인 교육과 훈련 등

정보기반 서비스는 SST를 사용해서 더 쉽게 제공될 수 있다. 정보서비스는 정보 획득, 순서배열과 예약, 결제와 같은 부가서비스 이외에도 은행 업무, 연구, 오락, 교육 부문과 같은 핵심서비스의 전달도 포함한다. 심지어 전통적으로 면대면으로 서비스 전달이 이루어졌던 상담과 판매 프로세스도 전자 추천 에이전트를 통해 셀프서비스로 전환되고 있다.

2. 고객의 SST 수용 여부

• 성공하는 경우

SST의 시도는 아직 진행 중이다. ATM, 온라인 주문, 공항 체크인 등이 제공하는 여러 가지 편익, 예를 들면 사용 용이성, 접근 가능성, 편의성 등의 편익은 고객이 이를 소중히 여겼기 때문에 성공한 결과이다. 물론 앞의 SST 목록에 많은 리스트가 있다. 최근에는 이보다 더 많은 SST를 볼 수 있다.

서비스기업은 고객의 신뢰를 높이고 셀프서비스 기술이 추가된 서비스 프로세스에 사전 테스트를 시행하고 셀프서비스 기술의 장점을 홍보하며, 고객이 새로운 기술을 직접 사용하거나 학습할 기회를 제공하면 고객들의 혼란과 반감을 줄일 수 있다. SST 도입 후 꾸준히 모니터링해 불만 사항을 개선하고 프로세스를 알맞게 수정한다면 SST의 안착에 도움이 될 것이다.

• 실패하는 경우

셀프서비스를 싫어하는 고객은 나름대로 이유가 있다. 첫째, 고객의 기술 준비도를 고려할 필요가 있다. 셀프서비스 사이트를 접속하기 위해 아이디, 비밀번호, 심지어는 생년월일 등을 입력해야 하는데, 가끔 비번을 잊기도 하고 사이트 이용이나 결제 방식이 복잡하거나 어려울 수 있다. 고객이 이용하기 편리하게 사용 방법에 대한 학습 기회나 홍보를 통해 커뮤니케이션하는 노력이 필요하다.

둘째, 다른 대안을 제공하지 않은 상태에서 SST를 강제로 사용하고 있다고 느낄 때 고객들은 부정적으로 반응할 수 있다. 일부 대형마트에서 소수의 계산대를 열어 놓고 고객들을 셀프 계산대로 가도록 안내방송을 함으로써, 적절한 인센티브 없이 고객을 SST로 내모는 것에 반감을 느끼는 고객들도 있다.

셋째, 아직 복잡한 상호작용을 수행할 만한 기술력을 갖추지 못해 오작동이 있을 수 있다. 순차적인 키보드 입력으로 해결되지 않거나 한번 잘못으로 맨 처음부터 입력해야 하는 번거로움은 SST 사용에 장애가 될 수 있다.

그러나 SST의 급속한 진전은 대세이다. 향후 인공지능 기술이 비약적으로 발전한다면 실생활에서 로봇 서비스를 더 안정적이고 광범위하고 편리하게 활용할 수 있게 될 것이다.

CHAPTER 10

서비스 인적자원관리

Chapter 10

서비스 인적자원관리

제 1 절 서비스직원의 역할

1. 서비스 문화

1) 서비스 문화란?

조직 내의 직원 행동은 조직문화에 많은 영향을 받는다. 기업문화(corporate culture)는 구성원에게 조직의 의미를 부여하고 그들에게 행동규칙을 제공하는 공유된 가치관과 신념의 패턴을 말한다.

전문가들은 고객지향적이거나 서비스 지향적인 조직의 중심에는 서비스 문화가 있다고 한다. 서비스 문화(service culture)란 좋은 서비스를 소중히 생각하고 외부고객만이 아니라 내부고객에게 좋은 서비스를 제공하는 것을 모든 구성원이 중요한 규범이자 자연스러운 생활방식으로 간주하는 문화를 말한다. 이렇게 서비스 문화는 고객에 집중하는 조직을 창출하는 데 중요하며 기업경쟁 우위의 원천이다.

2) 서비스 리더십의 발휘

강력한 서비스 문화는 탁월한 서비스에 대해 강한 열정을 보이는 리더로부터 시작한다. 리더십이란 규정에 따라 명령을 내리는 것이 아니라, 리더의 가치관이 일관성 있게 밖으로 표출된 것이다. 직원들은 리더가 소중히 하는 가치를 가지고 살아가는 모습을 보고 자신들도 그 가치를 소중히 여긴다. 따라서 서비스 중심의 문화를 창출하기 위해 솔선수범하는 경영진들의 리더십이 매우 중요한 역할을 한다.

3) 서비스 문화의 개발

서비스 문화는 하룻밤에 만들어지는 게 아니고 서비스 문화를 유지하는 묘책이 있는 것도 아니다. 기업이 서비스 중심의 문화를 육성하기 위해서는 처음부터 일관성 있게 매우 구체적인 핵심가치와 행동강령을 만들어 꾸준히 내부직원을 교육하고 전파해서 조직에 뿌리내릴 수 있도록 해야 한다. 페덱스, 찰스 슈왑, 월트 디즈니, 리츠칼튼 같은 기업들은 강력한 서비스와 고객지향적 경영을 중심에 두고 이를 유지 발전시키기 위해 그 세부사항에 부단하게 주의를 기울이고 있다. IBM 글로벌 서비스, GE와 같이 성공한 기업들은 기업 운영 방식을 새롭게 바꾸기 위해 수년간 지속적이고 협동적인 노력을 하였다.

4) 서비스 문화의 전달

글로벌 서비스기업이 서비스 문화를 다른 나라에 전달하고 전파하는 것이 쉬운 일은 아니다. 기업문화를 다른 나라에 '수출'하는 데 각 국가의 문화가 상이하므로, 다른 문화와 충돌할 수 있기 때문이다. 따라서 세계적 기업은 국가를 초월해 표준화할 수 있는 서비스와, 국가마다 다르게 해야 할 서비스를 구분해 놓아야 한다. 포시즌호텔은 전 세계 직원들에게 기대하는 '서비스(SERVICE)'라는 7가지 서비스표준을 가지고 있는데 이는 세계적으로 동일하다. 한편으로, 국가마다 다르게 가져가야 할 서비스도 찾아내었다. 미국에서는 호텔 식당에 커피포트를 늘 배치하여 고객이 원하면 언제든지 마실 수 있게 하였다. 그러나 프랑스에서는 테이블 위에 커피포트를 올려놓지 않았는데 그 이유는 프랑스인들은 커피를 자신이 따라 마시는 데 호의적이지 않았기 때문이다. 하지만 포시즌은 다른 것은 변경하지 않았다. 예를 들어 탁월한 서비스를 제공한 직원에게 수여하는 '이달의 직원 프로그램'은 꾸준히 시행하였다. 세계 시장에는 무한한 기회가 존재하지만, 서비스는 사람과 사람의 교류에서 창출되기 때문에 국가마다 있을 수 있는 문화적 차이를 인식하고 서비스 기준과 전략을 마련해 놓아야 할 것이다.

2. 서비스직원의 결정적 역할

1) 서비스 마케팅 삼각형

서비스 마케팅은 고객과 약속하고 그것을 잘 지켜가는 과정이다. 서비스 삼각형(service triangle) 혹은 서비스 마케팅 삼각형으로 알려진 전략적 틀은 [그림 10-1]에 잘 나타나 있다. 서비스 마케팅 삼각형은 서비스를 개발·촉진하고 제공하기 위해 작용하는 세 개의 그룹을 연결해서 설명하고 있다. 각 꼭짓점에 각각 기업, 직원, 고객이 있다. 기업은 서비스직원을 통해 약속을 수행하는데 이를 내부마케팅(internal marketing)이라 한다. 그와 동시에 기업은 고객과의 커뮤니케이션을 통해 약속을 전달하는데 이를 외부마케팅(external marketing)이라고 한다. 그리고 직원들은 고객과의 상호작용을 통해 약속을 지켜나가는데 이를 상호작용 마케팅(interactive marketing)이라고 한다.

삼각형의 세 면 모두가 전체를 만드는 데 핵심적 역할을 하며 삼각형의 각 면은 균형을 갖추어야 한다. 즉 외부마케팅을 통해 기업이 약속한 것 등을 고객에게 제공해야 한다. 그리고 조직 내의 지원 활동이 현장직원이 기대하는 바와 일치해야 한다. 서비스 마케팅 삼각형의 균형을 유지하는 전략 가운데 특히 내부마케팅과 관련된 전략이 그 기본이 되어야 한다.

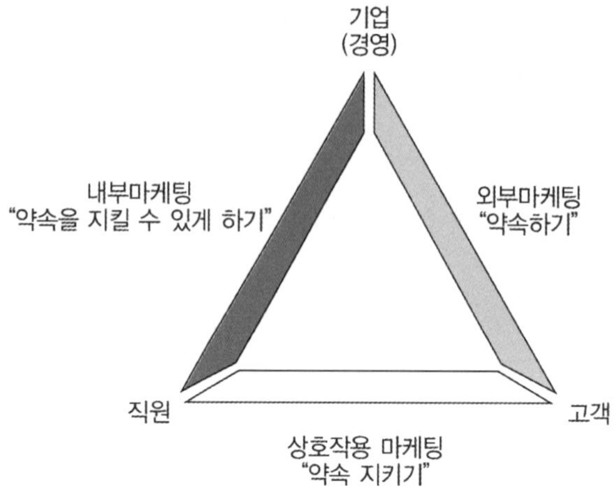

[그림 10-1] 서비스 마케팅 삼각형

2) 직원만족, 고객만족, 수익성 간의 관계

만족한 직원이 만족한 고객을 만들고 만족한 고객이 다시 직원의 직무 만족을 강화한다. 서비스직원의 좋은 기분이 자연스럽게 고객에게 전달되기 때문이다. 또 반대로 서비스직원이 행복하지 않다면 고객만족은 달성되기 어렵다. 서비스직원 자신이 불만에 차 있으면 고객을 절대로 만족시킬 수 없다. 따라서 서비스기업은 고객보다 현장직원을 우선해서 만족시키도록 노력해야 한다.

직원 만족과 고객만족을 연결하는 기본적인 논리와 수익성이 연결되는 과정은 [그림 10-2]와 같다. 이것을 서비스이익사슬(service profit chain)이라고 부른다. 직원이

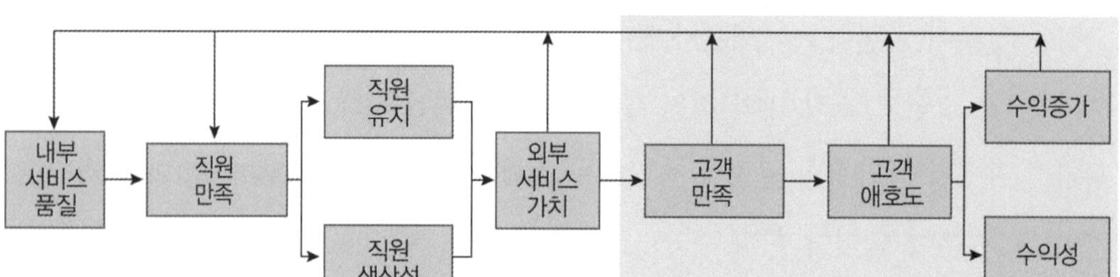

[그림 10-2] 직원만족, 고객만족, 수익성 간의 관계

만족하면 직원의 생산성이 올라가고 외부적으로는 서비스 가치가 올라간다. 직원 만족은 결국 고객만족을 올리고 동시에 고객 애호도가 올라간다. 고객 애호도나 고객 충성도가 올라가면 반복이용 및 재구매가 자주 일어나게 되면서 기업의 수익은 증가하고 따라서 수익성도 높아지는 선순환 구조가 이루어진다.

3. 접점직원의 역할

서비스 현장에서 고객들과 직접 대면해서 서비스를 제공하는 사람들을 접점직원(contact personnel)이나 현장직원 또는 경계연결자(boundary spanner)라고 한다. 이들 접점직원은 외부고객 및 환경을 조직의 내부운영과 연결한다.

그러면 접점직원은 누구인가? 모든 사람, 즉 직무나 직책과 관계없이 접점에서 일하는 사람이면 누구나 접점직원이 될 수 있다. 패스트푸드점, 텔레마케팅회사, 소매점 등에서 접점에 있는 직원들이다. 웨이터, 웨이트리스, 항공사 승무원, 백화점 점원, 트럭운전사, 배달직원들도 접점직원이다. 좋은 보수에 교육을 잘 받은 전문가들도 접점직원인데 예를 들어 의사, 변호사, 회계사, 컨설턴트, 건축설계사, 교사들이다.

그들의 기술과 급여의 수준이 어떻든 접점직원은 스트레스를 많이 받는다. 이러한 직책은 정신적 · 신체적 기술과 더불어 엄청난 수준의 감정적 노동을 요구하며, 개인 간 및 조직 간 갈등을 조정하는 능력이 필요하며 직무수행에 품질과 생산성 간의 상쇄를 해결할 수 있는 능력을 요구한다.

1) 감정노동

감정노동(emotional labour)은 양질의 서비스를 제공하는 데 필요한 육체적 · 정신적 노동 이상의 노동을 말한다. 서비스직원들은 그들의 감정을 서비스를 위해 요구되는 감정적 표현과 수준으로 맞추어야 한다. 이 경우 고객에게 미소를 짓고 눈을 마주치고 진실한 관심을 보이고 낯선 사람과 친절하게 대화하는 것을 포함한다. 고객을 향한 친근감, 공손함, 공감, 응답성 등은 서비스 책임을 떠맡고 있는 접점직원들에게 엄청난 양의 감정노동을 요구한다. 접점직원은 기분 나쁜 날이거나 감정 상하는 일이 있더라도 고객은 이들에게 회사의 얼굴을 기대한다. 그러므로 감정노동이 효과적으로 수행되려면 사람들에 대한 느낌을 잘 활용해야 한다.

[그림 10-3] 감정노동에 임하는 텔레마케터

2) 갈등의 원천

사람을 대하는 업무를 하는 접점직원의 일과는 고되다. 종종 개인 간 및 조직 간 갈등에 직면하게 된다. 좌절감이나 혼란함이 해결되지 않은 채로 남아 있으면 스트레스, 직무 불만족, 고객 응대 능력의 감소, 심지어 신경쇠약까지 일으킬 수 있다. 이러한 갈등과 스트레스의 원인을 잘 파악하고 관리하는 방법을 찾아내지 못하면 직원은 담당업무에서 오래 견디지 못할 것이다. 그러면 갈등의 원인과 관리방안에 대해 살펴보기로 한다.

- 개인-역할 갈등

접점직원들은 주어진 임무가 자신의 성격이나 지향성 혹은 가치관과 맞지 않을 때 갈등을 느낀다. 마케팅에서 "고객은 왕이다", "고객은 항상 옳다"라는 표어에 따라 일해야 하는데, 그것이 자신들의 느낌이나 신념을 억제해야 하는 경우, 역할 갈등을 느낀다. 때때로 역할로써 해야 할 일과 직원의 자아 이미지나 자존심 간에 갈등이 존재할 수 있다.

• 조직-고객 갈등

접점직원이 느끼는 갈등의 원인 가운데 가장 흔한 것은 조직의 서비스 방침과 고객의 요구조건이 잘 안 맞을 때이다. 백화점에서 빅세일(big sale) 중에 판매된 상품은 환불 · 교환해 주지 않는 방침이 있다고 하자. 그것을 모르고 구매한 고객이 재방문해 교환해 달라고 막무가내로 떼를 쓰면 판매직원은 큰 갈등을 느끼게 된다. 이러한 갈등을 예방하려면 고객에게 회사의 방침이나 서비스 조건을 미리 알려줘야 한다.

• 고객 간 갈등

현장직원은 상대하는 고객들 간에 양립할 수 없는 기대나 요구를 받았을 때 갈등이 발생한다. 차례로 고객에게 서비스하는 경우(예: 창구직원이나 티켓 판매원 등)나 다수 고객을 동시에 상대하는 경우(예: 교사나 교수, 연예인 등)에 흔히 발생한다. 한 사람의 서비스 제공자가 다수 고객의 욕구를 충족시키기는 어렵다.

또 고객 간의 갈등은 금연 구역에서 흡연, 새치기, 영화관에서 통화, 식당에서 불쾌한 행동 등에서 초래된다. 다른 고객에게서 그런 짓을 제지해 달라고 요구받은 직원은 양측 고객 모두를 만족시킬 수 없게 되고, 그것은 불쾌하고 스트레스를 주는 업무가 되기 쉽다.

제 2 절 내부마케팅

1. 내부마케팅의 개념

서비스기업의 접점직원은 표적시장으로써 외부고객 시장보다 먼저 전략을 실시하지 않으면 안 되는 시장이다. 즉 고객에게 영향을 미치는 접점직원의 욕구를 우선 만족시킴으로써 서비스기업은 외부고객의 욕구를 만족시키는 기업 능력의 향상을 꾀할 수 있다. 혜택 및 효용의 다발로써 서비스 상품의 판매계획은 서비스기업의 직원과 상품 제공의 현장직원, 접점직원의 협동활동에 의해 실행된다. 최고경영층 및 간부직원은 현장접객원을 제1차적 고객으로 인식하고 그들에게 포지셔닝전략을 먼저 실시하지 않으면 안 된다.

여기서 내부마케팅(Internal Marketing)을 정의한다면, 내부고객인 직원에게 내부제품(internal products)으로 직무(jobs)를 제공하고 그 내부제품을 내부고객의 욕구에 적절히 합치하도록 계획하는 것이다. 내부마케팅에는 경영자와 접점직원 사이에 또는 접점직원 상호 간에 양호한 커뮤니케이션이 확립될 필요성과 서비스기업의 의사전달과정에서 접점직원의 자유로운 참가 결정의 필요성이 강조된다. 그것은 유능한 인간을 채용 및 관리, 그들이 최고의 직무를 수행할 수 있다는 것 등의 의미를 내포한다. 따라서 외부고객과 대면 접촉하는 내부고객에게 마케팅이론과 실천을 응용하려고 하는 것이다.

2. 내부마케팅의 목적

내부마케팅의 목적은 현장의 직원이 충분히 동기 부여되고 고객지향적인 직원으로 개발하는 것이다. 이러한 목적을 달성하기 위하여 인사, 영업 또는 총무 등 여러 부문을 마케팅부문이 고객지향으로 조정하는 역할을 하지 않으면 안 된다. 내부마케팅이 효과적으로 실시되기 위해서는 접점직원 간에 고객지향 또는 판매지향이 형성되도록 기업의 내부환경을 구축하지 않으면 안 된다.

서비스기업에서는 다수의 접점직원이 각각의 고객과 대면해서 서비스의 생산 및 판매를 하고 있다. 그러므로 서비스기업의 경영자는 자신의 견해 및 기업의 마케팅 비전을 최종소비자에게 판매하기 이전에 현장에서 일하는 접점직원에게 판매할 필요성이 있다. 이러한 의미에서 서비스기업은 두 종류의 고객이 있는 셈이 된다. 하나는 일반적인 의미에서의 고객, 즉 외부고객이며 다른 하나는 기업의 직원 특히 접객직원, 즉 내부고객, 사내고객이다.

서비스기업은 외부고객에게는 상품을 판매하고 내부고객인 접점직원에게는 그 직무를 판매한다. 경영자가 계획하는 서비스 전략 및 세일즈포인트를 접점직원이 충분히 이해하지 못하고 경영자의 생각에 자진하여 협력하려고 하지 않는다면 최종소비자인 외부고객에게 최고의 서비스를 제공하는 것을 기대하기는 어렵다. 마케팅의 원점은 '소비자 지향'이라 말하고 있다. 그러나 경영자가 아무리 고객지향적 전략을 계획하더라도 접점직원이 이에 동조하지 않는다면 그 전략은 실패로 끝날 것이다.

3. 내부마케팅 전략

내부마케팅은 서비스 상품 판매의 효율적 수행을 목적으로 사내고객에게 직무를 판매하는 것인데, 내부마케팅에서는 전략과 전술이 분리된다. 외부마케팅(external marketing)에서는 그 전략 및 전술은 최고경영자나 중간계층의 간부진에 의해 입안·관리되고 있다. 그러나 현장의 인적관리나 현장직원의 기능을 중시하는 것이 무엇보다도 중요한 서비스기업에서는 자체적으로 기본적인 마케팅계획 및 관리와 이것을 현장에서 상세히 운용하는 전술 단계 간에 조직상의 분업화가 명확해야 한다.

내부마케팅의 전략으로는 시장조사, 시장세분화, 광고 등 종래의 마케팅 활동을 운용하는 것만이 아니라, 후술하게 되는 근무시간 변경제, 복리후생 선택제 및 경력계획 등 여러 가지 전략이 있다.

여기서 내부마케팅에 대한 보다 명확한 이해를 돕기 위하여 종래의 외부마케팅과 대비한 내용을 정리하면 〈표 10-1〉과 같다.

〈표 10-1〉 외부마케팅과 내부마케팅의 비교

구 분	외부마케팅	내부마케팅
목 표	소비자(외부고객)	현장직원(내부고객)
제 공 물	상품	직무(job)
가 격	상품의 대가	직무의 대가
유 통	도 · 소매점	현장 직원
광 고	광고(외부광고)	광고(외부광고 + 내부광고)
시장전략	세분화전략, 마케팅믹스전략 등	근무시간 변경제, 복리후생선택제 등
시장조사	시장조사(고객만족도 조사 등)	직원만족도 조사 등

1) 시장조사와 시장세분화전략

외부마케팅에서는 외부시장의 고객에 대해 시장조사를 하는 데 반하여, 내부마케팅에서는 내부시장의 종업원을 대상으로 직무나 정책, 기타 노동조건에 관한 만족도 조사를 하고 모든 정보의 분석을 통해 내부시장에 대한 개선책을 고려한다. 이러한 조사를 통해 각 접점직원의 개성 및 욕구나 직무수행상의 제안 등에 적합한 전략이 수립된다.

한편, 시장세분화전략을 통해 외부고객에 대한 상세한 대책이 계획됨과 동시에 내부마케팅에서도 활용된다. 그것은 내부시장에서도 접점직원의 개인적 희망 및 개인의 라이프스타일과 라이프 스테이지(life stage)에 의해 직무환경에 대한 욕구가 다양하기 때문이다. 내부시장의 시장세분화(segmentation)전략으로는 이하에서 언급하는 근무시간 변경제와 복리후생 선택제 방식이 유용하다.

2) 근무시간 변경제와 복리후생 선택제

근무시간 변경제(flexible time system)는 출퇴근 시간에 대해 접점직원에게 선택의 폭을 제공하는 제도이다. 예를 들면, 전원이 회사에 출근해야 하는 시간대(core time)와 접점직원 각 개인이 자유롭게 선택할 수 있는 시간대(flexible time)를 설정하여 접점직원에게 자주적으로 시간 관리를 할 수 있게 하는 제도이다.

한편, 복리후생 선택제(cafeteria benefit system)는 서비스기업이 제공하는 몇 개의 복리(복지)후생계획 가운데서 각 접점직원이 희망대로 그 몇 개를 조합하여 선택할 수 있도록 하는 제도이다.

이 두 가지 방식은 접점직원을 동질적인 욕구를 갖는 집단으로 보는 게 아니라 세분화를 이용하여 대응해야 하는 내부시장으로써 파악해야 한다는 발상에 기초를 둔 제도이다.

이러한 방식은 기업과 접점직원의 양쪽 모두에게 이익을 가져다준다. 우선 기업의 이익으로는 접점직원의 업무에 대한 생산성의 증가, 시간 엄수 문제의 해결, 직무 시간에 개인적 용무의 감소, 상습적 결근과 전직의 감소, 그리고 단위당 노동 코스트의 절약 등이 있다.

접점직원의 이익으로는 가족 활동을 위한 시간의 증대, 업무에 대한 만족도 증가 등 개인 생활 안정과 충실을 통한 물심양면의 여유 있는 생활을 하게 되는 점 등이 있다.

3) 목표관리와 커뮤니케이션 전략

접점직원이 목표설정 및 계획화 과정에 참가하는 목표관리(MBO : management by objective)는 달성 욕구가 강한 접점직원을 한층 자극할 수 있다. 접점직원의 관련 목표로는 일정 기간 특정 서비스의 매상 및 코스트의 수치에서부터 신규고객의 개척목표, 욕구개발단계의 고객 수 목표 등 세부사항에 관한 구체적 내용까지 다양하다. 특히 현장의 서비스 전략 입안에서 접점직원의 적극적인 참가와 접점직원 자신에 의한 자주적인 서비스 전술의 실현 및 접점직원 자신에 의한 자기계발목표의 설정이 필요하며, 그러기 위해서 궁극적으로는 접점직원과 관리자 간에 쌍방향 커뮤니케이션

(two-way communication)의 확립이 필요하게 된다. 관리자는 접점직원 또는 접점직원 단체와 충분히 의견을 교환하고 적절하게 도전의식을 자극하여 노력 여하에 따라서는 달성 가능한 현실적인 목표설정에 협력함과 동시에, 목표의 달성을 객관적으로 평가하기 쉽도록 접점직원의 양해를 얻어 성과측정 척도를 결정해야 한다.

한편, 외부를 향한 광고 및 커뮤니케이션 전략도 내부마케팅에서는 접점직원에게 직무를 판매하는 중요한 수단이 된다. 이것은 또한 사내보(社內報)와 혼합되어 접점직원의 동기부여, 교육, 기업의 의사전달을 위한 수단이 될 수 있다. 베리(L.L. Berry) 교수가 지적한 바와 같이 접점직원은 광고에 대한 제2의 청중이기도 하기 때문이다.

4) 성숙도 관리와 경력계획

전술한 접점직원 개인의 희망 및 라이프스타일에 의한 직무환경에의 욕구가 다양하다는 것과 마찬가지로, 접점직원의 성숙도에 따라서 직무에 관한 욕구도 매우 다양하다. 직원의 입사 동기는 개인의 성숙 정도에 따라 단순히 생활 유지 및 안정을 추구하는 저차원의 욕구에서 직무를 통하여 사회적 존재로서의 책임수행, 자기 능력의 발휘, 자기실현 욕구의 달성 등 고차원의 욕구충족에 이르기까지 다양하다고 볼 수 있다.

이러한 의미에서 관리자는 접점직원의 성숙도에 맞추어 고객지향의 방향설정을 구체적으로 표시하지 않으면 안 된다. 즉 비교적 저차원의 성숙도를 지닌 접점직원에 대해서는 고객 응대 직무수행 매뉴얼의 제시, 일상업무의 엄격한 지시와 체크 및 그것을 촉진하는 물적 시설 · 장비 및 시스템의 정비가 필요하게 된다. 접점직원의 성숙도가 높아감에 따라 보다 효과적으로 고객만족을 충족시키기 위하여 접점직원의 업무 만족 의식을 충족시킬 수 있는 리더십의 전개가 필요하다.

성숙도 관리를 수행하기 위한 장기적인 관점에서 개인의 경력향상 및 승진계획 등의 경력계획(career plan)을 도입하는 것은 귀중한 인재의 활용을 위해서도 유익한 일이다. 현장 중시의 서비스기업에서는 접점직원의 현장관리를 전문적으로 수행할 다수의 인재가 필요하다. 그래서 기업은 접점직원 개인의 장래에 관한 장기적 목표 설정에 관하여 그들의 자주적 의향과 희망이 달성되도록 노력하고 그에 의해 기업과의 일체감을 강화해 나갈 필요가 있다.

5) 표창제도

기업 내 표창제도, 명예우대제도 등 각종 동기부여 방안의 도입으로 현장직원의 자존심을 만족시켜 그 능력을 현장 활성화에 영속적으로 반영시키기 위한 관리체제의 개혁이 필요하다.

예를 들면, 고객서비스의 측정결과가 직원에게 전달되고 좋은 서비스를 한 직원이 표창을 받던가 하면 그 측정 자체는 직원의 태도에 긍정적인 효과를 가져다준다. 고객지향적인 직원을 원한다면 그와 같은 고객서비스를 하는 우수직원을 찾아내는 방법을 생각해 내어 그러한 노력에 대해 직원을 보상하고 표창해야 한다.

서비스업계에서 실시되는 거의 모든 포상제도는 인건비나 식음료비를 일정 수준으로 억제하는 등 비용 목표를 달성했는가 어떤가를 기준으로 삼고 있다. 또 고객만족을 기준으로 하여 포상하는 기업도 일부 있다. 그러나 이 회사들은 예외에 속하고 대부분 회사는 그렇지 않다. 회사가 고객지향적인 직원을 원한다면 고객에게 서비스를 제공하는 직원에 대하여 포상하지 않으면 안 된다. 고객만족 득점에 따라서 실시하는 포상제도와 상여금은 고객서비스를 기준으로 직원을 포상하는 하나의 방법이다.

6) 비정형 업무 관리

잘 정비된 내부마케팅 프로그램은 비정형 업무(nonroutine transactions)에 대응할 수 있는 직원을 만들 수 있다. 훈련프로그램이나 매뉴얼은 고객에 대한 일상적인 업무와 정형 업무에 직원이 대응할 수 있게 한 것이다. 내부마케팅 프로그램은 고객에 대하여 친밀감을 가지고 적극적으로 서비스하는 직원을 지원하는 것이다. 그런데 모든 업무가 정형 업무에만 국한되지는 않는다. 내부마케팅 프로그램 가운데 한 가지 이점은 직원에게 적절한 태도, 지식, 의사소통능력, 비정형 업무를 처리할 수 있는 권한을 부여해야 한다는 것이다.

비정형 업무를 처리하는 능력은 일류기업과 평범한 기업을 구분하는 척도가 된다. 여기서 비정형 업무란 특수한 일로서 일상업무에서는 직원이 처음으로 경험하는 고객대응을 말한다. 일어날 수 있는 비정형 업무의 종류는 매우 다양하므로 훈련 매뉴얼로 그것을 커버할 수는 없다. 따라서 경영자는 고객에 대한 문제를 해결하는 결정권을 직원에게 부여하지 않으면 안 된다.

제 3 절 인적자원관리

고객에게 제시한 약속을 성공적으로 지키도록 직원들을 독려하고 그들을 지원하는 인적자원관리나 전략이 주요 목표로 설정되면 기업은 인력을 통해 양질의 서비스를 제공하는 전략을 실행할 수 있을 것이다. 서비스 인적자원관리 전략은 적임자 채용, 좋은 서비스 제공을 위한 인력개발, 필요한 지원시스템 제공, 우수직원 유지관리 등 4가지 기본적인 전략으로 요약되며, [그림 10-4]에서 보는 것과 같이 고객지향적 서비스 제공을 달성하기 위한 구체적인 하위전략들로 구성된다.

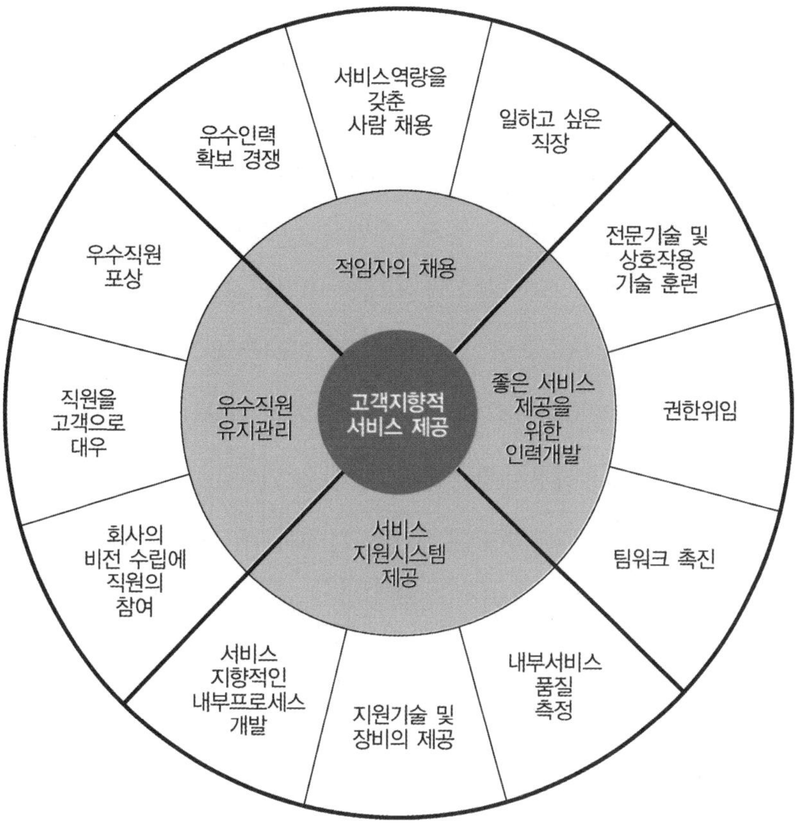

[그림 10-4] 서비스 인적자원관리 전략

1. 적임자의 채용

1) 우수인력 확보 경쟁

최고로 우수한 인력을 확보하기 위해 기업은 다른 기업과 경쟁할 필요가 있다. 많은 기업에서 인력확보 담당자나 부서를 만들어서 적임자 채용에 집중하고 있다. 사우스웨스트항공은 인력담당부서(people department)를 설치해 좋은 인재를 뽑으려 노력하고 있고, 야후, 메리어트 등의 기업에서는 인재채용 부사장으로 직책을 상향하였다.

2) 서비스 역량을 갖춘 사람 채용

서비스 역량을 갖춘 인재를 선발하는 데는 우선 서비스 능력과 서비스 성향을 중점적으로 보아야 한다. 서비스 능력은 직무를 수행하는 데 필요한 지식과 기술이다. 전문직의 경우에는 의사, 변호사, 조종사, 대학교수, 교사 등 특정 수준 및 자격 취득으로 그것을 입증한다. 일반직의 경우에 소매점이나 마트, 프런트의 캐셔는 기본적인 계산능력이 있어야 하고 현금출납기를 다룰 줄 알아야만 한다.

서비스기업에서 인재를 선발할 때 더 중요한 것은 바로 지원자의 서비스 성향이다. 서비스 성향은 서비스 업무수행에 관한 관심을 말하는 것으로, 고객과 동료에 서비스하는 것과 서비스에 대한 태도에 반영되기 때문에 직원선발에서 중시된다.

초우량 서비스기업의 경우 특별한 스펙이나 능력보다는 서비스 제공에 긍정적인 태도를 지닌 직원을 채용하는 데 집중한다. 사우스웨스트항공은 정이 많고, 상식이 있으며 유모 감각이 있고 '할 수 있다'는 긍정적인 태도, 그리고 나보다는 우리로 생각하는 공감의식 등을 갖춘 사람을 찾는다. 승무원 면접을 단체로 하여 서로 어떻게 상호작용하는지를 관찰하고, 조종사들도 일정 수준의 전문기술을 넘어서면 팀워크를 평가하기 위해 집단으로 면접한다.

3) 일하고 싶은 직장

좋은 인력을 확보하기 위해서는 우리 기업이 일하고 싶은 직장이 되어야 한다. 그러면 자원해서 구직자들이 몰려들 것이고 그중에 최선의 인재를 뽑을 수 있다.

포춘지에서 매년 '세계에서 가장 일하기 좋은 직장'[1)]이 발표된다. 그중 DHL Express는 독일의 물류회사로 12만 명 이상의 직원을 고용한 회사이다. 직원들은 경영진들이 직원들의 의견을 충분히 반영하여 회사를 운영하고 있고 조직의 이익 중 공정한 몫

1) Fortune지와 Great Place to Work사가 협력하여 'World Best Workplace'를 매년 발표한다. Fortune지는 매년 발표하는 Fortune Global 500으로 공신력을 인정받는 미국의 비즈니스 잡지사이다.

을 받고 있다고 생각한다. 쉽게 해고당하지 않는다는 믿음도 강해서 경영진을 상당히 신뢰하는 좋은 회사이다. 시스코(Cisco)는 미국 캘리포니아에 본사가 있는 정보통신 업체이다. 시스코는 공익 그리고 공평한 미래를 위해 노력하는 회사를 표방하고 있다. 그래서 사회 보조금과 주요 프로그램들을 통해 현재까지 5억 2,700만 명에게 긍정적인 영향을 미치는 모습을 보여주었다. 이런 좋은 비전은 직원들에게 자부심을 심어주고 있으며, 충분한 급여도 직원의 동기부여에 가장 중요한 요소라 할 수 있다. 또 워라밸[2)]이 매우 잘 지켜지고 있는 점이 다른 회사들과의 차이라 할 수 있다.

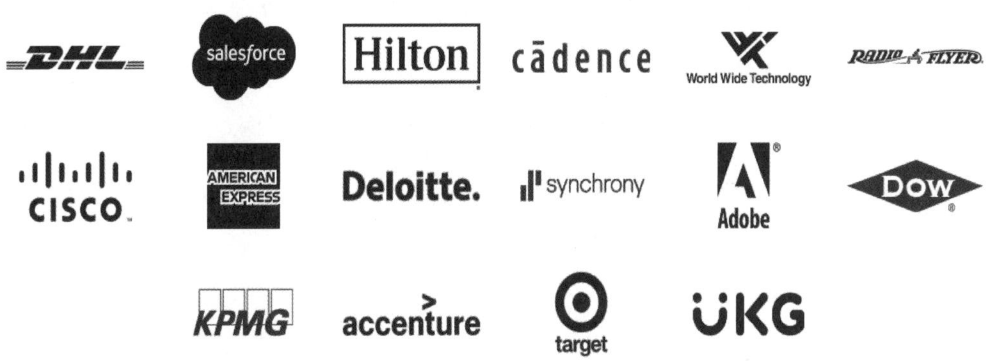

[그림 10-5] 세계에서 가장 일하기 좋은 직장

2. 좋은 서비스 제공을 위한 인력 개발

고객지향적인 서비스 인력을 유지하고 고품질의 서비스를 제공하기 위해서는 서비스 인력의 개발이 필수적이다. 즉 적임자를 서비스직원으로 채용했다면 고품질의 서비스를 제공할 수 있도록 이들을 훈련하고 개발해야 한다.

2) '일과 삶의 균형(Work-life balance)'이라는 표현은 1970년대 후반 영국에서 개인의 업무와 사생활 간의 균형을 묘사하는 단어로 처음 등장했다. 우리나라에서는 각 단어의 앞글자를 딴 '워라밸'이 주로 사용된다.

1) 전문기술 및 상호작용기술의 훈련

서비스기업의 현장직원에게 가장 필요한 것은 제공되는 서비스에 대한 전문적인 기술과 지식, 그리고 고객을 대하는 접객능력이다. 전문기술에는 예를 들어 호텔에서의 회계시스템, 소매점에서 현금출납기 사용법, 보험사에서는 계약과정, 사업을 운영하기 위한 기업의 운영상의 규칙 등이 있다. 접객능력 전문기술은 세계의 맥도날드 매니저들을 교육하는 '맥도날드 햄버거 대학'과 같은 정형화된 교육을 통해 가르친다. 이처럼 직무현장에서 행해지는 기술훈련을 OJT(on-the job training)라고 한다.

상호작용기술은 고객과의 즐거운 대화, 질문 요청, 고객과의 상호작용을 위한 유머 등을 다루는 방법을 교육하는 것이다. 그리고 직원에게 고객과의 공통점이나 공유 가능한 것을 찾아내어 즉석 대화를 끌어내는 방법을 교육할 수 있다. 스타벅스는 고객과 접촉하는 직원에게 커뮤니케이션이나 경청 기술, 고객의 보디랭귀지(body language)를 이해하는 법, 고객과 친밀한 관계를 즉석에서 구축하는 방법 등을 교육한다.

2) 권한위임

권한위임(empowerment)은 고객에게 서비스하기 위해 직원들에게 권한, 수단, 도구, 그리고 고객에게 서비스하기 위한 희망을 주는 것을 의미한다. 서비스 현장에서는 다양한 고객들이 다양한 상황에서 서비스를 주문하고 요청하기 때문에 이러한 것을 하나하나 중앙에서 보고받고 지시하며 통제하기는 매우 힘든 일이다. 따라서 현장직원을 잘 교육·훈련해서 현장에 배치하고 그들을 믿고 권한을 위양해야 한다.

그리고 권한위임에는 직원들에게 의사결정할 수 있는 지식과 수단 및 적절한 의사결정을 할 수 있도록 인센티브를 주어야 한다. 접점직원에게 권한위임하는 경우의 긍정적인 측면은 직무와 관련된 스트레스를 줄이고, 직무 만족을 높이고, 높은 적응성과 고객 응대에 더 좋은 결과를 가져온다는 것이다.

3) 팀워크 촉진

많은 서비스의 경우 접점직원들이 팀워크를 형성해 함께 일하면 효과와 효율성을 높일 수 있고 고객만족을 높일 수 있다. 미국의 메이요클리닉(Mayo Clinic)은 병원조직, 의사, 간호사, 직원의 팀워크를 서비스 철학을 이끄는 원동력으로 삼고 있다. 서비스 제공자가 서로를 돕고 서로를 위해 함께 목표를 달성하려는 상호공동체는 스트레스를 감소시킬 수 있고 즐겁게 함께 일하다 보면 직원만족도도 증가한다.

팀워크를 조성하는 방법으로는 '누구든지 고객은 있다', '모든 사람이 자신의 고객'이라는 마음가짐을 갖도록 직원을 교육해야 한다. 고객과 직접 대면하지 않고 직접적인 책임이 없을 경우라도 그들은 자신이 직접 응대하는 고객이 누구인지, 자신의 역할이 전체적인 서비스 제공과정 가운데 양질의 서비스를 제공하는 단계에서 꼭 필요하다는 점을 인식할 필요가 있다.

팀의 목표와 보상 또한 팀워크를 촉진한다. 그래서 기업이 개인적인 업적과 성과를 보상의 근거로 하는 것보다, 개인이 속한 팀 위주로 보상할 때 팀의 노력과 팀 정신을 고취할 수 있다.

3. 서비스 지원시스템 제공

아무리 좋은 인재를 채용하고 잘 훈련해서 현장업무를 맡긴다고 하더라도 고객지향적인 내부지원시스템 없이는 양질의 서비스를 제공하기가 어렵다. 따라서 서비스 직원이 직무를 효과적이고 효율적으로 처리하기 위해서는 고객지향적인 내부지원시스템을 잘 구축할 필요가 있다.

1) 내부서비스품질 측정

서비스를 잘 지원하는 시스템을 만드는 방법은 우선 내부서비스품질을 측정하고 보상하는 것이다. 각 직원은 서로 내부고객이 있음을 인정하고 내부서비스품질을 측정하면 내부서비스품질을 중시하는 기업문화를 만들어낼 수 있다. 메이요 클릭은 환자에게 최고의 서비스를 제공하기 위한 시도로, 부서 간의 내부서비스품질을 매년 측정하고 개선책을 만든다. 이 과정은 외부고객을 상대로 하는 시장조사와 유사하다. 즉 내부시장조사를 실시하고 개선책을 찾아내는 것이다.

내부서비스품질에 집중하고 측정하는 위험 중 하나는 직원들이 외부고객에 대응하는 것을 망각하고, 내부고객의 욕구충족에 너무 열중한다는 것이다. 이를 방지하기 위해서는 내부서비스품질 측정에서 무엇이 전달되고 고객에게 최종적으로 서비스가 어떻게 제공되는지 이들 간의 연결고리를 이해하는 것이 중요하다.

2) 지원기술 및 장비의 제공

서비스직원이 직무를 효율적이고 능률적으로 처리하기 위해서는 여러 기술과 적합한 장비가 필요하다. 병원은 최신의 의료기기를 갖춰야 하고 이를 다루는 의사나 기사들의 지원기술이 뒷받침되어야 한다. 항공사는 최신형 비행기 이외에도 수리·정비할 장비 및 기술지원이 있어야 최고의 서비스를 제공할 수 있다. 온라인 쇼핑몰 자포스(Zappos)는 고객에게 최신 정보와 옵션을 제공할 수 있도록 창고에 있는 재고목록 정보를 컴퓨터시스템으로 실시간 제공하고 있다. 이렇게 서비스기업은 지원시설의 설계에서부터 다음에 언급하는 서비스 내부 프로세세가 원활하게 작동하도록 지원시설이나 장비를 잘 갖출 필요가 있다.

3) 서비스 지향적인 내부프로세스 개발

서비스가 잘 제공되기 위해서는 조직 내부프로세스가 고객가치와 고객만족을 염두에 두고 서비스 지향적으로 설계되어야 한다. 기존의 관료주의적 프로세스에서 벗어나 고객지향적인 시스템으로 재설계되어야 한다. 전반적인 시스템과 프로세스의 재설계를 '프로세스 엔지니어링'이라고 한다. 내부직원을 위한 내부마케팅이 중요하기는 하지만 그것은 최종적으로 고객만족을 달성하기 위한 전제조건임을 잊어서는 안 된다.

4. 우수직원 유지관리

서비스 적임자를 직원으로 선발하고 교육하고 필요한 지원시스템을 갖추는 것과 동시에 우수한 직원이 이직하지 않도록 유지관리에 노력해야 한다. 우수직원의 이직은 고객만족, 직원들의 사기, 전반적인 서비스품질에 치명적인 손실을 입힐 수 있다. 최고의 직원을 유지하기 위해서는 다음과 같은 사항을 실천에 옮겨야 한다.

1) 회사의 비전 수립에 직원이 참여

직원들이 기업에 관심을 갖고 몰입하도록 하기 위해서는 기업의 비전을 이해하고 공감하게 해야 한다. 그렇게 하려면 접점직원들을 회사의 비전 수립에 참여시키고 그들의 일이 회사의 비전과 목표에 부합하는지를 이해시킬 필요가 있다. 직원은 월급이나 복지혜택으로 동기유발이 되겠지만, 회사에 비전이 거의 없다고 생각하면 다른 기업으로 이직하려 할 것이다. 스타벅스의 하워드 슐츠, 페덱스의 프레드 스미스, 메리어트 인터내셔널의 빌 메리어트, 슈왑의 찰스슈왑, 자포스의 토니 셰이 같은 CEO들은 직원들에게 비전을 명확하게 전하는 것으로 유명하다.

2) 직원을 고객으로 대우

서비스직원이 회사에서 소중한 존재로 존중받고 그들의 욕구가 중요하게 여겨진다면 직원들은 그 회사에 오래도록 근무하고자 할 것이다. 앞의 '내부마케팅'에서 언급했듯이 직원을 내부고객으로 삼고, 회사는 직원의 만족과 욕구를 측정하기 위해 정기적으로 내부마케팅 조사를 한다. 내부마케팅 조사에 덧붙여 직원 관리에 마케팅 원리를 적용한다. 그들의 욕구나 라이프스타일에 따른 시장세분화, 출퇴근시간을 조정하는 시간 선택제, 자기 개발의 목표관리와 커뮤니케이션 전략, 직원의 성숙도에 따른 경력관리, 기업 내 명예제도 및 우대제도 등 내부고객 지원사업을 통해 가장 일하고 싶은 직장을 만들려고 노력해야 한다.

3) 우수직원 포상

만약 기업이 양질의 서비스를 제공하는 우수직원을 잡아두고 싶다면 그들의 성과에 대해 상을 주고 승진시켜야 한다. 라스베이거스의 하라(Harrahs) 카지노는 직원의 성과급을 고객성과지수와 연계해 운영한다. 금전적 보상 이외에도 탁월한 직원은 회장상이나 사장상을 받기도 하고 회사 게시판에 게재되기도 한다. 직원을 관리하는 관리자도 고객서비스를 긍정적으로 향상한 성과에 기초해 인센티브를 받게 된다. 엔터프라이즈 렌터카에서는 고객만족지수가 전체 지점의 성과순위에서 50% 이내에 들면 지점 관리자들은 승진할 수 있다.

포상은 다양한 형태를 띠는데 전통적인 형태, 즉 봉급 인상, 승진, 보너스, 상금 그리고 동료가 주는 상, 팀이나 그룹이 받는 상 등으로 다양하다.

[그림 10-6] Harrahs Casino

서 · 비 · 스 · 마 · 케 · 팅

11

CHAPTER

고객관계관리

Chapter 11

고객관계관리

제 1 절 고객참가관리

1. 고객 참여의 중요성

1) 참가자로서의 고객

서비스는 행위 또는 성과이며 생산과 동시에 소비된다. 어느 정도 수준의 고객 참여는 모든 서비스 상황에서 불가피하다. 많은 상황에서 직원과 고객, 또 그 자리에 있는 다른 고객들까지도 서비스 생산을 위해 상호작용한다. 그래서 고객들은 자신의 만족이나 불만족에 공헌할 수 있다. 서비스 제공에서 고객의 역할은 서비스 마케팅 믹스의 '참가자'에 반영되어 있다. 참가자는 서비스 제공에 참여하는 모든 사람을 지칭하며, 서비스기업의 직원, 고객, 서비스 접점에 있는 다른 고객까지 포함한다.

2) 서비스를 받는 고객

고객은 서비스 제공 프로세스에 참가하기 때문에, 고객 행동이 적절 또는 부적절하거나, 효과적 또는 비효과적이거나, 생산적 또는 비생산적이냐에 따라 서비스 성과에 영향을 준다. 〈표 11-1〉은 개인서비스 및 기업서비스에서 참여 수준의 예를 보여주고 있다. 표에서 보는 바와 같이 고객 참여의 수준은 서비스에 따라 다르다. '저수준 참여'의 경우에는 예를 들어 음악공연처럼 조직의 단원들이 서비스 생산을 전담하고 고객은 단지 그 자리에 와 있으면 된다. '중간수준의 참여'의 경우는 서비스조직이 서비스를 창조하는 데 고객의 투입이 필요한 경우이다. 예를 들어 회계사는 고객이 세금환급을 효과적으로 받도록 하려면 정보(세금납부 경력, 결혼 여부, 부양가족의 수 등), 노력(정보를 유용한 형태로 수집하는 것), 소유물(영수증이나 과거 세금환급 서류 등) 모두가 필요하다.

'고수준의 참여'는 고객이 서비스를 창조하는 데 진심으로 참여하는 것이다. 예를 들어 다이어트프로그램에서 고객은 카운슬러와 함께 서비스 과정에 참여하고 자신에게 맞는 영양 및 체력관리프로그램을 짜게 된다. 이 프로그램을 수행하고 성과를 높이는 것은 고객의 의지에 달려 있으므로 고객의 행동 여부에 따라 특별한 성과나 가치가 부여된다. 이 모든 수준에서 고객이 효율적으로 참여한다면, 조직의 생산성, 서비스품질 및 고객만족이 높아질 수 있다.

〈표 11-1〉 서비스에 따른 고객의 참여수준

저	중	고
서비가 표준화되어 있음	고객자원의 투입(정보, 물질)이 표준서비스를 고객화하는 것을 도와줌	적극적인 고객참여가 고객화된 서비스를 만들어냄
개인에 관계없이 동일한 서비스가 제공됨	고객요구에 따라 제공되는 서비스가 달라짐	서비스는 고객의 구매와 적극적인 참여 없이 창조될 수 없음
요금지불만이 유일한 고객참여임	고객자원투입은 적절한 결과를 얻기 위해 필요하며, 서비스기업은 서비스만 제공	고객투입, 선택, 행동이 성과를 공동창조함
개인서비스의 예: 항공여행 모텔숙박 패스트푸드 레스토랑	헤어컷 건강진단 풀서비스 레스토랑	결혼컨설팅 개인훈련 체중조절프로그램
기업서비스의 예: 유니폼세탁서비스 해충방제 인테리어용 온실관리서비스	대행사가 만든 광고 캠페인 급료서비스 화물운송	경영컨설팅 중역관리 세미나 컴퓨터네트워크 설치

한편, 서비스에는 고객과 대면하는 접촉 정도에 따라 다양한 수준의 접점이 발생한다. 고객 접촉의 수준에 따라 서비스의 유형은 높음, 중간, 낮음으로 나눌 수 있다. [그림 11-1]은 서비스 유형별 고객의 접촉 정도를 보여주고 있다.

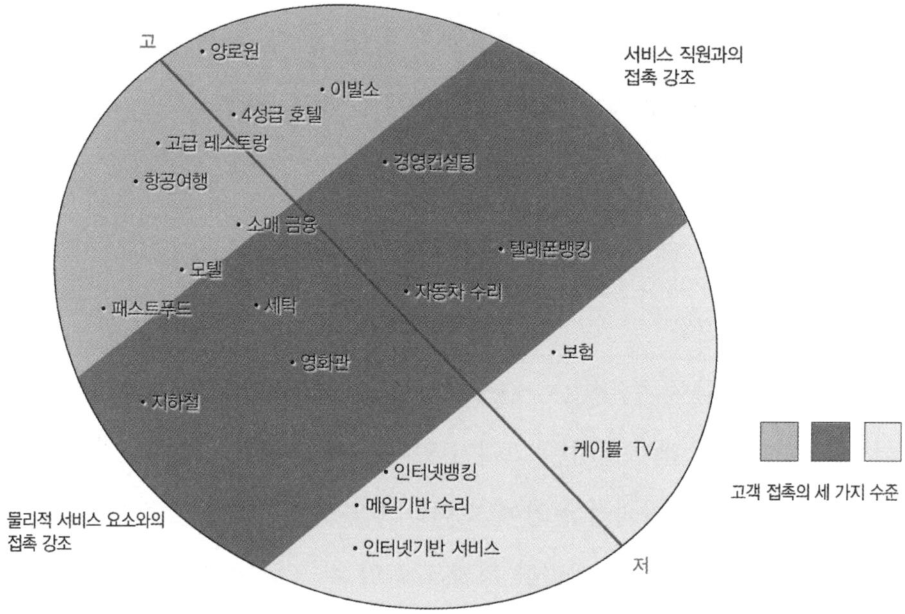

[그림 11-1] 서비스 유형별 고객의 접촉 정도

3) 다른 고객

서비스 상황에서 고객이 다른 고객과 함께 서비스를 받거나 다른 고객이 서비스를 받는 동안 자신의 차례가 될 때까지 대기해야만 한다. 이런 경우 다른 고객이 서비스 접점에 존재하기 때문에, 그들이 서비스 성과 또는 제공과정에 영향을 줄 수 있다. 다른 고객이 고객만족이나 서비스품질에 대한 지각을 높일 수도 있고 낮출 수도 있다.

• 부정적 영향을 미치는 경우

돌출행동, 지연, 혼잡, 불합치 욕구 등이다. 레스토랑, 호텔, 비행기와 같이 흥겨워야 할 곳에서 우는 아기, 흡연하는 손님, 소음, 무례한 사람 등은 즐거운 시간을 방해할 수 있다. 대학 강의 시간에 핸드폰이 울리거나 문자를 주고받는 행위는 수업을 방해하고 주위를 산만하게 하여 불만을 가질 수 있다. 은행, 우체국, 슈퍼마켓 등에서 과도한 요구를 하는 고객들은 그 욕구가 충족되는 동안 다른 고객을 기다리게 만든다. 종종 다른 고객들의 밀치기, 흡연, 음주, 불량스러운 언행, 새치기 등도 부정적인 행동이 된다.

• 긍정적 영향의 경우

고객들이 서로 도움을 주고받는 것은 긍정적인 영향을 주기도 한다. 스포츠 이벤트나 극장, 공연현장에 팬이나 다른 고객이 있다는 것 자체가 경험을 좋게 하기도 한다. 헬스클럽에서 체중감량과정 동안에 회원들끼리 서로 보조하고 우정을 쌓기도 한다. 철도여행자 간에는 여행과 관련한 걱정을 줄일 수 있는 중요한 서비스 관련 정보(스케줄, 흥미 있는 여행지)를 서로 교환하고, 서로 즐거운 대화를 나누면서 여행을 더욱 즐겁게 만들고, 어려움이나 서비스에 문제가 발생하였을 때 누군가를 불평하는 등의 행동을 통해 서로에게 도움이 되기도 한다.

특히 고객들은 합법적으로 서비스를 공동생산하는 페이스북, 아마존, 이베이, 링크트인 등의 온라인 서비스 환경에서 다른 사람(고객)의 영향을 더욱 명백하게 받을 수 있다.

2. 고객의 역할

1) 생산자원

서비스조직에서 고객은 생산역량을 키워주는 인적자원으로 흔히 일시적 직원(partial employee) 또는 임시직원의 역할을 한다. 고객이 노력, 시간 및 기타 자원으로 서비스 생산 프로세스에 참여한다면 조직의 한 부분으로 간주해야 한다. 암병원에서 환자의 치료과정에 사랑하는 가족이 참여함으로써 치료성과를 높이는 데 기여할 뿐 아니라 병원의 '일시적 직원'으로 참여하여 생산성을 높이고 있다. 일시적 직원의 예로는, 셀프서비스 주유소, 수화물 체크인이나 셀프 티케팅과 같은 항공 자동화 서비스가 이에 속한다.

그러나 서비스 생산과정에 고객이 참여하는 것은 서비스조직에 여러 가지 문제를 일으킨다. 고객이 생산제품의 양과 질에 영향을 주어서 고객 참여에 따른 불확실성이 발생하기도 한다. 이 경우 고객과 서비스 생산시스템 사이에 직접적인 접촉이 적을수록 시스템이 효율적으로 운영될 가능성이 커진다.

기업은 고객을 공동생산자(coproducer)로 참여시킴으로써 생산성 향상이라는 이득을 얻겠지만 고객은 그 역할에 항상 호의적이거나 쉽게 받아들이지 않을 수도 있다. 고객이 공동생산자로 참여하지만 명백한 이득(낮은 가격, 더 빠른 접근, 더 나은 품질)이 고객에게 돌아가지 않는다면, 고객은 화를 내고 저항할 것이다. 직원도 생산과정에 고객이 참여하는 것이 불편할 수 있다. 때로는 고객참여가 표준업무절차에 방해가 되기도 하므로 직원에게 스트레스를 줄 수도 있다.

2) 공헌자

고객은 서비스 생산 프로세스에서 서비스품질이나 만족에 기여하는 공헌자의 역할을 한다. 효과적인 고객 참여는 고객이 원하는 편익을 추구하고 욕구가 충족될 가능성을 그만큼 높여준다. 특히 교육, 의료, 체력단련, 체중조절 같은 서비스의 경우에는 고객의 참여에 의존하는 정도가 높다는 것을 알 수 있다. 단순한 수강이 아니라 학생들이 적극적으로 참여하면 할수록 학습효과가 높아진다. 의료에서도 환자가 의사의 처방과 식사습관의 변경을 받아들이지 않는다면 건강 회복을 기대하기 어렵다. 스웨덴 가구회사 이케아(IKEA) 역시 경쟁사보다 약 30% 이상 저렴하게 가구를 판매하고 있는데 이것은 고객들이 직접 가구를 조립하게 하는 회사의 방침 덕분이다. 고객을 생산시스템 내로 자연스럽게 유도함으로써 고객은 그 기업을 잘 이해하고 자신이 원하는 만족을 얻을 수 있다.

3) 경쟁자

고객은 잠재적인 경쟁자 역할을 한다. 셀프서비스 고객이 기업의 자원이나 부분 직원으로 간주될 수 있다면 그 고객은 어떤 경우에는 부분적으로 서비스를 수행하고 어떤 경우에는 전체적으로 서비스를 수행하기 때문에, 서비스 제공자가 필요 없을 수도 있다. 그러므로 고객은 어떤 의미에서 보면 서비스기업의 경쟁자인 것이다. 예를 들면 아이 키우기, 조리, 실내 청소, 주택 유지관리, 세차 등과 같은 서비스는 서비스를 직접 생산할 것인지(내부교환), 아니면 누군가에게서 서비스를 제공받을 것인지(외부교환)가 소비자에게 고민거리가 된다.

기업에서는 흔히 외부기업에 급료 지급이나 자료처리, 조사, 회계, 설비의 유지와 같은 서비스를 외주로 조달한다(외부교환). 자사는 핵심사업에 집중하고(내부교환), 다른 지원서비스는 전문성을 가진 외부에 맡기는 게 유리할 수 있다. 그러나 업무의 중요성이나 관련성에 따라 외주를 준 서비스를 내부에서 직접 생산할 수도 있다.

제 2 절 고객만족경영

1. 고객만족경영의 시초

1980년대 초는 세계적인 경기후퇴가 항공산업을 맹렬히 강타하여 어떠한 회사라도 그 존속이 염려스러운 시기였다. 스칸디나비아항공(SAS)은 심각한 불경기에 빠져 있었다. 다른 항공사도 마찬가지였다. 스칸디나비아항공은 1981년에 800만 달러의 적자를 내었다.

당연한 일로 스칸디나비아항공의 대주주들은 이러한 사태를 염려하였고 그리하여 이사회는 새로운 사장에 젊은 얀 칼슨을 승진 · 임명하였다. 당시 39세의 칼슨은 그 때까지 자회사의 경영자 중 한 사람이었으며, 마케팅에 대하여 강력한 방침을 갖고 있었다. 이것은 그 후 SAS항공의 방향전환을 위한 싸움에서 강력한 무기가 되었다.

많은 항공사의 대부분이 탈진상태에서 경비삭감 노력에 힘을 기울이고 있을 때 칼슨은 전략을 정반대 방향으로 결정하였다. 그는 SAS항공의 영업상태를 급상승시키기 위하여 모험을 시도하였다. 그의 전략은 고객에 대한 이 회사의 자세에 대변혁을 초래하였다. 진실의 순간(MOT : moment of truth)이라고 일컬어지는 서비스혁신을 단행하여, 고객과 접촉(encounter)하는 순간에 최선을 다하는 고객만족 전략을 실행하였다. 고객과 접촉하는 순간 처음 15초가 중요하다는 사실을 알아내고, 15초를 '진실의 순간'이라 명명하고 이를 중시하는 경영철학을 실천하려 하였다.

그 결과 SAS항공은 1년 사이에 800만 달러의 적자에서 20억 달러의 매상과 7,100만 달러의 이익을 거두는 극적인 성공을 거두었다. SAS항공은 올해의 항공사(Airline of the Year)에 뽑혔고 유럽에서 가장 정시운항을 하는 항공사라는 인정을 받게 되었다. 이 항공사는 표적시장을 비즈니스맨으로 정하고 비즈니스맨을 위한 항공사로 널리 알려지도록 노력하여 그러한 평가를 얻은 것이다. 타 항공사가 같은 해에 적자를 내는 상황에서 극히 짧은 기간에 스칸디나비아항공은 이와 같은 성과를 올린 것이었다.

2. 진실의 순간 관리

진실의 순간(MOT : moment of truth) 관리란 기업의 경영에서는 고객과 제일선에서 일하는 사원이 만나는 지점이 가장 중요하고 그 순간을 고객이 만족하는가에 기업경영의 모든 것이 달려 있다는 생각을 기반으로 하는 경영철학이다. 그러므로 고객의 만족을 위하여 전 사원의 의식혁명을 일으키고 고객과의 여러 가지 접점에서 서비스 향상을 꾀함과 동시에 비즈니스맨을 위하여 특별클래스의 신설, 시간관리의 철저 등을 적극적으로 행하는 것이다.

따라서 스칸디나비아항공의 인기는 일거에 높아지고 기업재건에 성공하게 되었다. 타사는 직원이나 경비의 삭감에 의한 방법을 채택하였지만, 스칸디나비아항공은 그러한 방법을 취하지 않고 고객만족경영에 성공하게 된 것이다. 이러한 결과를 참고로 하여 영국항공도 진실의 순간 관리를 응용한 결과, 세계적인 항공사로 부각하게 되었다. 이러한 성공이 미국에 전해졌고 미국에서도 이러한 고객만족경영을 도입하여 현재 커다란 성과를 얻고 있다.

[그림 11-2]는 항공사 MOT관리의 예이다. 포인트 하나하나가 진실의 순간이며 어느 하나가 실패해도 전체 고객만족에 흠이 가게 되며 그것은 곧 서비스 상품의 결함이 되는 것이다. 이는 항공사뿐만 아니라 모든 서비스기업에도 적용 가능하며, 세계 일류기업에서 도입되어 활용되고 있다.

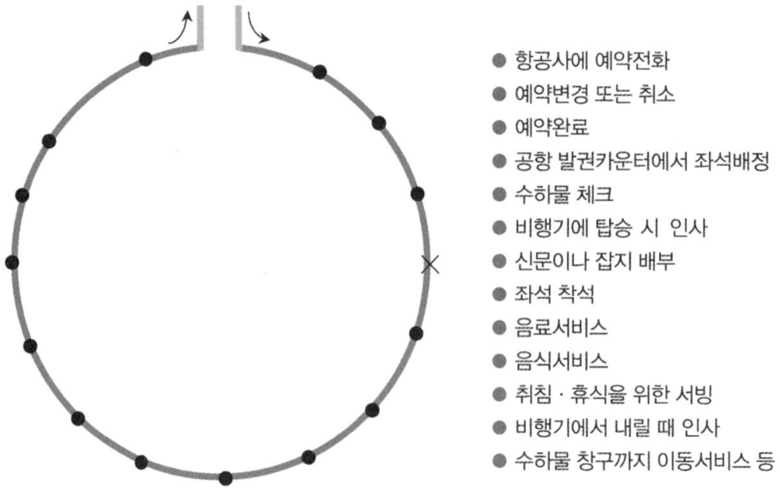

[그림 11-2] 항공사 MOT관리

3. 고객만족경영의 내용

마케팅의 핵심은 자사의 제품 및 서비스를 경쟁상대보다 얼마나 고객의 눈에 잘 띄게 할 것인가, 즉 차별화를 꾀하는 것이다. 이러한 차별화는 기업구성원 각자의 의지 있는 노력이 있어야 성과를 얻게 된다.

고객만족경영(CSM : Customer Satisfaction Management)은 기업은 단순히 상품을 판매하는 게 아니라 고객의 욕구를 총체적으로 만족시키는 데 목적을 두어야 한다는 경영원리이다.

엄격히 말한다면 종래의 고객만족은 기업경영을 영위하기 위하여 겉으로 제창한 표어이고, 지금 표방하는 고객만족은 '경영의 궁극적 목적'이라고 할 수 있다. 즉 경영기법이 아니라 경영의 진리라고 할 수 있다. 고객만족이라는 것은 고객 자신이 결정하는 것으로서 기업이 결정하거나 그것을 강요하는 것이 아니다. 풍요로운 시대의 도래와 함께 시장이 성숙하여 상품은 포화상태가 되고 경쟁은 더욱 치열해지고 있다. 이와 함께 지금까지 기업 측에 있던 시장의 주도권이 구매자인 고객에게로 이행하고 고객이 판매자를 선택하는 시대가 되었다.

그러므로 기업이 제공하는 제품 및 서비스가 고객의 만족을 얻지 못하면 판매되지 못하게 되므로 최대의 관심사는 고객(customer)의 만족(satisfaction)이 되는 것이다. 고객에게 만족을 줄 수 있는 제품 및 서비스를 제공하는 기업은 고객에게 선택되고 살아남을 수 있다. 즉 고객에게 만족을 판매하는 것이 기업의 최고목적이 되고 치열한 경쟁에서 살아남을 수 있는 절대적인 조건이 되고 있는 것이다.

4. 고객만족경영을 위한 조직 전환

세계적으로 고객만족경영은 크게 주목받아 왔다. 기업이 영속적으로 운영되기 위해서 이익의 확보는 지상명령이지만 그것보다는 고객의 만족을 추구하는 것에서부터 기업경영이 출발하여 그 결과로써 이익을 확보한다는 것이 그 주안점이다.

따라서 지금까지의 경영에 관한 생각은 크게 달라진다. 즉 이는 경영의 혁명이라고 말할 수 있다. 이와 함께 기업의 조직도 당연히 바뀐다. 종래의 기업이익을 우선시하는 기업조직은 최고경영자가 정점에 있는 피라미드형이지만 고객만족을 우선시하는 기업조직에서는 종래와는 전혀 다른 반대의 형태, 즉 역피라미드형이 된다.

[그림 11-3]에서 보는 바와 같이 역피라미드형 조직도에서는 가장 중요한 것이 고객만족이기 때문에 우선 고객이 중심이 된다. 다음으로 중요한 것은 고객만족을 실현하기 위하여 제일선에서 고객과 직접 접촉하는 직원이다. 이같이 제일선에서 분투하는 직원을 후원 및 지원하는 것이 현장관리자, 중간관리자, 최고관리자 층이고 현장직원 아래로 표시된다.

기업조직이 역피라미드가 된다고 해서 관리자층의 권위가 결코 실추되는 것을 의미하는 것은 아니다. 관리자의 역할이 달라진다는 것은, 즉 종래와 같이 조직전략의 설정 및 의사결정을 내리는 것에는 변함이 없고, 거기서 고객의 만족을 실현하기 위하여 제일선에서 활약하는 직원을 지원한다고 하는 새로운 역할이 추가되는 것이다.

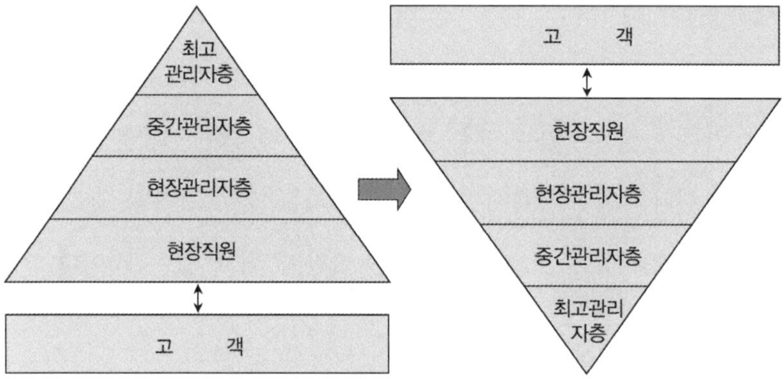

[그림 11-3] 역피라미드형 조직 전환

5. 고객만족경영의 효과

고객만족경영을 통하여 기업이 얻을 수 있는 이익은 다양하다. 재무적으로 기업에 주는 효과 이외에도 단기간에는 나타나지 않는 다양한 효과들이 많이 있는데 우선 대표적으로 재구매고객의 창출, 비용의 절감, 최대의 광고효과 등을 들 수 있다.

1) 재구매고객의 창출

시장에 경쟁자가 포화상태인 상황에서 새로운 고객을 끌어들인다는 것은 그리 쉬운 일이 아니다. 가능하다고 해도 이를 위하여 상당한 비용을 들이게 된다. 우리가 알고 있듯이 일반적으로 전체 고객 중 20%인 단골고객이 전체 매출의 80%를 좌우한다는 말을 되새겨야 할 필요가 있는 것이다. 즉 기존고객이 재구매하여 반복구매가 이루어져야 기업의 이익 극대화가 가능하다는 것이다. 따라서 충성도 높은 고객을 형성하는 것은 영구적인 기업의 이윤을 보장하는 것이다. 그러므로 우리의 제품이나 서비스를 구매하는 고객들의 만족을 극대화함으로써 우리 기업의 영원한 팬(Fan)으로 만들 수 있다.

2) 비용의 절감

제품이나 서비스 구매 후 만족도가 높은 고객을 설득하기 위해서 기업은 초기만큼 비용과 시간을 할애하지 않아도 된다. 설득을 위한 비용을 A/S와 같은 실질적인 서비스 비용으로 사용할 수 있기 때문이다. 기존 고객을 유지하기 위한 비용은 새로운 고객을 창출할 때 드는 비용의 1/5 정도면 충분하다. 그리고 만족도가 높은 고객들은 단골고객으로서 기업에 다양한 고객정보를 적극적으로 제시해 주므로 고객 욕구와 기대를 확인하기 위한 활동의 비용이 절감된다.

3) 최대의 광고효과

만족도가 높은 고객은 충성고객으로서 걸어다니는 광고판, 즉 자사의 세일즈맨이라 할 수 있다. 구전(Word of Mouth)은 어느 대중매체를 통하여 광고하는 것보다 막강한 효과를 창출한다. 신규고객의 경우 기업의 광고를 통하여 제품과 서비스에 대한 정보를 많이 얻기는 하지만 실질적으로 그 정보에 대한 신뢰도는 높지 않다. 하지만 그 제품이나 서비스를 사용한 경험이 있는 주변 사람들의 좋은 평가는 신규고객에게 중요한 평가 기준이 된다. 따라서 충성도 높은 고객은 본인이 의도하지 않아도 그들의 평가를 통하여 기업이 새로운 고객을 창출하는 데 많은 도움을 준다.

6. 고객만족경영의 성공요건

1) 직원 만족

기업의 광대한 목표가 최고의 고객만족 실현이라 할지라도 실제로 고객만족 목표달성을 위하여 업무를 추진하는 직원이 고객만족을 위한 업무를 제대로 추진하지 못한다면 고객만족경영의 성공은 보장할 수 없다. 수많은 직원의 노력으로 소비자들로부터 얻은 신뢰를, 불성실한 직원 한두 명의 실수로 인하여 한순간에 잃을 수도 있다. 따라서 외부 구매 고객의 만족 이전에 내부고객인 직원들의 만족이 선행되어야 한다. 다시 말해서 고객이 기업에 소중한 만큼, 고객에게 서비스를 제공하는 직원 역시 소중하다는 것이다.

고객만족의 중요한 요소인 서비스의 품질은 직원의 손에 달려 있으며, 직원의 만족에서 시작된다. 아무리 표준화된 서비스를 제공한다고 하여도 서비스 제공자의 심리상태가 불안정하다면 고객이 진심으로 느끼는 서비스 가치를 실현하기는 어렵다. 기업의 최고경영자부터 실무자까지 전 종사원이 현재 직무에 만족하지 못한다면 참된 서비스 제공은 불가능하며 고객만족을 이루어낼 수 없다.

2) 혁신

'혁신' 하면 일반적으로 제품의 기술적인 부분으로 한정하여 생각하는 경향이 있어 프로세스의 재구성을 통하여 적은 투자를 통한 생산성과 품질의 향상을 주로 얘기한다. 그러나 고객만족을 위한 혁신은 더욱 포괄적으로 이루어져야 한다.

고객만족을 위해서는 상품, 프로세스, 인적자원 모두가 고객지향적으로 혁신되어야 하며, 단지 상품의 품질이 우수하다거나 종사원이 친절한 것만으로는 고객을 만족시킬 수 없다. 따라서 고객만족을 위해서는 기업이 생산·판매하는 제품은 고객 욕구가 충분히 반영되어 기대에 부응할 수 있도록 우수한 품질과 적절한 가격이 형성되어야 한다. 그리고 기업 전체 업무의 프로세스는 기업조직 중심이 아니라 고객가치 실현이 가능하도록 고객지향적으로 이루어져야 하며, 모든 종사원의 마음가짐은 고객만족 실천 노력에 집중해야만 한다.

3) 고객 욕구 파악

기업들은 기본적으로 고객들이 최고품질의 제품과 서비스를 원한다는 전제하에 상품을 구상하게 된다. 그러나 언제, 어디서나 동일 품질의 제품과 서비스를 원하는 것은 아니다. 고객들의 욕구는 여러 가지 요인으로 인하여 변화한다. 경제가 발전하여 생활 수준이 향상되면서 고객들의 소비기준은 양에서 질로 변화하였다. 모든 면에 있어서 질적인 만족을 추구하는 고객들이 증가하고 보다 발전된 제품과 서비스를 경험한 고객들이 늘어나면서 고객들의 욕구 수준은 점진적으로 높아지고 이를 당연히 여기게 되었다.

이를 위해서 기업은 최고의 상품을 개발하고 품질 향상을 위해 노력하고 있다. 그러나 이런 노력만으로는 고객의 욕구 수준에 도달할 수 없으므로 기업 내에 모든 프로세스는 고객만족을 위한 방향을 향하고 있어야 하며, 이러한 노력 후에 그 수준에 도달할 수 있게 된다.

고객의 욕구 수준에 도달했거나 초과한 상품과 서비스는 다른 기업과 차별화된 경쟁력을 확보하게 됨으로써 고객만족을 가능케 한다. 따라서 기업은 변화하는 고객 욕구를 늘 주시해야 한다. 고객들이 원하는 것이 단순한 기술 향상이 아니라 제품과 서비스에 담긴 가치를 원하는 것이기 때문에 과거처럼 품질 좋은 제품만으로는 불가능하다는 것을 인식해야 한다. 오늘날 변화하는 고객 욕구에 대응하지 못하는 기업은 생존 자체가 불가능해질 수 있다.

4) 접점을 통한 고객 감동

고객의 만족감을 높여주기 위해서는 구매한 제품의 품질도 중요하지만, 기업과 고객이 만나는 순간에 고객이 기업에 대하여 어떻게 느꼈는지가 중요하다고 할 수 있다. 고객이 기업과 만나는 순간에 영향을 주는 요인으로는 크게 하드웨어와 소프트웨어, 사람의 세 가지로 말할 수 있다.

하드웨어적인 부분은 상품이나 시설로써 제품 그 자체와 어떤 공간을 제공하는지에 따라 고객 접점의 순간에 고객만족은 달라지는데, 매장을 안락하고 쾌적하게 꾸미고 고객들이 이용하는 데 어려움이 없도록 하는 것들이다.

소프트웨어적인 부분은 서비스나 시설을 이용하는 데 제공되는 속도와 정확성 등을 말한다. 아무리 훌륭한 시설에서 최고의 서비스를 제공한다 해도 그 서비스의 수준이 적절하지 못하고 게다가 마냥 기다려야 한다면 고객들은 불만족하게 될 것이다.

인간적인 요소는 고객과 지속적인 인간관계를 유지하는 것을 말한다. 하드웨어와 소프트웨어가 아무리 훌륭하다고 해도 사람의 진심에서 우러나오는 고객지향적 가치가 없다면 진정한 고객 감동은 나올 수가 없다.

위의 세 가지는 하나 또는 두 개만으로는 고객과의 접점에서 큰 효과를 발휘할 수 없다. 이 세 가지가 총체적으로 고객 욕구에 도달할 때 진정한 고객만족이 이루어진다고 할 수 있다.

제 3 절 고객관계관리

1. 고객관계관리의 내용

1) CRM의 개념

마케팅 및 서비스 경쟁이 점차 치열해지면서 서비스기업은 고객에 대한 정보를 체계적으로 정리해 정보원으로 삼아야 할 필요성이 있게 되었다. 이러한 필요에 따라 영업활동, 마케팅, 인사관리 등 고객관리와 관련된 업무들을 하나로 통합한 것이 고객관계관리(CRM : customer relationship management)이다. 이것은 특히 고객의 각종 신상정보와 취향, 기호까지도 하나의 데이터베이스로 통합·관리함으로써 기존처럼 불특정 다수가 아닌 특정계층 및 고객을 위한 차별화된 마케팅이 가능한 시스템이다.

이 시스템의 도입으로 고객에 대해 꼼꼼하고 세심한 서비스를 제공할 수 있고 고객DB(데이터베이스)를 각 업장이 공유하기 때문에 고객들은 어떤 직원에게라도 동일 내용의 서비스를 받는 것이 가능하다. 우리나라에 CRM이 최초로 도입된 시기는 1990년대 말 이후로 금융권 회사들이 고객만족과 회사의 수익 창출이라는 목표를 가지고 급속히 확산시키기 시작하였다.

그 후 서비스산업에서도 소기업들이 기존고객들을 관리하면서 새로운 고객 창출이라는 목표를 가지고 앞다투어 CRM을 도입하고 관련 부서를 확충하기에 이르렀다. 소형업체에서도 고객의 명함을 모아서 이메일과 연락처를 가지고 주기적으로 DM이나 e메일, 해피콜을 실시하는 등 여러 방안을 구사하고 있다. 이러한 작은 일들로부터 시작하여 고객만족을 기할 수 있으며 충성도 있는 새로운 고객을 만들어나갈 수 있을 것이다.

2) 서비스기업에서 CRM의 목표

서비스기업에서 CRM의 목표는 다음과 같다.

첫째, 단골 고객의 확보와 관리를 통한 충성심 있는 고객의 양성에 있다. 불황기와 경영상의 어려움을 극복하는 최대의 힘은 꾸준히 방문해 주는 충성도 높은 고객이 얼마나 많은가에 달려 있다. 이러한 충성고객의 확보는 고객관리(CRM)의 중요성을 다시 한번 강조해 주는 대목이다.

둘째, 고객의 불평(complaints)을 최소화하고 고객만족률을 최대화하는 데 그 의의가 있다. 어느 업체에서나 빈번히 발생하는 고객의 불평을 줄이고자 최대의 노력을 기울이는 자세가 바로 바람직한 CRM 활동인 것이다. 즉 고객의 불평률을 줄이고자 노력한다면 당연히 고객의 만족도는 높아질 것이기 때문이다.

셋째, 다수의 경쟁업체보다 경쟁우위를 점할 수 있으며, 선도하는 업체가 되는 것이다. 주변의 무수히 많은 직간접적인 경쟁업체로부터 앞서 나가고자 한다면 CRM을 통한 고객만족경영을 최우선으로 삼아야 할 것이다. 특히 주변의 경쟁업체와는 독특하고 차별화된 서비스의 제공과 고객의 흥미를 유발할 수 있는 프로그램 개발이 효과적일 수 있다.

넷째, 방문하는 고객을 분류하여 적절한 피드백(feedback)을 통해 최대의 효과가 나올 수 있도록 한다. 방문하는 모든 고객을 기여도에 따라 A그룹, B그룹, C그룹, D그룹 등으로 세분화하여 이에 적절한 CRM 활동을 전개해야 할 것이다. 이러한 활동은 그 기업의 규모와 상황에 맞게 실시하는 것이 합당하다.

마지막으로는 위와 같이 제시한 CRM 활동을 수행한다면 적은 비용으로 서비스산업의 불황기를 큰 어려움 없이 헤쳐나갈 수 있을뿐더러 궁극적으로 서비스기업의 최대 목표인 단골고객의 확보와 영업이익 창출에 큰 공헌을 하리라 판단된다.

미국과 유럽의 기업들이 중요하게 생각하는 CRM의 속성들은 고객충성도 획득, 고객별 차별화된 서비스 제공, 고객에 대한 보다 나은 지식 축적, 경쟁우위 획득, 최고의 수익성을 가진 고객 인지, 고객별 수익 증대, 고객 문의 신속 대응, 신규고객 유치, 고객 라이프사이클의 가치 인식, 고객 문의 대응비용 최소화, 신규고객 유치비용 감소 등이다.

3) 고객데이터베이스 활용 마케팅

서비스산업에서 CRM은 실제적인 측면에서 현저한 효과를 발휘하고 있다. 일부 기업은 CRM 프로그램을 통해 인터넷으로 고객이 선택한 상품과 포인트, 상품 신청 등의 상세한 정보를 토대로 밀착마케팅을 펼침으로써 고객만족도를 높이고 있다. 고객이 좋아하는 쿠폰을 발송하고 각종 이벤트 행사에 초청하는 한편, 이메일로 감사장을 전달하는 등으로 인지도를 넓혀가고 있다.

서비스산업에서 데이터베이스(DB)는 CRM 활동을 적절히 수행하기 위해서 그리고 고객의 이탈을 방지하고 충성고객을 양성하기 위해서 전산화된 마케팅시스템의 기초자료라고 할 수 있다.

CRM의 DB에 포함되는 고객의 자료에는 고객의 이름과 주소, 전화번호, 이메일, 회사명과 직책 그리고 인구통계적 특성(나이 · 성별 · 학력 등)과 거주지와 관련한 지리적 정보(거주지와 거주지의 특성)와 라이프스타일에 관련한 내용 그리고 과거에 방문했을 때의 상세한 이용 내역 등을 DB에 포함해서 CRM 활동을 전개한다. 예를 들면, 피자헛이나 맥도날드 등의 업소에 음식을 주문하고자 할 때 처음에 전화하여 여러 가지 개인 신상을 주문과정에서 이야기하였다면 두 번째, 세 번째 주문부터는 업체에서 자신에 관한 일련의 정보를 정확히 알고 있음에 당황한 경험이 있을 것이다.

이미 구축된 정보를 통해서 불필요한 과정을 생략한 것이며, 고객은 다시금 업체의 고객관리 프로그램에 대해서 깜짝 놀랄 것이다. 이러한 DB를 바탕으로 CRM 부서에서는 체계적이고 효율적인 관리가 필요하다. 즉 최소의 비용으로 최대의 효과를 내기 위한 큰 그림의 전략을 수립하여 집중적으로 고객을 공략하는 작은 그림의 전술을 실행에 옮기는 것이 적절한 방법일 것이다.

CRM 활동의 기본은 고객을 앉아서 기다리는 마케팅 활동이 아니라 표적시장을 선점함으로써 공격적인 마케팅 활동을 통하여 전개해야 한다. 이러한 공격적인 마케팅 활동은 기존고객의 DB를 통해서 가능하다. 기존고객을 통해서 새로운 고객 창출이 가능해지고 한결 쉬운 이유가 여기에 있는 것이다. 마케팅부서의 업무영역에 따라 CRM 도입의 기대 효과를 정리한 것이 〈표 11-2〉이다.

〈표 11-2〉 CRM의 마케팅 효과

업무영역	CRM 도입의 기대효과
마케팅기회분석	• 수익 및 고객평생가치(Life Time Value; LTV) 증대 • 신규고객 유치 및 기존 고객 활성화 • 고객 라이프사이클상의 결정적 시점에 효과적인 마케팅활동 • 평생고객으로 가치를 창출할 수 있게 함
영업지원활동	• 시장에서의 경쟁력 있는 제품의 파악 및 신속한 대응전략 수립 • 수익성 높은 고객분류와 표적 마케팅
마케팅관리	• 시장변화 및 고객의 니즈에 맞은 상품 개발 • 상품에 대한 시장 반응의 신속한 파악 및 보완 • 고객니즈 변화에 대한 신속한 파악 및 대응
고객서비스	• 고객만족 및 고객충성도 증대 • 고객유지율 향상 • 고객의 구매행태에 대한 이해 • 묶음판매와 교차판매 기호의 증대 및 활용
커뮤니케이션	• 고객니즈에 맞는 커뮤니케이션 채널 구축 • 비용을 최소화할 수 있는 고객유도

2. e-고객관계관리(e-CRM)

1) e-CRM의 개념과 특징

기존의 CRM이 서비스업계에서 효과적으로 활용되기도 하였으나, 여러 가지 대내외적인 환경변화로 인해 기업들은 CRM을 온라인에 적용하고자 e–CRM(electronic customer relationship management)을 도입하기 시작하였다. 그래서 인터넷을 이용한 전자상거래(e–commerce), 인터넷 마케팅(internet marketing), 개인화(personalisation) 그리고 셀프서비스(self–service) 등이 나타나기 시작했다. 새로운 기술을 보유한다는 것은 off–line의 CRM 활동을 e–business 환경에서 완성할 수 있다는 뜻이다. CRM과 일반 대중 지향적으로 e–business가 결합할 때 기업들은 e–CRM을 좀 더 쉽게 이해할 수 있을 것이다.

e–CRM은 일반적으로 인터넷 기반의 온라인 CRM을 의미하는데, "e–CRM은 실제로 CRM의 21세기 스타일이며, e–CRM이 CRM이고 CRM은 e–CRM이 되어야 한다"는 주장이 있을 정도로 e–CRM이 새로운 커뮤니케이션 방법으로 대두되고 있다. e–CRM은 고객 각각의 요구사항에 대해 전자기술(electronic technology)에 기반을 둔 전자채널(e–channel)을 이용해 고객과 접촉하고 고객의 요구사항을 처리하며 마케팅, 판매, 서비스의 세 가지 기업활동을 할 수 있는 환경을 갖추는 것이라고 할 수 있다. 여기서 전자채널은 인터넷, 키오스크, 쌍방향 TV 및 EDI 기술(기업 간 주문내용 데이터를 플랫 파일로 전송하는 기술)을 포함한다.

2) CRM과 e–CRM의 차이

e–CRM은 기존의 CRM과 달리 인터넷을 통해 고객데이터를 수집하고 고객과 쌍방향으로 실시간 커뮤니케이션이 가능하다. CRM과 e–CRM은 고객관계를 지원한다는 면에서 많은 공통점이 있지만, e–CRM이 인터넷을 활용한다는 점에서 주문처리 및 고객 불만 응대처리에 대해 신속하게 대응할 수 있어 고객만족도가 상승하게 되며, 통합된 정보공유를 통해 처리 과정이 단순해지고, 처리 오류 및 비용감소를 가져옴으로써 궁극적으로 기업의 수익을 창출할 수 있도록 해준다.

CRM과 e–CRM의 차이점을 살펴보면 크게 네 가지로 정리할 수 있다.

첫째, 고객 접점의 경로에 차이가 있다. e-CRM의 고객 접점 경로는 CRM의 고객 접점 경로에 포함된다. 즉 e-CRM은 e-mail, 인터넷, 이동통신, 전자카탈로그, PDA, 디지털 TV방식의 온라인 환경에서 고객과의 접촉 또는 커뮤니케이션을 통해 CRM솔루션의 구축 및 운용이 가능하다. 그 반면에 CRM은 전술한 e-CRM의 접촉영역을 포함하여 전화, 팩스, 도소매업자, 지역점 또는 체인점 등 기존의 오프라인 중심 경로까지 구축할 수 있다.

둘째, 활용 목적에 차이가 있다. e-CRM은 실시간 · 다채널 · 동시의 커뮤니케이션 수단을 중시하는 반면에, CRM은 전통적인 오프라인 경로를 중심으로 고객 관계개선을 통한 경영 효율성과 수익구조 개선을 중시한다.

셋째, 활용범위에 차이가 있다. e-CRM은 마케팅 측면이 강하다. 즉 고객에게 알림, 판촉, 쌍방향 커뮤니케이션 등을 개선하기 위한 의사전달 기능으로 콘텐츠 활용과 커뮤니케이션 빈도, 제품 및 서비스의 활용능력이 높다. 반면에 CRM은 대면 또는 비대면 접촉의 활성화, 판매 및 경영활동의 경로별 조화를 통한 경영효율성이 강하다.

넷째, 활용능력에 차이가 있다. e-CRM은 고객 개개인의 행동 특성과 상황 데이터를 실시간으로 접할 수 있을 뿐만 아니라 복합적인 상황처리가 가능하다. 반면에 CRM은 과거의 경험 · 분석된 가공 정보를 중심으로 활용한다.

CRM과 e-CRM의 전략적 구분과 차이점을 요약 · 설명하면 〈표 11-3〉과 같다.

〈표 11-3〉 CRM과 e-CRM 비교

구 분		CRM	e-CRM
관계	범위	전사적 관계	확장된 전사적 관계
	통제	기 업	기업과 고객
	본질	단순 통계적	복잡하고 유동적
	초점	고 객	
데이터	목적	고객과 관계자의 이해와 증진	
	요약	구매서비스 데이터에 근거한 데이터 요약(구매금액, 건수, Call 건수)	구매 이력 이외에 방문횟수, 관심횟수, 광고 관심횟수, 게시판 사용횟수 등 고객의 행위를 표현하는 정보의 사용
	채널	복수의 분산된 채널(영업사원 방문, 전화, DM, TM 등)	인터넷을 활용한 단일통합체계(웹로그 데이터, e메일 반응, 웹 콜센터)
고객 요청 처리 과정		복잡하고 처리 과정에 오류 가능성	On-demand access로 단순한 절차와 시간 처리
비용		높은 인건비로 관리비용이 상대적으로 높음	초기 IT 비용이 높으나 유지관리 비용이 낮음
온라인 서비스 대응		주로 전화를 이용한 단순한 질의응답	음성, 동화상, Multimedia, FAQ 등 고객 관심 분야
시간적 · 공간적 범위		제한된 시간, 지역적 한계 존재	지역적, 시간적 제약 탈피

3) e-CRM 활동의 차원

e-CRM에 관한 연구는 21세기에 들어 본격적으로 나타나기 시작하였다. e-CRM 활동은 인터넷을 통한 CRM 활동으로 간주하고, e-CRM 활동은 [그림 11-4]와 같이 다섯 가지 차원(e-Marketing, e-Sales, e-Service, e-Support, e-System)으로 구분되며 이를 정리한 것이 〈표 11-4〉이다.

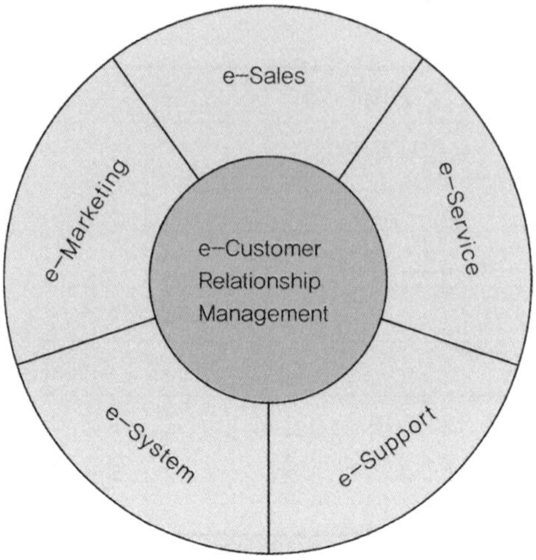

[그림 11-4] e-CRM 활동영역[1)]

〈표 11-4〉 e-CRM 활동의 정의

e-CRM 활동속성	조작적 정의
e-Marketing	인터넷을 통해 브랜드 인지, 메시지 전달, 개별고객의 정보를 획득하여 의미 있는 고객을 찾아내고 수익성 높은 고객층을 대상으로 접근전략을 수립하는 모든 활동
e-Sales	인터넷상에서 서비스 / 상품을 판매하는 것과 온라인 판매를 지원하기 위한 모든 활동
e-Service	인터넷상에서 고객에게 컨설팅하거나 상호작용을 통해 기업과 고객관계가 원활할 수 있게 온라인서비스를 관리하는 모든 활동
e-Support	인터넷을 통해 고객의 소리에 귀를 기울이고, 고객이 어려운 점이나 불만사항들을 해결해 주는 모든 활동
e-System	인터넷을 통한 e-CRM 활동을 원활히 할 수 있도록 시스템 기반을 제공하고 전반적인 시스템을 지원 · 관리하는 모든 활동

3. e-고객기반서비스의 개념과 속성

e-고객기반서비스(e-Customer based service attribute)는 고객들이 인식하는 인터넷을 활용한 고객관계관리(e-CRM) 활동 및 그 결과로 고객에게 제공되는 다양한 서비

1) Kincaid(2003), Ngai(2005), West(2001) 등의 CRM 활동영역을 기반으로 해서 e-CRM 활동영역으로 재구성

스이다. e-고객기반서비스는 e-정보(e-Information), e-편리성(e-Convenience), 다양한 e-대화채널(e-Communication) 속성 등으로 구분할 수 있다.

e-커머스 기업이 제공하는 e-고객기반서비스는 3가지 속성 중 'e-정보'는 기업의 웹사이트를 통해 정확한 정보를 고객이 필요할 때 제공하고, 최신의 정보와 콘텐츠 등을 제공하는 것이며, 'e-편리성'은 개인화된 서비스를 일관성 있게, One-stop으로 서비스를 제공하는 것을 의미하며, 'e-대화채널'은 기업과 고객이 상호작용할 기회가 있고, 언제 · 어디서든 접속해서 기업과 대화가 가능한 속성으로 규정할 수 있다. 따라서 e-고객기반서비스는 "e-커머스 기업의 인터넷을 활용한 고객관계관리 활동과 결과를 위해 고객이 인식하는 고객서비스"로 정의할 수 있으며, 세부적인 속성의 정의를 정리하면 〈표 11-5〉와 같다.

〈표 11-5〉 e-고객기반서비스 속성

e-고객기반서비스	정의
e-정보 (e-Information)	e-커머스 서비스 · 상품 판매를 위한 정확한 정보를 제공하고, 고객이 정확한 정보가 필요할 때 접속 가능하며, 최신 정보를 제공하는 등의 고객기반서비스에 대한 고객의 인식 정도
e-편리성 (e-Convenience)	e-커머스 서비스 · 상품 판매를 위한 개인화된 서비스를 일관성 있게, One-stop으로 제공하는 등의 고객기반서비스에 대한 고객의 인식 정도
e-대화채널 (e-Communication)	e-커머스 서비스 · 상품 판매를 위한 기업과 고객이 상호작용할 기회가 있고, 언제 · 어디서든 접속해 기업과 대화가 가능한 고객기반서비스에 대한 고객의 인식 정도

12

CHAPTER

서비스 수요와 공급 관리

Chapter 12

서비스 수요와 공급 관리

제 1 절 수요와 공급의 이해

1. 수요와 공급의 근본적 문제

서비스의 수요 및 공급 관리에서 근본적인 문제는 보관의 어려움, 즉 재고를 보유하기 어렵다는 것이다. 이것은 서비스의 소멸성, 생산과 소비의 동시성이라는 특성에 기인한다.

수요가 들쑥날쑥해서 발생하는 보관의 어려움은 다양한 잠재적 결과를 가져온다. [그림 12-1]에서 수평선은 서비스 공급을 나타내고, 곡선은 서비스 수요를 나타낸다. 공급능력은 대부분 고정되어 있다. 그러나 서비스 수요는 그림의 곡선처럼 변동이 심하다.

그림의 가장 높은 곳에 있는 수평선은 최대공급능력(maximum capacity)을 나타낸다. 두 번째와 세 번째 수평선 사이의 구간은 공급능력의 적정활용인 적정공급능력(optimal capacity)을 나타낸다.

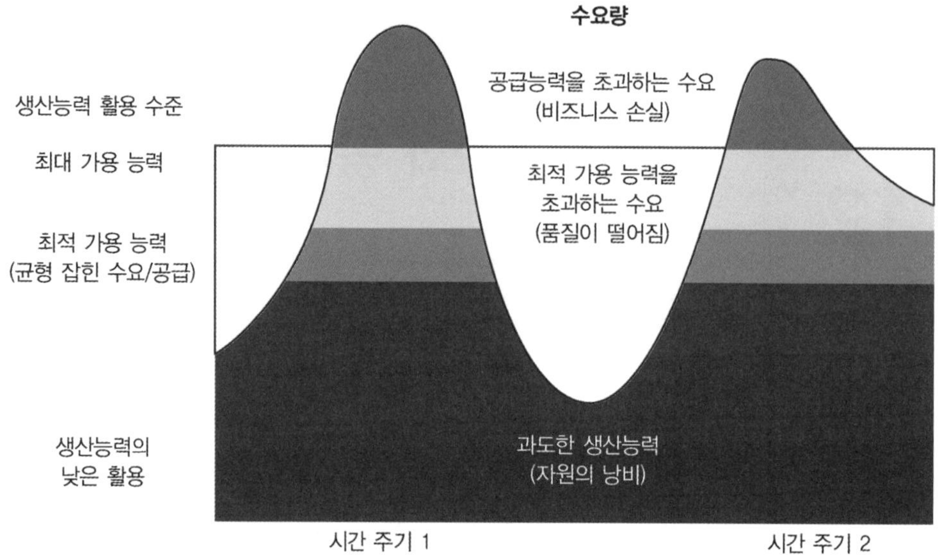

[그림 12-1] 서비스 생산능력과 수요의 차이

2. 공급능력과 수요변동의 기본적 시나리오

[그림 12-1]의 중간 부분에 표시한 것처럼 공급능력과 수요의 다양한 조합으로부터 나올 수 있는 4가지 기본적인 시나리오를 보기로 한다.

① 수요가 공급을 초과하는 경우 : 이런 경우 어떤 고객들은 서비스를 받지 못하기 때문에 사업기회를 잃게 된다. 한편으로 고객도 사람이 붐비거나 직원 및 시설이 부족해서 서비스품질이 약속한 수준에 미치지 못하여 불만을 가질 수 있다.

② 수요가 적정공급능력을 초과하는 경우 : 서비스를 못 받고 돌아가는 고객은 없겠지만 시설의 과도한 사용, 혼잡 또는 업무 과부화로 서비스품질이 떨어질 수 있다.

③ 수요와 공급이 적정수준에서 균형을 이루는 경우 : 직원과 시설이 이상적인 수준에서 서비스를 제공한다. 직원 누구나 업무 과부화가 없고 시설 또한 가동률이 적절히 유지되어 고객은 지연 없이 양질의 서비스를 받을 수 있다. 이것은 적정활용이다.

④ 공급능력이 수요를 초과하는 경우 : 수요가 적정공급수준에 미치지 못한다. 직원, 장비, 시설과 같은 생산자원이 제대로 활용되지 못해서 결과적으로 생산성 및 수익성 저하로 이어지게 된다. 이 경우 일부 고객은 때때로 기다림 없이 좋은 서비스를 받을 수 있지만, 기업 측에서는 비용 절감 등의 이유로 질 낮은 서비스 제공자를 배치하는 경우도 발생할 수 있다.

3. 수요관리의 본질

수요관리는 수요의 시간대와 수량에 영향을 주고 수요패턴의 바람직하지 않은 효과에 대응하는 과정이라고 정의된다. 수요관리는 장기적, 중기적, 단기적 목적으로 나눌 수 있다.

단기수요관리는 대상 기간이 수개월 이내로써 상품 믹스의 변화를 판단한다. 인력을 포함한 서비스 능력의 효율적 이용을 위해서도 단기적으로 수요는 관리될 필요가 있다. 중기수요관리는 서비스 능력관리와 관계되며 인력, 장비, 재고 결정이 주로 대상이 된다. 대개 1년 이내를 말하기도 하지만 일부는 더욱 짧은 것이 보통이다.

장기수요관리는 빌딩이나 장비 등의 대규모 투자 그리고 신상품개발, 상품교체 및 신기술 도입 등 거시적 의사결정을 포함한다. 보통 중·장기적 수요관리 의사결정은 드물게 일어나는 데 반하여 단기적 서비스 제공 관련 의사결정 활동은 매우 자주 일어난다. 예를 들면 일상의 주문처리와 주문수령 등이다.

4. 공급제한의 정도와 수요변동

1) 공급제한의 정도와 수요변동

모든 서비스기업이 수요 및 공급 관리에서 유사한 문제점을 안고 있는 것은 아니다. 심각한 문제는 시간에 따른 수요변동의 정도와 공급제한의 정도에 따라 다르다는 것이다. 〈표 12-1〉에서 보는 바와 같이, '공급제한의 정도'가 2개로, 그리고 '시간에 따른 수요변동의 정도'가 크다, 작다 2개로 나누어지고, 그에 따라 서비스기업들이 전체 4셀로 구분된다. 여기서 예를 들면 셀4에 들어가는 호텔, 레스토랑, 병원응급실 등은 수요변동이 큰 서비스산업인 반면에 셀2에 들어가는 보험 · 법률서비스, 은행, 세탁업은 수요변동의 정도가 적은 편이다. 그리고 셀1에 들어가는 전기, 천연가스, 인터넷서비스 등은 최고수요수준에 최대공급능력을 맞춰 설계되는 반면에 셀3과 같이 대형경기장 근처 음식점, 대학 근처 호텔, 병원, 등은 최고수요가 대체로 최대공급능력을 초과하도록 설계된 서비스업에 가깝다.

〈표 12-1〉 공급제한의 정도와 수요변동

공급제한의 정도	시간에 따른 수요변동의 정도	
	크다	작다
정점수요가 대체로 무리 없이 충족될 수 있다	1 전기 천연가스 경찰과 소방 인터넷서비스	2 보험 · 법률서비스 은행 세탁업
정점수요가 대체로 공급능력을 초과한다	4 회계와 세무 승객운송 호텔 레스토랑 병원응급실	3 셀2에 속한 서비스이면서 공급능력이 불충분한 경우

2) 공급능력의 제약조건

〈표 12-2〉에 보는 바와 같이 대부분의 서비스업을 수요와 공급의 본질로 분류할 수 있으며 수요변동과 공급을 초과하는 효과적인 전략을 파악하기 위해서는 먼저 공급능력의 제약조건과 기본적인 수요패턴을 명확하게 이해할 필요가 있다.

공급능력의 제약조건은 주로 시간, 인력, 장비, 시설 등에서 발생하며, 서비스 유형별로 주요 제약조건의 본질은 다르다는 것을 알 수 있다.

〈표 12-2〉 공급능력의 제약조건

제약조건의 본질	서비스 유형
시간	법률, 컨설팅, 회계, 의료
인력	법률회사, 회계사무소, 컨설팅회사, 건강클리닉
장비	배달서비스, 전화, 네트워크서비스, 공공서비스, 헬스클럽
시설	호텔, 레스토랑, 병원, 공항, 학교, 극장, 교회

주 : 예에서 든 서비스는 사실상 모든 제약을 받을 수 있지만 각각의 제약조건과 가장 관련이 높은 예로 든 것이다.

제 2 절 수요관리전략

서비스기업은 수요가 과도하게 변동하는 것을 불가피한 것으로 받아들일 필요는 없다. 서비스 시스템은 능동적인 혹은 수동적인 방법들을 사용하여 수요를 고르게 할 수 있다. 수요를 고르게 하면 주기적인 수요변동이 감소하게 된다. 고객의 도착 간격이 무작위적인 성격을 갖는다고 하더라도 시간의 흐름에 따른 평균적인 도착률은 더 안정적인 특징이 있다. [그림 12-2]는 서비스 능력을 관리하기 위해 일반적으로 사용되는 전략들을 나타내고 있다.

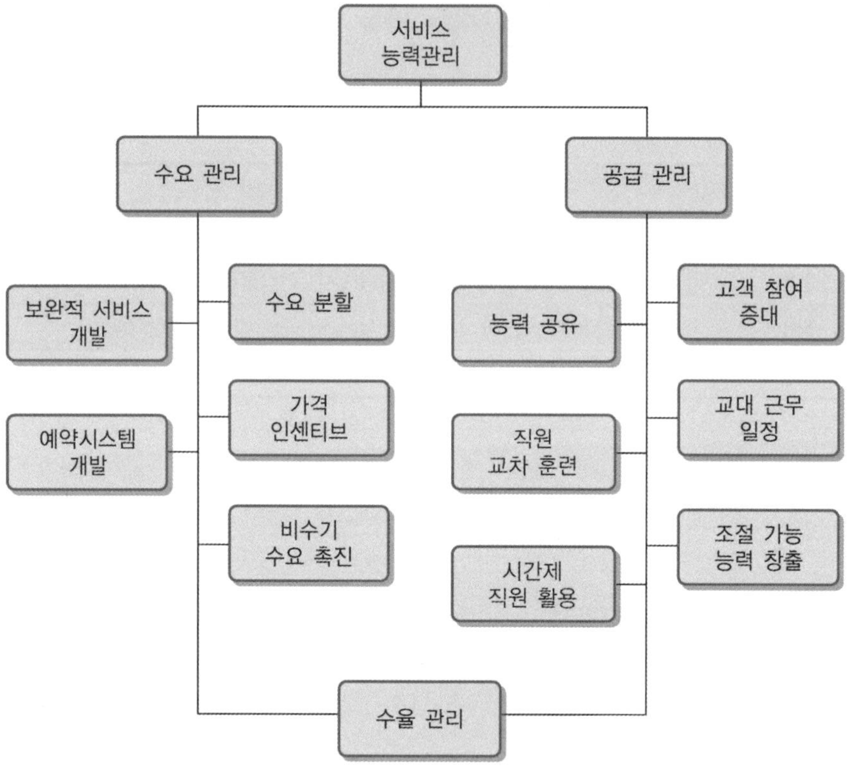

[그림 12-2] 서비스 수요와 공급의 일치화 전략

1. 수요분할

고객수요는 각각 다른 범주로 나눌 수 있는 경우가 많다. 서비스의 성격과 서비스 소요시간은 고객에 따라 크게 달라지기 때문이다. 수요분할(demand partitioning)은 이렇게 수요의 다양한 범주를 이해하고 전략적으로 분리하여 서비스 수요가 보다 바람직하게 관리되도록 하는 것을 말한다. 세분화된 수요분할은 고객 욕구에 따른 서비스 제공과 아울러 서비스 능력의 효과적 이용을 가능하게 한다. 그런데 수요를 자세히 분석하면 일정한 유형이 존재하는 범주로 나눌 수 있는 것이다. 예를 들면 비즈니스 고객은 월요일부터 목요일까지 호텔에 숙박하며 주말 이용률은 떨어지지만, 휴가객들은 주말 호텔 이용률이 높아진다.

수요분할의 기준으로는 주기의 존재, 주기적 변동의 요인, 그리고 무작위 변동의 요인을 들 수 있다.

〈표 12-3〉 수요분할의 기준

주기의 존재	주기의 성격은 무엇인가? 시간, 하루, 주, 월, 계절, 연중으로 변하는가? 여러 형태의 주기가 동시에 작용하는가?
주기적 변동의 요인	직원 스케줄, 대금청구/세금 지급주기, 임금/월급 지급일, 학교 수업시간과 방학, 기후의 계절적 변화, 공식적/종교적 휴일
무작위 변동의 요인	기후변화, 돌발사태, 범죄사고 등의 요인은 무작위적 요소이며 예측 불가 변수이다. 그러나 이것도 부분적으로 분석하면 예측 가능한 수요패턴이 감추어진 경우가 많다.

2. 보완적 서비스 개발

보완적 서비스를 개발하는 것은 자연스러운 시장확대의 방법이다. 새로운 서비스가 기존의 수요와 상반되는 수요 주기를 가지고 있어서 보다 균일한 총괄수요를 창출하게 되면(새로운 수요가 높을 때 기존 서비스 수요가 낮아진다면) 더욱 바람직할 것이다. 음식점에서는 바(bar)를 설치하는 보완적 서비스의 이점을 발견한 바 있다. 혼잡한 시간대에는 대기 중인 고객을 라운지로 안내함으로써 레스토랑의 수익성을 도모함과 동시에 시간에 쫓겨서 초조해 하는 고객의 비위를 맞춰주는 효과도 거둘 수 있다.

3. 가격 인센티브

가격차별화의 예는 많다. 항공운송에서 주말과 주중 요금의 차이, 리조트 지역의 비수기 호텔요금, 영화관의 조조할인 등은 대표적인 예이다. 희소한 자원을 보다 유용하게 쓰도록 유도하기 위해 캐나다 국립캠핑장의 경우에도 가격차별화 정책이 도입되기도 하였다. 이는 차별화된 가격정책이 성수기의 수요를 평준화시키기보다는 비수기의 수요를 메워주는 역할을 하고 있다. 그러나 사기업의 경우 고비용지급 고객을 저요율 서비스 일정 시기로 옮기게 하는 것을 원치는 않을 것이다. 항공사의 경우 승객이 요금할인을 받으려면 주말에 목적지에 머물러야 한다는 단서조항을 둠으로써 비즈니스 승객이 할인된 요금 혜택을 받지 못하도록 하고 있다.

4. 예약시스템 개발

예약은 잠재적인 서비스를 미리 파는 행위이다. 예약이 이루어지면 추가 수요는 동일 설비의 다른 시간대로 옮겨지거나 동일 조직 내의 다른 설비로 옮겨지게 된다. 전국적 예약시스템을 가진 호텔체인에서는 통상 고객이 처음 원했던 호텔의 예약이 불가능하면 체인이 소유하고 있는 가까운 호텔에서 고객의 예약을 처리해 준다.

예약하면 고객은 대기하는 일이 줄어들고 서비스 제공을 약속받을 수 있는 이점이 있다. 그러나 고객이 예약을 지키지 않고 나타나지 않는 no show의 문제가 발생한다. 보통 고객은 예약을 지키지 않았더라도 재정적인 부담을 지지 않는다. 이러한 관행은 승객이 비행기를 예약할 때 만약에 대비하여 여러 개를 예약하는 등의 바람직하지 않은 행동을 유발할 수 있다. 이는 언제라도 떠날 채비가 되어 있어야 할 비즈니스 승객이 취하는 통상적인 관행이었다. 그러나 사전에 예약을 취소하지 않은 한 지켜지지 않은 예약좌석은 모두 빈 채로 남게 된다. 할인요금 승객의 no show를 방지하기 위해 항공사에서는 요즘 환불되지 않는 티켓을 발행하고 있고 호텔에서는 손님의 신용카드 번호를 기록해 두고 있다.

no show 때문에 발생하는 빈 좌석 운항이나 객실에 대비해 항공사 및 호텔은 초과예약(overbooking) 전략을 채택하고 있다. 실제로 제공 가능한 좌석이나 객실보다 많은 예약을 받음으로써 상당수의 no show에 대비하고 있다. 그러나 너무 많은 좌석의 초과예약을 받을 경우 예약한 승객을 거절해야 하는 위험이 있다. 초과예약의 남용을 막기 위해서 미국 연방항공국에서는 초과예약된 승객에 대해 요금 변제와 더불어 다음 비행기편에 좌석을 배정해 주도록 요구하는 규정을 시행하고 있다. 호텔에서도 초과 예약된 승객에 대해 무료로 근처에 있는 동급호텔에 방을 마련해 주고 있다. 바람직한 초과 예약전략은 유휴 서비스 능력의 기회비용과 예약초과에 따른 비용을 최소화하는 것이다. 이 전략을 채택하려면 프런트 데스크 직원이나 접점직원을 대상으로 예약한 서비스를 제공받지 못한 고객들을 정중하게 모시도록 훈련해야 한다. 최소한 의전 차량이라도 사용해서 고객을 비슷한 수준의 경쟁호텔에 객실을 마련해 안내해 주는 예의는 갖춰야 한다.

5. 비수기 수요촉진

비수기의 서비스 능력을 새롭게 사용한다는 것은 다른 수요의 원천을 찾아보는 것을 뜻한다. 비수기에 산악의 스키리조트 지역을 여름 등산을 위한 집결지로 사용하는 것일 수 있고, 또는 리조트 호텔을 사업가나 전문가 그룹을 위한 연수지로 사용하는 예를 들 수 있다.

비수기의 수요촉진 전략은 다른 시기에 발생하는 초과 부하를 억제하기 위해서 사용되기도 한다. 백화점에서 일찍 쇼핑하면 크리스마스의 혼잡을 피하실 수 있다고 호소하거나, 슈퍼마켓에서 주중에 더블 쿠폰을 제공하는 것이 바로 이러한 예에 해당된다.

제 3 절 공급관리전략

대다수 서비스의 경우 수요를 효과적으로 고르게 할 수 없는 경우가 많다. 어떠한 유인책도 수요패턴을 실질적으로 변화시키지 못하는 경우가 있다. 그러므로 수요에 부합될 수 있도록 서비스 공급을 조절하는 통제 노력이 있어야 한다. 이러한 목적을 달성하기 위해 몇 가지 전략을 사용할 수 있다.

1. 고객 참여 증대

고객의 참여를 증대시키는 전략의 좋은 예로는 음식을 나르고 식탁을 치우는 직원을 없애버린 패스트푸드 음식점이다. 고객은 공동생산자로서 주문하고 식사 후 식탁을 치운다. 이러한 도움의 대가는 빠른 서비스와 저렴한 가격이다. 이것은 고객뿐만 아니라 서비스업체도 이익을 보게 된다. 감독하고 임금을 지급할 직원 수가 줄어든다. 그러나 더욱 중요한 것은 고객이 공동생산자의 역할을 함으로써 서비스 제공이 필요한 시점에 바로 필요한 서비스를 제공하게 된다는 점이다. 따라서 서비스 능력이 고정되기보다는 수요에 따라 직접 변화하게 되는 것이다.

2. 서비스 능력의 공유

서비스 제공 시스템은 장비와 설비에 많은 투자가 필요하게 되는 경우가 많다. 시설의 이용이 적을 때는 서비스 능력을 다른 용도로 활용하는 것이 가능할 수도 있다.

항공사들은 수년간 이러한 방식으로 서로 협력해 왔다. 소규모 공항인 경우 항공사들이 동일 승강구와 램프, 수하물 처리 장비, 육상근무자 등을 공동으로 사용한다. 비수기에는 다른 항공사에 비행기를 임대해 주기도 한다. 이 임대계약에는 필요한 항공사 표지를 페인팅하거나 내부 인테리어를 바꾸는 것도 포함되어 있다.

3. 하루 교대근무 일정

교대근무 일정 수립은 병원, 은행, 경찰서 등과 같이 주기적인 수요의 특성을 가진 대다수 서비스 조직에서 중요한 인원 배치의 문제가 된다. 일반적인 접근은 시간별 수요예측으로부터 시작한다. 예측된 수요는 시간별 서비스 인원 배치 요구량으로 전환하게 된다. 패스트푸드 음식점에서는 식사 시간대의 근무일정을 짜기 위해서 15분 간격의 시간 간격을 사용한다. 다음에는 인원배치 요구량을 가능한 충족시킬 수 있도록 순회 또는 교대일정을 개발하게 된다. 마지막으로 특정한 서비스 제공자를 각 순회 혹은 교대일정에 할당하게 된다.

4. 주별 교대근무 일정

호텔, 항공사, 레스토랑과 같은 기업뿐만 아니라 경찰서, 소방서, 응급진료소 등과 같은 공공기관의 서비스도 하루 24시간, 1주일 내내 제공되어야 한다. 이러한 기관에서는 근무자들이 통상 주당 5일 근무하고 토요일이나 일요일이 아니더라도 2일 연속해서 쉬게 된다. 관리하는 측에서는 휴무 조건을 고려해서 근무 일정의 수립과 더불어 최소한의 근무자들만으로 주중과 주말의 다양한 근무 요구 수준을 충족시키는 데 관심을 두게 된다.

5. 직원 교차훈련

다수의 운영작업으로 이루어진 서비스 시스템은 어느 작업은 바쁜데 다른 작업은 한가한 상태인 경우가 있다. 이때 여러 개의 운영작업 업무를 수행할 수 있도록 직원을 교차훈련시키면 부분적으로 발생하는 피크 수요를 충족시키기 위한 신축성 있는 서비스능력을 창출할 수 있다.

직원 교차훈련의 성과는 호텔이나 패스트푸드 음식점에서 신축성 있는 서비스 능력을 만들어낼 수 있다. 손님이 적을 때는 적은 수의 근무자만 업무를 수행하는 일시적 직무 확대를 하고, 바쁠 때는 보다 세분화된 업무를 수행하는 분업이 이루어질 수 있다.

6. 조절 가능한 서비스 능력 창출

내부 설계로 인해 서비스 능력의 일부분을 변동하게 만들 수 있다. 항공사의 경우 좌석등급별 승객 수의 비율변화에 대처해 주기적으로 일등석과 이등석 사이에 분리대를 이동시키고 있다. 일본 도쿄의 베니하나 레스토랑은 음식점 내의 공간을 각기 8명의 고객이 앉는 2개의 테이블 단위로 배열하여 요리사 한 명씩을 배치하는 방식을 사용하고 있다. 각 요리사는 맡은 테이블에서 번쩍이는 칼과 극적인 몸동작으로 음식을 준비한다. 레스토랑에서는 근무에 필요한 요리사만으로 서비스 능력을 조절할 수 있는 것이다.

7. 시간제 직원의 활용

주말 극장이나 음식점에서 식사 시간대와 같이 피크 활동이 지속적이고 예측 가능한 경우는 시간제 직원들이 정규직원을 보충해 줄 수 있다. 만일 요구되는 기술이나 훈련의 정도가 단순한 경우는 학생들이나 부업에 관심 있는 사람들을 시간제 노동 인력으로 바로 활용할 수 있다. 다른 형태의 시간제 지원방식은 근무 대기 상태에 있는 비번 근무자들이다. 항공사나 병원에서는 약간의 명목상 수당을 주고 직원의 활동을 제한해 두었다가 필요한 경우 바로 업무에 투입할 수 있도록 준비시키기도 한다.

제 4 절 수익관리

서비스기업에서 수익관리는 매우 중요하다. 대표적인 방법의 하나로 수율관리(yield management)가 있다. 수율관리 기법의 목적은 올바른 고객에게 올바른 가격에 올바른 능력을 팔려는 것이다. 모든 기업이 이 기법을 사용하지는 않지만 많은 자본집약적 서비스기업들은 이를 매우 크게 활용하고 있다. 현재 수율관리 기법들을 충분히 활용하고 있는 산업들은 항공, 철도, 렌터카, 해운 등과 같은 운송 관련 산업, 여행사, 유람선 및 휴양지와 같은 휴가관련산업, 호텔, 약국, 창고 및 방송과 같은 능력 제약을 가진 산업들이다.

시장세분화 능력, 소멸성의 해결, 선불판매(advance sales), 변동하는 수요예측, 정확한 세부 정보시스템 등의 비즈니스 특성들은 수율관리를 보다 효과적으로 만든다. 수율관리는 예약시스템, 초과예약, 수요분할 등을 통합하는 종합적인 시스템이다. 그래서 수율관리 시스템은 초과예약, 고객 그룹 간 능력 배분, 서로 다른 고객 그룹별 차별적인 가격결정 등의 세 가지 기본요소로 구성되어 있다.

1. 초과예약

고객은 변덕스럽고 항상 모습을 나타내지는 않기 때문에 초과예약의 필요성은 분명하다. 초과예약을 하지 않는 기업보다 그것을 하는 기업이 많은 돈을 벌 수 있다. 그런데 항공사의 노쇼는 평균 15%, 레스토랑은 10%, 크리스마스 휴가 중에는 무려 40% 정도가 노쇼라고 한다. 플로리다에서의 렌터카 노쇼는 예약의 70%까지 달했다는 보고도 있었다.

초과예약을 대체하는 방법은 단순히 고객이 나타나든지 않든지 간에 고객에게 부담시키는 것이다. 그러나 이러한 접근은 레스토랑과 렌터카 산업에서 실패하였고 다른 사업에서도 당장에 폐기하였다.

고객의 저항도 높다. 교통 때문에 비행편이나 KTX를 놓쳤는데, 환불이 안 되고 티켓이 무효라는 대답을 들었다고 상상해 보라. 따라서 많은 비즈니스에서 초과예약을 할 것이냐 말 것이냐가 아니라, 오히려 얼마나 초과예약을 할 것인가가 문제일 것이다.

2. 서비스 능력 배분

서비스기업을 괴롭히는 어려운 문제는 고객 그룹 간에 서비스 능력을 적절히 배분하는 것이다. 더욱 큰 이익을 줄 고객이 나중에 올 것이라는 희망으로 서비스 능력을 열어놓은 채 수익성 낮은 고객을 받을지 말지를 결정하는 게 문제이다.

[그림 12-3]에서 보는 바와 같이 항공사나 호텔에서는 높은 수익을 주는 고객들은 이벤트 일자가 다 되어서 예약하는 경향이 있고, 낮은 수익을 주는 고객들은 흔히 몇 달 앞서 예약한다. 항공산업에서 가격을 의식하는 휴가객들은 몇 달 앞서 예약하는 반면에, 돈 잘 쓰는 비즈니스 여행객들은 이벤트 일자에 근접해서 예약을 할 것이다. 호텔의 경우, 가격을 의식하는 그룹 비즈니스는 1년 앞서 예약할 것이고, 더욱 고도의 수익성 있는 일과성 비즈니스는 바로 당일 문안으로 걸어오기도 한다.

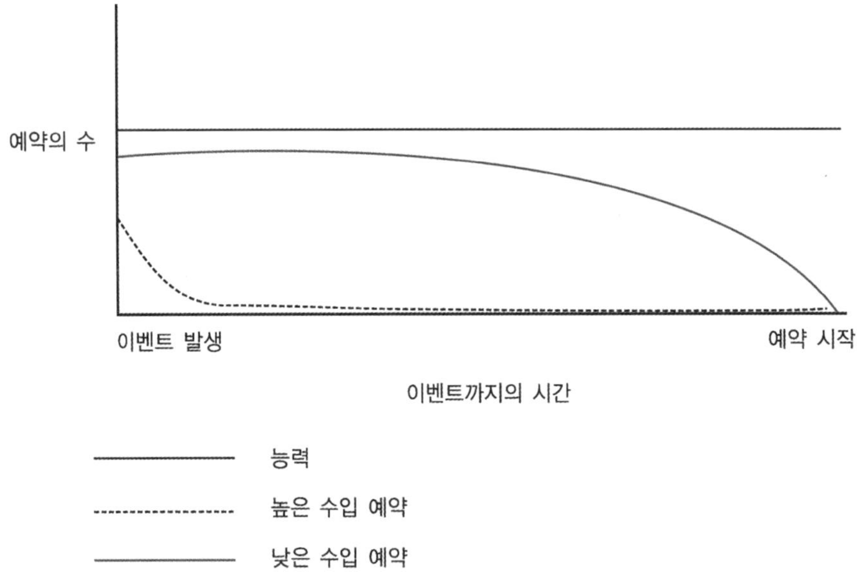

[그림 12-3] 누적 예약 활동

만약 그림에서처럼 모든 예약을 선입, 선서비스로 하면 상당한 부분의 가장 수익성 좋은 고객들에게 등을 돌리고, 보다 수익성 낮은 고객들로 채우게 할 수 있다. 그러나 기업들은 자사의 서비스 능력을 모두 고수익 비즈니스로만 채울 수는 없으므로, 저수익 비즈니스에 간단히 "노"라고 말할 수 없다. 결국에 서비스기업은 미리, 후일의 고수익 비즈니스 예약을 기대하여 어느 시점에서 낮은 수익 비즈니스를 차단할 것인가를 결정해야만 한다.

그러나 실제상황은 더욱 복잡하다. 비즈니스호텔의 경우 목요일에는 고수익 고객으로 북적거리고 금요일에는 상대적으로 비게 될 것이다. 저수익 고객이 목요일과 금요일 이틀을 예약하는 경우에는 기업의 수익성은 달라질 것이다. 결과적으로 고수익 고객 클래스에 대한 목요일의 보호수준은 저수익 고객의 투숙기간의 길이에 따라 달라지게 된다.

그러한 예약을 수용할 것인가를 결정하는 데 입찰가격(bid price) 전략이 사용된다. 즉 저수익 고객의 실제 가격은 제시된 투숙기간에 걸친 기대수익과 비교된다.

3. 차별적 가격 결정

우리는 지금까지 가격을 외생변수, 혹은 우리가 통제할 수 없는 외부의 문제로 가정하였다. 그러나 이는 물론 그렇지 않다.

[그림 12-4]는 비행기 좌석을 3개의 시장으로 나타낸 것을 보여준다. 고객 클래스 1(일등석 탑승객)은 프리미엄 서비스와 유연성을 원하면서 비용은 덜 신경을 쓴다. 고객 클래스 2(비즈니스 클래스)는 가격보다 마지막 순간에서의 변경의 유연성에 가치를 둔다. 고객 클래스 3(흔히 가족휴가자들)은 미리 계획을 짜고 가격에 고도로 민감하다. 각 그룹에서의 소비자 잉여는 시장가격(점선), 수요곡선, 그리고 점선에서 고객 클래스를 표시하는 굵은 선으로 연장되는 수직선으로 구성되는 삼각형의 면적이 된다. 여기에 두 가지 중요한 경제적 효과가 작용한다. 소비자 잉여의 상당한 부분은

공급자에게로 이동하고 통상적으로 서비스를 이용하지 않을 고객들을 끌어들임으로써 시장 자체를 확장한다.

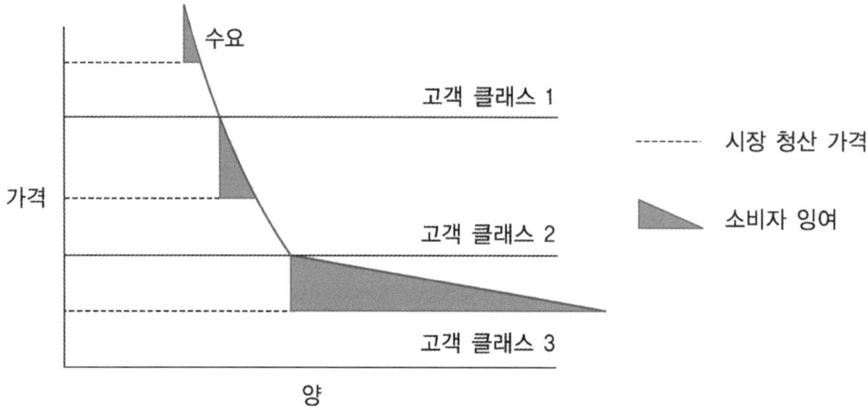

[그림 12-4] 수율관리에서의 수요공급 균형

시장세분화의 합법적이고 실행 가능한 방법을 결정하는 것은 마케팅부서의 상상력과 사고에 달려 있다. 예를 들어 항공사들은 가격에 덜 민감한 비즈니스 고객에게는 좀 더 높은 가격을, 가격에 민감한 가족휴가자들에게는 보다 낮은 가격을 부과하려고 한다. 그러나 이러한 시장들은 얼마나 일찍 예약하는가에 따라 가격을 세분화함으로써 단지 간접적으로만 공략할 수 있다.

초과예약과 서비스 능력의 배분이라는 수율관리 이슈는 가격이 정해지면 저절로 수치분석이 잘 이루어지지만, 가격, 서비스 능력 배분, 그리고 초과예약들의 전체적인 최적 조합을 결정하는 것은 어렵다. 실무에서는 마케팅이 통상적으로 기업정책과 경쟁적 반응에 맞추어 가격을 정하고 운영부서에서 가격이 정해진 후의 서비스 능력 배분 숫자를 결정한다.

4. 수율관리 시스템의 현실적 문제

여러 산업에서 성공하고 있지만 수율관리 시스템은 몇 가지 현실적인 문제점을 가지고 있다.

1) 고객 분리

고객의 관점에서 보면 특정요금 클래스에 들어가게 되는 많은 규칙들은 어처구니 없는 것이다. 일반적인 대중은 비행기 좌석에 대해 어떤 사람이 다른 사람과 다른 요금을 낼 수 있다고 하는 생각을 받아들일지 모르나, 많은 사람들은 실제로 그렇게 되었음을 발견하였을 때 매우 화가 날 것이다. 동일 클래스에 어떤 사람은 표준요금을 내고 어떤 사람은 많은 할인을 받는다고 할 때 사람들은 불공평하다고 느낄 것이다. 그래서 많은 산업에서 이 문제에 대한 열쇠는 고객들이 다른 고객 클래스에게 주어지는 요금을 모르게 하는 것이다.

2) 고객 클래스의 속임수

항공사 고객 클래스 규제의 복잡성은 고객 속임수(cheating)를 잘 파악하도록 주의를 요하고 있다. 일부 여행사들은 자신들의 고객들에게 부가적 서비스로서 항공규제를 피하기 위한 정교한 방법을 찾는다. 항공사들은 고객이 규칙을 잘 지키도록 하기위해서 정보시스템에 상당한 금액을 투자한다. 예를 들어 고객들은 토요일 밤에 도중하차 할 수 있는 두 쌍의 서로 겹치는 왕복항공권을 사서 양 티켓의 한쪽씩을 버림으로써 주중의 비싼 왕복여행의 비용을 피할 수 있는 방법을 터득하였다. 그러나 지금은 많은 항공사들이 이렇게 포기된 티켓을 검출해 내는 능력을 갖추고 있어서 고객들이 적절한 가격을 내든지, 그렇지 않으면 해당 항공편을 이용하지 못하도록 조치한다. 이러한 문제에 대한 해답은 일반적으로 직원의 경각심과 소프트웨어에의 투자가 뒤따라야 한다.

3) 직원 권한 부여

기업은 직원들이 업무에서 즉시 의사결정을 내리는 데 얼마나 많은 권한을 부여할 것인가에 관련된 전략적 의사결정을 해야 한다. 만일 시스템이 직원 재량을 줄이는 것으로 보이면, 직원들은 이러한 모욕을 인지하는 대가로 흔히 시스템을 사보타지함으로써 심리적 보상을 얻는다. 예를 들어, 호텔산업에서 적절한 고객 클래스와 객실요금을 배정하는 데는 프런트 직원에게 상당한 정도의 책임이 있다. 만일 시스템이 구조적이지 못하면 프런트 직원이 자신들의 기분에 따라 고객들에게 실제 클래스보다 높거나 낮은 요금을 내게 될지 모르는 변덕스런 의사결정을 택할 수도 있다. 그러나 지나치게 구조적인 시스템은 프런트직원의 협상력을 손상시킬 수 있어 결과적으로 필요 없이 객실이 비게 될 수 있다.

4) 비용과 설치 시간

대기업이 수율관리 시스템을 완벽하게 설치하는 것은 쉬운 일이 아니다. 수율관리 문제를 다루기 위해 시중에서 판매되는 일반적인 소프트웨어를 그냥 구매할 수는 없다. 소프트웨어의 설치비용은 수억 원에 달할 수 있으며 설치에도 몇 개월에서 몇 년의 시간이 걸릴 수 있다. 게다가 시스템이 가동되면 그에 맞는 직원 훈련과 시스템 업데이트에도 역시 비용이 든다.

제 5 절 대기관리

1. 대기관리의 이해

대기행렬은 서비스에서 어디에나 있다. 대기행렬은 고도의 고객 접촉이 필요한 서비스에서 흔한 것이다. 우리는 많은 서비스 중에 은행, 놀이공원, 식당, 소매점, 전철, 버스정류장 등에서 소비자로서 이들 대기행렬을 끊임없이 경험한다.

기다림에 대한 인식이 실제로 기다린 시간보다 때때로 고객에게 더 중요하다는 점을 이해해야 한다. 그래서 기다림에 대한 부정적인 측면을 감소시키기 위한 혁신적인 방안을 제시해야 한다. 기다림의 경제적 가치는 공급자의 측면에서는 비용이며, 소비자에게는 현금이다.

흔히 고객이 참아주는 대기시간의 양이 바로 그 고객서비스의 표준이 된다. 대기시간은 흔히 서비스 프로세스의 출발에서부터 서비스 접점의 나머지를 고객들이 어떻게 볼 것인가에 대해 '후광(halo)'효과 혹은 '소리굽쇠(pitchfork)'효과를 가질 수 있다. 즉 고객이 이후의 서비스를 호의적으로 볼 것인가 또는 고도의 비판적인 눈으로 볼 것인가가 그들이 앞서 기다린 바를 어떻게 보느냐에 달려 있다.

전문적 서비스에서는 고객이 흔히 변호사, 의사 혹은 치과의사가 일을 잘 수행했는지를 알 수 없다. 결과는 분명할 것이나, 일을 최선으로 하는 최고의 의사라 할지라도 환자에게 완벽한 건강을 되찾게 해주지 못할 수도 있다. 마찬가지로, 위대한 변호사도 몇몇 소송에서는 질 수도 있다. 그러나 고객이 스스로 결정할 수 있는 한 가지는 그들이 납득하지 못할 만큼 기다리고 있는가 하는 의문이고, 이것이 전체 서비스에 대한 고객의 인지에 어떤 색깔을 칠할 수 있는가 하는 측면이다.

이 내용은 인사업무 요구와 강력하게 연결되기 때문에 중요할 수 있다. 대기관리에 대한 분석은 서비스에 얼마나 많은 사람이 근무해야 하는가에 대한 정확한 수치를 얻기 위하여 수행될 수 있다. 만약 대기관리에 대한 예측을 잘 하지 못한다면, 서비스에 대한 인력은 항상 부족함을 보이게 될 것이며, 서비스 저하로 인해 서비스품질이 하락하는 결과를 가져올 것이다.

2. 대기행렬의 정성적 이해

많은 사람이 대기행렬이 왜 발생하는지를 잘못 이해하고 있다. 종합적인 측면에서 직원들이 할 일이 너무 많기 때문에 대기행렬이 만들어질 뿐이라고 흔히 가정된다. 예를 들어, 어떤 사람에게 하루 8시간 일하는 날에 15시간분의 일을 주면 그날의 마감시간에는 7시간 분량의 일이 기다리게 된다. 그러나 대기행렬은 종합적으로 과제를 수행하기에 충분한 것보다 많은 사람이 있는 것처럼 보일 때도 역시 만들어진다. 이것이 우리에게 대기행렬의 기본규칙을 알게 한다.

대기시간과 유휴능력은 항상 서비스의 커다란 문제가 된다. 대기행렬의 이론은 다음과 같이 대기행렬의 기회비용과 능력비용 간의 균형을 취하기 위한 문제에 초점이 맞춰져 있다.

① 고객의 평균 대기시간은 얼마인가?

② 대기행렬에서 대기하는 평균 고객 수는 얼마인가?

③ 일정한 대기시간을 가정하면 시설 규모는 어느 정도가 되어야 할까?

④ 현재 서비스 시설의 이용률은 얼마나 될까?

3. 대기행렬 시스템

대기행렬(queue)이란 하나 혹은 그 이상의 서비스 제공자에게 서비스를 요구하며 기다리는 고객의 줄이다. 하지만 그 대기행렬이 서버 앞에 서 있는 눈에 보이는 줄이 아닐 수도 있다. 대학 캠퍼스 정문이나 후문에 있는 정류장 앞에 서 있는 학생일 수도, 전화 상담원과의 통화를 위해 '대기' 중인 사람일 수도 있다.

대기에는 다양한 형태가 존재하며, 관리자들은 가장 적합한 대기 형태를 선택해야 하는 문제에 직면한다. [그림 12-5]는 대기 형태의 몇 가지 도식을 보여주고 있다.

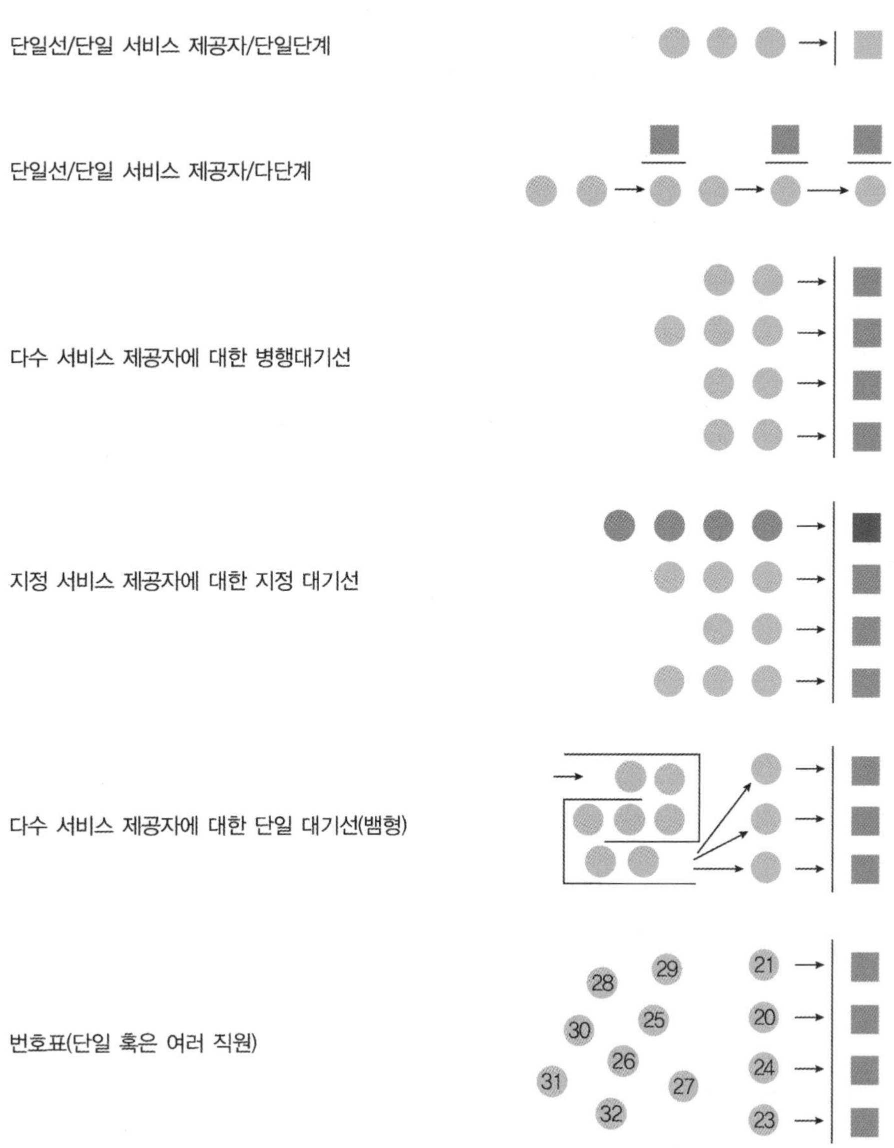

[그림 12–5] **대기 형태**

서버(server)는 고객이 서비스를 받은 개별 장소이다. 사람들이 서비스를 받으려고 줄에서 기다리는 대표적인 경우는 슈퍼마켓의 계산대나 은행 창구에서 찾아볼 수 있으나, 실제 대기행렬 시스템은 여러 형태로 나타난다. 다음에서 여러 가지 대기행렬의 변형을 생각해 보자.

① 서버가 한번에 한 고객만 상대하도록 제한할 필요는 없다. 버스, 비행기, 승강기와 같은 운송시스템은 대량 서비스(bulk service)이다.

② 고객이 언제나 서비스 설비를 찾아 돌아다닐 필요는 없다. 몇몇 시스템에서는 서버가 실제로 고객을 찾아간다. 이런 예로 구급차 서비스는 물론 치안이나 소방 활동과 같은 공공서비스가 있다.

③ 서비스는 일련의 대기행렬 단계로 구성될 수도 있고 더욱 복잡한 대기행렬의 네트워크로 구성될 수도 있다. 예를 들면, 디즈니랜드 같은 놀이동산의 '유령의 집'을 생각하면 어떤 장소에서 기다리게 해서 방문객이 한꺼번에 몇 명씩 배치(batch)로 이동하게 하거나 기다리는 동안 즐길 수 있게 한다. (예를 들면, 먼저 바깥쪽 걷기, 다음에 대기실, 마침내 놀이기구 타기의 순서로 진행하며, 몇 단계로 나누어 기다리게 한다.)

어떤 서비스시스템에서나 현재 수요가 서비스 제공 능력을 넘어설 때 대기행렬이 생긴다. 서버가 너무 바빠서, 도착하는 고객이 즉시 서비스를 받을 수 없을 때 기다림이 생긴다. 이러한 상황은 도착하는 시간이 변하고 서비스 시간도 변하므로 어느 시스템에서나 일어나기 마련이다.

4. 병목과정의 이해

1) 병목과정의 본질

병목과정(bottleneck process)은 어느 과정이든 작업의 흐름을 방해하는 대상을 지칭한다. 기업의 특정 업무부서, 업무담당자, 장비 등 어느 것이나 병목이 될 수 있다. 예를 들면 호텔 프런트, 항공사의 발권 데스크나 탑승구, 정비업소나 병원에서는 특수 고가장비가 병목이 될 수 있다. 병목에서는 수요가 처리능력을 훨씬 초과한다. 그리고 아무리 작은 부분의 병목이라도 서비스 과정 전체의 효율성을 저해한다.

병목은 이렇게 각 과정단계에 유휴능력을 발생시키고 전체 산출을 낮추는 결과를 초래한다.

2) 병목의 제거와 완화

(1) 수요의 조절

병목에서의 수요를 분석하면 고객 주문을 수익성이나 중요성, 그리고 시설이용률 기준으로 차별화가 가능하다. 이를 바탕으로 일부 주문을 지연시키거나 취소 또는 하청을 통해 병목 수요를 분산시킬 수 있다. 근본적으로는 상품 라인에서 병목을 일으키는 비인기품목을 제거하고 저수익 상품의 주문을 받지 않거나 가격변경을 통해 수요를 조정하는 방법이 있다.

(2) 여유 능력의 확보

병목은 불가피하게 존재할 수 있다. 그러나 병목은 불필요하게 과다능력 이용률을 달성하려는 경우에 발생하기 쉬우므로 불필요한 생산량 위주의 이용률 관행을 버려야 한다. 여유 있는 생산 스케줄과 비상에 대비한 여분의 장비 혹은 대기 인력은 병목의 완화에 도움이 된다.

(3) 서비스 과정의 개선

교차훈련과 빠른 장비 준비 및 전환을 통해 능력 확대, 유연성 그리고 신속성을 얻는 것과 같이 서비스 능력의 효과적인 이용을 통해 병목의 완화가 가능하다. 서비스 과정의 비효율 때문에 발생하는 병목은 준비시간의 신속화나 작업단위를 소형화하면 풀어나갈 수 있는 것이다. 그리고 지속적인 개선 활동을 통해 설비고장, 결품, 재작업, 폐기 등으로 인한 능력손실을 방지해야 한다.

제 6 절 기다림의 심리학과 경제학

1. 기다림의 심리학

만일 기다림이 우리 삶에서 꼭 필요한 일상의 한 부분이라면 왜 그리도 우리를 우울하게 하는가? 만일 고객이 기대한 것보다 더 나은 서비스를 받으면 고객은 행복하고 만족하게 되고, 만족한 고객이 친구에게 그 좋은 서비스에 대해 말하는 것으로 기업은 이득을 볼 것이다. 그러나 반대의 경우에도 적용될 수 있다. 같은 방식으로 악평을 들을 수도 있다. 그리고 고객들 사이에 이야깃거리가 퍼질 것이다.

한편, 첫인상이 나머지 서비스 경험에 영향을 미친다. 고객을 기다리게 하는 서비스는 기다리는 시간을 즐거운 경험으로 만드는 게 좋다는 충고를 받아들일 필요가 있다. 기다림을 적어도 견딜 만하게, 좋게는 즐겁고 생산적으로 만들기 위해서 다음의 대기심리학의 특성들을 고려해야만 한다.

1) 공허한 감정 누그러뜨리기

"자연은 진공을 그대로 두지 않는다"와 같이 사람들은 '빈 시간'을 싫어한다. 비어 있거나 할 일이 없는 시간은 끔찍하다. 다른 생산적인 활동도 하지 못하고 종종 신체적으로도 불편해서 우리를 무기력하게 느끼게 하고 우리에게 관심이 없는 듯이 보이는 서버의 처분을 기다리고, 심지어는 영원히 기다릴 것같이 느끼게 된다. 여기서 서비스기업의 과제는 명백하다. 즉 긍정적인 방법으로 이 시간을 채우는 것이다.

여기에는 물리적 환경을 활용하는 방법이 이용된다. 편한 의자와 분위기를 좋게 하려고 새로 칠한 페인트 외에는 더 필요한 것이 없을지도 모른다. 대기실의 가구는 기다림의 인식에 간접적 영향을 끼친다. 버스와 기차 터미널의 고정된 벤치와 같은 의자는 대화를 방해한다. 유럽풍 복도카페의 가볍고 옮기기 쉬운 탁자와 의자의 배열은 사람들에게 교제의 기회를 제공한다.

아마도 가장 널리 알려진 전략은 승강기 근처에 거울을 놓는 것이다. 예를 들면, 호텔 로비에서는 승강기를 조금 기다려도 거울이 있으면 불평이 별로 나오지 않는다. 거울로 자신의 옷차림을 점검할 수도 있고, 기다리는 다른 사람을 몰래 관찰할 수도 있다.

서비스는 대기시간을 즐거움으로 또는 생산적으로 변화시킬 수 있다. 전화 대기 중인 고객에게 모차르트나 마돈나의 음악을 틀어주거나 상업광고를 보낼 수도 있다. 하지만 몇몇 사람은 그런 것을 들으면 화를 내기도 하므로 그런 시도는 위험할 수도 있다.

올리브 가든(Olive Garden) 식당에서는 테이블이 없어서 기다리는 손님을 바(bar)로 안내해서 술까지 팔 수 있어서 좋고, 로비에서 요리사가 신선한 파스타를 준비하는 것을 구경하며 기다리게 한다. 여기서는 '고객 따라잡기'를 할 필요가 없다. 불쾌한 경험보다는 즐거운 경험을 예감하면서 "이제야 순서가 되었네"라며, 고객은 맛있게 식사를 한다.

진료소에서 볼 수 있는 것과 같이 여러 단계로 구성된 서비스에서는 고객이 연속되는 여러 곳으로 걷도록 해서 기다림을 잠시 잊게 할 수 있다. 시간을 보내는 방법은 다양하다. 책 읽기, 텔레비전 보기, 라이브 쇼, 포스터, 예술작품, 애들에겐 장난감, 쿠키와 커피 등등이 있다. 주의분산전략은 관리자의 상상력과 고객을 효과적으로 모시겠다는 의욕이 표현되도록 무궁무진하게 많다.

2) 서비스의 시작 알리기

어떤 주위분산전략은 단지 시간을 채울 뿐이어서 기다림이 그렇게 길게 보이지 않게만 하며, 어떤 전략은 서비스기업에 부수적 이익을 제공하기도 한다. 행복한 고객은 불행한 고객보다 대개 수익성이 높다. 어쨌든 주위분산의 다른 중요한 측면도 있다.

식사를 기다리는 고객에게 메뉴판을 주거나 기다리는 환자에게 진찰 기록지를 주는 등 '서비스와 관련된' 주위분산 자체가, "서비스가 시작되었다"고 생각하게 한다. 서비스가 일단 시작되면 고객의 우려는 상당히 줄어든다. 사실 사람들은 그냥 기다리는 것보다 서비스가 시작되었다고 생각하는 것을 더 편안하게 생각해서 더 오래 기다릴 수 있다. 또 다른 시각은 고객은 서비스가 시작되고 나서의 기다림보다 그 이전의 기다림에 더 불만을 품게 된다는 것이다.

3) 예상 대기시간이나 증거 알리기

서비스 시작 전에 고객들은 많은 근심과 걱정을 한다. 나를 잊은 건 아닐까? 주문은 들어갔나? 이 줄은 꼼짝하지 않는데 서비스를 늦게 받지 않을까? 화장실 가면 내 자리가 없어질까? 이성적이든 아니든 근심 걱정은 기다리는 고객에게 영향을 주는 가장 큰 요소일 것이다.

경영자는 이런 걱정거리를 인정하고 고객을 편하게 모실 전략을 만들어야 한다. 어떤 경우에 직원이 고객의 존재를 알고 있다는 것을 알리는 단순한 일을 하기도 하며, 다른 경우는 고객에게 얼마나 기다려야 하는지 알리는 것으로 기다림의 끝을 알려주어 충분한 안도감을 줄 수 있다. 표지판도 그런 역할을 잘 해낼 수 있다. 예를 들면, 낯선 곳을 찾을 때 당신이 얼마나 더 가야 하는지를 알려주는 표지판을 보면 상당히 안도감이 들게 될 것이다.

예약은 대기시간을 줄이는 전략이지만 예약이 언제나 의도대로 움직여주는 것은 아니다. 뜻하지 않은 사건으로 방해받거나, 선약이 예상보다 많은 시간을 소비할 수도 있다. 만일 예약시간을 놓치면 얼마나 더 오래 기다리게 될지 모르는 걱정, 약속을 지키지 못한 데 따른 불쾌감이 생긴다. 지연에 대한 단순한 설명과 사과만으로 신용을 회복하기까지 많은 시간이 걸릴 것이다.

4) 자기 순서 알려주기

불확실하며 설명도 없는 기다림은 고객에게 걱정과 분노를 준다. 늦게 온 고객이 먼저 서비스받는 것을 보면 얼마나 더 기다려야 하는지 걱정이, 불공평에 대한 분노로 바뀐다. 분노가 폭발하지 않는다면 불편한 상황이 되어 서비스 제공자는 분노의 표적이 되기 쉽다.

먼저 오는 사람이 먼저 서비스받는(FCFS) 대기행렬 정책을 무난히 수행하는 전략은 번호표를 나눠주는 것이다. 예를 들면, 쇼핑가에 있는 극장에 들어가는 고객은 고객 순번 발급기에서 번호표를 뽑고 자기 차례를 기다린다. 현재 서비스를 받는 번호가 표시되어 있어서 새로 들어온 고객은 얼마쯤 기다려야 하는지 짐작할 수 있다. 이런 간단한 방법으로 기다리는 시간과 불공정의 가능성에 대한 고객의 우려를 덜 수 있다. 이 방식의 부수적인 이득은 고객을 줄 세우기보다는 매장을 이리저리 돌아다니게 하며 '충동 구매'를 부추기는 것이다. 이 시스템은 공정하기는 하지만 고객의 걱정을 말끔히 해소해 준 것은 아니다. 고객은 번호 불리는 것에 신경을 기울이지 않으면 자기 차례를 잃을 위험이 있기 때문이다.

서버가 여럿일 때 FCFS 시스템을 위한 다른 간단한 전략은 한 줄로 줄서기이다. 은행, 우체국, 항공사 체크인 카운터에서는 일반적으로 이런 기술을 이용한다. 이런 설비에 들어선 고객은 줄 뒤에 합류하게 되고 줄 맨 앞의 고객이 다음으로 가능한 서버에게 서비스를 받게 된다. 이렇게 하면 늦게 온 사람이 새치기해서 먼저 갈 염려가 없다. 종종 이런 식으로 자신의 자리를 '보증'받은 고객은 여유를 갖고 기다리는 다른 사람들과 즐거움을 누린다. 이런 식의 동지애도 고객의 빈 시간을 채워주고 대기시간을 짧게 느껴지도록 한다.

그 밖에 특별한 고객에게는 차별적 대우를 하는 경우가 있다. 라스베이거스 호텔의 '거액 도박꾼'에 대한 신속한 체크인이나 항공사 카운터의 1등석 승객 체크인이 그 예이다. 하지만 그런 특별한 서비스는 옆의 긴 줄에서 기다리며 혜택을 받지 못한 고객의 분노를 자아낼 수 있으므로, 모든 고객을 고려하는 관리를 하여 고객을 차별한다는 이미지를 갖지 않도록 노력해야 한다. 즉 호텔이나 항공사에서는 일반 서비스 라인과 구분된 곳에서 특급서비스를 제공하여 차별적 이미지를 감추기도 한다.

2. 기다림의 경제학

기다림의 경제적 비용은 여러 가지로 볼 수 있는데, 한편으로는 직원(내부고객)을 기다리게 하는 비용 즉 비생산적 임금으로 측정될 수 있고, 다른 한편으로는 외부고객의 대기비용으로 그 시간에 할 수 있었던 다른 일의 가치로 계산할 수 있다. 이런 비용에 추가해서 지루함, 걱정과 다른 정신적 근심에 의해 비용이 발생한다.

1) 매출 감소나 증가

경쟁에서 지나친 기다림(또는 심지어 오래 기다릴 것 같은 느낌)은 매출을 감소시킬 수 있다. 주유소에 길게 늘어선 차를 보고 기름 넣기를 포기하기도 한다. 판매감소를 피하는 한 가지 전략은 도착하는 고객에게 대기행렬이 안 보이게 하는 것이다. 놀이동산은 안쪽의 기다리는 줄을 볼 수 없는 바깥쪽에서 표를 판매한다. 식당에서는 고객을 바(bar)로 분산시켜 이렇게 할 수 있고 이것은 종종 판매증가의 효과를 가져오기도 한다. 라스베이거스 카지노의 나이트클럽 입장객은 슬롯머신 지역에서 기다리게 되어 있는데 이는 줄의 실제 길이를 감춰주기도 하고 충동적인 도박을 부추기기도 한다.

2) 내부 비용 절감

고객은 서비스 프로세스에 참여할 수 있는 잠재력을 지닌 자원이다. 예를 들면 의사를 기다리는 환자는 진찰기록카드를 쓰도록 하고 의사의 시간(즉 서비스 생산능력)

을 절약할 수 있다. 기다리는 시간에 건강관련 출판물이나 슬라이드를 사용하여 좋은 건강습관에 관한 교육을 할 수도 있다. 일부 레스토랑에서는 기다리는 동안 고객이 서비스 일부에 참여하게 하여 상당한 혁신을 이루었다. 예를 들어 웨이터에게 주문하고 나서 요리가 준비될 동안 자신이 먹을 샐러드를 가져오게 한 것이다.

3) 제한된 생산능력 활용

고객을 기다리게 하는 것은 제한된 서비스 생산능력을 더 잘 활용하게 한다는 점에서 생산성 향상에 기여하기도 한다. 서비스를 받기 위해 줄 서서 기다리는 고객의 상황은 제조업에서의 재고와 같은 것이다. 서비스기업은 프로세스의 전반적인 효율을 높이기 위해 고객을 재고화하고 있다. 서비스 시스템에서 높은 설비활용은 고객 대기비용의 대가를 치른 결과이다. 긴 대기행렬로 높은 가동률을 거두는 병원이나 우체국 등과 같은 공공서비스는 대표적인 예이다. 점심시간에 오피스가의 테이크아웃 식당이나 커피숍의 대기 줄을 떠올릴 수 있다. 기타 많은 서비스가 있을 것이다.

13

CHAPTER

서비스품질관리

Chapter 13

서비스품질관리

제 1 절 서비스품질의 개요

1. 품질의 다양한 관점들

품질(quality)에 대한 정의는 학자나 실무자들 사이에 일치된 합의를 얻지 못한 채 다양한 의미로 사용되고 있으며, 학문영역에 따라 품질에 대한 관점에서 차이가 있다. 품질이란 단순한 양(quantity)으로 측정하기 어려운 혹은 불가능한 상품의 종합적인 내적 특성으로 정의할 수 있다. 서비스품질을 논할 때 우선 품질을 어떤 관점에서 보는지를 알아볼 필요가 있다.

1) 선험적 접근(transcendent approach)

초월적 관점이라고도 하며, 품질은 정확하게 정의하기 어렵고 다분히 분석 불가능한 특성이 있으며, 오직 경험을 통해서만 인식할 수 있다는 접근법이다. 품질은 정신도 물질도 아닌 독립적인 제3의 실체로, 타고난 우월성을 의미한다. 이는 예술공연이나 시각예술에 적용될 수 있다. 인간은 계속 경험을 통해 품질을 인지할 수 있다는 것이다.

2) 상품 중심적 접근(product-based approach)

제품중심적 관점이라고도 부르며, 품질을 정밀하고 측정 가능한 변수로 파악한다. 품질의 차이는 상품의 내용물이나 속성의 차이 때문이라고 본다. 이는 완전히 객관적인 시각이므로 주관적인 취향, 욕구, 선호를 잘 설명하지 못하는 단점이 있다.

3) 사용자 중심적 접근(user-based approach)

품질은 고객의 관점에 달려 있다고 보며 품질을 고객만족과 동일시한다. 이러한 주관적이고 수요지향적인 정의는 고객이 각기 다른 욕구와 필요를 가진다는 것이다. 따라서 고객의 다양한 욕구를 충족시키기 위해 품질에서 의도적인 품질의 차이를 반영한다. 그래서 상품에서 성능, 크기, 특징 등 여러 품질특성에서 차이를 가질 수 있으며 이러한 특성은 설계 시에 반드시 고려되어야 한다.

4) 제조 중심적 접근(manufacturing-based approach)

이는 공급자 지향적이고 주로 엔지니어링 관행과 밀접하다. 생산자는 생산과정과 필요한 명세의 일치 정도로 품질을 평가한다. 요구사항에 대한 일치성(conformance to requirement) 혹은 명세일치성(conformance to specs)이라고 품질을 정의하며 기준이나 목표로부터 편차의 최소화에 관심을 둔다. 이를 일치품질(quality of conformance)이라 하는데, 일치품질은 인력, 장비, 자재 등 과정의 여러 구성요소에 의해 결정된다.

5) 가치 중심적 접근(value-based approach)

가치기반 관점이라고도 부르며, 가치와 가격의 2가지 차원에서 품질을 정의한다. 이 견해는 최근 더욱 지지를 얻고 있으며 품질은 점차 가격에 대비해서 논의되고 있다. 이에 따르면 양질의 상품은 '만족스러운 가격에서 적합성을 제공한 상품'이라 할 수 있다.

이상의 품질에 관한 다양한 견해는 상호 배타적이 아니라 보완되는 것이 바람직하다. 각각 유용성이 있으며 서비스 연구에 중요한 시사점을 가지고 있다.

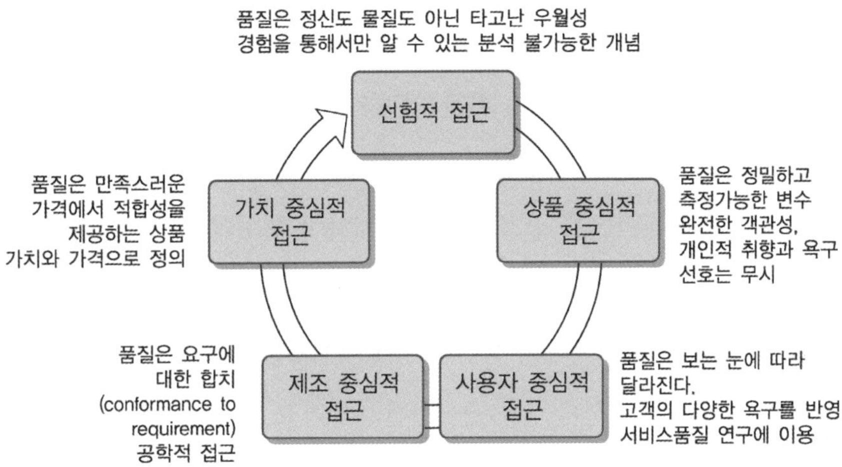

[그림 13-1] 품질 개념도

2. 서비스의 특성과 품질과의 관계

은행, 증권, 병원, 학교, 운수, 통신, 항공사, 여행사, 호텔, 레스토랑 등 서비스라고 하는 무형의 상품을 판매하는 기업의 경영에서는 상품이 무형인 것이므로 그 품질관리는 제조업의 경우보다도 훨씬 중요하고 어렵다.

서비스의 품질은 우선 눈에 보이지 않는다. 따라서 서비스는 유형재(제품, 재화)보다 불량품이나 좋은 품질을 선뜻 구별하기가 어렵다. 그리고 사람의 주관적인 차이로 같은 것을 놓고도 좋다거나 나쁘다고 말할 수 있다. 서비스품질이라는 것은 원래 애매한 것이다.

또한, 서비스는 저장하기가 곤란하고 제조업의 논리로 말한다면 생산과 소비가 동시에 발생하므로 불량서비스는 그대로 공급되어 버리므로 이는 고객을 화나게 하고 다시는 이용하지 않겠다고 결심하도록 해서, 고객을 그 장소에서 잃게 되기가 쉽다. 또 제품과 같이 사전검사로 불량서비스를 제거하거나 수리나 반품을 할 수 없다. 그리고 거의 모든 서비스가 인간의 노동에 의존하는 바가 크므로 품질의 편차가 일어나기 쉽다. 서비스산업의 품질문제는 제조업과 비교하여 훨씬 심각한 것이다.

이렇게 중요한 서비스품질에 대하여 어떠한 논리나 정의에 대해서는 별로 납득할 만한 것이 없다. 그중에서 MSI(미국 마케팅사이언스연구소)가 대규모 조사로 서비스품질이란 무엇인가를 규명하도록 노력한 일련의 연구결과가 있다. 이는 서비스산업을 대표하는 것으로 수리, 금융, 신용카드, 증권 등 4개의 업계를 선정하고 각각의 최고경영자와 고객에게 개별적인 면접조사를 실시하여 과연 서비스품질이란 무엇인가를 밝혀내려고 하였다.

우선 어떤 서비스를 이용하려고 생각하는 고객에게는 반드시 '이 정도는 해주겠지' 하는 암묵적인 기대가 존재한다. 이것을 '사전기대'라고 부른다. 그리고 고객이 그 서비스를 이용한 결과, 고객의 평가를 '실적평가'라고 한다.

사전기대와 실적평가 이 두 개의 관계로 서비스품질이 결정된다고 하는 것이 이 조사의 결론이다. 그 내용을 요약하면 다음과 같다.

① 실적평가가 사전평가보다 높으면 소문보다 좋다고 하는 높은 평가를 받고 재구매고객이 되기 쉽다.
② 실적평가가 사전기대보다 낮으면 "뭐야, 이건?" 하고 고객이 실망해서 다음부터는 이용하지 않게 되고 결국 그 고객을 잃게 된다.
③ 실적평가가 사전기대와 차이가 없다면 보통의 서비스를 받았다고 하여 인상에 남기 어렵다.

이것을 단순화한다면 서비스품질이란 고객의 사전기대와 실적평가의 상대 관계라고 말할 수 있다.

제 2 절 서비스품질 모형과 측정도구

1980년대 후반부터 서비스품질에 대한 과학적 측면에서 관심이 크게 높아졌는데, Grönroos는 기술적 품질과 기능적 품질로 서비스품질 개념을 설명한 바 있으며, 1985년 Parasuraman, Zeithaml, Berry(이하 PZB)가 서비스품질 척도로서 갭 이론(gap theory)을 이용한 SERVQUAL을 발표한 이래, 다수의 학자가 SERVQUAL의 타당성에 대한 문제점을 제기하면서 경쟁적 척도[e.g. SERVPERF(Cronin & Taylor, 1992), EP·NQ 모델(Teas, 1993)]를 개발하였다. 그런데 어떠한 척도가 서비스품질을 가장 잘 측정할 수 있는지 대해서 최근까지 논쟁이 계속되고 있다. 이 중 서비스품질 척도로 가장 대표적인 척도인 SERVQUAL과 SERVPERF에 대하여 간략히 살펴보기로 한다.

1. Grönroos 품질모형

C. Grönroos는 2차원 품질모형을 개발하였다. 그는 서비스품질은 결과품질과 과정품질로 구성되었다고 가정하였다. 결과품질(outcome quality)은 기술적 품질(technical quality)로서 고객들이 서비스로부터 얻는 품질, 즉 무엇(what)에 해당하는 품질이고, 고객이 기업과의 상호작용에서 무엇을 받느냐를 나타낸다. 즉 서비스 생산과정이나 구매자와 판매자의 상호작용이 끝난 뒤 고객에게 남은 것을 말하는데 보통 객관적으로 평가할 수 있는 차원이며 그 성격상 문제에 대한 기술적인 해결책인 경우가 많다.

[그림 13-2]에서 보는 바와 같이, 과정품질(process quality)은 기능적 품질(functional quality)로서 고객들이 서비스 상품을 얻는 전달과정의 품질, 즉 어떻게(how)에 해당하는 품질이다. 고객이 서비스를 어떻게 받는가 또는 서비스 제공과정을 어떻게 경험하는가를 나타낸다. 이것은 구매자와 판매자 간의 상호작용에서 진실의 순간들이 어떻게 다루어지는가, 서비스 제공자가 어떻게 기능을 수행하는가 하는 그 과정들이

영향을 미치는 품질이다.

고객들은 접점직원이나 기타직원을 만나게 되는데 이때 과정품질과 결과품질이 이미지 형성에 영향을 주게 된다. 고객이 서비스기업에 좋은 이미지를 갖고 있다면 사소한 실수는 용서될 수도 있다.

Grönroos의 품질모형에 기초하여 지각된 서비스품질을 위한 6가지 기준이 〈표 13-1〉과 같이 제안되었다.

〈표 13-1〉 Grönroos의 지각된 서비스품질 향상을 위한 기준

기준	품질차원	개념
전문성과 기술	결과품질	고객의 문제를 전문적으로 해결하는 데 필요한 지식과 기술
태도와 행동	과정품질	친절하고 자발적으로 고객 문제를 해결하려는 접점직원의 관심과 배려
접근성과 유연성	과정품질	입지, 운영시간, 운영시스템, 직원 운용 등이 고객의 서비스 접근성을 높이도록 설계되고 융통성 있게 운영되는 것
신뢰성	과정품질	서비스 제공자, 직원, 시스템이 고객과의 약속을 지키고 진심으로 고객을 위해 서비스를 수행한다는 믿음
서비스 회복	과정품질	서비스 실패 시 언제든 적극적이고 즉각적으로 수정해 주는 것
평판과 신용	이미지	사람들이 서비스 제공자의 경영에 대해 신뢰하며 우수한 성과와 가치를 대표한다고 믿음

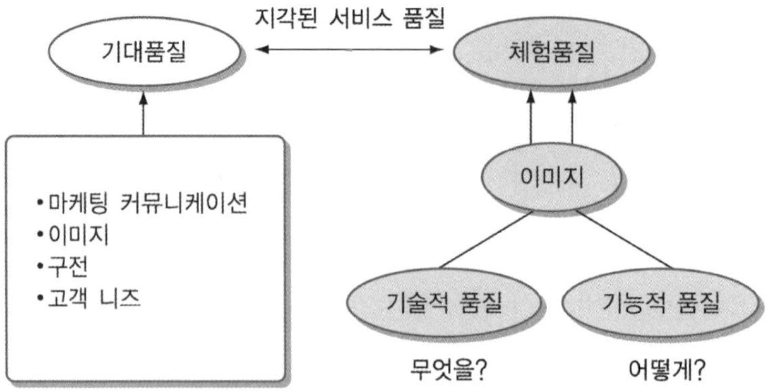

[그림 13-2] Grönroos의 2차원 품질모형

2. Rust와 Oliver의 3차원 품질모형

Grönroos의 2차원 모형에서 서비스품질은 결과품질과 과정품질로 구성되었다고 가정하였다. 이러한 서비스품질 구성차원에 유사한 개념을 덧붙여 Rust와 Oliver는 상품품질, 전달품질, 환경품질 등의 3차원 품질모형을 주장하였다.

여기서 상품품질은 Grönroos의 결과품질에 해당하고, 전달품질은 과정품질과 유사한 개념이다. 그리고 환경품질은 서비스 전달의 배경이라고 할 수 있는데, 최근 서비스품질 연구에서 그 중요성이 점차 부각되고 있다. 이러한 3차원 모형은 다면적 측면에서 서비스품질을 바라볼 수 있어서 직관적으로 또한 실용적인 관점에서 논리적이고 포괄적인 모형으로 평가되고 있다. 이러한 점에서 이 3차원 모형을 사용한 후속 연구들이 속속 등장하고 있다.

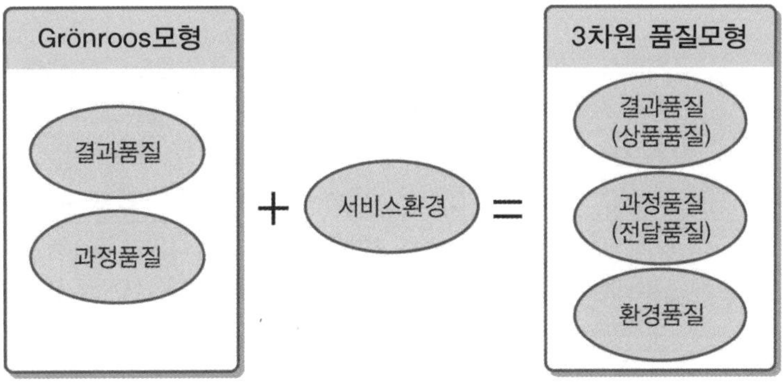

[그림 13-3] Rust와 Oliver의 3차원 품질모형

3. SERVQUAL

PZB의 SERVQUAL 척도는 현재 가장 많이 사용되고 있는 측정 도구인데, Oliver(1980)가 만족을 개념화하기 위해 사용한 기대와 성과의 불일치 모델(expectation-performance disconfirmation model)에 그 개념적 기초를 둔다. PZB는 1985년 표적집단 인터뷰(focus group interview)를 통해 서비스품질의 결정요인으로 신뢰성(reliability), 대응

성(responsiveness), 능력(competence), 접근성(access), 예의(courtesy), 커뮤니케이션(communication), 진실성(credibility), 안전(security), 고객 이해(understanding/knowing the customers), 유형성(tangibles) 등 10가지 차원을 제안하고 이러한 10가지 차원에 대한 개인의 기대된 서비스 수준과 지각된 서비스 수준의 차이가 서비스 품질을 결정짓는다고 제안하였다(표 13-2 참조).

〈표 13-2〉 PZB의 서비스품질의 10가지 차원

속성	내용
신뢰성 (reliability)	일관성 있는 성과와 확실성을 나타낸다. 처음부터 서비스를 올바르게 수행하는 것을 의미하며, 약속한 것을 존중하는 것을 나타낸다. 구체적으로는 대금청구에 정확성을 기하고, 고객기록을 정확하게 유지하며, 지정된 시간에 서비스를 수행하는 것 등을 포함한다.
대응성 (responsiveness)	서비스를 제공하는 직원이 가진 열의와 준비성을 말한다. 신속한 거래전표 우송, 빠른 서비스 제공, 신속한 예약시간 설정 등과 같은 서비스의 적시성을 나타낸다.
능력 (competence)	서비스 수행에 필요한 기술과 지식의 소유를 말한다. 고객접촉 및 지원을 담당하는 직원의 지식과 기술, 조사능력 등을 포함한다.
접근성 (access)	접근성, 접촉의 용이성을 의미한다. 전화를 통한 서비스 접근의 용이성, 과도하지 않은 대기시간, 편리한 영업시간, 편리한 위치 등을 나타낸다.
예의 (courtesy)	안내원, 전화 상담원 등을 포함하는 고객접촉 직원의 공손함, 존경심, 배려, 친절성을 나타낸다. 고객의 특성에 대한 배려와 접점직원의 청결성 및 말끔한 외모 등을 포함한다.
커뮤니케이션 (communication)	고객이 이해할 수 있는 언어로 정보를 제공하며, 고객에게 귀기울이는 것을 말한다. 고객에 따라서 적절하게 사용하는 언어를 조절하는 노력을 의미한다. 가령 교육수준이 높은 고객에게는 전문적인 용어의 수준을 높이고, 초보적인 고객에게는 단순하고 평범한 용어를 사용하는 것을 말한다. 서비스 자체, 비용수준, 서비스와 비용 간의 상반관계 등을 설명하는 것, 고객에게 문제가 처리될 수 있다는 확신감을 심어주는 것 등을 포함한다.
진실성 (credibility)	신뢰할 수 있는지 혹은 정직한지를 나타낸다. 고객의 이익을 최우선시하는 마음가짐을 의미한다. 진실성에 영향을 미치는 요소로는 회사의 이름, 명성, 접점직원의 개인적인 성격, 고객과의 접촉에서 보이는 끈질긴 설득노력 등을 들 수 있다.
안전 (security)	위험성, 의구심 등으로부터 자유로운 것을 말한다. 신체적인 안전성, 재정적인 안전성, 기밀유지성 등을 나타낸다.

속성	내용
이해 (understanding)	고객의 요구를 이해하려고 노력하는 것을 말한다. 고객의 구체적인 요구사항을 습득하고, 개별화된 관심을 기울이며, 단골손님을 인식하는 것 등을 포함한다.
유형성 (tangibles)	서비스가 지니고 있는 물리적 증거를 나타낸다. 시설, 직원의 외모, 서비스 제공에 사용되는 도구 및 장비, 서비스에 대한 물적 표현, 서비스를 이용하는 다른 고객 등을 포함한다.

이후 PZB는 1988년 실증적 연구를 통하여 앞서 제시한 10가지(97개 항목) 차원으로 구성된 측정 도구 시안을 점차 개선하고 변수들의 중복성을 제거한 후 22개 항목의 5가지 차원[신뢰성(realiability), 확신성(assurance), 유형성(tangibles), 공감성(empathy), 응답성(responsiveness)으로 발전시켰으며 이를 SERVQUAL로 명명하였다. 이것을 요약한 것이 [그림 13-4]이다.

PZB의 SERVQUAL은 크게 두 부분으로 이루어져 있는데 하나는 소비자의 기대를 평가하는 22개 항목들로 구성되고, 다른 하나는 서비스기업에 대한 성과를 평가하는 22개 항목들로 구성된다. 그리고 고객이 서비스품질의 다섯 가지 차원을 판단하는 예시는 〈표 13-3〉과 같다.

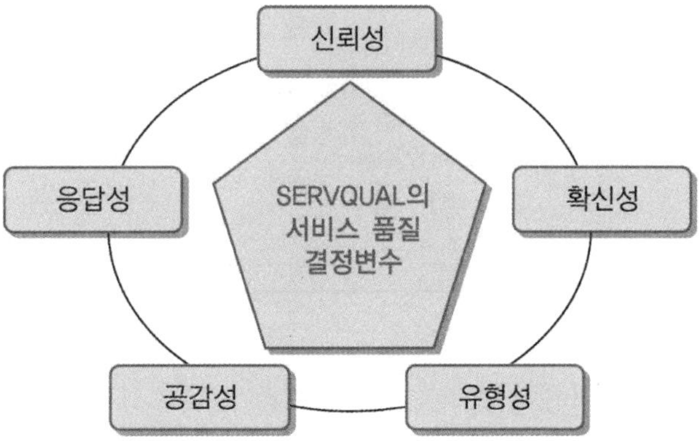

[그림 13-4] 수정된 SERVQUAL의 5가지 차원

〈표 13-3〉 고객이 서비스품질의 5가지 차원을 판단하는 예시

	신뢰성	응답성	확신성	공감성	유형성
자동차수리 (소비자고객)	문제를 처음에 수정, 약속시간에 준비	이용 용이, 무대기, 요구에 대한 반응	지식이 많은 수리공	고객의 이름을 알고, 이전의 문제 및 선호를 기억	수선시설, 대기장소, 유니폼, 장비
항공사 (소비자고객)	일정에 따라 목적지로 출발과 도착	발매, 탑승, 수하물 처리에 대한 신속하고 빠른 대응	신인도, 탁월한 안전기록, 유능한 승무원	고객의 특별한 요구에 대한 이해, 고객욕구의 예측	항공기, 발매소, 수하물지역, 유니폼
의료 (소비자고객)	일정에 따른 약속 준수, 정확한 진찰	이용용이, 무대기, 자진경청	지식, 기술, 신뢰, 평판	한 개인으로서 환자를 이해, 이전의 문제를 기억, 올바른 경청, 안내	대기실, 검사실, 의료장비, 문서자료
건축가 (사업자고객)	약속된 때 예산 내의 설계도 전달	전화응답, 변화수용	신뢰, 평판, 사회에서의 명성, 지식과 기술	고객의 산업을 이해, 고객의 특정 요구 및 이해를 인정 및 적응, 고객에 대한 이해 노력	사무실 공간, 보고서, 스스로의 계획, 청구서 작성, 직원의 복장
정보처리 (내부고객)	요청할 때 필요한 정보제공	요청에 대해 신속한 대응, 관료적이 아닌, 신속한 문제처리	통찰력 있는 스태프, 숙련, 신뢰	내부고객을 이해, 부서나 개인의 이해	내부보고서, 사무실 공간, 직원의 복장
인터넷증권업 (소비자고객, 사업자고객)	정확한 정보의 제공, 고객의 요구를 정확히 이행	이용 용이와 휴지(休止)시간이 없는 빠른 웹사이트	사이트 내 신뢰할 만한 정보원천, 브랜드 인지, 사이트에 대한 신뢰	필요할 때 사람이 응답	전단지, 브로슈어 및 다른 출력물과 웹사이트의 외관

그 후에도 PZB는 1991년 5개 서비스기업에 대한 실증분석을 토대로 기존 SERVQUAL의 언어적 표현을 수정한 R-SERVQUAL(Ratio-based SERVQUAL)을 제시하였다. R-SERVQUAL은 결과에 대한 보다 높은 설명력을 위해 성과-기대가 아닌 성과/기대의 형식으로 서비스품질을 측정해야 한다는 것이다.

〈표 13-4〉에서 예시한 A, B, C, D의 결과를 살펴보면 SERVQUAL에서 gap의 차이는 1로써 동일하지만 R-SERVQUAL에서는 서비스품질이 A가 B, C, D의 경우에 비해 상대적으로 높음을 의미한다. 즉, 소비자가 실제로 인지하는 서비스품질에 대한 느낌은 기대효용 체감의 법칙에 따라 동일하지 않으며, SERVQUAL보다 상대적으로 R-SERVQUAL이 현실적인 대안이라는 것이다.

〈표 13-4〉 SERVQUAL과 R-SERVQUAL의 결과 비교

구성	A	B	C	D
기대값(기대)	7	5	4	2
인지값(성과)	6	4	3	1
Gap-based SERVQUAL	(−)1	(−)1	(−)1	(−)1
Ratio-based SERVQUAL	0.86	0.8	0.75	0.5

4. SERVPERF

SERVPERF는 SERVQUAL에 대한 도전으로 Cronin & Taylor(1992)에 의해 개발된 서비스품질 측정도구이다. Cronin & Taylor는 서비스품질은 태도에 의해 개념화되고 또 추정되어야 한다고 주장하면서 SERVQUAL을 사용하여 서비스품질을 측정하는 것은 문제가 있다고 주장하였다. 그들은 서비스품질을 측정하는 데 기대를 측정하지 않고 단지 성과만을 측정하는 방법인 SERVPERF(performance only scale)를 개발하였고 실증적인 연구를 통해 SERVPERF가 SERVQUAL보다 우수하다고 주장하였다. 그들의 연구에서 SERVQUAL이 제안하는 22개 항목에 대한 지각수준(P), 기대수준(E)과 더불어 중요성(I) 측정항목을 추가하여 조사하였으며 측정방법의 효과성을 비교하기 위해 특정(XYZ) 기업의 서비스에 대한 전반적인 품질 수준을 7점척도(1=매우 낮음, 7=매우 우수함)를 사용하여 별도로 측정하였다. 그들의 SERVQUAL과 SERVPERF를 비교하는 연구에서 SERVQUAL은 연구대상이 된 4가지 산업(은행, 해충퇴치, 세탁소, 패스트푸드) 중 2가지 산업(은행, 패스트푸드)에서만 모형적합도(fit)가 적합한 것으로 나타났으나 SERVPERF는 4가지 산업 모두에 적합한 것으로 나타났으며, 회귀분석에도 역시 SERVPERF의 설명력(R^2)이 SERVQUAL보다 높게 나타났다.

이러한 SERVPERF는 SERVQUAL에서 사용된 22개 항목의 5개 차원의 성과치만으로 구성되었다. 아울러 이 연구에서는 서비스품질 수준이 서비스에 대한 고객만족도에 영향을 미치는 선행요소로 작용하며, 고객만족도는 서비스 구매 의도에 중요한 영향을 미치게 되고 서비스품질보다는 고객만족도가 구매 의도에 더 큰 영향을 미친다는 분석결과도 보고되고 있다.

Cronin과 Taylor는 다음의 4가지 측정방법을 사용하여 정의한 서비스품질 측정치를 가지고 각각 전반적인 품질만족도에 대한 설명능력을 비교하였다.

〈표 13-5〉 SERVPERF 측정방법 수식

SERVQUAL 방법 : Q = P − E	(1)
SERVPERF 방법 : Q = P	(2)
가중치를 사용한 SERVQUAL방법 : Q = I × (P − E)	(3)
가중치를 사용한 SERVPERF 방법 : Q = I × P	(4)

5. E-서비스품질

현재 우리나라뿐만 아니라 전 세계적으로 인터넷을 통한 상거래가 하나의 커다란 유형의 시장으로 각광받으면서 급성장하고 있다. 온라인 서비스는 오프라인 서비스와 달리 서비스품질의 지각에 영향을 미칠 수 있는 독특한 특성(서버 문제, 보안 문제, 연결 문제 등)이 있다. 인터넷 환경에서 웹사이트는 오프라인의 직원과 같은 역할, 즉 고객과 서비스 제공자를 연결해 주는 매개 역할을 하고 있다. 위에서 살펴본 SERVQUAL이나 SERVPERF 등과 같은 척도들은 오프라인 서비스기업을 대상으로 개발된 척도로 온라인 서비스품질 측정에 적용하는 데는 많은 한계가 있다. 인터넷 서비스품질을 측정하기 위한 척도 또한 여러 학자에 의해 개발되었다.

e-서비스품질과 관련하여 초기의 연구들은 고객과 웹사이트의 상호작용(interaction)에 초점을 맞췄다. 웹사이트에서 전자적 서비스품질을 측정하기 위해 Parasuraman, Zeithaml, Malhotra 등이 4개 차원, 22개 항목으로 구성된 E-S-QUAL이라는 품질 측정 도구를 만들었는데 E-S-QUAL은 웹사이트가 효율적이고 효과적으로 쇼핑, 구매 그리고 제공을 촉진하는 정도로 정의된다. 표적집단을 대상으로 한 탐색적 인터뷰와 두 단계의 실험을 통해 분석한 연구에 따르면 E-S-QUAL를 총 일곱 차원으로 규정할 수 있다고 한다. 그것은 핵심서비스 평가를 위한 네 가지 차원과 서비스회복 평가를 위한 세 가지 차원이다.

사용할 때 문제점이나 의문점을 경험하지 않은 웹사이트를 판단할 때 고객이 사용하는 네 가지 핵심차원은 다음과 같다.

① 효율성(efficiency) : 질문항목은 찾기 쉬운가? 거래가 빠르게 이루어지고 있는가? 빠르게 로딩되는가? 등이다.

② 시스템 유용성(system avalability) : 질문항목은 해당 사이트는 항상 사용할 수 있는가? 해당 사이트는 사용 즉시 시작할 수 있는가? 안정적인가? 등이다.

③ 실행성(fulfillment) : 질문항목은 약속대로 주문이 실행되는가? 제안사항이 신뢰할 수 있을 만큼 기술되어 있는가? 등이다.

④ 보완성(privacy) : 질문항목은 개인정보가 보호되는가? 다른 사이트와 공유되지 않는가? 등이다.

또한 문제점이나 의문점이 있는 경우, 고객이 서비스회복을 판단할 때 사용하는 세 가지 차원을 다음과 같이 제시하고 있다.

- 응답성(responsiveness) : 웹사이트를 통한 효과적인 문제 해결과 이의 전달
- 배상(compensation) : 문제 발생 시 웹사이트가 고객에게 배상하는 정도

• 접촉(contact) : 전화나 온라인을 통한 도움의 이용가능성

제 3 절 서비스품질 갭

서비스 설계 및 전달에서 갭 모델은 Zeithaml, Berry, Parasuraman 등이 연구하였는데, 그들은 서비스조직에서 발생할 수 있는 네 가지 갭을 파악하고 이들 네 가지 갭은 다섯 번째 가장 중요한 마지막 갭인 서비스품질 갭을 초래한다고 주장한다. 또한 그들은 [그림 13-5]와 같이 그들이 제안한 모델을 확장하고 재정의하면서 도합 6가지 갭을 제안하였는데, 마지막 갭은 고객의 서비스에 대한 기대와 그들이 서비스받았다고 생각하는 성과와의 차이로 정의된다.

그러면 [그림 13-5]에 나타난 여섯 가지 차원의 갭과 해결책을 알아보기로 한다.

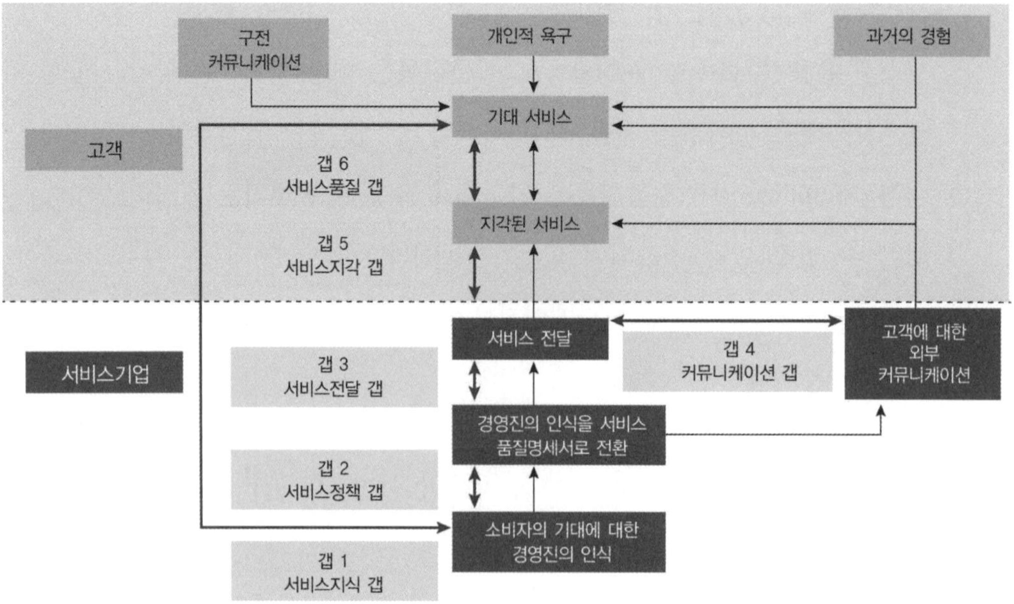

[그림 13-5] 갭 모델

1. 갭1 서비스지식 갭

서비스지식 갭은 시장정보의 갭으로 볼 수 있으며, 갭1은 상위 경영진이 인식하는 고객의 기대와 고객이 실제로 필요로 하고 기대하는 것과의 차이이다. 서비스지식 갭을 일으키는 원인으로는 기업에서 마케팅 조사의 중요성에 대한 이해가 부족하거나, 기업과 고객 간의 커뮤니케이션뿐만 아니라 접점직원과 관리자 간의 커뮤니케이션이 제대로 이루어지지 않는 경우이다. 그리고 관계마케팅이 부족하거나 부적절한 서비스 회복으로 고객의 기대를 명확히 이해하지 못한 경우에 서비스 실패를 하게 된다.

갭1의 해결책으로는 정확한 마케팅 조사를 해야 하고, 상향적 커뮤니케이션을 활성화해야 하며, 경영자와 일선 직원 간에 많은 관리계층이 존재할 때 커뮤니케이션 갭이 더욱 증가하므로, 관리계층을 축소하거나 현장의 의견을 존중하는 시스템을 구축할 필요가 있다.

2. 갭2 서비스정책 갭

서비스정책 갭은 서비스 기준 갭으로 볼 수 있으며, 이것은 고객의 기대에 대한 경영자의 인식과 서비스 전달을 위해 그들이 설정한 서비스 설계 및 표준 간의 차이이다. 고객의 기대가 제대로 반영되지 않은 정책적 의사결정이 이루어질 때 발생하는 갭으로, 통상적으로 이러한 갭의 발생은 비용과 실행가능성에 기인한다.

서비스정책 갭을 일으키는 원인으로는 첫째, 기업의 어설픈 서비스 설계 둘째, 고객 중심적인 표준의 부재 셋째, 고객기대에 부응하는 유형적 단서를 개발하지 못하거나, 고객과 직원의 욕구에 부합하지 않은 서비스스케이프의 설계로 인해 갭을 더 크게 만들 수 있다는 것이다.

이러한 갭2는 서비스품질에 대한 경영자의 헌신, 목표 설정의 유무, 업무의 표준화, 실행 가능성의 인식에 따라 달라진다.

갭2의 해결책으로는 바람직한 서비스 프로세스를 구축하고 기준을 구체화하는 것이다. 그리고 고객의 기대에 부응하는 다양한 서비스 상품을 개발해야 한다.

3. 갭3 서비스전달 갭

서비스전달 갭은 서비스성과 갭으로 볼 수 있으며, 이것은 서비스 기준과 이러한 기준에 근거한 서비스전달팀의 실행 성과와의 차이이다. 이는 고객 중심의 서비스 설계 및 표준과 접점직원이 실제로 제공하는 서비스 간의 차이를 말한다. 즉 이 갭은 직원이 서비스 설계 및 표준에 따라 적절히 서비스를 수행하지 못함으로써 격차가 커지게 된다.

서비스전달 갭이 발생하는 원인으로 첫째는 인적자원관리의 문제인데 직원이 현장에서 자신이 수행할 역할을 잘 모르거나, 보상이 제대로 이루어지지 않을 경우, 또는 상황에 따른 권한위임이 부족한 경우 등이 장애요인으로 작용할 수 있다. 둘째는 직원이 직무에 적합하지 않기 때문에 발생하는데 흔히 현장업무는 조직에서 낮은 위치에 있고 봉급수준이 낮은 경향이 있다. 결과적으로 언어능력, 고객 접객기술, 서비스 기술이 부족하기 쉽다. 흔한 이직으로 급한 결원 보충 시에 경험이나 기술이 부족한 사람이 뽑히기 쉽다.

갭3의 해결책으로는 품질명세서를 명확하게 준비하는 일과, 모든 직원이 이것을 이해하고 실제로 제공할 수 있도록 교육 및 훈련을 통한 지원이 필요하다. 이를 위해 팀워크를 형성하고, 직원과 직무 간 적합성, 기술과 직무 간 적합성, 직원에게 인식된 통제 권한의 제공, 경영자의 통제시스템이 작동되도록 하며, 서비스조직에서의 역할갈등, 역할 모호성 등을 해소해야 한다.

4. 갭4 커뮤니케이션 갭

커뮤니케이션 갭은 기업의 외부커뮤니케이션과 실제로 고객에게 전달되는 서비스 성과의 차이이다. 기업의 외부커뮤니케이션은 고객의 기대에 영향을 준다. 그러므로 서비스기업은 고객에게 실제로 제공하는 것보다 더 많은 약속을 해서는 안 된다. 서비스 성과와 외부커뮤니케이션의 불일치는 과대약속뿐만 아니라 고객이 서비스품질을 인식하는 데 부정적인 영향을 미친다.

갭4의 해결책의 첫째는 수평적 커뮤니케이션의 증대이다. 조직의 하위단위 내 수평적 커뮤니케이션은 구성원 간, 특히 같은 계층의 동료들과의 상호작용을 의미하며, 조직의 하위단위 간의 커뮤니케이션이다. 예를 들면 광고부서와 고객접점부서 직원 간의 원활한 의사소통이 있어야 하고, 또는 서비스 제공자와 판매원 사이에 원활한 의사소통도 필요하다. 둘째는 과대약속의 유혹을 거절하는 것이다. 신규고객 확보 또는 경쟁에서 이기기 위해 과대약속을 하는데 갭4를 줄이기 위해서는 과대약속을 하지 않아야 한다.

5. 갭5 서비스지각 갭

이 갭5는 실제로 전달되는 서비스와 고객이 전달되었다고 느끼는 서비스와의 차이이다. 이러한 갭은 고객이 서비스품질을 정확하게 측정하는 것이 불가능하기 때문이다.

이 갭5를 해결하는 방법에는 여러 가지가 있다.

- 우선 전달된 서비스품질을 유형화하고 커뮤니케이션한다.
- 서비스품질을 유형화하고 고객에게 전달된 서비스품질에 대해 설명한다.
- 제공된 서비스의 수준과 일치하는 서비스환경과 물리적 증거를 개발한다.

- 복잡하고 신용적인 성격의 서비스인 경우, 서비스 전달과정에서 고객에게 무엇이 제공되는지 알게 하고 고객이 그들이 받은 서비스의 품질을 평가할 수 있도록 서비스전달 이후를 간단하게 설명한다.
- 물리적 증거를 제시한다. 예를 들어 수리를 위해 제거된 부품을 고객에게 보여준다.

6. 갭6 서비스품질 갭

서비스품질 갭은 고객의 기대와 서비스 성과 간의 차이이다. 즉 고객의 서비스에 대한 기대와 실제 전달되는 서비스에 대한 고객 인식의 차이를 말한다. 갭6의 크기와 방향에 따라 최종적인 서비스품질 수준이 결정된다.

최종적인 갭6의 해결책은 고객의 기대를 계속 충족시키기 위해 갭1부터 갭5를 제거하는 것이다. 갭6은 나머지 모든 갭의 산출물로부터 누적된 결과이므로 갭1부터 5를 잘 관리하면 갭6은 제거되거나 작아질 것이다.

서 · 비 · 스 · 마 · 케 · 팅

14

CHAPTER

서비스 실패와 회복 관리

Chapter 14 서비스 실패와 회복 관리

제 1 절 서비스 불평과 고객 유지

1. 고객 불평 · 불만의 비중

서비스에 대한 소비자의 불평 · 불만에 관해 외국의 한 연구조사를 보기로 하자. TARP(기술원조계획회사)는 미국 정부의 소비자 문제국에서 의뢰한 소비자 불평 · 불만에 대해 상세히 조사보고서를 제출하였다. 이것은 서비스에 대한 실증경제학적 측면에서 커다란 의의를 지니고 있다.

TARP사의 연구결과는 다음과 같은 주요 항목으로 간추릴 수 있다.

① 불만을 느끼는 고객의 평균 96%는 그 기업에 어떠한 연락도 취하지 않고 있다. 클레임을 말하러 온 고객 가운데 실제로 지장을 받는 자는 평균 26명이고 그중 6명은 심각한 상태에 있다. 즉 100명 중 4명만이 클레임을 직접 회사에 이야기하는 셈이다. 이것은 '빙산의 일각(tip of the iceberg)'이다.

② 수긍할 만한 해결을 못 볼 경우에도 클레임을 말하지 않은 사람보다 말한 사람이 다시 기업과 거래하는 경향이 있다.

③ 클레임을 말하러 온 고객 가운데 54~75%는 문제가 해결되면 다시 그 기업과 거래를 한다. 이 비율은 클레임이 신속히 해결되었다고 고객이 느끼는 경우는

95%까지 올라간다.

④ 어느 기업에 불만을 품은 고객은 일반적으로 그 불만을 거의 10명에게 말한다. 또 그 기업에서 해결의 실마리를 찾지 못한 고객의 13%는 그 사실을 20명 이상에게 자세히 말한다.

⑤ 회사 측에 클레임을 말하고 그것을 만족스럽게 해결한 고객은 자신이 받은 서비스의 상태를 평균 5명에게 이야기한다.

이 조사에서 나타난 소비자의 행동 패턴은 소매거래에 관한 것만이 아니라 산업 전체의 판매에서도 같은 양상을 띠고 있다. 아이보리 비누, 크레스트 치약, 일회용 펌퍼즈 기저귀, 다이드 세제 등 소비재에서는 최대기업인 P&G사까지도 소비자로부터 연간 75만 건 이상의 전화나 편지에 답을 하고 있다. 이러한 클레임 가운데는 제품 및 광고에 대한 것부터 이 회사가 광고주로 있는 TV 애정연속극의 줄거리에 대한 것까지 광범위한 내용이 포함되어 있다. 하물며 서비스 상품이야 더 말할 나위도 없다. 이러한 내용을 표현한 것이 [그림 14-1]이다.

[그림 14-1] 빙산의 일각

2. 고객 유지

오늘날에는 공급자 측의 협력자와 한층 더 긴밀한 관계를 유지하는 것 이상으로 회사는 최종고객과의 관계를 더욱 확고히 만들고, 기업충성심을 끌어내기 위해 활동하지 않으면 안 된다. 과거 대다수 회사에서는 고객을 의식하지 않았다. 고객에 의해 선택된 공급업자가 많아진 탓도 있고 다른 공급업자도 품질과 서비스가 모두 열악했던가, 또는 시장이 급속히 성장한 탓도 있어서, 기업은 고객을 충분히 만족시키기 위해 고민하지 않았다. [그림 14-2]는 새는 물통을 나타낸다.

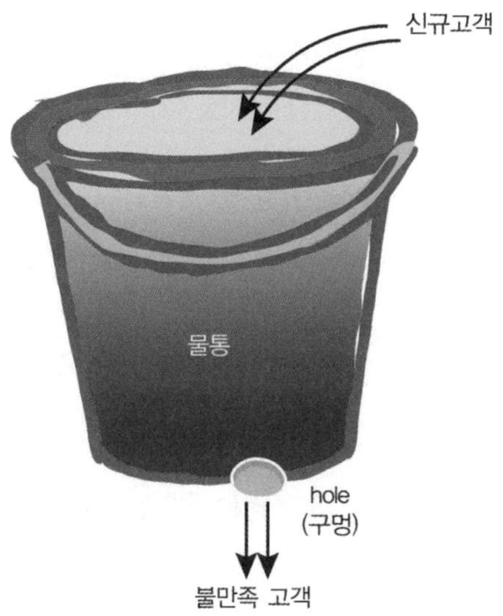

[그림 14-2] 새는 물통

어느 회사가 1주일간 100명의 고객을 잃어도 100명의 신규고객을 획득한다면 매출액은 만족할 만한 것이 된다. 이렇게 비즈니스의 '새는 물통(Leaky Buckets)'이론에 기초를 두는 기업은, 고객이 없어지면 항상 다른 고객이 존재한다고 확신하고 있다. 그러나 이러한 고객의 빈번한 출입에는 100명의 고객 모두를 유지하고 신규고객을 획득하지 않는 경우보다 높은 비용이 필요하다. 다른 하나의 문제는 불만을 품은 고객이 나쁜 평판을 유포시킨다는 것이다. 이는 매주 100명의 신규고객을 획득하는 일을 더욱 어렵게 만든다. 인근 백화점이나 대형마트와 같이 지역에 의존하는 비즈니스에서는 대신 찾아올 충분한 인원수의 고객을 확보하는 게 당분간 불가능해질 것이다.

3. 고객 상실에 따른 비용

회사는 고객상실비용(고객유실률)에 주목하여 그 비율을 감소시킬 대책을 찾아야 한다. 첫째로 회사는 고객 유지율을 정의하고 측정할 것, 둘째로 고객 유실의 원인을 파악하여 그것을 경감시키거나 제거하는 것을 결정하지 않으면 안 된다.

1) 고객 유지율을 정의하고 측정하는 일

해당 지역으로부터 전출하는 고객과 폐업하는 비즈니스고객에 대해서는 거의 아무런 일도 할 수 없다. 그러나 열악한 서비스, 맛없는 요리, 지나치게 비싼 가격 때문에 떠나는 고객에 대해서는 많은 방책을 찾을 수 있다. 회사는 떠난 고객의 여러 가지 이유(비율)에 대해 빈도분포표를 작성할 필요가 있다. 우리 기업으로부터 떠나버린 고객이 이익에 얼마만큼의 손실을 입혔는가를 추정할 수 있다.

리츠칼튼 호텔에서 단골고객은 평생 10만 달러의 가치가 있다고 인식하고 있다. 한 사람의 레스토랑 고객은 수천 달러의 비즈니스 가치가 있고, 소매여행사의 고객은 평생 5만 달러의 가치를 가져온다.

평생 가치는 다음과 같이 산출할 수 있다. 어느 세분시장에서 한 사람이 연간 평균적으로 얼마만큼의 가치를 가져다주는가를 측정하고 그것에 해당 세분시장에 속하는 한 사람의 평균 거래수명을 곱한다. 평균 거래수명은 조사나 고객기록을 가지고 계산할 수 있다. 사람들이 이사하거나 다른 곳으로 전근하거나 회사를 옮기든지 불만을 품든가 하여 개인의 평균 거래수명은 4년 정도일 것이다. 레스토랑 고객의 평균 거래수명은 겨우 3년 정도이다. 고객기록시스템을 유지하고 있는 서비스기업은 개개의 유닛(점포, 사업장, 매장)에 대한 고객의 평균 가치뿐만 아니고 그룹 전체에 대한 평생 가치를 추적할 수 있다. 고객거래수명은 입지와 시장세분화에 따라 다르고 각각의 업종에는 특유의 것이 있다.

2) 고객유실률 감소 및 제거

회사는 고객유실률(고객유출률)을 감소시키는 데 얼마가 들 것인가를 계산할 필요가 있다. 들어가는 비용이 잃는 이익보다 적으면 회사는 고객유실률을 감소시키기 위해 투자해야 할 것이다. 오늘날의 모든 우량기업은 고객 유지에 노력을 기울이고 있다.

최근 서비스 시장의 대부분은 성숙시장에 도달해 있으므로 거의 모든 분야에서 다수의 신규고객 유입을 발견하는 일은 거의 없다. 경쟁은 치열해지고 신규고객을 유인하는 비용도 상승하고 있다. 이러한 시장에서 신규고객을 유인하는 비용은 현재의 고객을 만족시켜서 유지하는 비용의 5배가 들어갈 것이다.

공격적 마케팅은 일반적으로 수비적 마케팅보다 비용이 더 많이 들어간다. 이유는 공격적 마케팅은 경쟁사에서 만족하는 고객을 빼앗아 오는 데 노력과 투자가 필요하기 때문이다. 유감스럽게도 고전적 마케팅이론과 실천은 기존고객을 유지하기보다는 신규고객을 유치하는 데 중점을 두고 구축된 것이다. 거기서 강조되어 온 것은 관계 개선보다 거래를 확대하는 쪽이었다. 판매 후의 활동보다 판매 전 활동과 판매 시의 활동에 초점을 맞추고 검토해 왔다.

그러나 오늘날에는 현재의 고객을 유지하는 쪽의 중요성을 인식하는 기업이 늘고 있다. 어느 보고서에 따르면 고객유출률을 겨우 5% 감소시키는 것으로 기업의 이익을 25~85% 증가시킬 수 있다고 한다.

이같이 마케팅 활동은 매출액과 신규고객을 획득하게 될 마케팅믹스를 작성하는 데 초점을 맞추고 있으나, 방어하는 기업의 최전선은 고객 유지에 있다. 그리고 고객을 유지하기 위한 최선의 접근은 고객의 충성심을 높일 수 있는 최고의 고객만족을 제공하는 것이다.

4. 고객의 고충 처리

고객의 고충 처리(resolving customer complaints)는 고객 유지에 있어서 매우 중요한 과제 가운데 하나이다. 중대한 고충을 가진 91%의 고객은 다시는 구매하지 않으나, 그 고충이 신속히 해결되면 고충을 가졌던 고객 중 82%는 재구매한다는 것이 TARP사의 조사에서 밝혀졌다. 고충 처리는 고객유출률을 91%에서 18%로 낮춘다. 치밀한 고충 처리의 경우는 고객유출률을 5% 이하로 감소시킨다.

고충 처리에서는 2가지 중요한 전제조건이 있다. 첫째, 고충 처리할 때는 신속히 해야 한다는 것, 다시 말하면 처리에 시간이 걸릴수록 고객유출률은 높아진다. 둘째, 고객의 고충을 찾아내는 것이다. 고충 처리에서 다른 하나의 중요사항은 많은 고객이 고충을 털어놓지 않는다는 것이다. 즉 경영자에게 고충 처리할 기회를 주지 않는다. 따라서 경영자는 고객으로부터 고충을 끌어낼 방법을 개발하지 않으면 안 된다.

이 방법에는 고객이 품고 있는 문제를 전화로 접수하는 고객용 핫라인(hotline)이 있다. 고객이 작성하는 코멘트 카드도 서비스 문제를 제기하게 할 수 있다. 경영자는 직원을 고객 불만과 문제를 찾아낼 수 있게 훈련할 수 있다. 서비스 보증은 고객의 고충을 끌어내는 하나의 방법이다.

고객이 고충을 털어놓을 때 경영자는 환영해야 한다. 대다수 고객은 고충을 말하지 않는다는 것을 경영자는 기억하고 있지 않으면 안 된다. 고충을 말하는 고객은 경영자에게 고충을 처리할 시간을 갖게 해준다. 고충은 서신이든 e메일이든 전화로든 즉시 응대해야 한다. 만약 서신이나 e메일로 할 경우는 고객이 고충을 알려준 데 대해 감사의 뜻을 표명하고 아울러 그것을 방지하는 데는 어떠한 조치를 할 것인지를 알리는 등 고충의 해결책을 그 고객에게 제시하지 않으면 안 된다.

고충 처리에 더욱 효과적인 수단은 전화를 이용하는 것이다. 오늘날에는 서신을 보내기보다 전화를 거는 쪽이 여러 가지로 이점이 있다. 전화는 고객과의 개인적인 접촉을 가능하게 하고 고객에게 무엇이 일어났는지를 정확하게 파악할 수 있다. 회사가 틀에 박힌 서신을 통하여 고객 문제에 아무런 감정표현도 없이 의례적으로 보내는 편지나 e메일은 최악이다.

고충 처리는 많은 나쁜 구전을 호의적 구전으로 바꿀 수도 있다. 고충 처리는 '새는 물통'의 구멍을 막는 가장 간단한 방법 가운데 하나이다. 이는 고객유출을 방지하는 효과적인 수단이다.

제 2 절 서비스 실패

서비스 실패(service failure)는 일반적으로 서비스 불만족을 일컫는 것으로 고객의 서비스 기대 이하의 성과를 말한다. 즉 서비스 전달의 하나 혹은 둘 이상의 특정한 면이 고객의 기대를 충족시키지 못한 것에 대한 고객의 지각이다.

모든 종류의 서비스 실패는 고객에게 부정적 감정을 발생하게 하는데 실제로 서비스에서 문제를 경험한 고객의 45%만이 직원에게 불만을 표현하고 그중에 1~5%만이 관리자 또는 본사에 불평하며, 50%의 고객이 서비스 문제를 경험하지만 불평하지 않는다고 한다. 이것은 앞에서 언급한 '빙산의 일각'이라고 할 수 있다.

1. 고객 불평의 원인

서비스 제공이 언제나 올바르게 이루어지지 않을 수도 있다. 그리고 고객이 언제나 서비스에 만족하는 것은 아니다. 불만 고객을 효과적으로 관리하기 위해서는 고객 불평의 원인을 파악할 필요가 있다.

① 보상받기 : 고객들은 환불, 보상 및 서비스 재이용과 같이 경제적 손실을 만회하기 위해 불평을 제기한다.

② 감정 다스리기 : 일부 고객은 서비스 실패로 인한 자존심 손상 및 화난 감정을 다스리기 위해 불평한다.

③ 서비스 개선 : 일부 고객은 서비스 실패가 다시 발생하지 않도록 서비스가 개선되기를 바라는 마음에서 불평을 제기한다.

④ 이타주의 : 다른 고객들이 자신이 겪은 문제를 똑같이 되풀이하지 않게끔 일부 고객은 문제를 제기한다.

2. 서비스 실패에 대한 고객의 반응

서비스에 불만족한 고객은 다양한 반응을 보인다.

첫째, 공식적인 조치로는 회사에 불평하거나, 제삼자에게 불평을 늘어놓거나, 한국소비자원, 시민단체와 같은 기구를 통해서 공식적인 조치를 하거나, 경찰서 등에 신고하거나 법적으로 소송을 제기하기도 한다.

둘째, 사적인 조치로는 앞으로 그 회사를 이용하지 않고 다른 회사로 이탈하거나, 주위 사람들에게 그 회사에 대해 부정적 구전을 퍼트릴 수 있다.

셋째는 무대응으로, 아무런 조치를 하지 않고 대응하지 않을 수도 있다. 이러한 고객의 반응은 한 가지만 선택해서 행동할 수도 있고 여러 방법을 다양하게 조합해서 사용할 수도 있다.

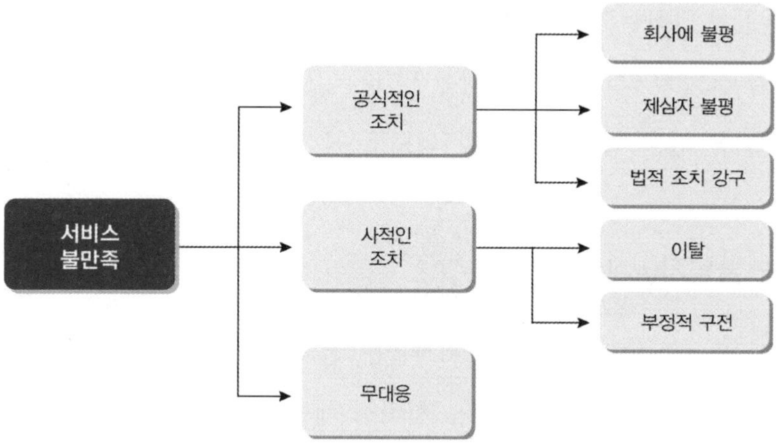

[그림 14-3] 서비스 실패에 대한 고객의 다양한 반응

3. 고객 불평의 유형

서비스 실패에 반응하는 방법에 근거하여 불평하는 사람들을 수동적 불평자, 표현 불평자, 화내는 불평자, 행동 불평자 등의 4가지로 분류할 수 있다.

1) 수동적 불평자(passives)

이 유형은 소극적으로 불평하는 사람들로, 어떤 조치를 할 가능성은 가장 적다. 이들은 제공자에게 어떤 말도 하지 않을 것이고 다른 사람들에게 부정적 구전을 하려 하지도 않으며, 제삼자에게 불평을 하지도 않는다. 즉 불평의 효율성에 대해 의구심을 가지며, 이들의 개인적 가치 및 규범으로 인해 불평하지 않을 수도 있다.

2) 표현 불평자(voicers)

이 유형의 고객들은 서비스 제공자에게 적극적으로 불평하고자 한다. 이러한 고객들은 서비스 제공자로서는 최고의 친구로 여겨질 수 있다. 이들이 적극적으로 불평하여 기업 측에 두 번째 기회를 주기 때문이다. 불평이 사회적 편익을 제공한다고 믿고 있어 불평을 말하는 데 주저하지 않는다. 이들은 서비스 제공자에게 불평한 결과가 긍정적일 것으로 믿고, 구전의 확산 및 다른 사람에게 불평하는 것이 덜 긍정적이라고 생각한다. 다른 업체로의 전환 의도도 낮다.

3) 화내는 불평자(irates)

화내면서 불평하는 이 유형의 소비자들은 친구나 친척들에게 부정적 구전을 전하고 다른 업체로 전환할 의도가 높다. 서비스 제공자에게 불평하는 성향은 평균수준이고 이들은 제삼자에게는 불평하려 하지 않지만 불평해 보아야 들어주지 않는다는 소외의식을 가지고 있다. 이들은 서비스 제공자에게 두 번째 기회를 주지 않고 대신 친구나 친척들에게 구전을 확산시키면서 경쟁자에게로 전환한다. 다른 유형의 고객보다 더 많이 인터넷상에서 자신의 경험을 다른 이들과 공유하기 위해 블로그를 만들어 불만을 표현하기도 한다.

4) 행동 불평자(activists)

이 유형은 모든 차원에서 평균 이상의 불평성향을 지닌다. 이들은 서비스 제공자에게 불평하고 다른 사람에게 말하며 제3자에게도 불평을 말한다. 이들은 모든 불평의 결과가 긍정적인 의미가 있다고 여긴다. 이들의 개인적 규범과 불평은 일치한다.

4. 고객 불평의 악순환

기업은 어떻게 고객 불평에 대응해야 하는가? 이는 고객 불평의 악순환을 이해함으로써 그 대응방안을 마련할 수 있다. 어느 부서에 고객 불평이 다수 접수된다고 하자. 관리자는 고객 불평이 많은 부서에 대해 나쁜 업무평가를 하며, 그 부서의 인적·물적 지원을 줄이고자 한다. 그러면 자원의 부족으로 고객서비스는 더욱 악화하고 고객의 불만은 더욱 커질 것이다. 이런 고객 불평의 악순환은 [그림 14-4]와 같이 나타낼 수 있다.

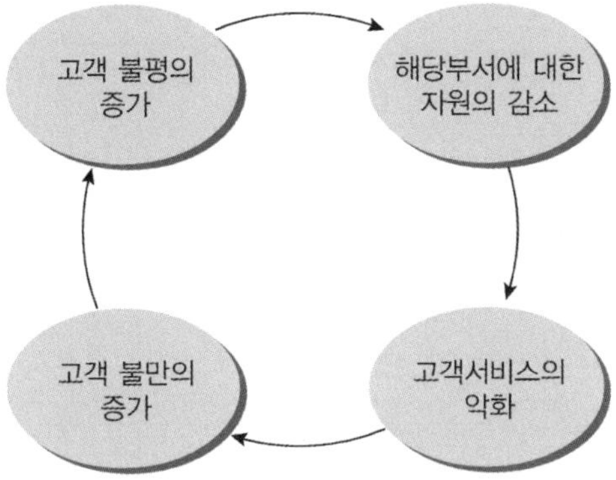

[그림 14-4] 고객 불평의 악순환

5. 고객 불평에 대한 장애를 줄이는 전략

관리자는 불만족한 고객이 있다면 어떻게 서비스 실패에 대해 쉽게 불평하도록 만들까? 가장 좋은 방법은 그들이 왜 불평하지 않는지를 파악하는 것이다. 불만족 고객은 〈표 14-1〉에서 보는 바와 같이 불편함, 애매한 결말, 불쾌함과 같은 장애 요인

〈표 14-1〉 고객 불평에 대한 장애를 줄이는 전략

불만족 고객의 불평 토로 장애 요인	이러한 장애 요인을 줄이기 위한 전략
불편함 • 정확한 불평 수단을 찾기 어려움 • 불평 시 추가적 노력 필요	**피드백을 주기 쉽고 편하게 하라** • 고객과 커뮤니케이션을 하는 경우, 언제나 직통 전화번호, 이메일, 우편주소 공지
애매모호한 결말 • 기업이 문제를 검토하는 활동이 진행되는지에 대한 불확실성	**피드백을 진지하게 받아들였다는 것을 확실히 하라** • 적절한 장소에 서비스 회복 절차를 갖추고 고객에게 알림 • 고객 피드백에 근거한 서비스 개선점을 부각시킴
불쾌함 • 무시당하는 것에 대한 두려움 • 말다툼, 당황	**피드백 경험을 긍정적으로 만들어라** • 고객의 피드백에 감사 • 접점직원이 고객과 싸우지 않도록 훈련시킴 • 익명성 허용

을 가지며, 기업은 이를 줄이는 전략에 노력을 기울여야 한다. 많은 기업이 무료 전화 이용, 웹사이트에 피드백 연결방법 제공, 개별 접점에 고객이 쉽게 이용할 수 있도록 고객 의견 카드 제공 등과 같은 불평 수집 절차를 이용한다.

제 3 절 서비스 회복

1. 서비스 회복 의의

서비스 회복(service recovery)은 서비스 실패로 인한 문제를 해결하는 기업의 체계적인 노력을 말한다. 효과적인 서비스 회복을 위해서는 문제를 해결하기 위한 절차와 화가 난 고객을 잘 응대할 수 있는 기술이 필요하다. 고객이 불평을 제기했을 때 만족스러울 정도로 잘 해결되면 그 기업의 서비스를 다시 구매하거나 재이용하는 고객 충성도는 높아지게 된다. 이것을 '서비스 회복의 역설'이라고 한다.

서비스는 이질성이 높고 인적 접촉이 많으므로 각 MOT마다 실패할 가능성이 크다. 그런데 실패한 서비스라 하더라도 회복조치를 잘하면 오히려 고객들이 더욱 만족하고 충성고객이 될 수 있는 시발점이 된다.

2. 서비스 회복의 효과

고객 문제의 효과적 해결이 고객만족, 애호도, 구전(word of mouth) 커뮤니케이션, 수익 등에 큰 영향을 미친다. 즉 서비스 실패를 경험했으나 기업의 서비스 회복 노력으로 만족한 고객은 문제가 해결되지 않은 고객들보다 훨씬 애호도가 높다. [그림 14-5] '불만족한 고객의 재구매 의도'를 연구한 TARP의 자료에서 보면 불평한 후

문제가 만족스럽게 해결된 고객의 43%는 동일 서비스 제공자에게 다시 서비스를 구매한 것으로 나타났다.

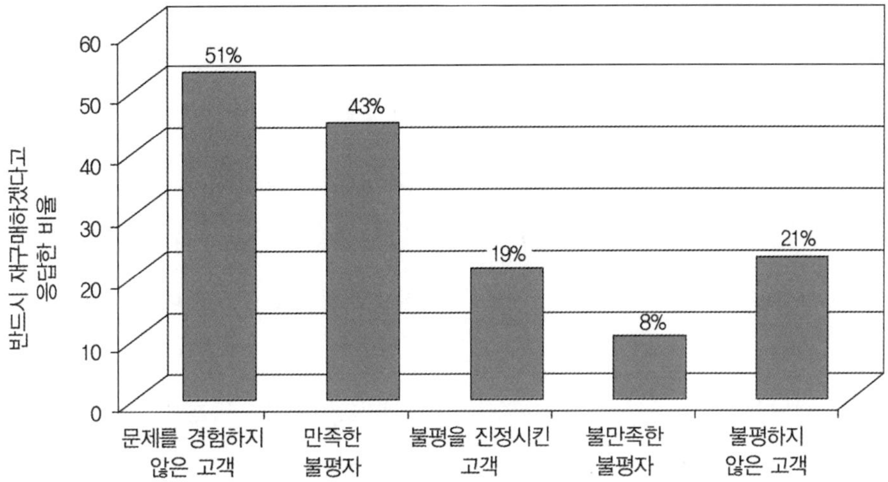

자료 : TARP Worldwide Inc., Service Industry Data, 2007.

[그림 14-5] 불만족한 고객의 재구매 의도

3. 서비스 회복 패러독스

처음에는 실망했지만 좋은 서비스 회복을 받은 고객이 훨씬 더 만족하여 결과적으로 애호 고객이 된다는 생각을 서비스 회복 패러독스(service recovery paradox) 또는 회복 역설이라고 한다. 처음에 불만족한 서비스를 경험했지만 훌륭한 서비스 회복을 경험한 고객이 문제가 전혀 없는 고객보다 더 만족하고 재구매할 가능성이 높아질 수 있다. 즉 고객이 서비스 실패를 경험하지 않았을 때보다 서비스 실패를 경험한 후에 더 만족하는 경우가 생긴다는 것이다.

그러나 대다수 고객은 문제를 경험했을 때 불평을 쉽게 이야기하지 않는다. 성공적 회복은 기업이 문제에 대해 알고 그것을 잘 회복할 수 있을 때만 가능하다. 그리고 실수를 바로잡을 때는 처음보다 더 많은 비용이 든다. 서비스를 더 빨리 특별히 해야 하기 때문이다.

또한, 서비스 회복의 결과로 고객만족이 증가했다 할지라도 재구매와 지각된 기업 이미지는 증가하지 않는다. 즉 고객은 결국 기업을 높게 평가할 필요성을 못 느낀다는 것이다.

서비스 회복의 패러독스는 다음의 경우에 일어날 가능성이 크다.

- 고객이 실패를 대수롭지 않게 생각할 때
- 이전에 서비스 실패를 경험하지 못한 고객에게 실패했을 때
- 서비스 실패가 고객의 부주의로 인해 발생했을 때
- 고객이 실패의 원인에 대해 기업의 책임이 적다고 느낄 때

이처럼 회복 패러독스가 적용되는 경우에 대해 다양한 의견이 있지만 '처음에 제대로 하기(doing it right the first time)'가 결국에는 가장 안전한 최선의 전략이다.

제 4 절 효과적인 서비스 회복 시스템

서비스 회복이 중요하지만 어떻게 효과적으로 서비스를 회복해야 하는가? 효과적인 서비스 회복 제공을 위해 4가지 원칙을 보기로 한다. 즉 고객이 피드백을 쉽게 하고, 효과적인 서비스 회복을 위한 시스템을 구축하고, 적정한 보상 수준을 결정하고, 고객 피드백에서 서비스 개선방안을 모색해야 한다. 효과적인 서비스 회복 시스템의 구성요소는 [그림 14-6]에서 보는 바와 같다.

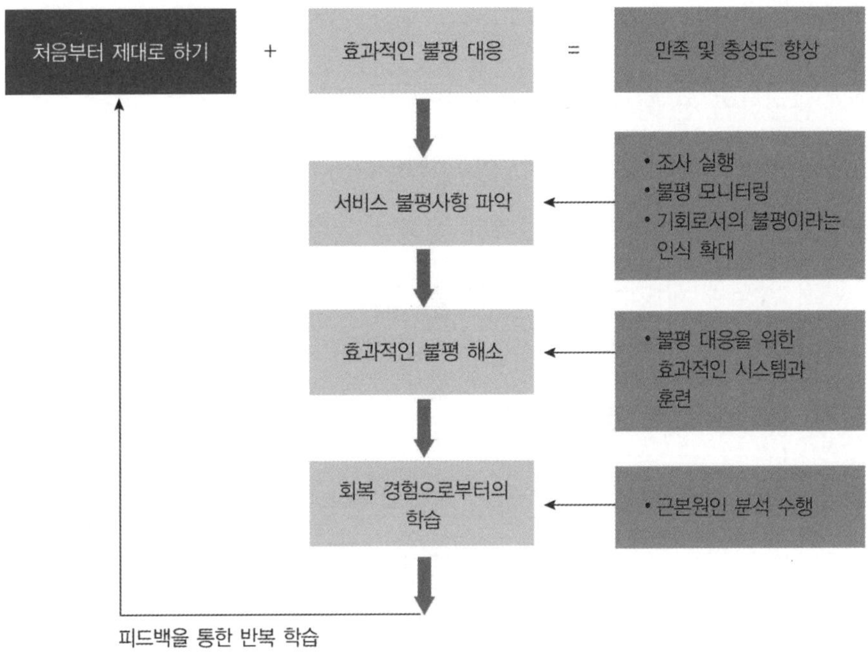

[그림 14-6] 효과적인 서비스 회복 시스템의 구성요소

1. 고객의 피드백 용이

관리자는 어떻게 불만족한 고객이 서비스 실패에 대해 불평하도록 할까? 가장 좋은 방법은 그들이 왜 불평하지 않는지를 파악하는 것이다. 많은 기업이 수신자 부담 전용 전화 이용, 웹사이트 피드백 연결방법 제공, 개별 접점 지점에 고객이 쉽게 이용할 수 있도록 고객 의견카드 제공 등과 같은 불평수집절차를 이용한다.

2. 효과적인 서비스 회복 시스템 구축

서비스 실패 회복은 적극성, 계획, 분명한 가이드라인이 필요하다. 세부적인 효과적인 서비스 회복 절차는 아래와 같다.

1) 적극적인 서비스 회복 절차

고객이 불평하기 전에 서비스 회복은 준비되어 있고 적극적이어야 한다. 서비스직원은 고객의 불만족 신호를 느낄 수 있어야 한다. 예를 들어, 식당 웨이터가 고객의 식사 상황을 감지해서 고객이 불만족한 상태로 식당을 나가버리고 다시 오지 않는 결과를 낳지 않도록 서비스 회복의 기회를 찾아야 한다.

2) 계획된 서비스 회복 절차

서비스 실패에 관한 회복계획이 미리 개발되어야 한다. 특히 정기적으로 발생하고 시스템 안에서 설계될 수 있는 것에는 회복계획이 더욱 필요하다. 초과예약으로 인해 호텔의 투숙이나 항공기의 탑승을 하지 못하는 경우 현장이나 고객센터는 서비스 회복 상황 대응에 대한 지침을 준비해 두어야 한다.

3) 훈련된 서비스 회복 절차

서비스 실패를 예상하지 못한 경우 고객이나 직원은 적절히 대처하기 어렵다. 비일상적인 서비스 실패와 지정된 회복 절차에 대한 효과적인 교육은 접점인력의 기술 습득과 동시에 그들에게 자신감을 심어줘 근로 의욕을 끌어올릴 수 있다.

4) 권한 위임된 서비스 회복 절차

현장직원이 불평 고객을 만족하게 하기 위해서는 상황 판단과 커뮤니케이션기술을 활용할 수 있는 권한이 있어야 한다. 직원들은 서비스 문제를 즉각 해결하고 고객의 선의를 회복하기 위해 의사결정을 하고 비용을 지출할 수 있어야 한다. 호텔에서 불평 고객에게 사우나 쿠폰이나 식사권 제공으로 만족을 높이기도 하고, 온라인 공개 불평이 보편적인 오늘날에는 직원이 문제를 해결할 수 있는 트윗이나 카카오톡과 같은 온라인으로 즉각 대응할 수 있도록 권한 위임이 되어 있어야 한다.

3. 적정한 보상

서비스 실패가 발생했을 때 기업은 얼마나 많은 보상을 해야 하는가? 크게 3가지로 이런 질문에 답하는 것이 도움이 될 것이다. 서비스 회복을 효과적으로 하려면 무조건 '많은' 보상보다는 '알맞은' 보상을 함으로써 서비스 실패를 만회하는 것이 중요하다.

첫째, 기업의 포지셔닝은 어떠한가? 고객에게 우수한 서비스기업으로서 포지셔닝이 잘 되어 있는가 아닌가에 따라 고객이 서비스 실패에 대한 기대치가 각각 다르므로 그에 알맞은 보상이 필요하다.

둘째, 서비스 실패가 얼마나 심각한가? 고객은 서비스 실패의 중요도에 따라 보상을 기대하기 때문에, 서비스 실패의 심각성, 손실의 크기에 따라 보상해야 한다.

셋째, 영향력 있는 고객은 누구인가? 장기고객과 서비스 구매를 위해 많은 지출을 하는 고객은 많은 보상을 기대하고, 1회성 고객은 일반적으로 적게 보상해도 되지만, 공정하게 할 필요가 있다. 첫 번째 구매한 고객을 공정하게 대우하면 반복 구매자가 될 가능성은 얼마든지 있다.

4. 고객 피드백에서 서비스 개선 강구

1) 효과적인 고객 피드백 시스템

더욱 경쟁이 치열해지는 시장 상황에서 최고의 경쟁우위는 기업이 경쟁자보다 빠르게 학습하고 변화하는 것이다. 고객주도적 학습과 서비스 개선이 이루어지기 위해서는 고객 피드백시스템(CFSs: customer feedback system)을 활용하는데, 그 목표는 세 가지 핵심범주로 분류된다.

첫째는 서비스품질과 성과에 대한 평가 및 벤치마킹이다. "우리는 고객을 어떻게 만족시킬 것인가?"라는 질문에 대답하는 것이 목표이다. 동종 산업의 기업을 벤치마킹하는 것이 전부는 아니다. Southwest 항공은 여객기 운항시간 단축을 위해 Fomula One Pit-Stop을 벤치마킹하였고, Pizza Hut은 FedEx의 정시 소포 배달을 벤치마킹하였으며, Ikea는 군대의 탁월한 조율과 병참 관리를 연구하였다.

둘째는 고객주도적 학습과 향상이다. "무엇이 우리 고객을 만족 또는 불만족하게 하는가?", "우리가 유지해야 하는 장점은 무엇이고 단점은 무엇인가?" 이 목표 달성에는 프로세스와 상품에 대한 상세한 정보가 필요하고 이 정보를 활용해 품질개선의 방향과 수익 향상 방안을 파악할 수 있다.

셋째는 고객지향적 서비스 문화의 창조이다. 즉 조직이 고객 욕구, 고객만족에 집중하도록 하는 것과 조직 전체적으로 서비스품질을 중시하는 문화가 형성되도록 하는 것이다.

2) 고객 피드백 수집 도구의 조합적 활용

정보 획득과 학습을 위해 기업은 어떠한 수단을 이용할 수 있을까? 기업은 고객의 소리를 들어야 한다. 〈표 14-2〉는 전형적으로 사용되는 피드백 도구와 다양한 요구사항에 대한 충족 정도를 개략적으로 나타내고 있다. 서비스 마케터는 개별도구마다 나름대로 장점과 약점이 있다는 것을 인지하고 필요한 정보를 전달하는 다양한 고객 피드백 수집 도구를 조합해야 한다.

〈표 14-2〉 고객 피드백 수집 도구의 강점과 약점

수집도구	측정 수준(단계)							
	기업	프로세스	특정 거래	실행 가능성	대표성/신뢰성	서비스 회복에 대한 시사점	직접 학습	비용 효과성
전체적인 시장 조사(경쟁자 포함)	●	○	○	○	●	○	○	○
전반적인 만족에 대한 연간 조사	●	◑	○	○	●	○	○	○
거래조사	●	●	◑	◑	●	○	○	○
서비스 피드백 카드	◑	●	●	◑	◑	●	◑	●
미스터리 쇼핑	○	◑	●	●	○	○	◑	○
자발적인 피드백(예 : 불평)	○	◑	●	●	○	●	◑	●
표적 집단 토의	○	◑	●	●	○	◑	●	◑
서비스 리뷰	○	◑	●	●	○	●	●	◑

주 : 범례) ● 필요조건의 완전한 충족, ◑ 적당히 충족, ○ 거의 충족시키지 않음

(1) 전체적인 시장조사, 연간조사, 거래조사

일반적으로 전체적 시장조사(total market survey)와 연간조사(annual survey)는 모든 중요한 고객서비스 프로세스와 상품에 대한 만족을 측정한다. 측정 수준은 기업의 전반적인 사항에 대한 총체적인 만족의 포괄지수 또는 지표를 얻는 것을 목표로 한다.

거래조사(transactional survey)는 일반적으로 고객이 특정 거래를 완료한 후에 수행된다. 만약 시간이 허락된다면 고객에게 해당 프로세스에 대한 깊이 있는 정보를 수집할 수 있다. 이때 피드백을 통해 해당 프로세스에서 고객이 만족하거나 불만족한 이유를 알 수 있으며 고객만족을 향상할 방법을 보여준다.

(2) 서비스 피드백 카드

고객에게 피드백 카드(또는 온라인 팝업 형태, 이메일, SMS)를 제공하는 것은 강

력하고 저렴한 방법이다. 피드백 카드는 중요한 서비스 프로세스가 완료된 후 고객 피드백센터로 우편, e메일이나 기타 다양한 방법을 통해 보내도록 한다.

(3) 미스터리 쇼핑(mystery shopping)

서비스기업은 고객 접점직원이 바람직한 행동을 하고 있는지를 확인하는 방법으로 자주 이 방법을 활용한다. 일반적으로 위장고객의 전화나 방문 횟수가 적기 때문에 개별적인 조사의 신뢰성과 대표성은 낮다. 그러나 만약 특정 직원이 계속해서 높은 수준이나 낮은 수준의 서비스를 제공한다면, 관리자는 미스터리 쇼핑(직원이나 타인이 고객을 가장하고 서비스 접점의 서비스 수준을 평가하는 방법)을 활용해서 해당 직원에 대해 충분히 관찰하고 판단할 수 있다.

(4) 자발적인 고객 피드백

고객의 불평이나 칭찬과 제안은 품질에 대한 지속적인 파악과 서비스 설계와 전달에 필요한 개선점 도출에 활용할 수 있다. 불평과 칭찬은 고객을 불만족하게 하는 것, 기쁘게 하는 것을 파악할 수 있게 도와주는 풍부한 원천이다. 자발적 고객 피드백은 피드백 카드와 마찬가지로 전반적인 고객만족도를 측정할 수 있는 신뢰할 만한 수단은 아니지만, 개선아이디어로 활용될 수 있다.

(5) 표적 집단 토의 및 서비스 리뷰

이 두 가지는 잠재적 서비스 개선과 아이디어에 중대한 통찰력을 제공한다. 일반적으로 표적 집단 토의에서 활용되는 그룹은 핵심고객층 또는 그들의 욕구를 이해하는 사용자 그룹으로 구성된다. 서비스 리뷰는 주로 연 1회 실시하고 기업의 가장 중요한 B2B 고객과 심층 면대면 인터뷰로 진행된다.

3) 고객 피드백의 분석 · 보고 · 공유

보고 시스템은 지속적인 향상과 학습을 위해 고객 피드백과 피드백 분석내용을 접점 직원, 프로세스 소유자, 지점이나 각 부서의 관리자와 최고 경영진에게 전달해야 한다.

고객 접점에서의 피드백시스템은 불평과 칭찬에 즉각 반응해야 한다. 서비스 관리와 팀의 학습을 위해 필요한 정보를 제공하는 세 가지 성과 보고 방법으로는 월간 서비스 성과 업데이트, 분기 서비스 성과 리뷰, 연간 서비스 성과 보고가 있다.

5. 서비스 회복과 공정성 관리

서비스 실패가 발생하면 고객들은 공정한 방식으로 문제가 해결되기를 바란다. 서비스 회복과정에서 고객은 [그림 14-7]에서 나타난 바와 같이 세 가지 차원의 공정성을 경험하게 된다고 한다. 절차공정성은 불평처리의 정책과 규칙 및 적시성에, 결과공정성은 고객이 불평을 통해 받는 결과에, 상호작용공정성은 불평처리과정에서 받는 대인관계에 각각 초점을 맞춘다.

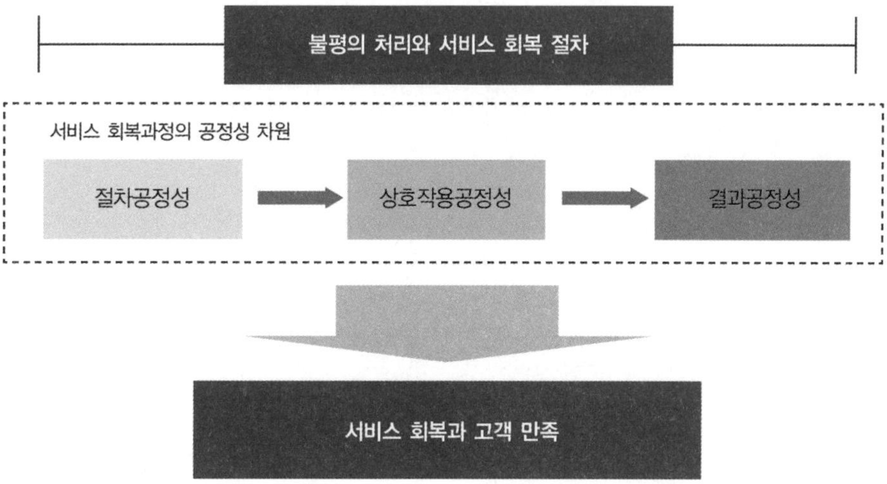

[그림 14-7] 서비스 회복과정에서 공정성 차원

첫째, 절차공정성

서비스 회복과정에서 나타난 기업의 정책, 규정 등이 공정한가 하는 개념이다. 고객은 기업이 절차적인 측면에서 편리하고 신속한 응답을 해주기를 기대한다. 동시에 기업 측이 고객들의 불편과 수고를 책임 있게 이해해 줄 것을 기대한다.

둘째, 상호작용공정성

서비스직원이 고객에게 보여주는 행동과 태도에 관한 공정성 개념이다. 서비스 실패에 대한 상세한 설명과 문제의 원인이 무엇인지 잘 파악하고 문제를 어떻게 해결할지 친절하게 설명한다면 고객은 공정한 대우를 받았다고 느낄 것이다. 직원의 정직하고 예의 바른 태도가 필요하다.

셋째, 결과공정성

서비스 실패로 인해 고객이 감수한 경제적 손실과 심리적 불편에 대해 실제로 고객이 보상을 공정하게 받았는가 하는 개념이다. 이는 실패에 대한 직접적 보상, 고객이 소비한 시간, 노력, 에너지 등을 공정하게 보상받는 것을 의미한다.

제 5 절 서비스 보증

1. 서비스 보증의 이해

보증은 고객을 진정시키면서 동시에 문제를 해결할 수 있는 특별한 유형의 회복 상식이다. 보증은 기업이 제공하기로 한 서비스 상품을 약속한 대로 제공하겠다는 서약 또는 확신이다. 만약 이것이 지켜지지 않는다면 기업은 어떤 형태로든 배상을 하겠다는 의미이다.

유형제품의 경우, 고객은 기업이 약속한 대로 제품을 제공할 것을 보증받고 그렇지 못한 경우는 교환이나 환불에 대한 보장을 받는다. 서비스의 경우, 일반적으로 수행된 것을 되돌리거나 원상태로 돌릴 수 없다. 그러나 점차 서비스를 보증할 방법을 발견하고 그게 상당한 편익이 있다는 것을 알게 되어 서비스 보증에 대한 회의적 시각은 사라지고 있다. 서비스 보증의 범위와 사례는 〈표 14-3〉에서 보는 바와 같다.

〈표 14-3〉 서비스 보증의 범위와 사례

용어	보증 범위	사례
단일 속성 수준의 구체적 보증	해당 서비스의 하나의 핵심 속성이 보증의 대상이다.	"세 종류의 인기 있는 유명한 피자 모두가 오전 12시~오후 2시 사이에 주문하면 10분 안에 제공될 것을 보증합니다. 피자가 늦는다면, 고객님의 다음 번 주문은 무료입니다."
다속성 수준의 구체적 보증	해당 서비스의 소수의 중요한 속성이 보증의 대상이다.	Minneapolis Marriott의 보증 : '우리의 품질서약' • 친절하고 빠른 입실 • 모든 것이 잘 작동되는 깨끗하고 편안한 방 • 친절하고 빠른 퇴실 당신 생각에 우리가 이 서약을 지키지 않는다면, 현금 20달러를 드리겠습니다. 어떤 질문도 없습니다. 그것은 당신의 판단입니다.
완전 만족 보증	해당 서비스의 모든 면이 보증의 대상이며 예외란 없다.	랜즈 앤드(Lands' End)의 보증 : "우리에게 구입한 어떤 상품에 대해서, 당신이 사용하는 동안 언제라도 당신을 완전히 만족시키지 못한다면 반환하세요. 그러면 우리는 당신이 구매한 총액을 환불해 드릴 것입니다. 우리는 약속합니다. 어떤 제품이든지. 언제든지. 언제나. 하지만 이것을 완전히 명확하게 하기 위해서 우리는 보증기간 동안만 보증합니다."
결합된 보증	보증의 완전한 만족이란 약속에 의해 해당 서비스의 모든 면이 보증의 대상이 된다. 불확실성을 줄이기 위해 중요한 속성에 대한 명백한 최소 성과기준이 보증에 포함된다.	Datapro Information Service사는 "보고서를 시간 안에 발송하는 것, 고품질 표준, 다음의 내용을 보증합니다. 우리가 이 보증에 따라 서비스 전달을 실패하거나, 우리 업무의 어떤 면에서건 불만족스러운 부분이 있다면, 당신은 당신이 공정하다고 생각하는 금액만큼 최종 지불에서 공제할 수 있습니다."라고 보증합니다.

2. 서비스 보증의 특징

어떤 보증의 유형이든 상관 없이, 더 효과적인 보증이 있는데 그 특징은 다음과 같다.

① 서비스 보증은 무조건적이어야 한다. 즉 조건이 있어서는 안 된다. 어떤 보증은 많은 종류의 제약, 입증의 필요, 한계 등을 지니기 때문에 법조문과 유사해 보일 수 있다. 단서가 있는 보증은 일반적으로 효과적이지 못하다.

② 서비스 보증은 의미가 있어야 한다. 명백한 것이나 당연한 것을 고객들에게 보증하는 것은 의미 없다. 예컨대 생수 배달 회사는 약속한 날짜에 생수를 배달해 줄 것을 보증했고 그렇지 못하면 다음에 생수를 무료로 배달해 주기로 약속한다. 이 업계에서 예정 날짜에 정확하게 배달하는 것은 다른 경쟁자들도 충족시켜 줄 수 있는 기대이다. 따라서 고객들에게 이러한 보증은 의미가 없다.

③ 서비스 보증은 고객과 직원 모두가 이해하기 쉬워야 한다. 많은 제한과 조건을 보증에 포함하면 고객과 직원 누구도 무엇이 보증되는 것인지 확실하지 않다. 베니건스는 점심시간에 15분 이내에 빨리 식사를 제공하는 서비스를 광고하면서, “빠른 점심 아니면 공짜로(It’s fast or it’s free)”라고 고객에게 약속하고 고객에게 15분 이내에 음식을 제공할 것을 현장직원에게 교육하고 있다.

④ 서비스 보증은 청구하기 쉬워야 한다. 영국항공은 비즈니스고객에게 기대를 초과하는 서비스를 제공하는데 왜 영국항공에 대한 기대가 미달하거나 초과되지 않았는지 온라인으로 청구서를 보내면 된다. 보증을 입증하고자 고객에게 상세한 편지를 쓰게 하거나 서비스 실패를 입증할 문서를 요구하는 것은 시간 낭비이고 보증을 가치 없게 만드는 함정이다. 특히 서비스 금액이 상대적으로 적은 경우는 더욱 그렇다.

3. 서비스 보증의 유형

1) 무조건적 만족보증(unconditional satisfaction guarantees)

무조건적 만족보증은 문제가 결과이든 과정이든 고객 선호와 관계가 있어야 하며 어떤 제한이나 조건이 있어서는 안 된다. 다국적 컨설팅 전문회사 베인앤드컴퍼니(Bain & Company)는 고객들에게 무조건적 만족보증을 약속하고 있다. 만약 고객이 행복하지 않다면 고객은 서비스에 비용을 지불하지 않아도 된다. 햄프턴인호텔(Hampton Inn Hotel)의 100% 환불 조건에 대한 보증은 무조건적 만족보증의 대표적인 예이다.

2) 서비스 속성 보증(service attribute guarantees)

서비스 속성 보증은 기업이 고객에게 중요한 서비스의 특정 부분에 대해서 보증을 제공하는 것을 말한다. 영국항공은 일등석에 새로운 의자를 설치하면서 "편안함을 약속드립니다. 그렇지 않을 경우, 당신은 25,000마일의 무료 마일리지 서비스를 받을 수 있습니다"라고 광고했다. 맥도날드는 "따뜻한 음식, 빠르고 친절한 배달, 차내 주문에 대한 정확한 재확인 절차 등을 우리는 제대로 수행하고 하며, 그렇지 않을 경우, 다음 식사를 무료로 제공할 것입니다." 또한 페덱스는 정해진 시간까지 화물배달을 보증한다. 이러한 사례에서 기업은 고객에게 중요한 것으로 생각하는 서비스의 속성에 대해 보증을 약속한다.

4. 서비스 보증의 편익

서비스기업의 보증은 마케팅 도구일 뿐만 아니라 조직 전체에 품질을 정의하고 개선하고 유지하기 위한 수단이다. 효과적인 서비스 보증이 기업에 주는 편익은 매우 많다.

1) 좋은 보증은 기업이 고객에게 초점을 맞추게 한다

좋은 보증 또는 의미 있는 보증을 개발하기 위해서는 고객이 기대하고 가치 있게 여기는 것이 무엇인지 알아야 한다. 즉 고객이 만족을 의미하는 것에 초점을 맞추어야 한다.

2) 효과적인 보증은 기업에 명백한 기준을 제시한다

보증을 통해 기업이 직원들에게 요구하는 기준을 명백히 정할 수 있다. 예를 들면 피자헛의 보증은 다음과 같다. “만약 고객님이 우리 피자에 만족하지 못한다면 알려주십시오. 우리는 문제를 해결해 드리거나 환불해 드릴 것입니다.” 이 말은 직원들에게 고객이 불평할 때 어떻게 대처해야 하는지를 정확히 알도록 한다.

3) 좋은 보증은 고객의 피드백을 유도한다

보증은 고객이 불평하도록 인센티브를 제공한다. 그래서 좀 더 대표성 있는 피드백을 기업에 제공할 수 있다. 보증은 고객에게 불평할 수 있는 권리를 가지고 있음을 알려주는 것이다.

4) 보증이 필요할 때가 바로 회복기회이다

고객이 서비스 실패 후 즉각 해결되는 경험을 했다면 불만족은 조절될 수 있거나 적어도 증가하지는 않는다. 빠른 서비스 회복 노력은 고객을 만족시키고 충성도를 유지하게 한다.

5) 보증으로 발생한 정보는 추적 가능하며 개선되고 강화될 수 있다

보증은 고객의 의견을 수집할 수 있는 구조화된 메커니즘을 제공하고 그래서 경청 간격을 좁힐 수 있다. 고객과 서비스운영 시스템 사이의 피드백은 보증을 통해 강화될 수 있다.

6) 보증은 고객의 위험을 감소시키고 신뢰를 구축한다

고객은 돈, 시간, 노력 등에 대한 불확실성을 감소시킬 정보나 단서를 찾는데, 보증을 통해 그 위험성은 훨씬 낮아진다. 즉 보증은 위험을 감소시키고 구매 전 서비스에 대해 긍정적 평가를 가져올 수 있다.

5. 서비스 보증이 적합하지 않은 상황

시장에서 경쟁기업 간에 차이가 거의 없을 때 보증을 도입한 최초의 기업은 초기 진입자 효과를 얻을 수 있으며 경쟁자와 차별화할 수 있다. 만약 다른 경쟁자가 보증을 사용하고 있다면 경쟁자보다 훨씬 강력한 보증을 사용하는 것이 효과적이다.

관리자는 서비스 보증을 도입할지 말지 의사결정을 할 때 기업의 강점과 약점을 주의 깊게 생각해야 한다. 여기서 보증이 적합하지 않은 상황을 기술해 보기로 한다.

첫째, 탁월한 서비스로 확고한 명성을 가진 기업은 보증이 필요치 않을 수도 있다. 사실 서비스 보증의 제공은 이런 기업의 이미지와 맞지 않는다. 오히려 서비스 우수기업에 대해서 고객은 보증 없이 바람직한 서비스를 제공하기를 기대한다.

둘째, 현재 저수준의 서비스를 제공하는 기업은 먼저 현재의 보증 수준 이상으로 서비스품질을 개선해야 한다. 그렇지 않으면 너무 많은 고객이 보증문제를 제기할 것이고 이것은 심각한 보증 비용을 유발하게 할 것이다.

셋째, 날씨와 같은 천재지변 또는 외부적 요인에 의해 서비스품질을 통제하기 어렵다면 보증을 제공하지 않아야 한다.

넷째, 구매나 서비스 이용에 고객이 재정적, 개인적, 생리적 위험요소가 그다지 없다고 생각한다면 보증은 별 가치가 없으며, 단지 보증에 대한 설계, 이행, 관리를 위한 비용만 초래한다.

참고 문헌

김대호(2016), 4차 산업혁명, 서문, 커뮤니케이션북스.

김석훈 · 김수균 · 홍민(2010), 효과적인 인사관리를 위한 e-HRM 경영정보시스템 구축 연구, 한국정보통신학회논문지, 14(2): 409-414.

김성국 · 김문주 · 서여주(2003), e-HR(전자인적자원관리)의 성공요인에 관한 연구, 경영논집(이화여대), 21(2): 21-34.

김성혁(1991), 최신서비스산업론, 형설출판사.

김성혁(1992), 서비스경영론, 대왕사.

김성혁(2004), 호텔관광서비스마케팅, 백산출판사.

김성혁 · 권상미(2010), 서비스품질의 연구동향: 1989-2008, 관광연구, 25(1): 205-223.

김종수 · 김성혁(2000), 서비스마케팅, 형설출판사.

김태웅(2010), 서비스 운영관리, 신영사.

박춘엽 · 박병연 · 오점술(2018), 4차 산업혁명의 핵심전략, 책연.

서구원(2015), 소셜미디어와 SNS 마케팅, 커뮤니케이션북스.

서비스경영연구회 편역(2004), 서비스경영(Service Management), 한경사.

안광호 · 이문규 · 김해룡(2015), 서비스 마케팅, 법문사.

이유재(2018), 서비스마케팅(제5판), 학현사.

이문규 · 안광호(2011), 서비스마케팅 & 매니지먼트, 집현재.

조창환 · 이희준(2019), 디지털 마케팅4.0, 제2판, 청송미디어.

한국경제신문 특별취재팀(2022), 한경무크 트래블 이노베이션, 한국경제신문.

황용철 · 송영식 · 황윤용(2016), 서비스 마케팅, 학현사.

황수영 · 김성혁(2022), 최신 관광마케팅론, 백산출판사.

Barney, J. B.(2000), *Gain and Sustaining Competitive Advantage*, Pearson Education. 권구혁 · 신진교 역, 전략경영과 경쟁우위, 시그마프레스.

Goetsch, D. L., & S. B. Davis(2006), *Quality Management*, 5ed., Pearson Hall. 김종걸 · 이낙영 · 권영일 편역(2006), 품질경영, 사이텍미디어.

Hill, L. A.(2008), Where will we find tomorrow's leader? *Harvard Business Review*, (January) pp.123-129.

Kincaid, J. W.(2003), *Customer Relationship Management-Getting it right-,* Upper Saddle River, New Jersey: Prentice-Hall.

Metters, R., K. H. King-Metters, & M. Pullman(2003), *Successful Operation Management,* Thomas Learning. 김수욱 · 김승철 · 김희탁 · 성백서 편역(2004), 서비스 운영관리, 한경사.

Moutinho, L.(2000), *Strategic Management in Tourism*(ed.), CABI Publishing.

Mondy, R. W., & R. M. Noe(2005), *Human Resource Management*, 9th edition, Pearson Prentice-Hall.

Ngai, E. W. T.(2005), Customer relationship management research(1992-2002): An academic literature review and classification, *Marketing Intelligence & Planning*, 23(6): 582-605.

Olson, M. D., E, Tse, & J. W. West(1998), *Strategic Management in the Hospitality Industry*. John Wiley & Son, Inc. 김경환 역(1999), 호텔 · 레스토랑산업의 경영전략, 백산출판사.

Schonberger, R.(2001), *Operations Management : Meeting Customer Demands*, McGraw-Hill.

West, J.(2001). *Customer relationship management and you,* IIE Solusions, 33(4): 34-37.

Wirtz, J., P. Chew, & C. Lovelock(2013), *Essential of Services Marketing*, 2nd ed. 김재욱 · 김종근 · 김준환 · 이서구 · 이성근 · 이종호 · 최지호 · 한계숙 역(2014), 서비스 마케팅, 시그마프레스.

Zeithaml, V. A., M. J. Bitner, & D. D. Gremler(2013), *Services Marketing,* 6th Edition. 전인수 · 배일현 역(2013), 서비스마케팅, 청람.

The World Factbook, Edition: January, 31 2023(https://www.cia.gov/the-world-factbook/countries/world/#economy)

저자
약력

김성혁

- 일본 경응의숙(게이오대) 상학박사
  (서비스 마케팅 전공)
- 서울시 자문위원
- 문화체육관광부 자문위원
- 한국능률협회 고객만족경영 심사위원
- 한국교직원공제회 경영평가위원
- 한국관광공사 자문위원
- 세종대학교 호텔관광대학 명예교수

〈저서〉

- 최신 서비스산업론, 형설출판사, 1991
- 서비스 경영론, 대왕사, 1992
- 서비스 마케팅(공저), 형설출판사, 2000
- 호텔관광서비스마케팅, 백산출판사, 2004
  외 저서 · 역서 및 논문 다수

황수영

- 세종대학교 호텔관광경영학박사
- 호주 Griffith University, International Tourism and Hospitality Mgt석사
- 현) 안양대학교 관광경영학과 교수

〈저서 및 논문〉

- 최신관광마케팅론, 백산출판사
- 호텔마케팅, 백산출판사
- 외식마케팅, 백산출판사
- 「델파이기법을 이용한 관광산업의 eCRM 활동척도 개발」
- Effects of Online Purchase e–CRM activities and e–Customer Satisfaction on e–Loyalty during COVID–19: The Mediating Effects of e–Customer satisfaction 외 다수

서비스 마케팅

2023년 2월 15일 초판 1쇄 인쇄
2023년 2월 20일 초판 1쇄 발행

지은이 김성혁 · 황수영
펴낸이 진욱상
펴낸곳 (주)백산출판사
교 정 성인숙
본문디자인 구효숙
표지디자인 오정은

등 록 2017년 5월 29일 제406-2017-000058호
주 소 경기도 파주시 회동길 370(백산빌딩 3층)
전 화 02-914-1621(代)
팩 스 031-955-9911
이메일 edit@ibaeksan.kr
홈페이지 www.ibaeksan.kr

ISBN 979-11-6567-611-7 93980
값 28,000원